CURSO PRÁCTICO CON UNITY 3D

CURSO PRÁCTICO CON UNITY 3D

DAVID CANTÓN NADALES

ANAYA
MULTIMEDIA

TÍTULO ESPECIAL

Responsable editorial: Víctor Manuel Ruiz Calderón
Diseño de cubierta: Celia Antón Santos
Ilustraciones de cubierta © 2003-2024 Shutterstock, Inc.

Valentín Beato, 21. 28037 Madrid
Depósito legal: M. 26.184-2024
ISBN: 978-84-415-5163-3
Impreso en España

PAPEL DE FIBRA
CERTIFICADA

Quiero agradecerme a mí mismo.
Quiero agradecerme por creer en mí, por el esfuerzo
y las horas de trabajo que he dedicado.
Quiero agradecerme por no rendirme, por seguir adelante incluso
en los momentos difíciles y por no tomarme días libres.
Quiero agradecerme por dar siempre lo mejor de mí
y por tratar de aportar más de lo que recibo.
Quiero agradecerme por elegir siempre hacer el bien.
Quiero agradecerme por ser simplemente yo, en todo momento.
—Calvin Cordozar Broadus Jr. (Snoop Dogg)

Agradecimientos

A Leo y Luca, mis pilares, quienes con su apoyo y amor incondicional me recuerdan que siempre hay motivos para seguir luchando. Gracias por ser la luz que guía mi camino y por darme fuerzas para continuar cada día.

Al IES Polígono Sur, el faro en el corazón de las 3.000 Viviendas de Sevilla que me forjó como programador, alimentó mis sueños y me guió a través de la niebla.

A todos los soñadores que hoy recorren sus pasillos: aunque el camino a veces parezca incierto, recordad que vuestro talento y vuestra capacidad de soñar pueden iluminar incluso las sombras más oscuras. Creced, cread, porque sois la prueba de que todo es posible.

Sobre el autor

David Cantón Nadales es un ingeniero de software sevillano con más de 20 años de experiencia en la industria tecnológica. Ha sido reconocido como Microsoft MVP y es autor del bestseller *Build Your Own Metaverse with Unity*. A lo largo de su trayectoria, ha liderado numerosos proyectos innovadores, desde videojuegos hasta aplicaciones de realidad virtual y aumentada, trabajando con tecnologías pioneras como Oculus, HoloLens, HTC Vive, Daydream y Leap Motion.

David ha desempeñado roles clave en empresas multinacionales, destacando su posición como líder técnico en el Grupo Viajes El Corte Inglés, una de las principales compañías de viajes en Europa. Además, ha sido embajador de la comunidad Samsung Dev Spain y organizador del Google Developer Group Sevilla, contribuyendo activamente al crecimiento de la comunidad de desarrolladores.

En 2019, David patentó unos dispositivos electrónicos denominados iPush, diseñados para facilitar las relaciones sexuales a distancia a través de Internet. Estos dispositivos innovadores captaron la atención de numerosos medios de comunicación a nivel internacional y se convirtieron en un tema de discusión en la comunidad tecnológica.

Como emprendedor social, creó la aplicación Grita durante el confinamiento por COVID-19, una red social destinada a ofrecer apoyo psicológico y comunicación entre personas en tiempos difíciles. Este esfuerzo le valió el prestigioso Top Developer Award de Samsung en 2022 y el reconocimiento de la asociación COVIDWarriors por su valiosa contribución en la lucha contra los efectos sociales del COVID-19.

Actualmente, trabaja de forma altruista en el desarrollo de Relatia, una aplicación innovadora que, con la ayuda de la inteligencia artificial, permitirá almacenar en la nube los recuerdos de los ancianos para preservarlos en el tiempo. Diseñada para ser accesible tanto para familiares como para profesionales, Relatia estará disponible en Android e iOS de forma completamente gratuita, con el objetivo de fortalecer los vínculos intergeneracionales y preservar historias de vida para futuras generaciones.

Además de su labor profesional, David es un evangelista tecnológico apasionado que da charlas y contribuye activamente a la difusión del conocimiento tecnológico. Fundó la comunidad Unity3D Sevilla, con el objetivo de compartir y fomentar el desarrollo de videojuegos en Unity en su ciudad natal.

En 2024, David fue reconocido como *Top Voice en Aplicaciones Móviles* por LinkedIn, destacando su influencia y contribuciones en el ámbito del desarrollo móvil. Actualmente, continúa su labor como ingeniero de software en SCRM Lidl del Grupo Schwarz, aportando su amplia experiencia al desarrollo de soluciones tecnológicas innovadoras.

ÍNDICE DE CONTENIDOS

¿Para qué puedes usar Unity 3D?

Unity 3D es una herramienta increíblemente versátil que se utiliza en una variedad de industrias más allá del desarrollo de videojuegos. Su flexibilidad y potencia lo hacen ideal para múltiples aplicaciones, permitiendo a los desarrolladores crear experiencias interactivas innovadoras. A continuación, se presentan algunas de las áreas en las que Unity se destaca:

- **Videojuegos:** Desde simples juegos móviles hasta complejos títulos de consola.
- **Realidad virtual (VR) y realidad aumentada (AR):** Crear experiencias inmersivas para dispositivos VR y AR.
- **Simulaciones:** Para entrenamiento, educación y simulación de escenarios reales.
- **Visualización arquitectónica:** Modelar edificios y estructuras en 3D para presentaciones y estudios.
- **Animación y cine:** Producción de cortos animados y efectos visuales.

Unity 3D es una herramienta poderosa que ha revolucionado la forma en que se crean y experimentan los videojuegos y las aplicaciones interactivas. Con su historia de innovación y su enfoque en la accesibilidad, Unity sigue siendo una elección popular para desarrolladores de todo el mundo.

Unity Hub

Unity Hub es una aplicación de gestión desarrollada por Unity Technologies que facilita la instalación y administración de diferentes versiones del motor Unity, así como la organización de proyectos de desarrollo. Permite instalar, desinstalar y gestionar múltiples versiones del motor, crear nuevos proyectos y acceder rápidamente a proyectos recientes. Además, proporciona enlaces directos a tutoriales y documentación, gestiona tus licencias de Unity y permite añadir módulos adicionales como soporte para plataformas específicas. Unity Hub simplifica tareas administrativas, ahorra tiempo al gestionar versiones y proyectos de manera centralizada, y mantiene todo organizado en un solo lugar. También notifica e instala actualizaciones del motor, mejorando así la eficiencia y productividad en el desarrollo.

Instalación

Para descargar Unity Hub, tan solo tenemos que dirigirnos en nuestro navegador al sitio web `https://unity.com/es/download` y hacemos clic en el botón Descargar, como se ve en la figura 1.1.

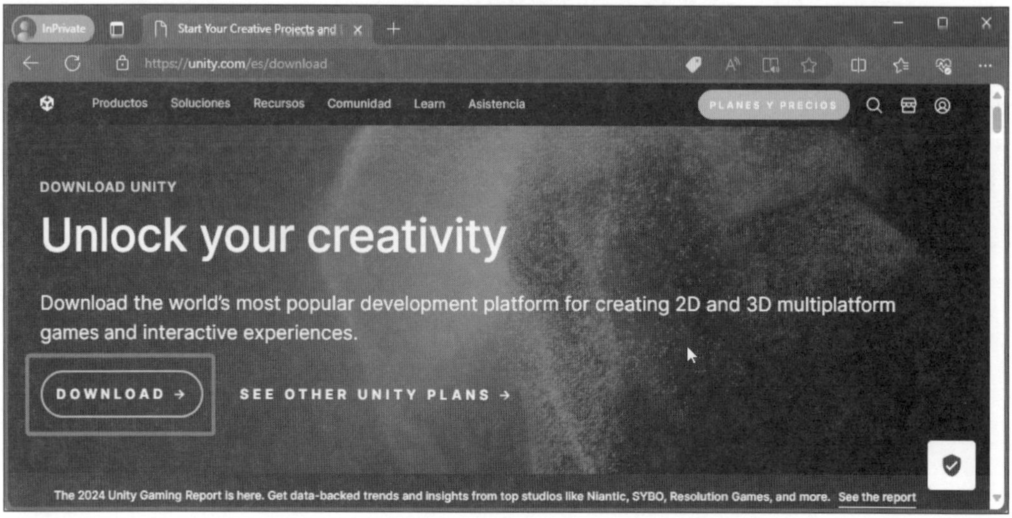

Figura 1.1. Página de descarga de Unity Hub.

> Unity Hub está disponible para Windows, Mac y Ubuntu. Si necesitas información detallada sobre los requisitos del sistema y el proceso de instalación, abre en tu navegador el siguiente enlace: `https://docs.unity3d.com/hub/manual/InstallHub.html`.

Una vez finalizada la descarga, procede a su instalación como cualquier otro software y finalmente abre la herramienta.

Si nunca has usado Unity Hub antes en tu equipo, te encontrarás con la pantalla de inicio de sesión obligatoria; puedes iniciar sesión si dispones de una cuenta o crear una nueva, como se ve en la figura 1.2, es totalmente gratuito.

La primera vez que abres Unity Hub y después de haber iniciado sesión, te recomendará instalar la última versión de Unity Editor. Puedes hacerlo ahora haciendo clic en el botón Install Unity Editor, como se ve en la figura 1.3. La descarga comenzará de inmediato y podrás ver el progreso. El proceso de descarga puede tardar varios minutos; tras la descarga comenzará la instalación, es buen momento para tomar un café 🙂.

Una vez haya finalizado el proceso de descarga y de instalación, podemos observar en la confirmación de que todo ha ido bien, ahora es momento de conocer en detalle Unity Hub.

A continuación, vamos a desglosar las principales partes de la herramienta, como se ve en la figura 1.4, para entenderla mucho mejor:

- **Perfil de usuario (1):** Unity Hub nos permite crear una cuenta e identificarnos; esto es muy interesante para estar sincronizados con la tienda Unity Asset Store y para gestionar las licencias gratuitas o de pago.

Figura 1.2. Pantalla de bienvenida Unity Hub.

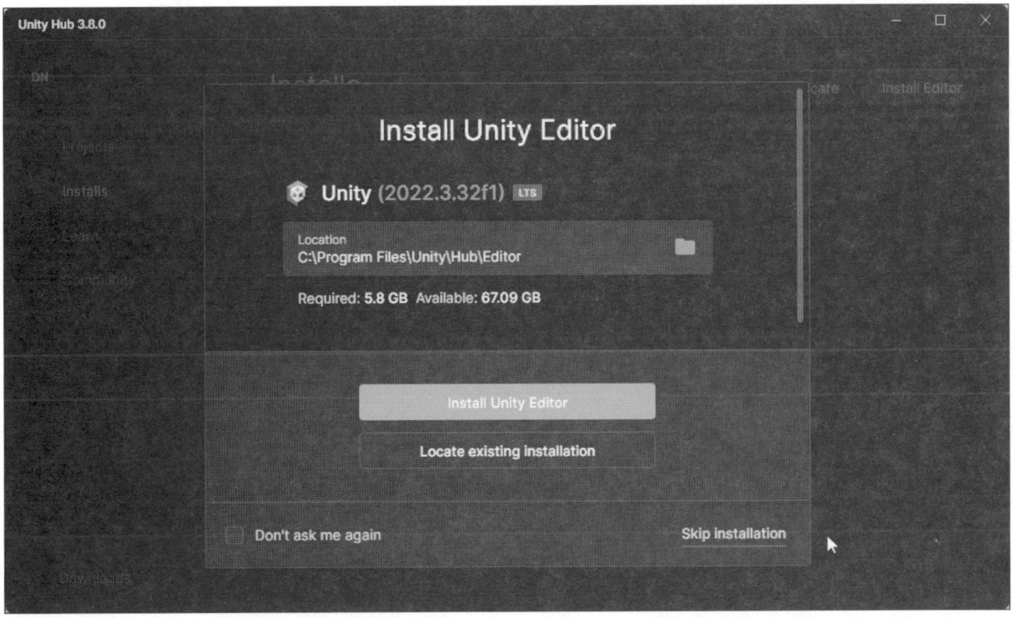

Figura 1.3. Pantalla de instalación inicial de Unity Editor.

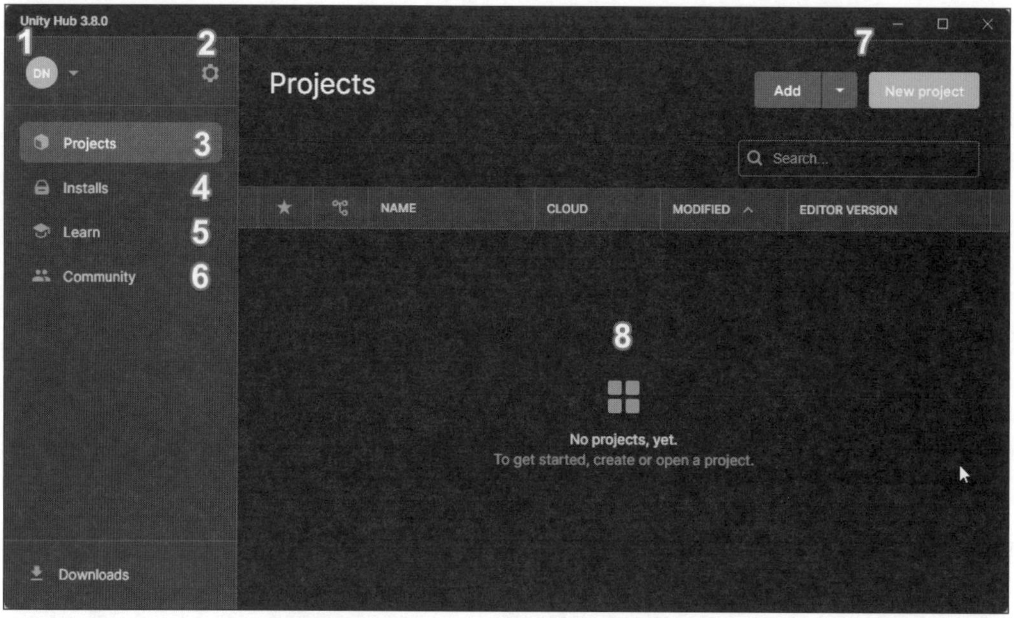

Figura 1.4. Detalle de zonas en Unity Hub.

- **Ajustes (2):** Ajustes generales de la herramienta, aquí puedes gestionar licencias y rutas de instalación.
- **Proyectos (3):** Listado de nuestros proyectos, desde aquí podemos crear nuevos o importar proyectos existentes. Cada proyecto tendrá asignado una versión específica de Unity. Desde esta misma ventana podremos actualizar dicha versión cuando lo necesitemos. Aquí veremos la instalación que hicimos tras la instalación de Unity Hub.
- **Instalaciones (4):** Aquí podremos gestionar las diferentes versiones de Unity que tenemos en nuestro sistema. Podemos instalar tantas como queramos, ya que esta es la característica clave de Unity Hub: permitir el soporte a proyectos realizados en diferentes versiones que, por cualquier razón, no puedan o no deban ser actualizados.
- **Aprendizaje (5):** Esta sección está dedicada a ofrecer cursos y tutoriales, muy útil para comenzar.
- **Comunidad (6):** Noticias, eventos, novedades...
- **Botones (7):** Botones de acción que encontrarás tanto en la ventana de proyectos (3) como en la de instalaciones (5) y que te van a permitir añadir nuevos elementos.
- **Lista (8):** Zona de listado, aquí verás todos los proyectos o instalaciones que tienes disponibles y podrás ejecutar acciones sobre ellos, como eliminar o gestionar.

Durante la creación de este libro, se ha instalado la última versión del momento de Unity Hub (3.8.0) y Unity Editor (2022.3.32f). Con total seguridad tus versiones serán superiores cuando sigas estas páginas; no te preocupes, el contenido de este libro está adaptado para que funcione en versiones posteriores.

Creación de un nuevo proyecto

Antes de explorar todas las partes de la interfaz de Unity Editor, necesitaremos crear un nuevo proyecto. Cada proyecto creado desde Unity Hub se almacenará en una carpeta específica que elijas. No te preocupes por esto, el asistente de creación de proyectos te preguntará cada vez dónde deseas guardarlo.

Si prefieres crear todos tus proyectos en el mismo directorio y evitar configurar esto cada vez, puedes hacerlo en la sección de ajustes de Unity Hub (en el punto 2 de la figura 1.4).

Ahora, para crear nuestro nuevo proyecto, ejecuta los siguientes pasos:

1. En Unity Hub, haz clic en el menú Projects; luego, haz clic en el botón New Project. Una vez se abra el asistente de creación de nuevo proyecto, tendremos que elegir la plantilla del proyecto que queremos empezar, selecciona la opción Universal 3D, como se señala en la figura 1.5.

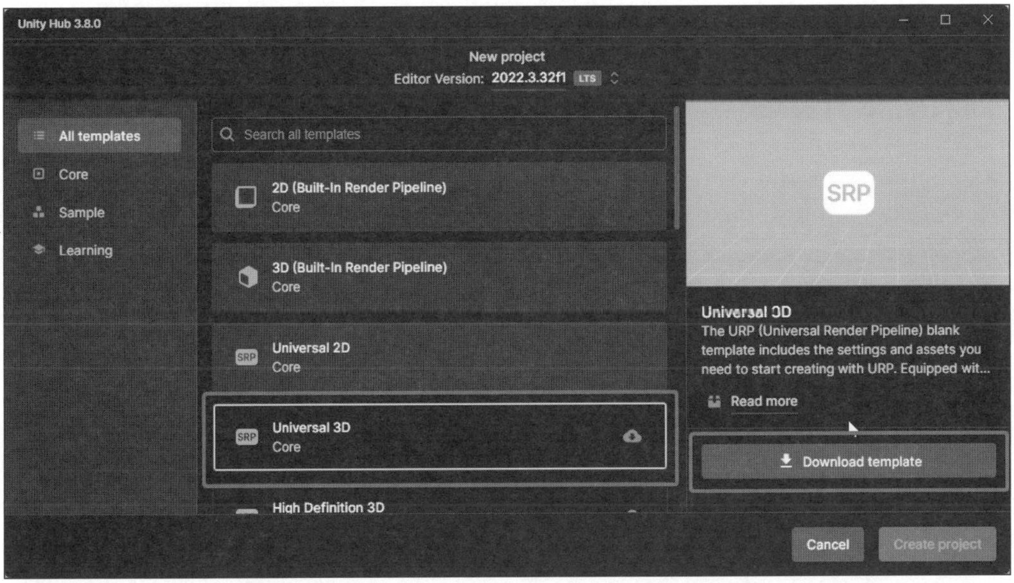

Figura 1.5. Selección de tipo de proyecto en Unity Hub.

2. Si es la primera vez que utilizas esta plantilla, te aparecerá el botón Download template, haz clic en él para descargarlo.
3. Una vez descargada la plantilla, puedes proceder a rellenar el formulario de creación de proyecto; simplemente, escribe el nombre que quieres darle a tu proyecto y finalmente haz clic en el botón Create Project.

Por defecto, cada vez que creas un nuevo proyecto, se crea también una escena genérica llamada SampleScene. Más adelante, veremos con detalle cómo es el proceso de crear una escena.

Tipos de proyectos en Unity

Unity ofrece varios tipos de proyectos, cada uno optimizado para diferentes tipos de aplicaciones y juegos. A continuación, se describen los tipos más comunes y sus usos:

1. **Proyecto 3D:** Este tipo de proyecto es ideal para juegos y aplicaciones que utilizan entornos tridimensionales. Proporciona herramientas y configuraciones optimizadas para trabajar con modelos 3D, iluminación y física.
2. **Proyecto 2D:** Diseñado específicamente para juegos y aplicaciones en dos dimensiones. Ofrece un conjunto de herramientas y configuraciones para *sprites*, físicas 2D y animaciones 2D.
3. **Proyecto URP (Universal Render Pipeline):** El URP es una opción versátil que ofrece un equilibrio entre rendimiento y calidad visual. Está optimizado para funcionar en una amplia gama de plataformas, desde dispositivos móviles hasta consolas y PC. Este libro utilizará URP debido a su eficiencia y capacidad para producir gráficos de alta calidad sin comprometer el rendimiento.
4. **Proyecto HDRP (High Definition Render Pipeline):** HDRP está diseñado para ofrecer gráficos de alta fidelidad en plataformas potentes, como PC de gama alta y consolas. Es ideal para aplicaciones que requieren gráficos de última generación y efectos visuales avanzados.
5. **Proyecto VR y AR:** Estos proyectos están optimizados para desarrollar experiencias de realidad virtual y aumentada, proporcionando las herramientas necesarias para crear aplicaciones inmersivas.

¿Por qué seleccionamos URP? Seleccionamos URP (Universal Render Pipeline) para este libro debido a su versatilidad y eficiencia. URP es capaz de ofrecer gráficos de alta calidad en diversas plataformas, lo que lo convierte en una opción excelente para desarrollar juegos y aplicaciones que necesitan un buen equilibrio entre rendimiento y estética visual.

Unity Editor

A continuación, exploraremos en detalle el Unity Editor. Revisaremos cada uno de sus elementos y menús, proporcionando una comprensión completa de las herramientas disponibles. Este conocimiento es fundamental, ya que el editor es el centro de todas tus actividades de desarrollo en Unity. Vamos a conocer cada rincón de la herramienta, asegurándonos de que te sientas cómodo y preparado para avanzar en tus proyectos.

Conceptos básicos del uso del editor de Unity

Si es la primera vez que utilizas Unity, no te saltes esta sección, ya que revisaremos brevemente todas las partes que componen el editor. Exploraremos los menús más importantes y comenzaremos a aprender las acciones básicas que sentarán las bases del conocimiento necesario para avanzar a los siguientes capítulos.

La organización visual de Unity es fundamental para su uso eficiente. Al crear un nuevo proyecto, el editor de Unity se divide en cinco secciones principales, conocidas como disposiciones (*layouts*). Existen varias disposiciones predefinidas que exploraremos más adelante. Además, puedes personalizar y guardar tu propia configuración según tus preferencias.

En la disposición por defecto, podemos identificar cinco secciones clave, como se ve en la figura 1.6. Para explorar otras disposiciones, visita el menú Windows>Layouts.

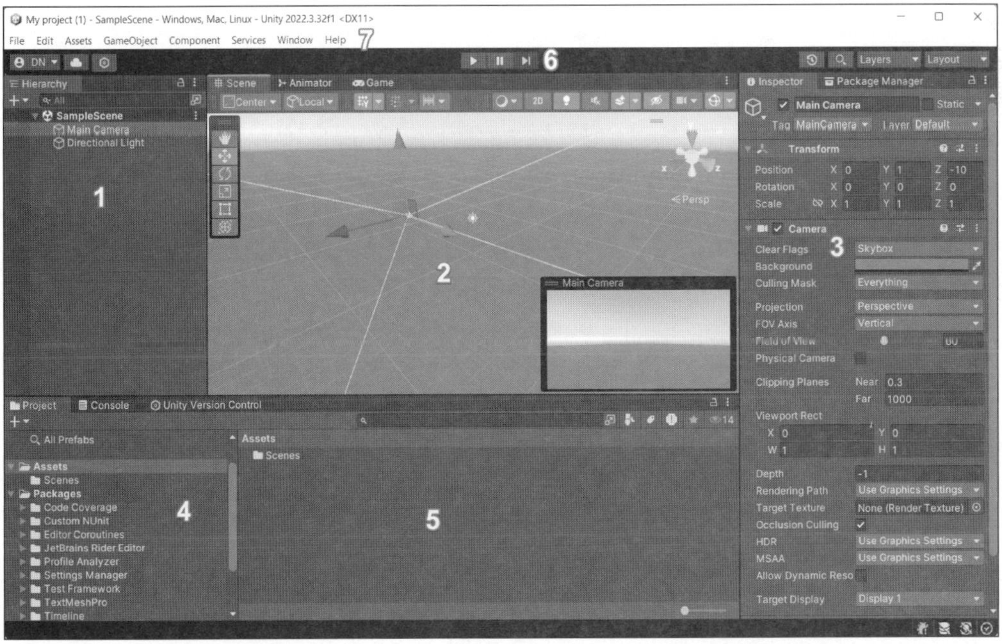

Figura 1.6. La disposición predeterminada en el editor de Unity.

De primeras puede sorprenderte la interfaz de Unity por parecer compleja, pero en realidad es muy sencilla de entender, ya que tiene muy bien definida la función de cada zona; te lo detallo a continuación:

- Hierarchy (1): Todos los objetos que aparecen en nuestra escena (GameObjects) están organizados como un árbol, y pueden ser reubicados y agrupados en modo padre-hijo. Hay un nodo raíz con el nombre de la escena; el resto colgará de aquí. Aquí es donde seleccionaremos el objeto con el que vamos a trabajar para poder moverlo, agrandarlo, editarlo, etc.
- Scene (2): Esta es la representación tridimensional del mundo que estamos construyendo. Aquí se representarán gráficamente los objetos que tenemos en la ventana de jerarquía. Cuando seleccionas un objeto de la jerarquía, se marcará en la escena, como se muestra en la captura anterior con el GameObject llamado Main Camera.
- Inspector (3): Esta sección muestra información sobre las propiedades de posición, rotación y escala del objeto seleccionado en la ventana de jerarquía. Los cambios que hagamos en estos valores afectarán la representación visual de la ventana de escena. Además, en esta ventana del inspector, podemos gestionar los componentes de un objeto. En resumen, se puede decir que los componentes son piezas con funcionalidad única que se adjuntan a un GameObject y le otorgan una nueva funcionalidad o característica.
- Project (4): Aquí encontrarás las carpetas de los recursos añadidos y los *assets* o *plugins* que se han instalado en nuestro proyecto. Por ejemplo, aquí encontraremos las imágenes, el audio o los objetos 3D que utilizaremos en algunas de las escenas.
- Project detail (5): Como una vista maestra en detalle, esta ventana muestra el contenido de las carpetas seleccionadas en la ventana de proyecto. Los *assets* que seleccionemos aquí tendrán su información mostrada en la ventana del inspector.
- Play Mode (6): Estos tres botones nos van a permitir iniciar la escena para previsualizar nuestro juego, pausarlo para depurar comportamientos y objetos dentro de la escena y también para avanzar un fotograma.
- Barra de menú principal (7): Piedra angular del editor, agrupa toda las acciones y herramientas necesarias, detallamos con más detalle a continuación:
  - File: Aquí puedes encontrar las opciones para crear una nueva escena, guardar los cambios de la escena actual o abrir otra. También tienes opciones para abrir o cerrar un proyecto. Finalmente, en Configuración de compilación, puedes cambiar la configuración de la Plataforma de destino.
  - Edit: Aquí podemos ver diferentes acciones, como ordenar o copiar y pegar, que podemos usar para el GameObject de la escena actual. Otro menú muy importante al que puedes acceder desde aquí es Configuración del proyecto, que contiene todos los ajustes aplicables a nuestro proyecto.

- Assets: Este menú te permite buscar, importar y gestionar los *assets* de tu proyecto.
- GameObject: Este menú te permite añadir nuevos elementos a tu escena. También te ofrece opciones avanzadas para crearlos como padres o hijos de otros. Hay una lista de GameObjects que viene con Unity por defecto, como luces, sistemas de partículas, cámaras y otros.
- Component: Este menú muestra una lista de componentes integrados que puedes añadir a tu GameObject seleccionado.
- Window: Este menú incluye opciones muy importantes, como la gestión de disposiciones, de la que hablamos anteriormente. También hay acciones para organizar los paneles del editor.
- Package Manager: Un menú muy importante que veremos más adelante. Es un gestor de *assets*. Cuando adquieres un nuevo *asset* o cuando quieres adquirir uno nuevo, aquí es donde puedes encontrarlo y añadirlo a tu proyecto.

Es importante mencionar que algunos *plugins* que instales en tu proyecto pueden añadir menús personalizados a esta barra de herramientas, que te permitirán acceder a configuraciones, utilidades o funciones específicas de dichos *plugins*.

Ya conocemos las principales zonas de Unity Editor; dentro de algunas zonas, podemos encontrar otras funcionalidades a las que podemos acceder cambiando de pestaña, como se muestra en la figura 1.7.

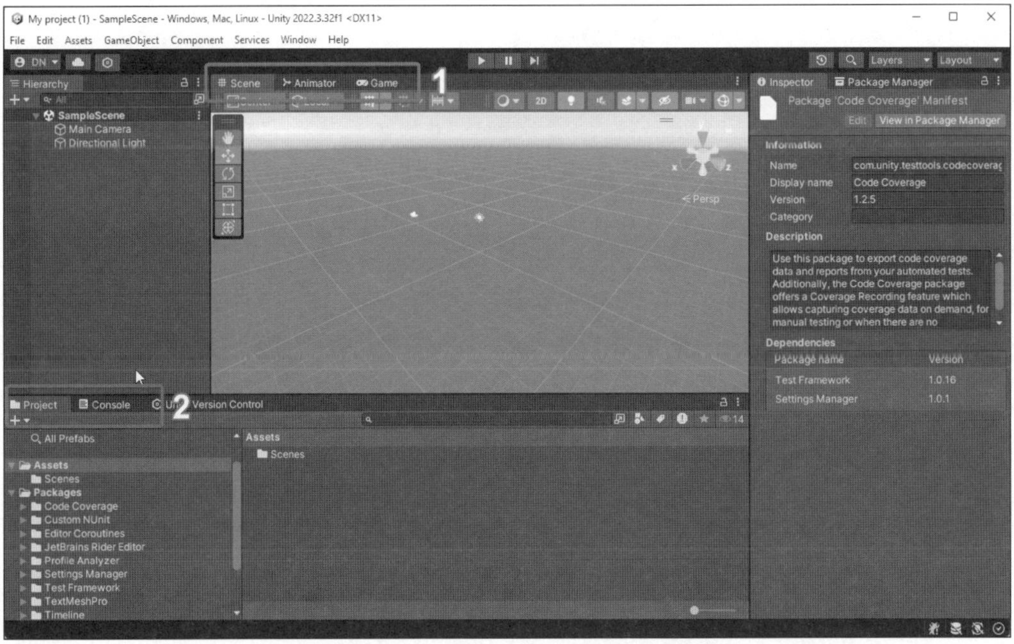

Figura 1.7. Pestañas multiopción en Unity Editor.

Si miramos la zona de escena en la figura, veremos que hay dos pestañas llamadas Scene y Game (1). La pestaña Scene, que está marcada por defecto, como mencionamos anteriormente, muestra la representación 3D de los objetos colocados en la ventana de jerarquía. Aquí podemos movernos libremente con el ratón y el teclado para explorar la escena.

En la pestaña Game, veremos lo que está enfocando y renderizando la cámara en nuestra escena, en este caso, el GameObject Main Camera.

En la zona de Project, hay dos pestañas: Project y Console (2). En Project, como hemos visto anteriormente, se muestran las carpetas de los recursos y *assets* que tenemos en nuestro proyecto. En la pestaña Console, veremos información sobre errores y registros cuando ejecutemos nuestro proyecto.

Por último, pero no menos importante, las herramientas de manipulación de objetos, ajustes de vista y gizmo, lo vemos a continuación con más detalle en la figura 1.8:

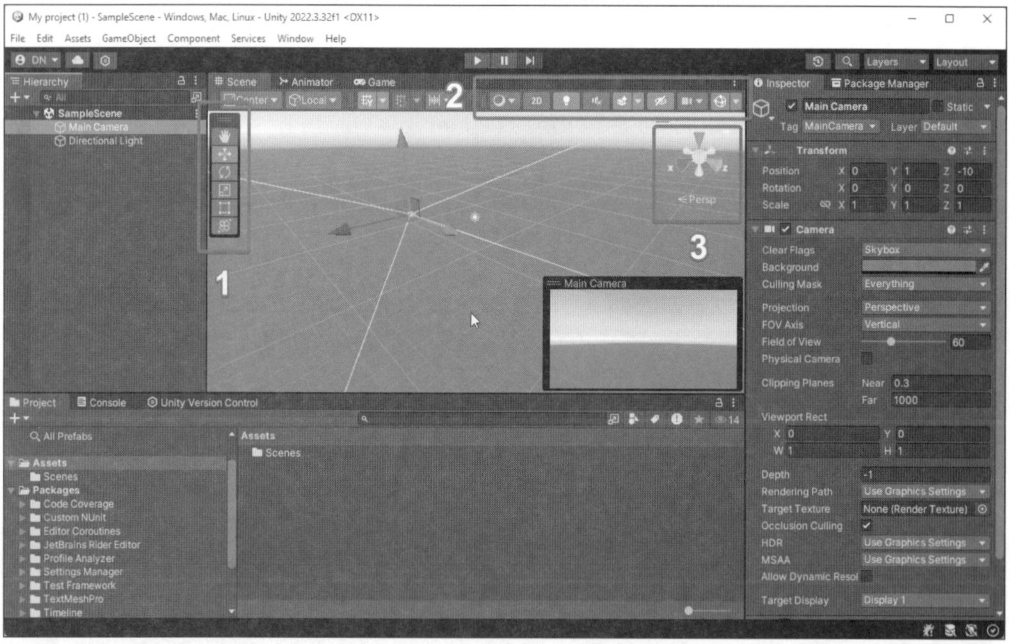

Figura 1.8. Herramientas de manipulación de objetos, ajuste de vista y gizmo.

- Herramientas (1): Estos son los botones que usarás más en cualquier proyecto que crees en Unity. Estos cinco botones se usan para rotar, mover, transformar y escalar el GameObject seleccionado actualmente.
- Opciones de vista (2): Esta barra tiene opciones de visualización que afectan la escena actual, como habilitar o deshabilitar la iluminación, cambiar el renderizado de la cámara a 2D/3D, deshabilitar el sonido, etc.

- Gizmo (3): Esta cruz se usa para cambiar la perspectiva de visualización en la escena. Aquí puedes ver la escena desde arriba, izquierda, derecha o abajo... Simplemente haz clic en las diferentes orientaciones.

Creación de una escena

Ahora que hemos cubierto mucha teoría sobre Unity y su interfaz, es hora de ponernos manos a la obra. Vamos a crear nuestra primera escena. Por ahora, esta escena solo tendrá un cubo, pero servirá como base para los siguientes capítulos. Sigue estos pasos para crear una nueva escena desde cero:

1. En el menú File de la barra de menús principal, selecciona New Scene.
2. Aparecerá la ventana de creación de nueva escena. Dado que nuestro proyecto se está creando con URP, selecciona la opción Standard (URP), como se señala en la figura 1.9. Esto creará la escena con la configuración adecuada:

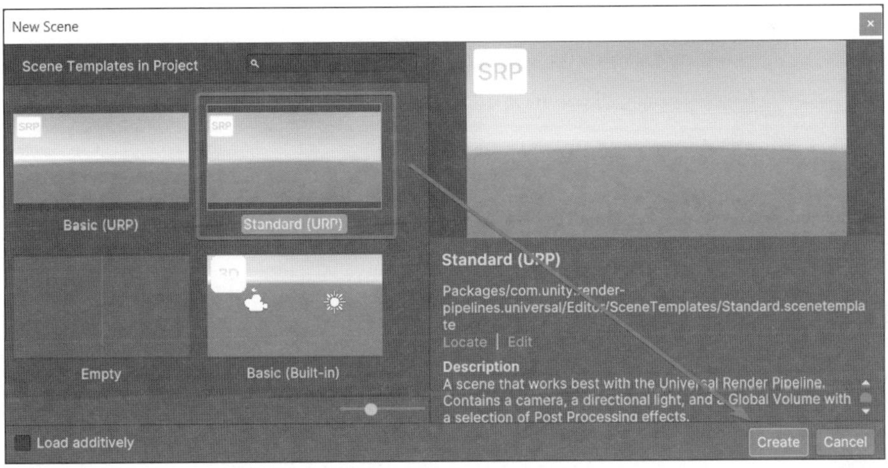

Figura 1.9. Ventana de creación de escena.

3. Al hacer clic en el botón Create, la escena se creará automáticamente, pero no se guardará hasta que hagamos clic en File>Save o pulsemos Control-S, durante el proceso de guardado, tendremos que elegir un nombre, el que más te guste, para la escena.
4. Por defecto, Unity añade un objeto Camera, un objeto Directorial Light y un GameObject llamado Global Volume, que se encarga de añadir configuraciones de postprocesado a nuestra cámara y hará que todo se vea mucho mejor.
5. A modo de práctica, crearemos un objeto que represente un cubo, para crear nuestro cubo, usaremos un objeto Cube. Haz clic en el menú GameObject>3D Object>Cube. Verás que se crea un nuevo objeto llamado Cube en la zona Hierarchy, como se ve en la figura 1.10.

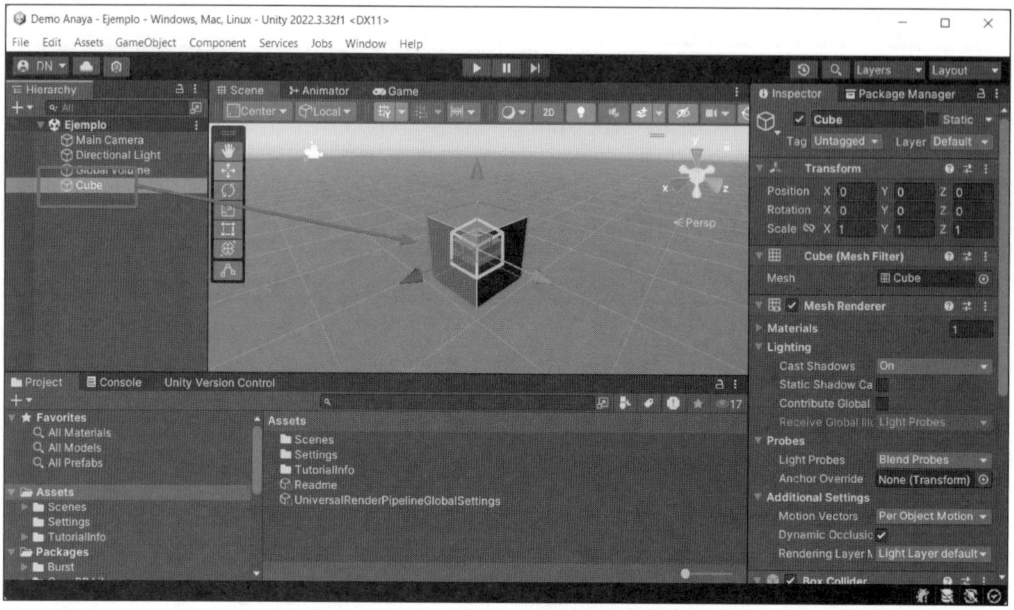

Figura 1.10. Creación de un cubo.

Bien, una vez hemos aprendido a crear un objeto en la escena, vamos a conocer qué herramientas nos ofrece Unity para manipular dicho objeto y cambiar sus propiedades en cuanto al espacio tridimensional.

Jugando con el cubo

Una vez creado el cubo, selecciónalo haciendo clic en la zona Hierarchy y usa las herramientas de la esquina superior izquierda, como se ve en la figura 1.11, dentro de la zona Scene para modificar su tamaño, rotación o posición.

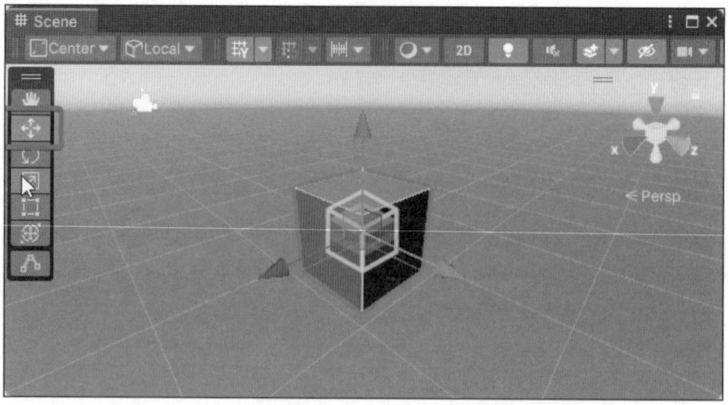

Figura 1.11. Cambiando el posicionamiento del cubo.

Para mover el cubo, utiliza la herramienta de movimiento (atajo: tecla W) y arrástralo en la dirección deseada.

Para escalar el cubo, selecciona la herramienta de escala (atajo: tecla R) y ajusta los ejes de escala para cambiar su tamaño, como se ve en la figura 1.12.

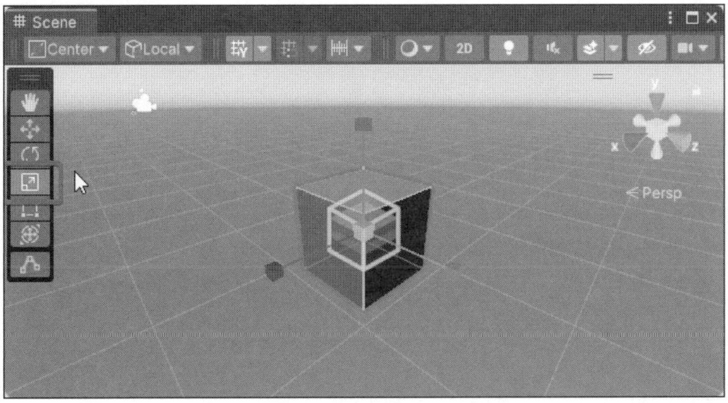

Figura 1.12. Cambiando la escala del cubo.

Finalmente, para rotar el cubo, usa la herramienta de rotación (atajo: tecla E) y gira el cubo alrededor de los diferentes ejes, como se muestra en la figura 1.13.

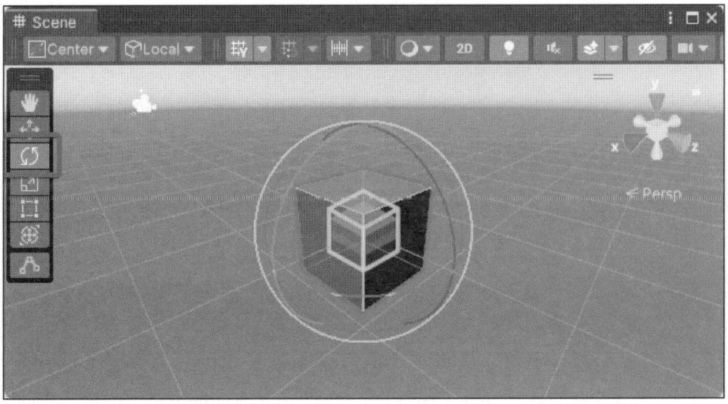

Figura 1.13. Cambiando la rotación del cubo.

A medida que realices estas acciones, observa cómo cambian las propiedades del cubo en el panel Inspector, en la figura 1.14, lo que te permitirá entender mejor cómo se gestionan las transformaciones en Unity.

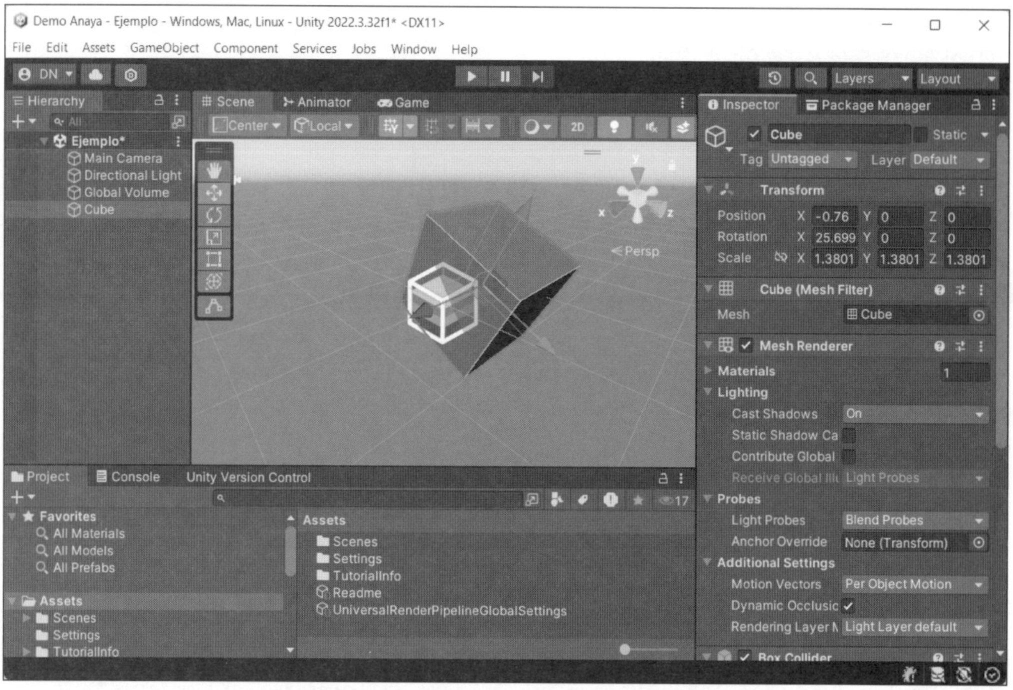

Figura 1.14. Valores tridimensionales del cubo en el panel Inspector.

> Por defecto, todos los objetos nuevos se crean con valores 1,1,1 en Scale, 0,0,0 en Position y Rotation. Estos valores puedes cambiarlos directamente desde el panel Inspector y verás inmediatamente reflejado el cambio en el objeto tridimensional.
> Puedes encontrar información extendida sobre cómo cambiar las propiedades de Position, Rotation y Scale de un GameObject en `https://docs.unity3d.com/Manual/PositioningGameObjects.html`.

Familiarizándose con los controles de la vista de escena

Ahora que ya conocemos lo básico de la interfaz de Unity, incluida la creación de una nueva escena y cómo cambiar las propiedades Position, Scale y Rotation de un GameObject, te recomiendo que explores los controles para navegar por la escena con el ratón y el teclado.

Por ejemplo, usa el ratón haciendo clic con el botón derecho para pivotar la vista, presiona **Alt** haciendo clic con el botón izquierdo del ratón (**Opción** y clic con el botón izquierdo en Mac) para orbitar la vista alrededor del centro de la vista, y haz clic con el botón central del ratón para mover la vista.

También puedes usar **Alt** haciendo clic con el botón derecho (**Opción** y clic con el botón derecho en Mac) o la rueda de desplazamiento del ratón para acercarte o alejarte.

> Para obtener más información detallada sobre las combinaciones de teclado y ratón, puedes visitar `https://docs.unity3d.com/Manual/SceneViewNavigation.html`.

Ahora que has aprendido todo lo necesario para instalar Unity, crear nuevos proyectos y escenas, conoces los puntos más importantes de la interfaz de usuario, así como colocar objetos y modificar sus propiedades en una escena, a continuación, veremos una técnica muy importante que sentará las bases para organizar eficientemente archivos, carpetas y *assets* en tu proyecto.

Organización de los *assets* de tu proyecto

Cuando hablamos de organizar *assets* y recursos en nuestro proyecto, nos referimos a cómo queremos que se vea la estructura de carpetas en el panel **Project**. No existe una forma única establecida para hacer esto; depende de cómo te guste y te sientas más cómodo trabajando.

Unity recomienda una serie de puntos que debes tener en cuenta al hacerlo, así como evitar problemas de archivos.

Las siguientes son recomendaciones para organizar nuestro proyecto:

- Establece una guía de nombres para carpetas y archivos antes de comenzar.
- No pierdas el rastro de los nombres de las carpetas a lo largo del proyecto. En muchas ocasiones, añadiremos archivos y recursos y olvidaremos renombrarlos.
- No uses espacios en blanco en carpetas o archivos individuales.
- Separa los archivos que se usarán en pruebas de los archivos de producción creando otra carpeta dedicada a ellos.
- Siempre usa la carpeta raíz `Assets`; todo lo que crees debe colgar de esta carpeta. Evita crear otras carpetas al mismo nivel que la carpeta `Assets`.
- Mantén tus archivos privados separados de los *assets* descargados o recursos de Unity.

Como hemos dicho antes, no existe una forma estándar de organizar proyectos en Unity. Uso una técnica que me ayuda a mantener un buen orden y ser más eficiente al trabajar. La figura 1.15 muestra la estructura predeterminada que se puede ver al crear el proyecto.

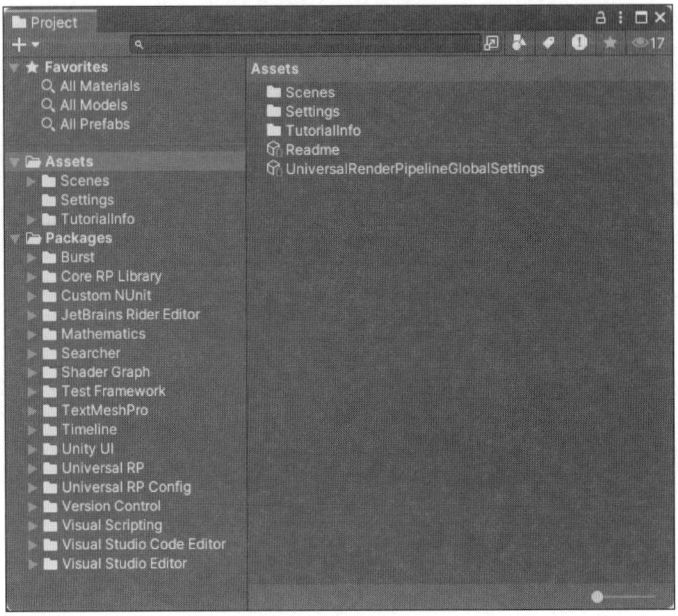

Figura 1.15. Organización de proyecto por defecto.

Como se muestra en la figura, bajo la carpeta raíz `Assets`, tenemos las carpetas `Scenes`, `Settings` y `TutorialInfo`. A primera vista, en un proyecto nuevo, esto parece una buena forma de organización, pero a lo largo del tiempo hay que prestar especial atención a esta organización. Déjame explicar por qué.

A medida que el proyecto crece, descargarás *assets* e instalarás *plugins* en el proyecto. Esto causará que se creen una cantidad infinita de nuevas carpetas que cuelgan de la carpeta `Assets`. Estas carpetas se ordenan alfabéticamente, y esto puede volverse caótico si intentas localizar tus propias carpetas, mezcladas entre las carpetas de terceros.

Una técnica común entre los programadores de Unity es identificar tus carpetas con el símbolo de subrayado _ para que siempre aparezcan en la parte superior, como se muestra en figura 1.16.

De esta manera, ya no te importará que los *plugins* de terceros puedan crear una cantidad infinita de carpetas en tu carpeta raíz `Assets`, ya que siempre tendrás las tuyas en la parte superior de tu carpeta `_MisCosas`.

Dentro de la carpeta `_MisCosas`, puedes crear la relación de carpetas que más te convenga. Desde mi experiencia, la mayoría de los *assets* se pueden organizar perfectamente en las siguientes carpetas `Materials`, `Scenes`, `Scripts`, `Sounds` o `Textures`. Puedes ir creando estas carpetas dentro de `_MisCosas` a medida que vayas incorporando nuevos *assets* al proyecto.

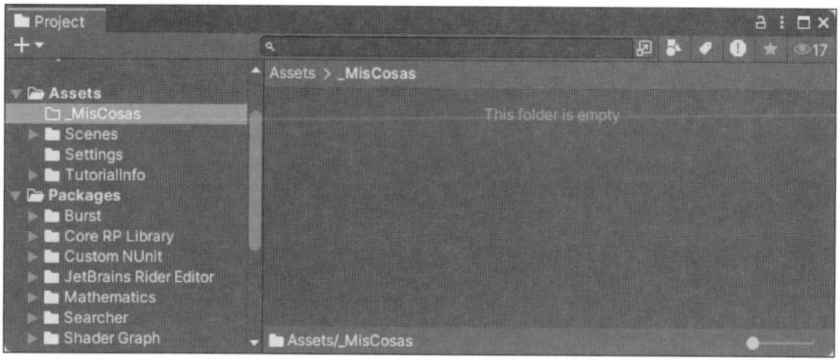

Figura 1.16. Forma de organizar *assets* propios en el panel Project.

Para terminar de organizar el proyecto en su conjunto, moveremos las carpetas creadas por defecto a su nueva ubicación y eliminaremos lo que Unity ha creado:

1. Elimina la carpeta `TutorialInfo` de la carpeta raíz `Assets`.
2. Arrastra la antigua carpeta `Scenes` dentro de `_MisCosas`.

Una vez que hayamos reorganizado nuestros *assets* y eliminado el material de ejemplo, nuestro panel Project se verá algo como el de la figura 1.17.

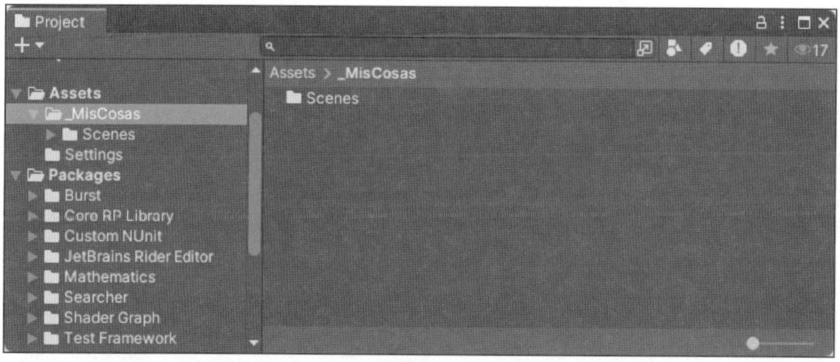

Figura 1.17. Reorganización de carpetas.

Si deseas profundizar en este tema, te recomiendo las siguientes páginas de la documentación oficial: `https://unity.com/how-to/organizing-your-project` y `https://docs.unity3d.com/Manual/SpecialFolders.html`.

¡Buen trabajo! Con esto, has aprendido todo lo necesario para tener tu trabajo bien organizado. Con el tiempo y cuando hayas trabajado en múltiples proyectos, notarás la diferencia si tienes tus archivos bien organizados. A medida que los proyectos crecen, si no aplicamos alguna técnica para mantener todo organizado, perderemos mucho tiempo buscando los *assets* que necesitamos.

Hemos llegado al final de este primer capítulo, donde hemos sentado las bases para comenzar a desarrollar con Unity. Ahora conoces la historia y las características que hacen de Unity una herramienta poderosa y accesible. Has aprendido a instalar y configurar Unity Hub, crear un proyecto utilizando URP y navegar por las principales secciones del editor. Estas habilidades iniciales son cruciales para cualquier desarrollador y te proporcionarán la confianza necesaria para explorar y experimentar en este entorno. En el próximo capítulo, profundizaremos en la estructura de carpetas y la organización de tus recursos para que puedas gestionar tus proyectos de manera efectiva. ¡Prepárate para dar el siguiente paso en tu viaje de desarrollo con Unity!

2

MANIPULACIÓN DE GAMEOBJECTS Y GESTIÓN DE *ASSETS*

Introducción

En este capítulo, aprenderemos a manipular GameObjects y a gestionar los componentes que los conforman. Además, veremos cómo importar *assets* desde nuestro PC y desde la Unity Asset Store, incluyendo audios y texturas. Estos conocimientos son fundamentales para cualquier desarrollador que desee crear proyectos complejos y bien organizados en Unity.

Exploraremos los siguientes conceptos:

- GameObjects y componentes.
- Comprensión de las jerarquías de objetos.
- Gestión de GameObjects utilizando Prefabs.
- Importación de *assets* desde el PC.
- Importación de *assets* desde la Unity Asset Store.
- Guardado de escenas y proyectos.

GameObjects y componentes

Los GameObjects son los elementos fundamentales de cualquier escena en Unity. Funcionan como contenedores que pueden representar cualquier entidad del juego, como personajes, luces, cámaras o elementos del entorno. Un GameObject por sí solo no tiene funcionalidad específica; es a través de los componentes que adquiere sus características y comportamientos. Por ejemplo, un GameObject puede incluir un componente **Transform** para definir su posición, rotación y escala, y un componente **Renderer** para determinar cómo se ve en la escena. La combinación de estos componentes permite crear objetos interactivos y dinámicos en el juego.

Entender los componentes

Un componente es una pieza modular que añade funcionalidades específicas a un GameObject en Unity. Cada componente define un aspecto particular del comportamiento del GameObject. Por ejemplo, el componente **Transform** es crucial, ya que gestiona la posición, rotación y escala del objeto. Otros componentes, como **Mesh Renderer** y **Box Collider**, complementan al **Transform** para definir la apariencia visual del objeto y cómo interactúa físicamente con otros objetos en la escena. **Mesh Renderer** se encarga de renderizar el modelo 3D, mientras que **Box Collider** define las propiedades de colisión del objeto, permitiendo detectar y responder a los impactos físicos. La correcta combinación y configuración de diferentes componentes son esenciales para crear objetos complejos y funcionales en el juego.

En la figura 2.1 podemos observar los componentes del GameObject **Cubo** creado en el capítulo 1.

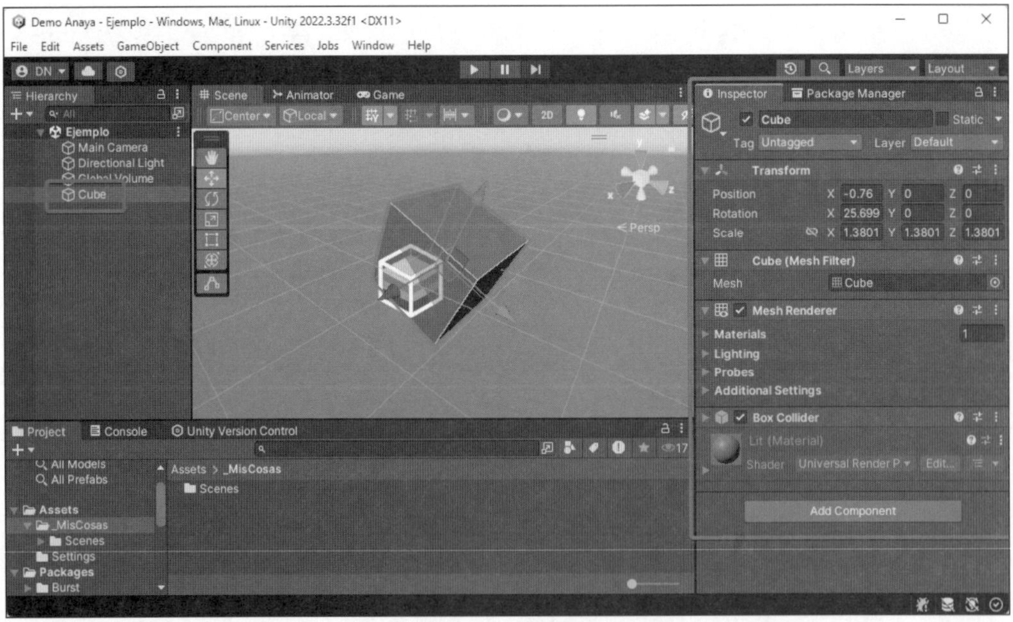

Figura 2.1. Ejemplo de un GameObject con varios componentes en el Inspector.

Manipulación de componentes

El Inspector es una herramienta crucial en Unity que permite editar las propiedades de los componentes, añadir nuevos y eliminar los existentes, ofreciendo una gran flexibilidad para personalizar los GameObjects. Vamos a ver un ejemplo práctico para entender mejor cómo funciona.

En el capítulo 1 habíamos creado un cubo en la escena. Para convertir este cubo en una esfera, podemos cambiar la propiedad Mesh en el componente Mesh Filter del cubo. Esto cambia la geometría del objeto, pero mantiene sus otras propiedades y comportamientos, como se ve en la figura 2.2.

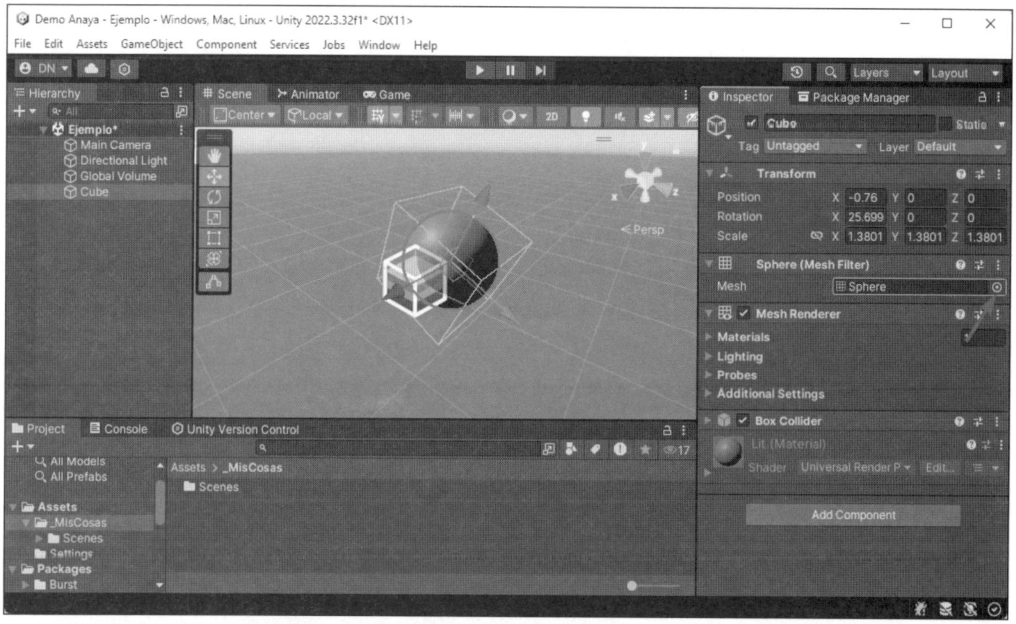

Figura 2.2. Cambio de propiedades en el Inspector.

EJEMPLO PRÁCTICO: AÑADIR FÍSICA A UNA ESFERA

1. Cambiar de nombre al GameObject:
   - Nuestro cubo se ha convertido en una esfera, en el panel Inspector puedes cambiar el nombre de un GameObject, como se ve en la figura 2.3.
2. Añadir un suelo:
   - Ve al menú GameObject y selecciona 3D Object>Plane para añadir un suelo a la escena. Esto nos proporcionará una superficie para que la esfera caiga.
   - Ajusta la posición del plano para que esté bajo la esfera.

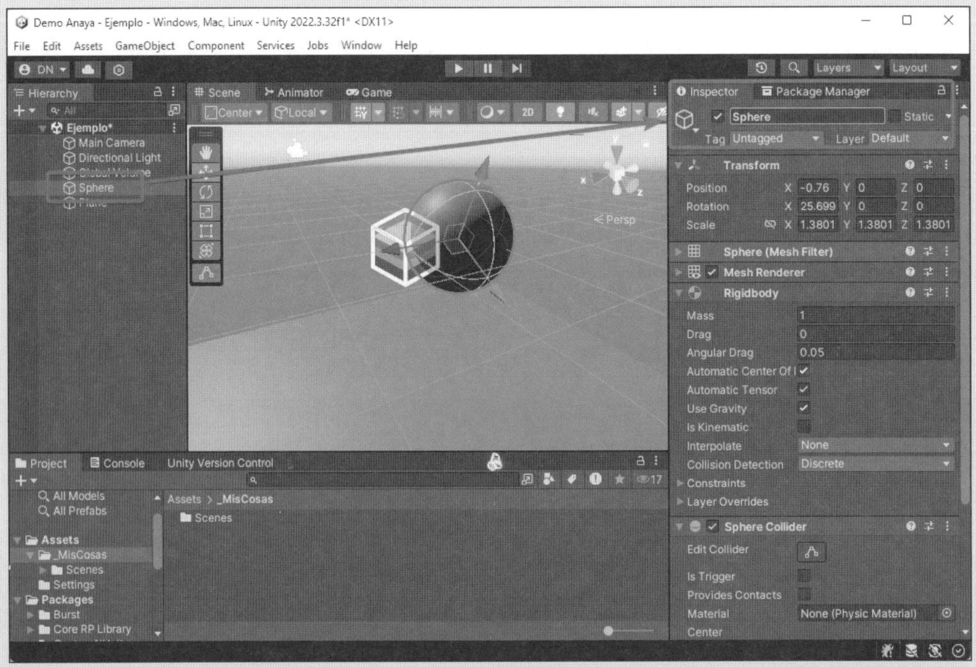

Figura 2.3. Cambio de nombre de un GameObject.

3. Añadir componente Rigidbody:
   - Con la esfera seleccionada, haz clic en Add Component en el Inspector.
   - Busca y selecciona Rigidbody. Esto añadirá física a la esfera, permitiendo que responda a la gravedad y colisiones, como se ve en la figura 2.4.
4. Probar la física:
   - Haz clic en el botón Play en la parte superior de la ventana de Unity, como se indica en la figura 2.5.
   - Observa cómo la esfera cae al suelo, gracias al componente Rigidbody que le hemos añadido.

Habrás observado que, al caer, la esfera rueda de una forma extraña. ¿Te has dado cuenta de la razón? Esto se ha hecho a propósito para mostrar la importancia de los componentes sobre un GameObject. Habíamos cambiado el Mesh Filter de Cube a Sphere, pero no hemos modificado su Collider. El GameObject Cube viene por defecto con un Box Collider. El componente Rigidbody aplica la física sobre el tipo de colisionador del GameObject, en este caso, un cubo. Para solucionar esto, simplemente elimina el componente Box Collider y añade un Sphere Collider.

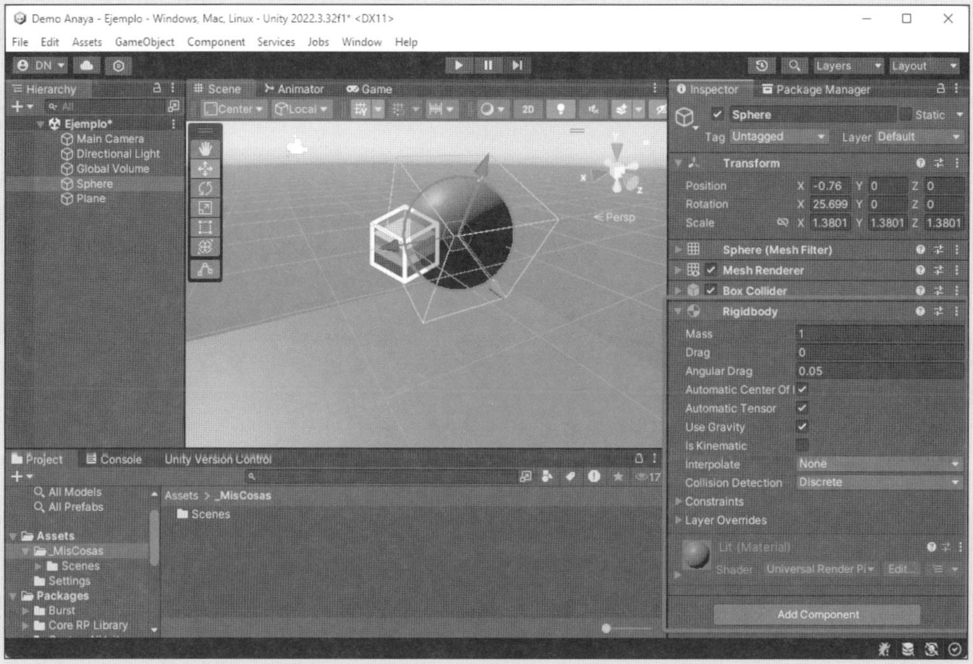

Figura 2.4. Añadiendo un componente Rigidbody en el Inspector.

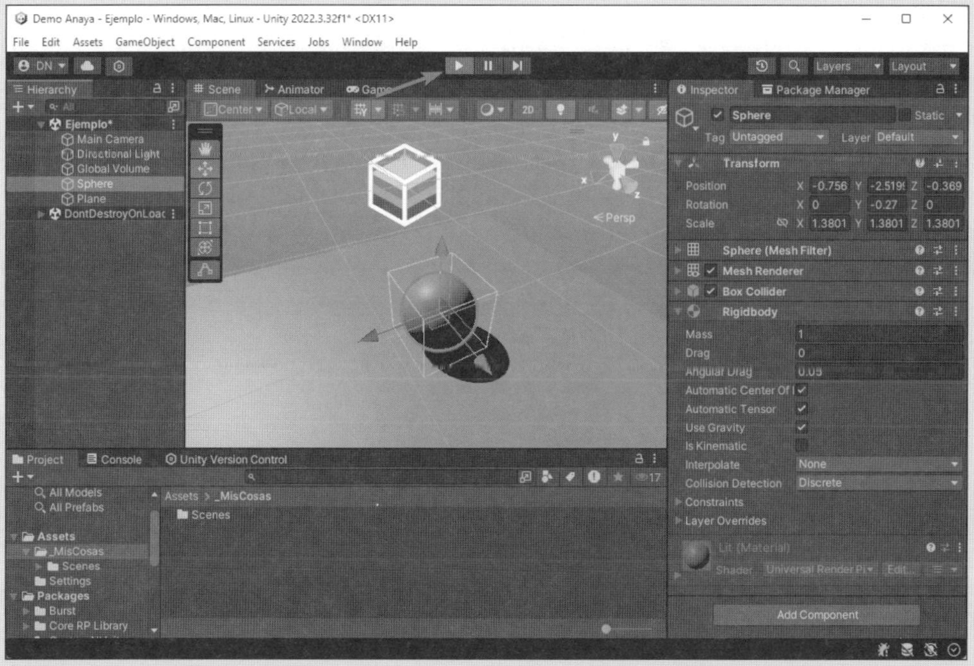

Figura 2.5. Escena en modo Play mostrando la esfera cayendo al suelo.

Además de estos componentes básicos, Unity permite crear componentes personalizados mediante *scripts* en C#. Esto es fundamental para extender la funcionalidad de los GameObjects y crear experiencias de juego únicas. A lo largo del libro, aprenderemos a escribir estos *scripts* y a añadirlos a nuestros GameObjects para dotarlos de comportamientos específicos y avanzados.

Por ejemplo, puedes crear un *script* que controle la inteligencia artificial de un enemigo, haciéndolo patrullar una zona y atacar al jugador cuando esté cerca. Otro *script* podría controlar la lógica de un puzle, verificando si el jugador ha colocado todos los objetos en el lugar correcto.

En resumen, la manipulación de componentes a través del Inspector y la creación de componentes personalizados son habilidades esenciales para cualquier desarrollador de juegos en Unity. Estas herramientas permiten construir objetos interactivos, dinámicos y complejos que hacen que el juego cobre vida.

Comprensión de las jerarquías de objetos

Los objetos complejos pueden componerse de subobjetos, cada uno con sus propios componentes. Estos subobjetos pueden estar vinculados al objeto principal y trabajar juntos para crear comportamientos específicos.

Jerarquización de objetos

Consiste en establecer relaciones padre-hijo entre objetos, de modo que los objetos hijos sigan las transformaciones del objeto padre. Por ejemplo, un sombrero como hijo de la cabeza de un personaje seguirá sus movimientos.

Podemos crear jerarquías para organizar mejor nuestra escena. Por ejemplo, en una escena podemos tener un GameObject llamado Objeto Padre, con un subobjeto llamado Objeto Hijo y, para demostrar que la jerarquía puede tener múltiples niveles de profundidad, un objeto dentro de este último llamado Objeto Nieto. Esto facilita la organización de la escena y la gestión de transformaciones de múltiples objetos relacionados, como se ve en la figura 2.6.

Figura 2.6. Ejemplo de una jerarquía con Objeto Padre, Objeto Hijo y Objeto Nieto.

EJEMPLO PRÁCTICO: AÑADIR UN CUBO HIJO A LA ESFERA

1. Crear un Cubo hijo:
   - Ve al menú GameObject y selecciona 3D Object>Cube para añadir un cubo a la escena.
   - Ajusta la posición del cubo para que esté cerca de la esfera.
2. Establecer la relación padre-hijo:
   - En la ventana de Hierarchy, arrastra el cubo y suéltalo sobre la esfera. Esto convierte al cubo en un hijo de la esfera, como se muestra en la figura 2.7.

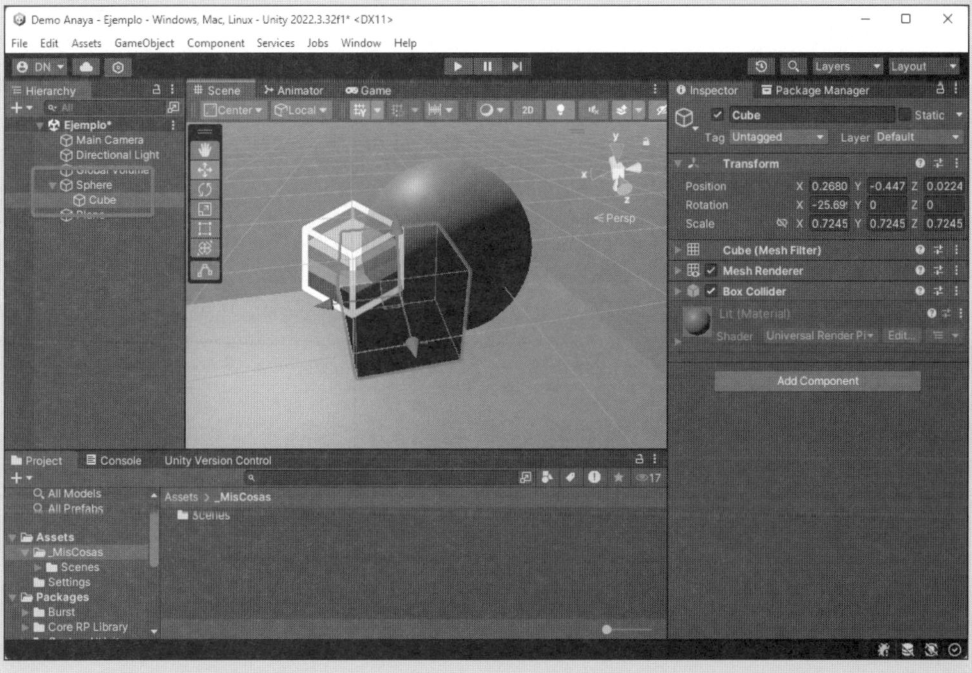

Figura 2.7. Ejemplo de jerarquía con la esfera como padre y el cubo como hijo.

3. Probar la jerarquía:
   - Haz clic en el botón Play.
   - Observa cómo, al caer la esfera, el cubo se mueve junto con ella, demostrando que el cubo sigue las transformaciones de su padre, la esfera, como se ve en la figura 2.8.

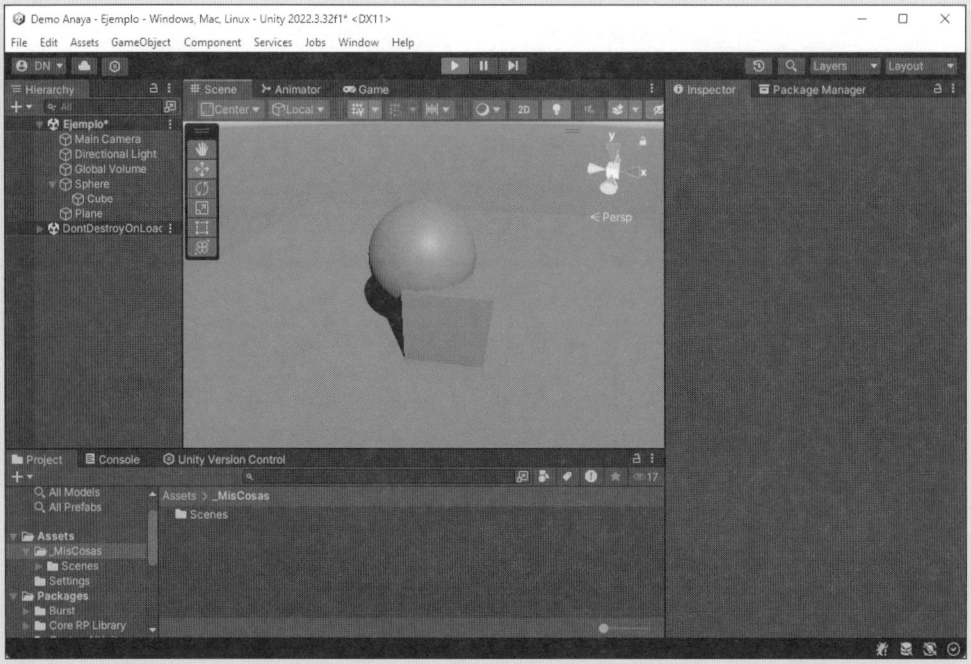

Figura 2.8. Escena en modo Play mostrando la esfera y el cubo cayendo juntos.

Este ejemplo práctico ilustra cómo los objetos hijos heredan las transformaciones de sus objetos padres, facilitando la creación de estructuras complejas y organizadas en tus escenas de Unity.

Gestión de GameObjects utilizando Prefabs

Los Prefabs permiten crear plantillas de objetos personalizados que pueden reutilizarse en varias escenas, facilitando la gestión y actualización de múltiples instancias de un mismo objeto.

Creación de Prefabs

Para crear un Prefab, simplemente arrastra tu objeto personalizado desde la ventana Hierarchy a la ventana Project, como se ve en la figura 2.9. Haremos el ejemplo práctico con el GameObject compuesto por Sphere y Cube como hijo. Esto crea un nuevo *asset* que se puede reutilizar fácilmente arrastrándolo a la escena.

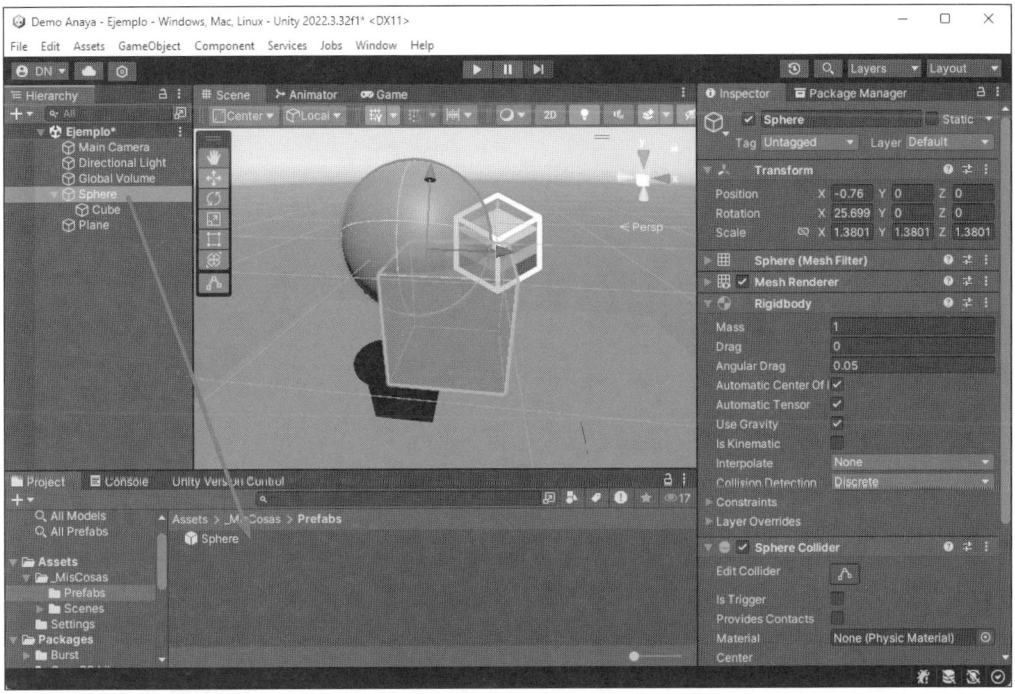

Figura 2.9. Creación de un Prefab arrastrando un objeto a la ventana de Project.

Como puedes observar, se ha creado un nuevo Prefab y se ha utilizado el nombre del GameObject padre para darle un nombre. Puedes cambiarle el nombre al que desees haciendo clic con el botón derecho sobre el Prefab y seleccionando la opción Rename. En mi caso, lo voy a llamar SphereCube.

Habrás observado que el GameObject Sphere del panel Hierarchy ha cambiado de color a azul, como se ve en la figura 2.10; esto confirma que se ha convertido en un Prefab.

Figura 2.10. GameObject Sphere convertido a Prefab.

> Como puedes observar, hemos arrastrado el GameObject al panel Project, pero, para mantener el orden y la limpieza que establecimos en el capítulo 1, he creado una carpeta llamada `Prefabs` dentro de `_MisCosas`.

Este proceso permite que cualquier cambio realizado en el Prefab se refleje en todas sus instancias, facilitando la actualización y mantenimiento del proyecto. Por ejemplo, si se ajusta la escala o se agrega un nuevo componente al Prefab, todas las instancias en la escena se actualizarán automáticamente para reflejar esos cambios.

EJEMPLO PRÁCTICO: MODIFICACIÓN DE INSTANCIAS DE PREFAB

Para entender mejor cómo funciona esta relación, vamos a añadir múltiples instancias del Prefab de SphereCube y realizar cambios en el Prefab original para ver cómo estos cambios se reflejan en todas las instancias:

1. Añadir múltiples instancias del Prefab:
   - Arrastra el Prefab de SphereCube desde el panel Project a Hierarchy varias veces para crear múltiples instancias en la escena, como se ve en la figura 2.11.

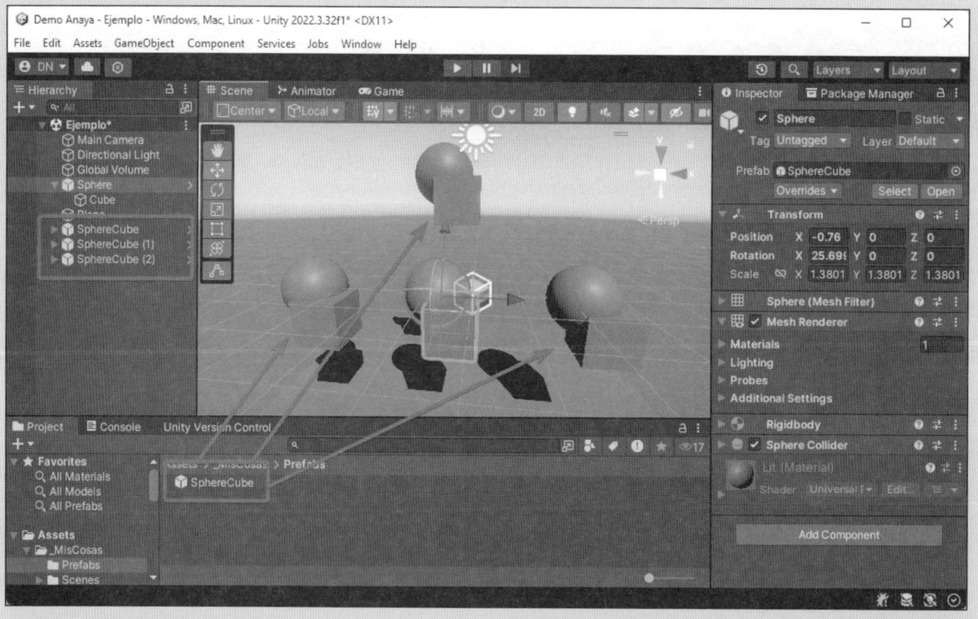

Figura 2.11. Varias instancias del Prefab SphereCube en la jerarquía.

2. Modificar el Prefab original:
   - Selecciona el Prefab original en el panel Project.
   - En el Inspector, realiza cambios, como ajustar la escala, cambiar la rotación o añadir un nuevo GameObject a la jerarquía. En mi caso he escalado el cubo hijo y lo he hecho más pequeño.

- Para confirmar los cambios, haz clic sobre el Prefab original y observa en el panel **Inspector**, verás un botón llamado **Overrides**. Ahí podrás observar si hay cambios en el Prefab pendientes de confirmar o cancelar. Haz clic sobre el botón **Apply All**, como se indica en la figura 2.12.

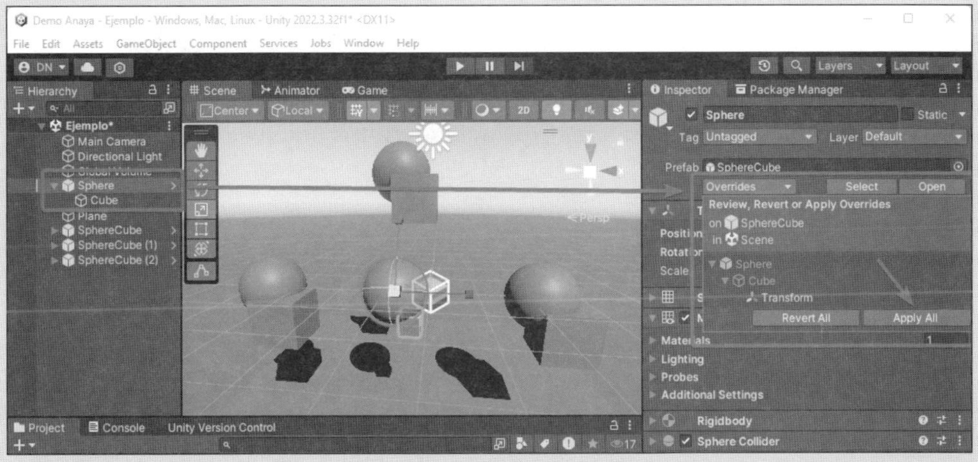

Figura 2.12. Confirmación de cambios en el Prefab SphereCube.

3. Verificar los cambios en las instancias:
   - Observa cómo todos los cambios realizados en el Prefab original se reflejan automáticamente en todas las instancias de la escena, como se ve en la figura 2.13.

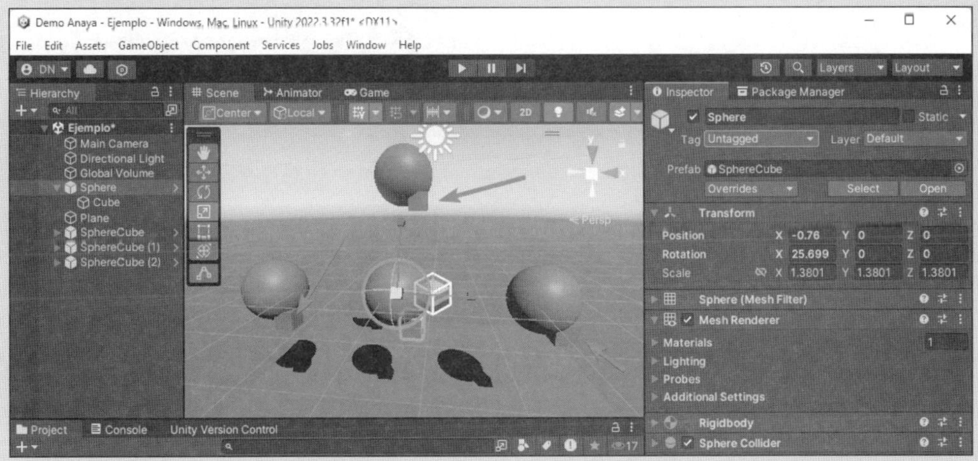

Figura 2.13. Cambios aplicados a todas las instancias del Prefab SphereCube.

Este ejemplo práctico demuestra cómo los Prefabs facilitan la gestión de múltiples objetos similares, permitiendo aplicar cambios globales de manera eficiente y mantener la consistencia en el proyecto.

Uso de variantes de Prefabs

Las variantes de Prefabs son útiles cuando necesitas crear versiones ligeramente diferentes de un mismo objeto base. Estas variantes heredan todas las propiedades del Prefab original, pero pueden tener modificaciones específicas que las distingan. Esto es especialmente útil para crear diversidad en los objetos del juego sin perder la consistencia.

EJEMPLO PRÁCTICO: CREACIÓN DE VARIANTES DE PREFABS

Para ilustrar el uso de variantes de Prefabs, seguiremos con el ejemplo del GameObject SphereCube que hemos creado anteriormente:

1. Crear una variante del Prefab:
   - En el panel Project, selecciona el Prefab SphereCube.
   - Haz clic con el botón derecho sobre el Prefab y selecciona la opción Create>Prefab Variant. Esto creará una nueva variante del Prefab, como se ve en la figura 2.14.

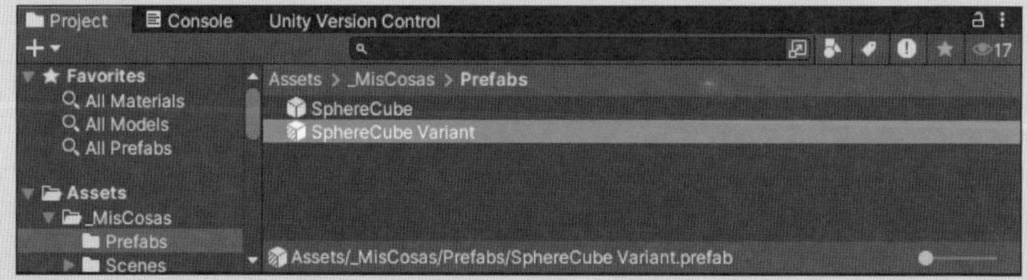

Figura 2.14. Modificación de la variante del Prefab en el Inspector.

2. Renombrar la variante:
   - Haz clic con el botón derecho sobre la nueva variante y selecciona Rename. Asigna un nombre descriptivo, por ejemplo, SphereCube_Red.
3. Modificar la variante:
   - Crearemos una carpeta llamada `Materials` dentro de nuestra raíz `_MisCosas`.
   - Haz clic con el botón derecho y selecciona Create>Material, renombra el material creado a SphereRed por ejemplo.

- Selecciona el material SphereRed y cambia el color en el panel Inspector a rojo, como se ve en la figura 2.15.

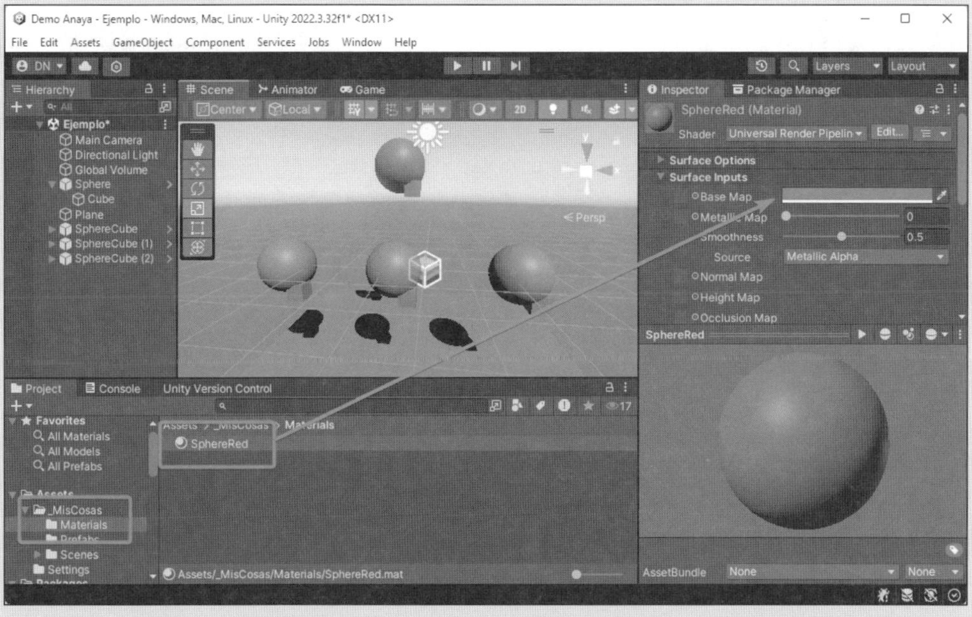

Figura 2.15. Modificación del color del material.

- Selecciona la variante SphereCube_Red en el panel Project.
- En el Inspector, localiza el componente Mesh Renderer, verás que por defecto tiene un material llamado Lit. Haz clic sobre el botón circular para abrir una ventana emergente y seleccionar el material que acabamos de crear.

4. Añadir la variante a la escena:
   - Arrastra la variante SphereCube_Red desde el panel Project a Hierarchy para añadirla a la escena, como se ve en la figura 2.17. Verás que esta variante mantiene la estructura del Prefab original, pero con las modificaciones que le has aplicado.

Un material en Unity es un *asset* que define la apariencia de un objeto. Contiene propiedades como el color, las texturas y cómo interactúa con la luz. Al asignar un material a un GameObject, determinas cómo se verá en la escena, pudiendo hacer que luzca como madera, metal, vidrio, entre otros. Por ejemplo, al cambiar el color del material de una esfera a rojo, estás editando su material.

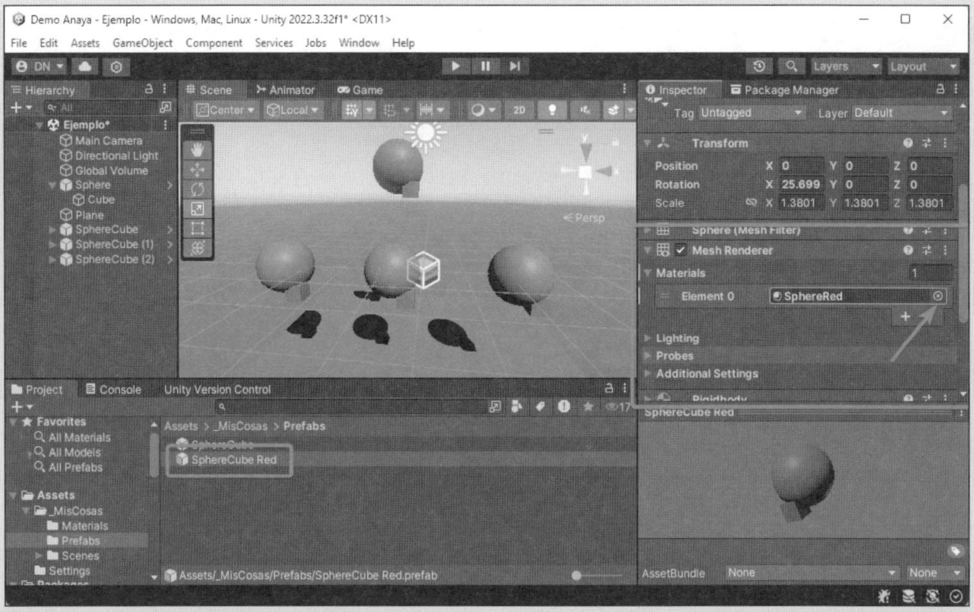

Figura 2.16. Modificación del material en el componente Mesh Renderer.

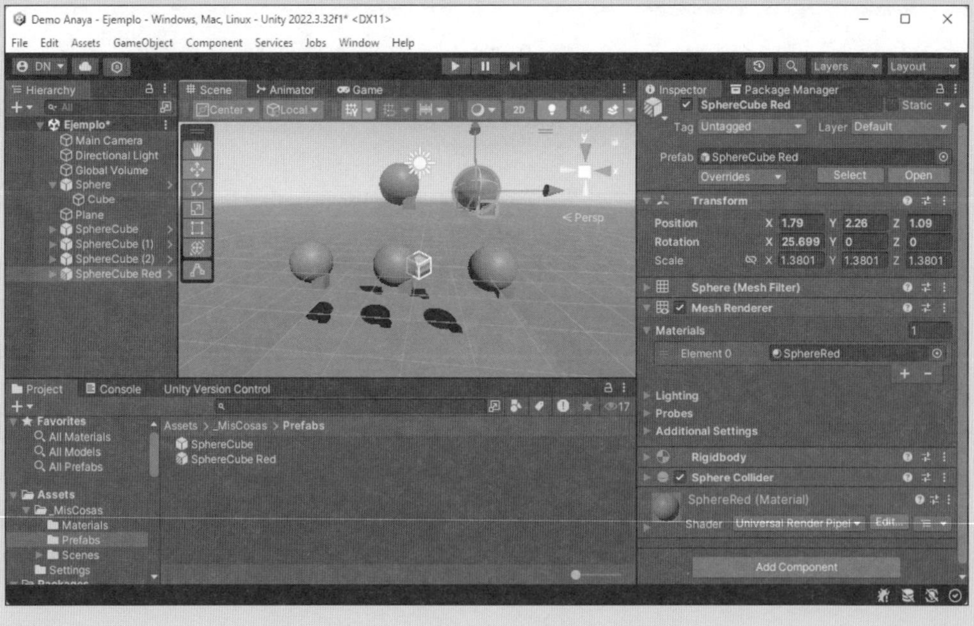

Figura 2.17. Variante del Prefab en la escena.

Las variantes de Prefabs facilitan la creación de múltiples versiones de un objeto, cada una con características específicas, sin perder la conexión con el Prefab original. Esto permite mantener una estructura organizada y eficiente, reduciendo el tiempo de desarrollo y mejorando la consistencia del proyecto.

Importación de *assets* desde el PC y la Unity Asset Store

Unity permite enriquecer tus proyectos mediante la importación de diversos tipos de *assets* desde tu PC y la Unity Asset Store. Estos *assets* pueden incluir modelos 3D, texturas, audios y otros recursos que mejorarán significativamente la calidad y funcionalidad de tus escenas. La habilidad para importar y gestionar estos *assets* es crucial para cualquier desarrollador de juegos, ya que facilita la personalización y el perfeccionamiento de los elementos del juego.

Importación desde el PC

Para importar objetos desde tu PC, sigue estos pasos:

1. Ve al menú Assets.
2. Selecciona Import New Asset.
3. Navega hasta el archivo que deseas importar y selecciona Import.

Este proceso puede usarse para importar modelos 3D, texturas, audios y otros recursos. Una vez importados, estos *assets* estarán disponibles en la ventana Project y podrás arrastrarlos a la escena o asociarlos a GameObjects específicos.

EJEMPLO PRÁCTICO: APLICAR UNA TEXTURA A UNA ESFERA

Vamos a importar una textura desde nuestro PC y aplicarla a la esfera que hemos creado anteriormente.

1. Descargar una textura:
   - Una textura es un archivo de imagen típico, como puede ser un JPG, PNG, TIFF y otros formatos más avanzados. Busca en Internet alguna textura que te guste, yo por ejemplo he buscado textura de piedra.
   - Te recomiendo la web `www.freepik.es`, ya que puedes encontrar infinidad de texturas y recursos gratuitos, como se ve en la figura 2.18.
2. Importar la textura:
   - Crea una nueva carpeta llamada `Textures` dentro de nuestra raíz `_MisCosas`, como se señala en la figura 2.19.

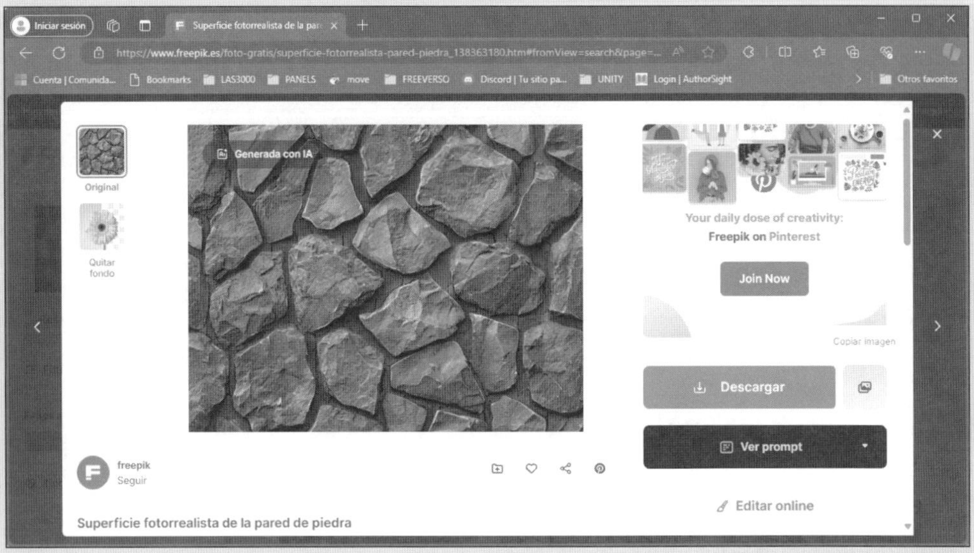

Figura 2.18. Descarga de textura en `freepik.es`.

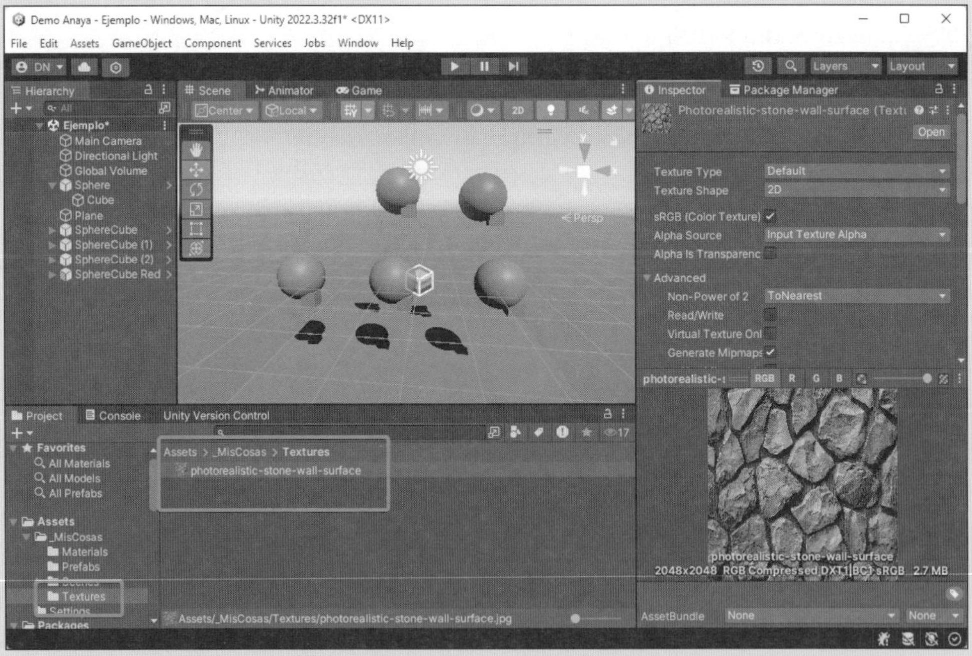

Figura 2.19. Textura descargada e importada en nuestro proyecto.

- Sigue los pasos anteriores para importar la textura descargada desde tu PC.

3. Crear un material:
   - En el panel **Project**, en la carpeta `_MisCosas/Materials`, haz clic con el botón derecho y selecciona **Create>Material**.
   - Nombra el nuevo material como **StoneMaterial**.
4. Asignar la textura al material:
   - Selecciona **StoneMaterial** en el panel **Project**.
   - En **Inspector**, encuentra la propiedad **Base Map** y haz clic en el pequeño círculo al lado para abrir el selector de texturas, como se señala en la figura 2.20.

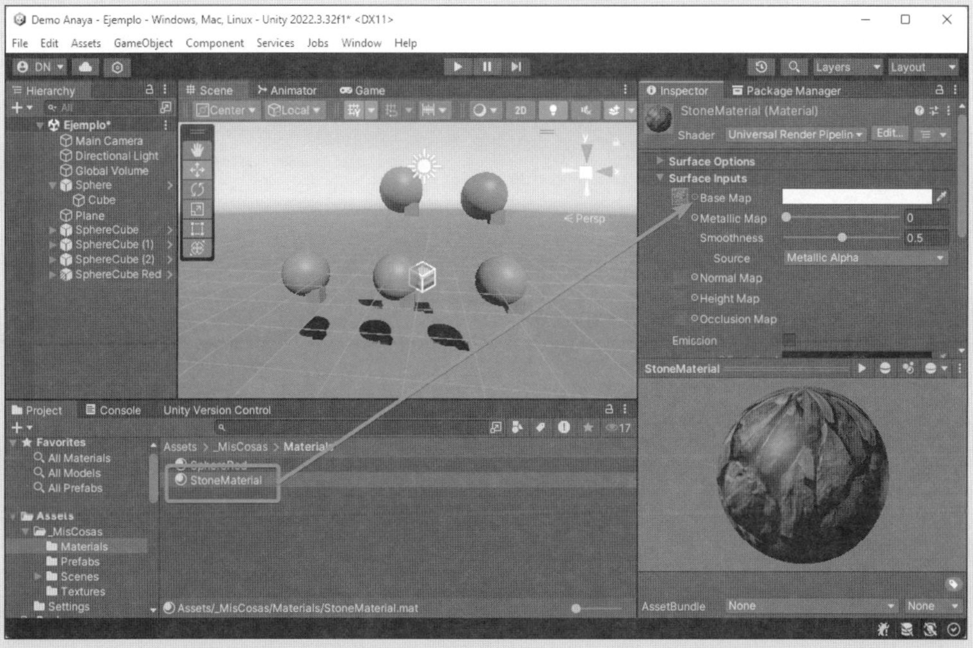

Figura 2.20. Asignación de la textura de piedra al material.

   - Selecciona la textura de piedras que importaste anteriormente.
5. Aplicar el material a la esfera:
   - Arrastra el **StoneMaterial** desde el panel **Project** hasta la esfera en la ventana **Hierarchy** o directamente sobre la esfera en la **Scene View**, como se ve en la figura 2.21.

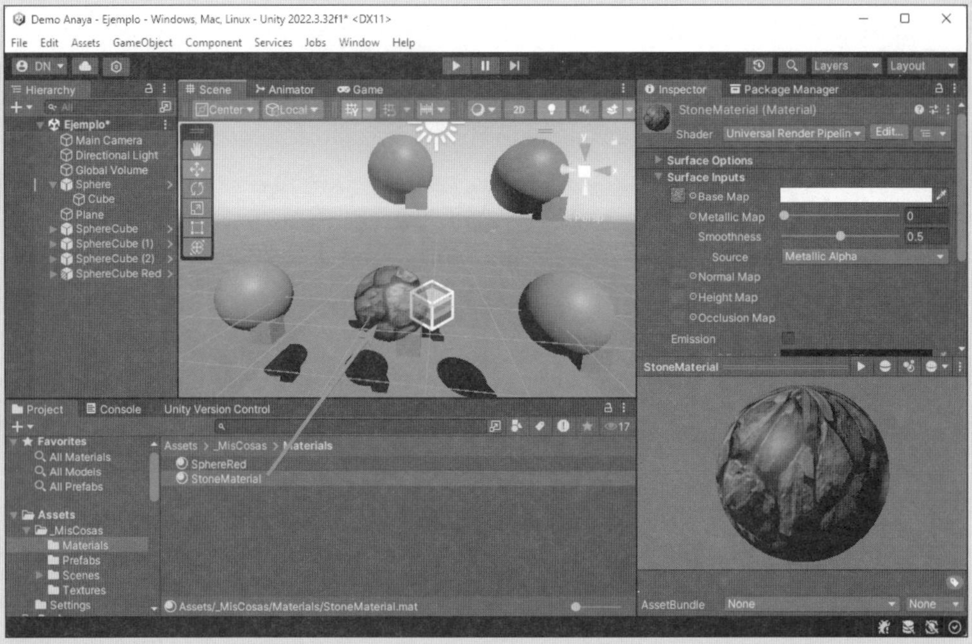

Figura 2.21. Aplicación del material a la esfera.

Ahora verás cómo la esfera adquiere la apariencia de piedras gracias a la textura aplicada a su material. Este proceso de importar y asignar texturas permite personalizar los objetos en tu escena y darles un aspecto más detallado y realista.

Importación desde la Unity Asset Store

La Unity Asset Store ofrece una amplia variedad de *assets* gratuitos y de pago que puedes utilizar en tus proyectos. Para importar objetos desde la Unity Asset Store:

1. Abrir la Unity Asset Store:
   - En tu navegador, dirígete a `https://assetstore.unity.com`.
   - Asegúrate de estar identificado con la misma cuenta que usaste para iniciar sesión en Unity Hub; de lo contrario, no habrá sincronización entre Unity Asset Store y Unity.
2. Buscar y añadir al carrito:
   - Utiliza la barra de búsqueda para encontrar el *asset* que deseas.
   - Puedes filtrar por precio de menor a mayor, esto te ayudará a mostrar los *assets* gratuitos en primer lugar.

3. Completar la compra y descargar:
   - Haz clic sobre el *asset* que hayas encontrado para acceder a la página de detalle.
   - Si el *asset* es gratuito, simplemente haz clic sobre el botón Add to My Assets; si es de pago, completa el proceso de compra y luego haz clic en el botón Add to My Assets.
4. Importar el *asset*:
   - Tras hacer clic en el botón Add to My Assets, te aparecerá una ventana en Unity Asset Store invitándote a añadir el *asset* en tu proyecto Unity. Haz clic sobre el botón Open in Unity, como se ve en la figura 2.22.

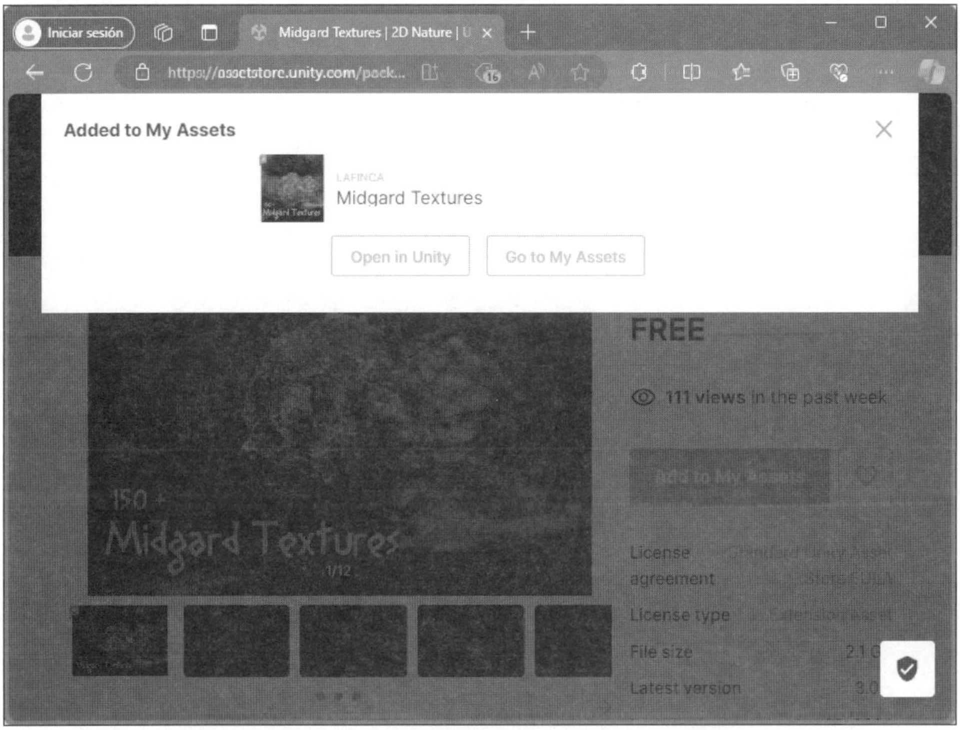

Figura 2.22. Proceso de importación desde la Unity Asset Store.

Al buscar texturas en la Unity Asset Store, asegúrate de verificar que sean compatibles con el Universal Render Pipeline (URP), que es el motor que estamos utilizando en este proyecto. Puedes encontrar esta información en la descripción del *asset* o en la sección de detalles técnicos. Asegúrate de que el *asset* indique explícitamente la compatibilidad con URP para evitar problemas de integración.

- Inmediatamente Unity cargará en Unity Package Manager el *asset* adquirido, es momento de descargarlo y añadirlo al proyecto, como se muestra en la figura 2.23.

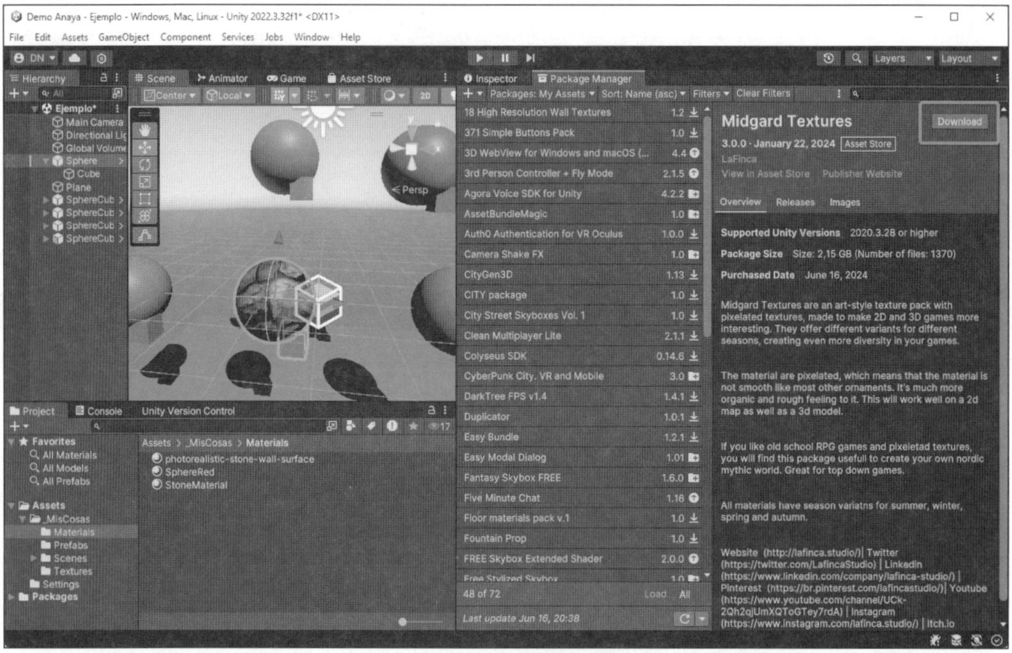

Figura 2.23. Descarga del *asset* en Package Manager.

- Tras completarse la descarga, el botón Download será reemplazado por otro llamado Import. Haz clic sobre él para completar la importación en el proyecto. Verás a continuación una ventana modal de confirmación con los elementos que van a añadirse al proyecto, como se ve en la figura 2.24.

Ahora, si observas el panel Project, verás que se ha creado una carpeta nueva, tendrá normalmente el nombre del *asset* o del estudio que lo ha creado.

En mi caso, he descargado un *asset* de texturas gratuitas, por lo que, para usarlas en nuestros objetos, tendremos que utilizar los materiales; tan solo tenemos que arrastrarlos y soltarlos en el objeto que queramos o seleccionarlo en el componente Mesh Renderer, tal y como vimos en la figura 2.15.

Problema común con materiales

Es común que los materiales importados desde la Unity Asset Store aparezcan rosas, incluso si son compatibles con URP, como se ve en la figura 2.25. Esto suele ocurrir debido a discrepancias en la configuración de los *shaders*.

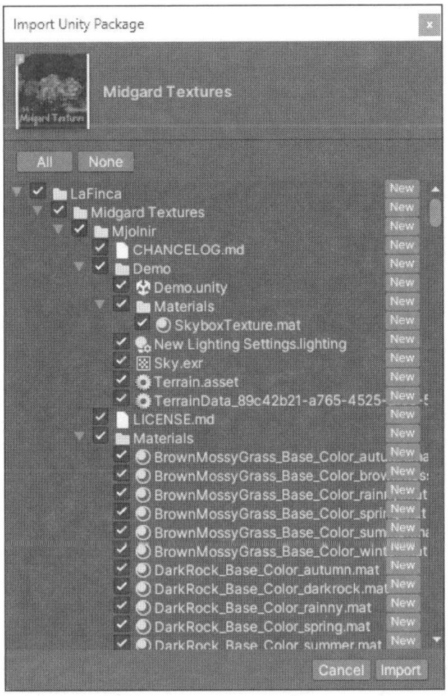

Figura 2.24. Ventana de confirmación de importación de elementos.

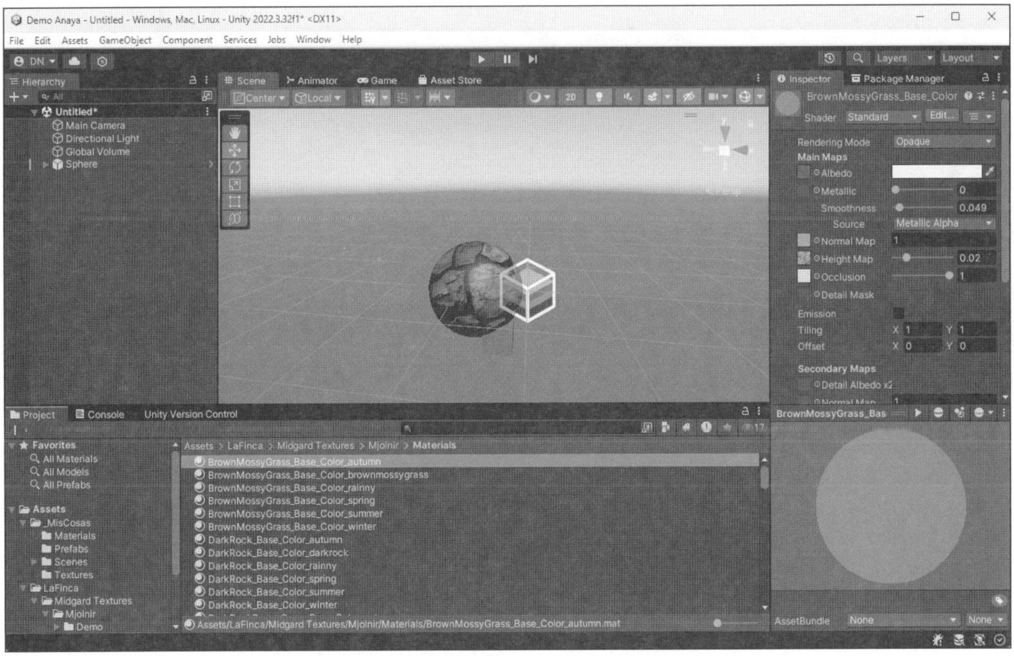

Figura 2.25. Previsualización de material antes de la conversión a URP.

Para solucionar este problema, puedes convertir los materiales a URP siguiendo estos pasos:

1. Selecciona el material o los materiales rosas en el panel Project.
2. Ve al menú Edit>Rendering>Materials>Convert Selected Materials to URP.

Una vez convertido, en la figura 2.26, el problema ha quedado resuelto y puedes hacer uso de los materiales descargados; puedes experimentar añadiendo estos materiales a las esferas creadas.

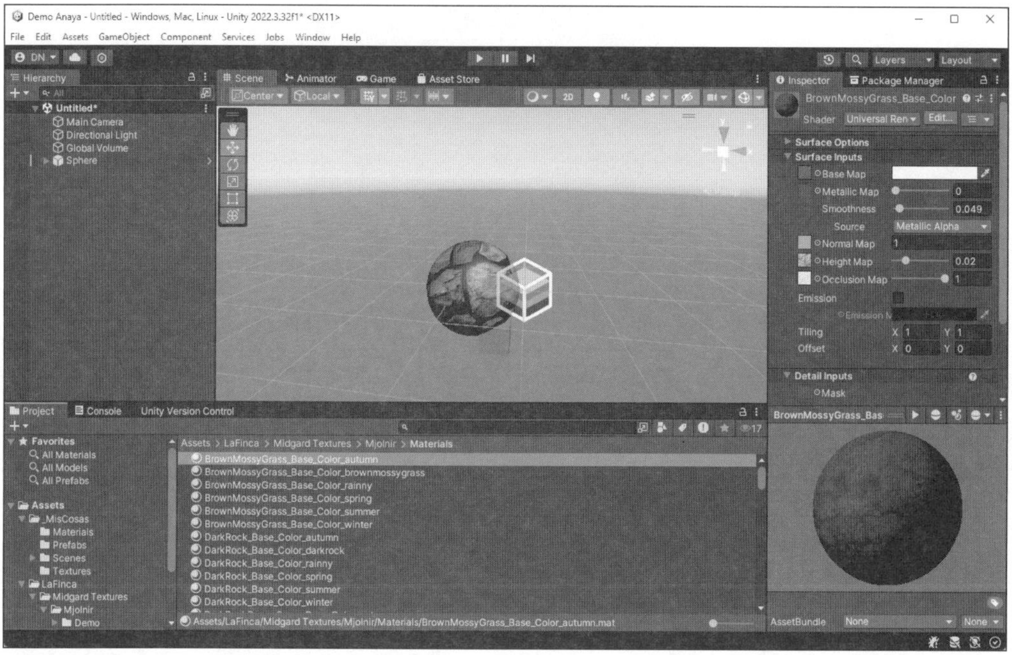

Figura 2.26. Previsualización de material convertido a URP.

Uso del Package Manager

Además de la Unity Asset Store, Unity ofrece el Package Manager para gestionar e importar paquetes oficiales y de terceros que añaden funcionalidades adicionales a tu proyecto:

1. Abrir el Package Manager:
   - Ve al menú Window y selecciona Package Manager. Se abrirá una ventana donde podrás ver todos los paquetes disponibles.

2. Buscar paquetes:
   - Usa el filtro para buscar paquetes específicos o explora las categorías disponibles. Puedes buscar tanto paquetes instalados como los disponibles en línea, como se ve en la figura 2.27.

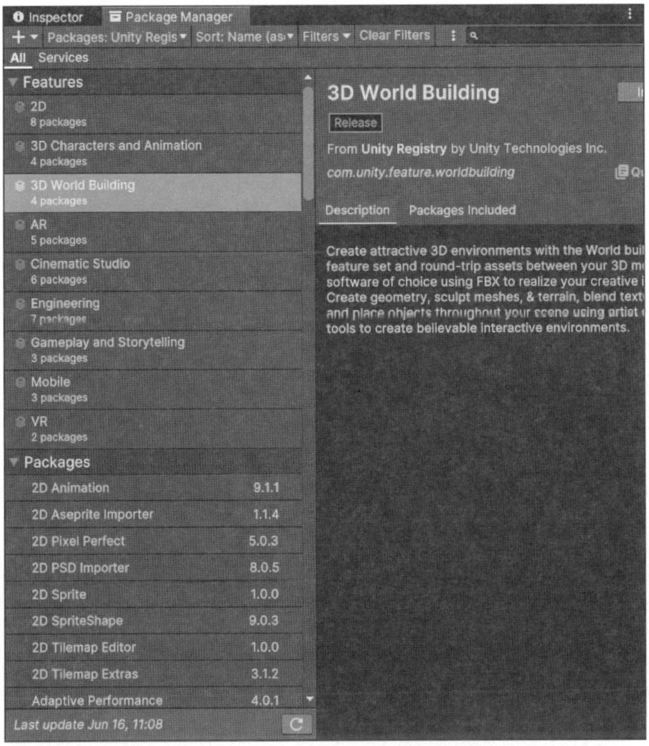

Figura 2.27. Vista previa de Package Manager.

3. Instalar paquetes:
   - Selecciona el paquete que deseas instalar y haz clic en el botón Install. Esto añadirá el paquete a tu proyecto, y podrás ver los nuevos *assets* y herramientas disponibles en la ventana Project.

La capacidad de importar y gestionar *assets* desde el PC, la Unity Asset Store y el Package Manager es fundamental para enriquecer tus proyectos en Unity. A través de estos métodos, puedes añadir modelos, texturas, audios y funcionalidades adicionales que mejorarán la calidad y la eficiencia de tu desarrollo de juegos. A lo largo del libro, iremos añadiendo *assets* desde el Package Manager, por lo que por ahora es suficiente con saber cómo funciona y para qué sirve.

Guardado de escenas y proyectos

Guardar el progreso en Unity implica salvar no solo las escenas, sino también todos los cambios realizados en los *assets* del proyecto. Esto asegura que todo tu trabajo esté respaldado y que puedas continuar desde donde lo dejaste en cualquier momento. Aquí te explicamos cómo hacerlo:

1. Guardar la escena actual:
   - Haz clic en File>Save para guardar la escena en la que estás trabajando. Esto asegura que todos los cambios en la disposición de la escena, incluidos los objetos y sus propiedades, se guarden correctamente.
2. Guardar el proyecto completo:
   - Haz clic en File>Save Project para guardar todos los cambios realizados en los *assets* del proyecto. Esto incluye materiales, texturas, modelos, *scripts* y cualquier otro *asset* añadido o modificado.
3. Guardar automático y manual:
   - Unity no guarda automáticamente los cambios en las escenas o proyectos. Es buena práctica guardar tu trabajo regularmente utilizando los métodos mencionados.
   - Considera configurar atajos de teclado personalizados para guardar rápidamente (por defecto, **Control-S** o **Comando-S** para guardar la escena).
4. Gestionar versiones con control de versiones:
   - Para proyectos más grandes, es recomendable usar sistemas de control de versiones como Git. Esto te permite llevar un registro de todos los cambios realizados en tu proyecto, revertir cambios si es necesario y colaborar con otros desarrolladores de manera eficiente.
   - Integrar Unity con servicios como GitHub o Bitbucket puede ser muy útil. Unity proporciona paquetes específicos para facilitar esta integración.

Guardar tu progreso de manera regular y eficiente es una parte esencial del desarrollo en Unity. Asegúrate de adoptar buenas prácticas para evitar la pérdida de datos y garantizar la continuidad de tu trabajo.

En este capítulo, hemos aprendido a manipular componentes y jerarquías de GameObjects, y el uso de Prefabs para mantener la consistencia y eficiencia en nuestros proyectos. También hemos explorado cómo importar *assets* desde el PC y la Unity Asset Store, y cómo guardar nuestro progreso de manera efectiva. Estos conocimientos son esenciales para cualquier desarrollador que desee crear proyectos complejos en Unity.

En el próximo capítulo, nos adentraremos en la creación y manipulación de terrenos, incluyendo la generación de paisajes y la aplicación de texturas y vegetación, y aprenderemos a utilizar herramientas adicionales y técnicas avanzadas para mejorar aún más nuestros proyectos en Unity.

3

INTRODUCCIÓN A C# Y VISUAL SCRIPTING

Introducción

Unity viene equipado con una amplia gama de herramientas que ayudan a resolver problemas comunes en el desarrollo de videojuegos, como hemos visto hasta ahora. No obstante, cada juego tiene características únicas que requieren soluciones específicas que Unity no puede resolver con sus componentes predefinidos. Por esta razón, es necesario utilizar *scripts*. En este capítulo, exploraremos las dos opciones principales de *scripting* en Unity: C# y la programación visual (Visual Scripting). Evaluaremos sus ventajas y desventajas, y discutiremos los conocimientos básicos necesarios para comenzar a desarrollar juegos con ambas herramientas. A partir de aquí, aprenderemos a implementar todos nuestros *scripts* utilizando estas dos opciones; una vez los conozcas, podrás utilizar el sistema que más te guste.

Exploraremos los siguientes conceptos:

- Introducción a la programación con *scripts*.
- Creación de *scripts*.
- Uso de eventos e instrucciones.
- Trucos y consejos de C# para principiantes.

Introducción a la programación con *scripts*

En este capítulo, aprenderemos a desarrollar nuestros propios componentes en Unity, comprendiendo la estructura fundamental de un *script* y cómo ejecutar acciones y exponer propiedades tanto con C# como con la programación visual. En lugar de desarrollar código de juego real, nos enfocaremos en crear *scripts* de ejemplo que establecerán las bases para el próximo capítulo. Comencemos examinando las opciones de *scripting* en Unity.

Opciones de *scripting* en Unity

Unity nos proporciona herramientas para ampliar sus capacidades mediante la codificación. Una de las formas principales de hacerlo es utilizando C#, un lenguaje de programación versátil y potente. Además de C#, Unity ofrece la opción de programación visual, que permite crear *scripts* utilizando una interfaz gráfica de nodos, como se ve en la figura 3.1.

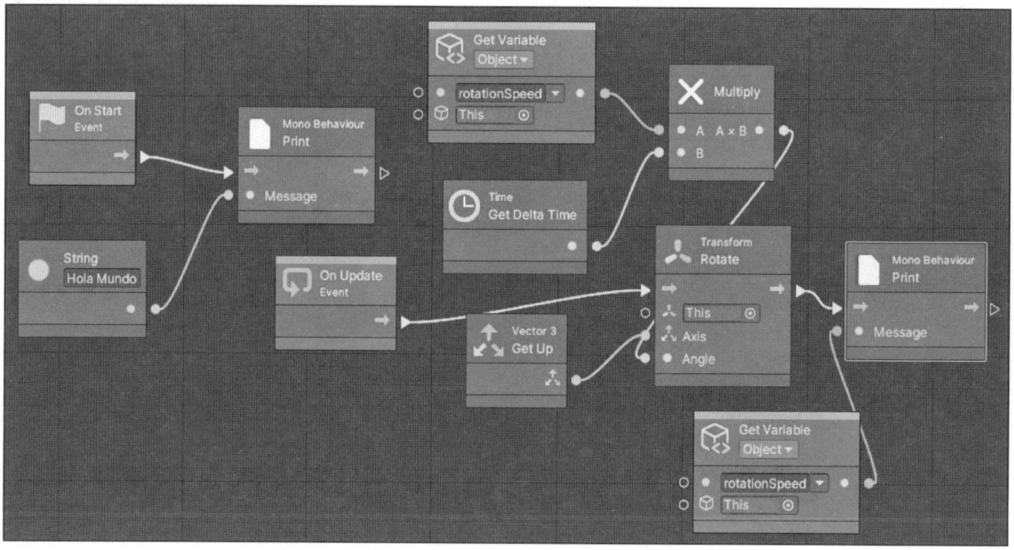

Figura 3.1. Ejemplo de un gráfico de Visual Scripting.

Esto facilita la creación de *scripts* sin necesidad de escribir código, simplemente arrastrando y soltando nodos que representan acciones encadenables.

Ambas opciones pueden lograr resultados similares, pero son adecuadas para diferentes propósitos. Por lo general, la lógica central de un juego se implementa en C# debido a su eficiencia y capacidad de manejar grandes volúmenes de código de manera eficiente. No obstante, los *scripts* visuales son ideales para que los artistas y diseñadores de juegos, que pueden no tener experiencia en programación, realicen ajustes menores y experimenten con el equilibrio del juego o efectos visuales.

Además, la programación visual es perfecta para niños que desean iniciarse en el desarrollo de videojuegos y para personas que no saben programar, ya que permite comprender los conceptos básicos del *scripting* sin necesidad de escribir código complejo.

Un caso práctico es cuando los diseñadores de juegos prototipan ideas usando *scripts* visuales, que luego los programadores convierten en *scripts* de C# una vez aprobadas. Además, los programadores pueden crear nodos personalizados en C# para ser utilizados por los diseñadores en la programación visual.

La combinación de estas herramientas varía entre los equipos de desarrollo. Aunque en los próximos capítulos nos centraremos principalmente en C#, también presentaremos las versiones equivalentes en programación visual de los *scripts* que desarrollaremos. Así, podrás decidir cuándo es más conveniente utilizar una u otra opción, adaptándose a la estructura y necesidades de tu equipo.

Creación de *scripts*

Para empezar a desarrollar un comportamiento específico en Unity, el primer paso es crear recursos de *script*. Estos recursos son archivos que contienen la lógica que define el comportamiento de nuestros componentes. Tanto C# como la programación visual en Unity requieren sus propios tipos de activos para llevar a cabo esta tarea. Vamos a profundizar en cómo crear estos recursos utilizando ambas herramientas.

Este libro supone que ya tienes algún conocimiento previo de programación. Sin embargo, en esta primera sección, abordaremos la estructura básica de un *script* para asegurarnos de que tengas una base sólida antes de avanzar hacia la codificación de comportamientos más complejos en los próximos capítulos. Incluso si ya estás familiarizado con C#, es recomendable no saltarse esta sección, ya que discutiremos las estructuras de código específicas de Unity.

Temas que abordaremos en esta sección:

- Configuración inicial.
- Creación de un *script* en C#.
- Creación de un gráfico de Visual Scripting.

Antes de adentrarnos en la creación de *scripts*, es crucial asegurarnos de que nuestro entorno de desarrollo esté configurado adecuadamente. Este paso preliminar nos garantiza que tendremos todas las herramientas necesarias para escribir, depurar y gestionar nuestros *scripts* de manera eficiente. En este libro, utilizaremos exclusivamente Visual Studio como nuestro entorno de desarrollo integrado (IDE). Visual Studio ofrece características avanzadas como coloreado de sintaxis, autocompletado y capacidades de depuración, lo que facilita enormemente el proceso de desarrollo.

Un entorno de desarrollo integrado (IDE, por sus siglas en inglés, *Integrated Development Environment*) es una herramienta esencial para los desarrolladores de software, que proporciona un conjunto completo de funciones y utilidades para facilitar la programación. Un IDE típicamente incluye un editor de código fuente con características avanzadas como el coloreado de sintaxis y el autocompletado, un depurador para detectar y corregir errores, y un compilador o intérprete para traducir el código en ejecutable. Además, ofrece un explorador de proyectos para gestionar archivos y directorios, y herramientas de control de versiones para colaborar y rastrear cambios en el código. Ejemplos populares de IDE son Visual Studio, Visual Studio Code, Android Studio o XCode, entre otros. En el contexto de Unity, se recomienda el uso de Visual Studio Community debido a su excelente integración y soporte para C# y las herramientas específicas de Unity.

Cuando instalas una versión de Unity, Unity Hub te ofrece la opción de instalar Visual Studio Community. Esta opción hace que la instalación sea muy intuitiva y directa, lo cual no sucede si decides utilizar un editor de terceros. Configurar Unity para que reconozca y utilice Visual Studio garantiza una integración fluida entre la edición de código y el entorno de desarrollo de Unity. Con una configuración correcta, estaremos preparados para iniciar la creación de *scripts* y desarrollar componentes personalizados para nuestros proyectos de juego.

Configuración inicial

Unity incluye el soporte para Visual Scripting de serie. Esto facilita el proceso de inicio, ya que las herramientas de Visual Scripting están listas para usarse desde el momento en que se crea un nuevo proyecto.

Ahora, centrémonos en la configuración necesaria para trabajar con C#. Es fundamental entender cómo Unity maneja la compilación del código. A diferencia de otros entornos donde el IDE se usa para escribir, compilar y ejecutar código, en Unity, el IDE sirve principalmente para facilitar la escritura de *scripts* con funcionalidades como el coloreado de sintaxis y el autocompletado. Unity se encarga de detectar y compilar automáticamente cualquier cambio realizado en los *scripts* dentro del proyecto, por lo que no es necesario compilar manualmente el código en el IDE. Aunque no se compile ni ejecute el código directamente en el IDE, se pueden utilizar herramientas de depuración, puntos de interrupción y verificación de datos en variables y estructuras utilizando el IDE en conjunto con Unity.

Para desarrollar en Unity, recomendamos utilizar Visual Studio, un IDE potente y gratuito que se integra perfectamente con Unity. Durante la instalación de Unity a través de Unity Hub, se te ofrece la opción de instalar Visual Studio Community automáticamente. Esta opción facilita una instalación intuitiva y asegura que tengas todas las herramientas necesarias configuradas correctamente. Si no seleccionaste Visual Studio durante la instalación inicial de Unity, puedes instalarlo posteriormente siguiendo unos simples pasos:

1. Abre Unity Hub y ve a la sección Installs.
2. Haz clic en el botón de la rueda en la parte superior derecha de la versión de Unity que estás utilizando y selecciona Add Modules, como se ve en la figura 3.2.

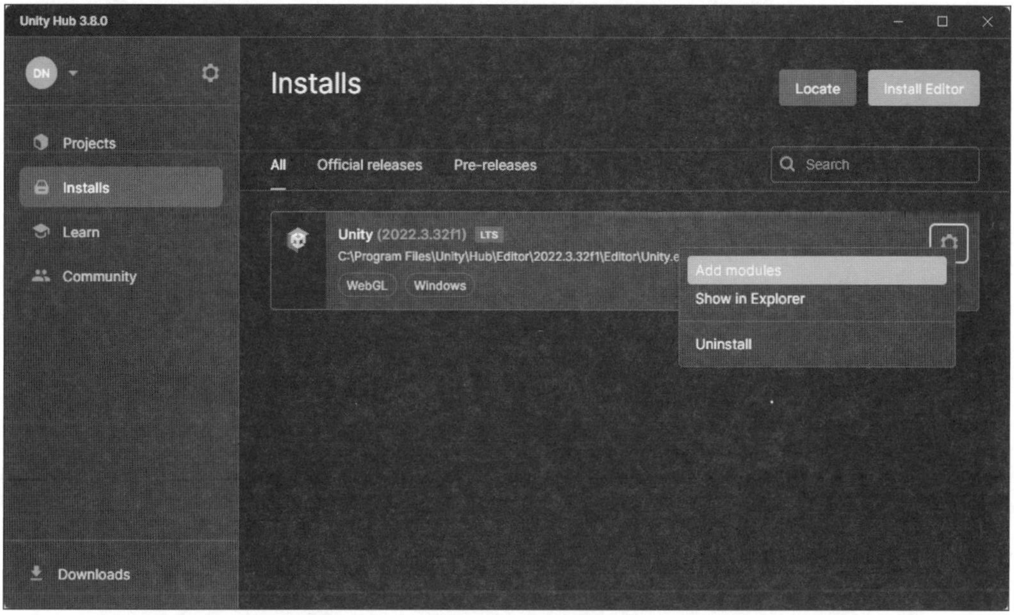

Figura 3.2. Añadir un módulo a la instalación de Unity.

3. Marca la opción Microsoft Visual Studio Community 2019; la descripción de la opción variará según la versión de Unity y la plataforma que estés utilizando.
4. Haz clic en el botón Continue en la parte inferior derecha, como se ve en la figura 3.3.
5. Acepta los términos y condiciones y haz clic en Instalar.

Ahora que tenemos un IDE configurado, vamos a configurar Unity para que, cuando guardes un cambio en el *script*, Unity lo detecte automáticamente y lo aplique.

Para hacer esto, simplemente ve al menú Edit>Preferences, busca la opción Auto Refresh dentro del menú Asset Pipeline y cambia su valor a Enabled, como se indica en la figura 3.4.

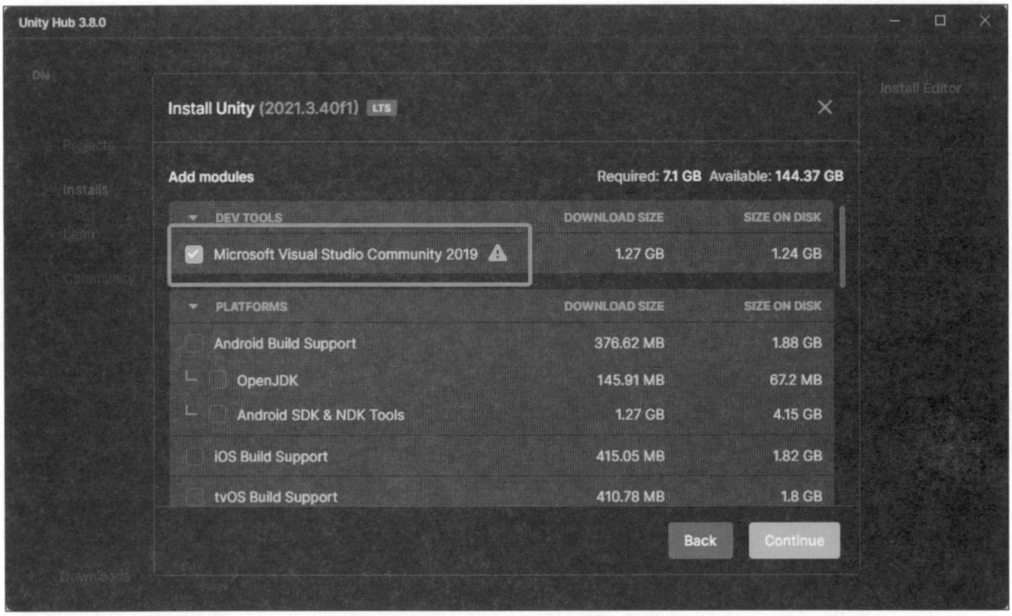

Figura 3.3. Instalación de Visual Studio.

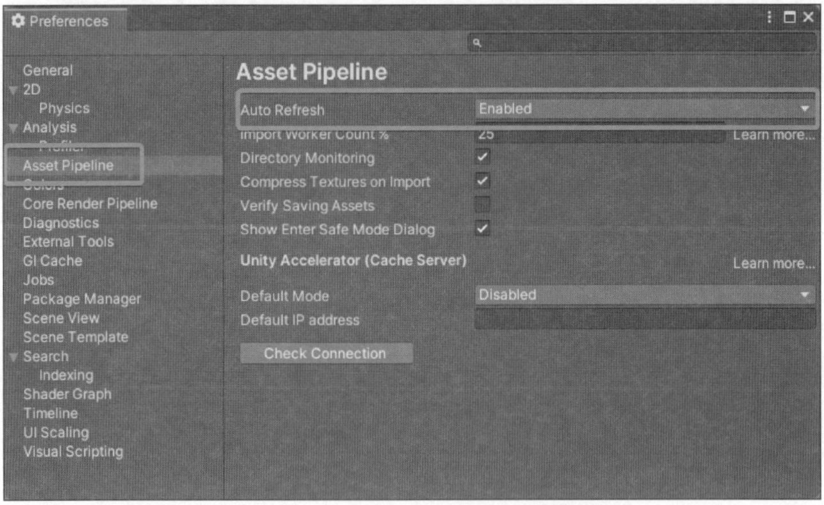

Figura 3.4. Activar la opción Auto Refresh.

Creación de un *script* en C#

C# es un lenguaje de programación orientado a objetos, ideal para extender las capacidades de tus objetos del juego. Cuando queremos agregar nuevas funcionalidades o comportamientos personalizados en Unity, necesitamos escribir *scripts* que definan estas acciones. Estos *scripts* se organizan como clases y, para integrarlos adecuadamente en Unity, deben heredar de una clase base llamada `MonoBehaviour`, que proporciona las funciones esenciales para los componentes de Unity.

Antes de comenzar a programar nuestro primer *script*, vamos a ver rápidamente el cómo funciona el ciclo de vida de una clase `MonoBehaviour`.

Ciclo de vida de los *scripts* en Unity

El ciclo de vida de los *scripts* en Unity se refiere a las fases y métodos específicos que un *script* sigue desde su inicio hasta su desactivación o destrucción. Comprender este ciclo es crucial para desarrollar comportamientos y lógica de juego eficientes. A continuación, se describen las etapas clave del ciclo de vida de los *scripts* en Unity:

- `Awake()`:
  - **Descripción:** El método `Awake()` se llama cuando el *script* se instancia por primera vez. Este método se ejecuta antes de cualquier otro método del ciclo de vida del *script*.
  - **Uso:** Se utiliza para inicializar variables y estados que dependen de otros componentes, ya que `Awake()` se llama incluso si el objeto está desactivado.
- `OnEnable()`:
  - **Descripción:** `OnEnable()` se llama cada vez que el objeto al que está adjunto el *script* se habilita.
  - **Uso:** Ideal para restablecer valores o iniciar comportamientos que deben ejecutarse cada vez que el objeto se activa.
- `Start()`:
  - **Descripción:** `Start()` se llama antes del primer *frame* en que el *script* se ejecuta, después de `Awake()` y `OnEnable()`.
  - **Uso:** Se utiliza para inicializar cualquier configuración que dependa de que otros *scripts* y objetos hayan sido inicializados.
- `FixedUpdate()`:
  - **Descripción:** `FixedUpdate()` se llama a intervalos de tiempo fijos y es adecuado para la física.
  - **Uso:** Se usa para actualizar la física del juego, ya que proporciona un tiempo de actualización constante.
- `Update()`:
  - **Descripción:** `Update()` se llama una vez por *frame*.
  - **Uso:** Es el método principal para implementar la lógica de juego de forma continua, como la detección de entradas del usuario, el movimiento de objetos y las verificaciones de estados.

- `LateUpdate()`:
  - **Descripción:** `LateUpdate()` se llama después de cada ejecución del método `Update()`.
  - **Uso:** Ideal para tareas que dependen de las actualizaciones realizadas en `Update()`.
- `OnDisable()`:
  - **Descripción:** `OnDisable()` se llama cada vez que el objeto se desactiva.
  - **Uso:** Se utiliza para detener comportamientos que solo deben estar activos mientras el objeto está habilitado.
- `OnDestroy()`:
  - **Descripción:** `OnDestroy()` se llama cuando el objeto está a punto de ser destruido.
  - **Uso:** Ideal para limpiar recursos y referencias, como eliminar *listeners* o cancelar suscripciones de eventos.

Estos métodos permiten a los desarrolladores controlar de manera precisa cómo y cuándo se ejecutan las distintas partes del código, garantizando que los *scripts* respondan correctamente a los cambios en el estado del juego y los objetos.

Creación de nuestro primer *script*

Crear *scripts* de C# en Unity es sencillo y se puede hacer directamente en el editor de Unity. Estos *scripts* se gestionan como archivos dentro del proyecto y pueden organizarse en carpetas junto a otros recursos del proyecto. Aquí te mostramos los pasos básicos para crear un *script* en Unity:

1. En el panel Project, navega hasta Assets>_MisCosas y crea la carpeta `Scripts`.
2. Haz clic con el botón derecho del ratón dentro de la carpeta `Scripts`.
3. Selecciona Create>C# Script.
4. Nombra el *script* **MiPrimerScript**.
5. Haz doble clic en MiPrimerScript, se abrirá automáticamente en Visual Studio.
6. Reemplaza el contenido del *script* con el siguiente código:

```
using UnityEngine;

public class MiPrimerScript : MonoBehaviour
{
    // Velocidad de rotación
    public float rotationSpeed = 100f;

    // Update se llama una vez por frame
    void Update()
    {
```

```
        // Rotar la esfera alrededor del eje Y
        transform.Rotate(Vector3.up, rotationSpeed * Time.deltaTime);
    }
}
```

Para aplicar los cambios, simplemente guarda el archivo en el IDE (generalmente presionando **Control-S** o **Comando-S**) y regresa a Unity. Al hacer esto, notarás una pequeña rueda de carga en la parte inferior derecha del editor, lo que indica que Unity está compilando el código. No puedes probar los cambios hasta que la rueda deje de girar.

7. En el panel Hierarchy, selecciona nuestro objeto Sphere.
8. En el panel Inspector, haz clic en el botón Add Component.
9. Escribe **MiPrimerScript** en el buscador y selecciona el primer resultado. Alternativamente, puedes arrastrar directamente el *script* MiPrimerScript desde la carpeta `Scripts` en el panel Project hasta el Inspector del objeto Sphere, como se ve en la figura 3.5.

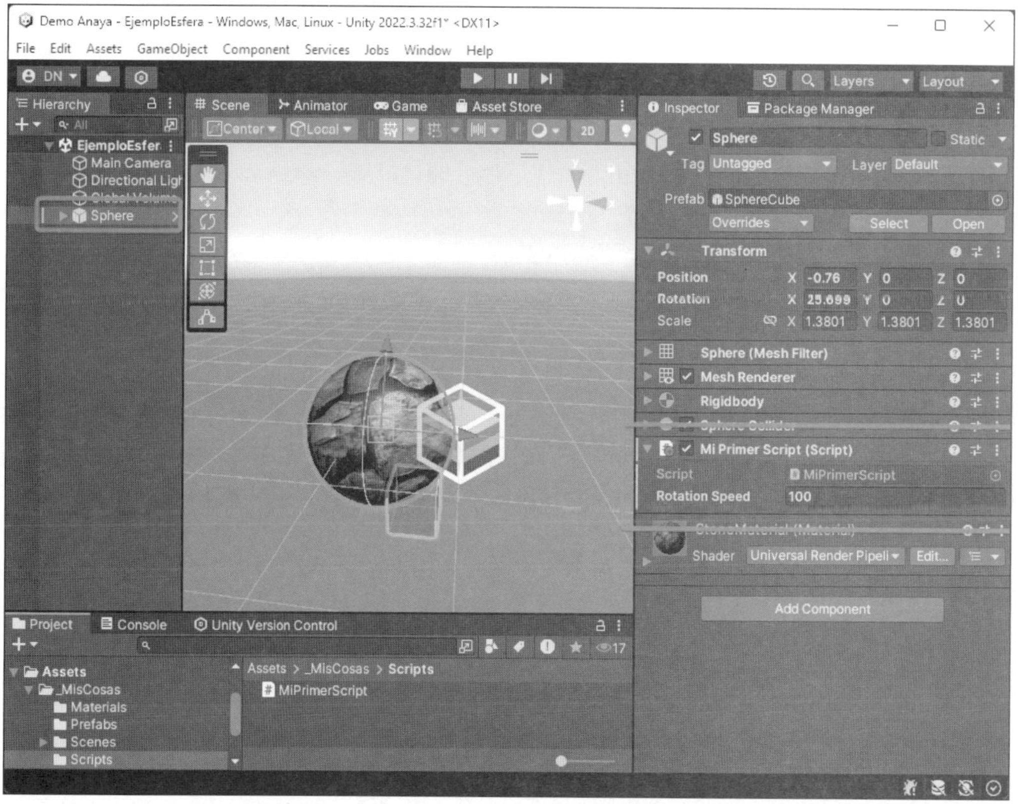

Figura 3.5. *Script* MiPrimerScript en el objeto Sphere.

10. Como ves, el componente MiPrimerScript tiene una propiedad ajustable llamada Rotation Speed, puedes ajustar este valor si deseas cambiar la velocidad a la que rota la esfera.
11. Para probar el funcionamiento de nuestro primer *script*, haz clic sobre el botón Play para ejecutar el juego.

Como puedes observar, el objeto Sphere comienza a rotar, también caerá al vacío, esto es porque el componente Rigidbody está aplicando física al objeto.

Puedes jugar con el *script*, cambiando los valores de rotación y también eliminando el componente Rigidbody para que no aplique física y poder así ver diferentes funcionamientos. Explicación del *script*:

- `using UnityEngine;`: Importa la biblioteca de Unity necesaria para usar sus clases y funciones.
- `public class MiPrimerScript : MonoBehaviour`: Define una nueva clase `MiPrimerScript` que hereda de `MonoBehaviour`, la clase base para todos los *scripts* de Unity.
- `public float rotationSpeed = 100f;`: Declara una variable pública `rotationSpeed` que define la velocidad de rotación de la esfera, por defecto le asignamos el valor de `100`.
- `void Update()`: Método que Unity llama una vez por *frame*. Dentro de este método, usamos `transform.Rotate(Vector3.up, rotationSpeed * Time.deltaTime);` para rotar el objeto alrededor del eje `Y`. `Time.deltaTime` asegura que la rotación sea suave y *framerate*-independiente.

> Si lo deseas, intenta crear otros tipos de variables y observa cómo se ven en el Inspector. Intenta reemplazar `float` con `bool` o `string`.

Convenciones de nomenclatura en Unity

En Unity, seguir convenciones de nomenclatura es crucial para mantener un código claro, legible y fácil de mantener. Unity utiliza principalmente dos estilos de nomenclatura: PascalCase y camelCase, cada uno con propósitos específicos en el código. Aquí tienes una guía detallada para entender y aplicar estas convenciones en tus proyectos de Unity.

PascalCase

PascalCase, también conocido como UpperCamelCase, es una convención en la que la primera letra de cada palabra en una palabra compuesta se escribe en mayúscula. Este estilo se utiliza para nombrar clases, métodos, propiedades y espacios de nombres. Seguir esta convención facilita la identificación y distinción entre diferentes tipos de elementos del código a simple vista.

Ejemplos:

- Clases: `PlayerCharacter`, `GameManager`, `HealthSystem`.
- Métodos: `StartGame()`, `CalculateScore()`, `LoadLevel()`.
- Propiedades: `PlayerName`, `HealthPoints`, `MaxSpeed`.

Usar PascalCase para estos elementos ayuda a mantener una estructura de código coherente y profesional, haciendo que sea más fácil para los desarrolladores navegar y entender el código.

camelCase

camelCase o lowerCamelCase es una convención en la que la primera letra de la primera palabra se escribe en minúscula, y la primera letra de cada palabra concatenada se escribe en mayúscula. Este estilo se utiliza generalmente para nombrar variables, campos y parámetros. Ayuda a distinguir estos elementos de las clases, métodos y propiedades.

Ejemplos:

- Variables: `playerScore`, `rotationSpeed`, `currentHealth`.
- Campos: `isGrounded`, `targetPosition`, `enemyCount`.
- Parámetros: `initialHealth`, `damageAmount`, `spawnPoint`.

Usar camelCase para variables y campos asegura que tu código sea intuitivo y fácil de leer, especialmente cuando se mezcla con elementos en PascalCase.

Entonces, ¿qué nomenclatura se usa en Unity?

Al escribir un *script* en Unity, puedes ver una combinación de PascalCase y camelCase para mantener la claridad y la organización. Por ejemplo:

```
public class PlayerCharacter : MonoBehaviour
{
    public string playerName;
    private int playerScore;
    private float rotationSpeed;

    void Start()
    {
        InitializePlayer();
    }

    void Update()
    {
        RotatePlayer();
    }

    private void InitializePlayer()
```

```
    {
        playerName = "Hero";
        playerScore = 0;
        rotationSpeed = 5.0f;
    }

    private void RotatePlayer()
    {
        transform.Rotate(Vector3.up, rotationSpeed * Time.deltaTime);
    }
}
```

En este ejemplo:

1. El nombre de la clase `PlayerCharacter` y los nombres de los métodos `InitializePlayer` y `RotatePlayer` usan PascalCase.
2. Las variables y campos `playerName`, `playerScore` y `rotationSpeed` usan camelCase.

Adoptar estas convenciones de nomenclatura no solo hace que tu código sea más legible, sino que también facilita la colaboración con otros desarrolladores y el mantenimiento a largo plazo de tus proyectos.

> Para más información y detalles adicionales sobre las convenciones de nomenclatura en Unity, puedes consultar la documentación oficial de Unity en la web `https://learn.microsoft.com/en-us/dotnet/csharp/programming-guide/inside-a-program/coding-conventions`.

Ahora que tenemos nuestro *script* en C#, veamos cómo hacer lo mismo en la programación visual.

Creación de un gráfico de Visual Scripting

Para crear *scripts* visuales en Unity, necesitamos un componente llamado Script Machine, el cual debe ser adjuntado a nuestro GameObject, similar a cómo lo hacemos con los *scripts* en C#. Sin embargo, el proceso para los *scripts* visuales es diferente. Es importante destacar que un objeto debe utilizar solo una forma de *scripting*, ya sea C# o Visual Scripting, pero no ambas simultáneamente, para evitar comportamientos duplicados.

Si deseas experimentar con ambos métodos, te recomiendo realizar los pasos para cada versión en objetos diferentes para evitar conflictos y poder comparar los resultados. Vamos a crear un *script* visual siguiendo estos pasos:

1. Creamos un nuevo GameObject, por ejemplo, un cubo al que añadiremos el *script* visual.

2. Añadimos el componente Script Machine, como se ve en la figura 3.6.

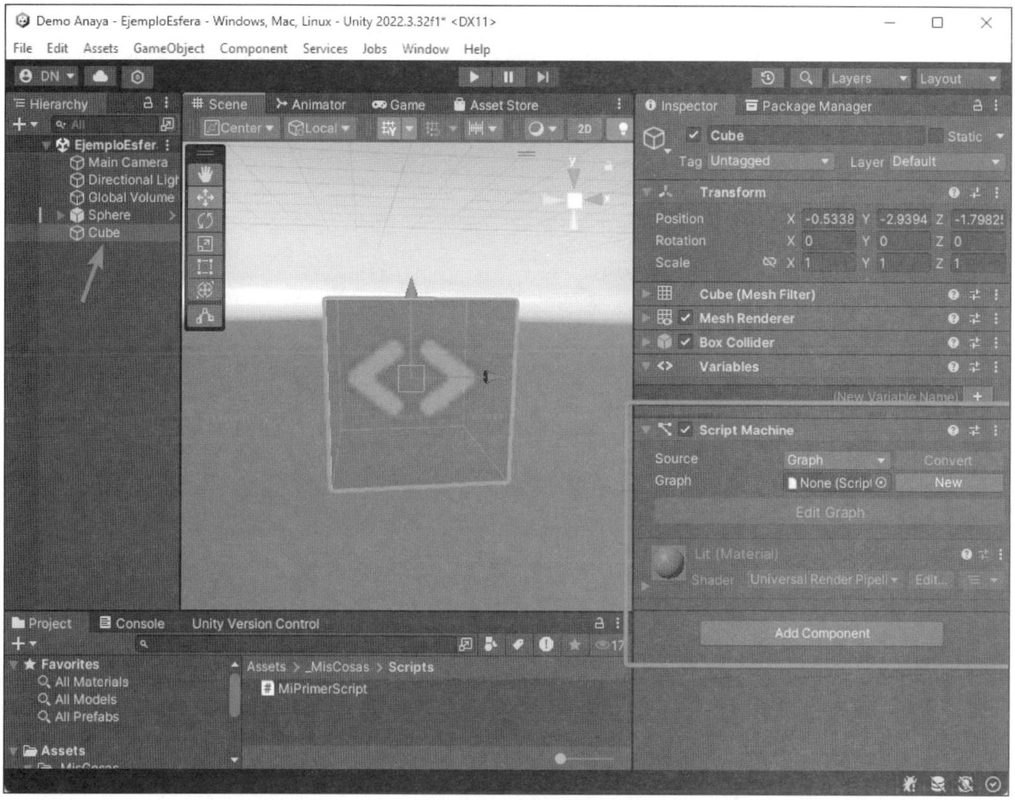

Figura 3.6. Componente Script Machine en el GameObject Cube.

3. En el componente Script Machine, haz clic en el botón New y selecciona una carpeta y un nombre para guardar el *script* visual; en mi caso, lo he guardado en Assets>_MisCosas>VisualScripts. Este *asset* contendrá las instrucciones que debe ejecutar nuestro *script*.
4. Una vez guardado el *asset*, se habilitará el botón Edit Graph en el componente Script Machine. Haz clic en el botón para abrir la ventana del editor de Visual Scripting, que se ve en la figura 3.7.

Puedes navegar por el gráfico presionando el botón central del ratón. En los MacBook y los Magic Mouse de Apple, puedes desplazarte con dos dedos en el *trackpad*.

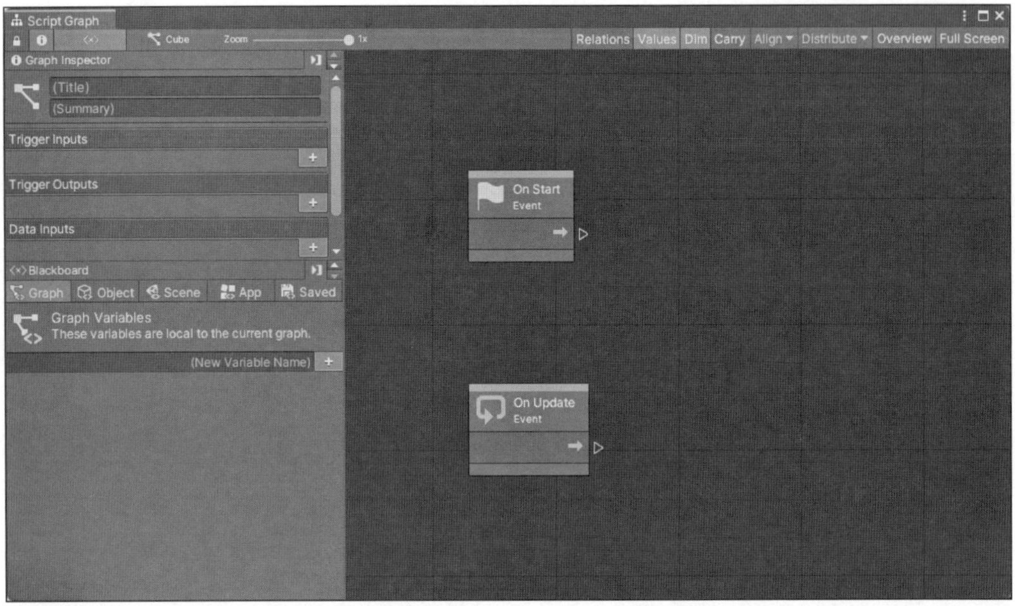

Figura 3.7. Editor de Visual Scripting.

Nodos On Start y On Update en Visual Scripting

En Visual Scripting, los nodos `On Start` y `On Update` funcionan de manera similar a los métodos `Start` y `Update` en los *scripts* de C#:

- Nodo `On Start`: Este nodo se activa una vez cuando el GameObject al que está adjunto el *script* visual es habilitado por primera vez. En C#, el método `Start` se comporta de la misma manera, ejecutándose una sola vez al inicio de la vida del *script*. Se usa comúnmente para inicializar variables, configurar el estado inicial del objeto o ejecutar cualquier lógica que deba ocurrir una vez cuando el juego comienza o el objeto se activa.
- Nodo `On Update`: Este nodo se activa en cada *frame* del juego, permitiendo que se ejecute código continuamente a lo largo del ciclo de vida del GameObject. El método `Update` en C# cumple una función equivalente, actualizando la lógica del objeto cada *frame*. Es ideal para manejar entradas de usuario, movimientos y otras operaciones que deban actualizarse constantemente.

Antes de continuar con la creación de nuestro primer *script* visual, vamos a entender cómo se manejan las variables en Visual Scripting, comparando los métodos utilizados en los *scripts* de C# y en la programación visual. Veremos cómo se declaran y gestionan las variables en ambos entornos, y cómo estas diferencias impactan la flexibilidad y la reutilización del código. También discutiremos cómo los componentes de Unity, como Script Machine y Variables, facilitan la gestión de propiedades compartidas y específicas en la programación visual. Esta comprensión es crucial para aprovechar al máximo las capacidades de Unity y seleccionar la mejor estrategia según tus necesidades de desarrollo.

Declaración de variables en C# vs. Visual Scripting

En los *scripts* de C#, las variables como `rotationSpeed` se declaran directamente dentro del *script*. Por ejemplo:

```
public class RotateObject : MonoBehaviour
{
    public float rotationSpeed;
}
```

Esta declaración dentro del *script* permite que la variable `rotationSpeed` sea visible y editable en el Inspector cuando seleccionas el GameObject al que está adjunto el *script*. Cada *script* gestiona sus propias variables, y estas no se comparten automáticamente entre diferentes *scripts*.

En Visual Scripting, la gestión de variables es un poco diferente. Cuando agregas un componente Script Machine a un GameObject, Unity también agrega un componente adicional llamado Variables. Este componente Variables actúa como un contenedor global para todas las variables que los gráficos de Visual Scripting del GameObject. Aquí hay algunas características clave:

- **Variables compartidas:** Todas las variables definidas en el componente Variables pueden ser accedidas por cualquier gráfico de *script* visual adjunto al mismo GameObject. Esto permite una fácil reutilización y acceso a las variables entre diferentes gráficos.
- **Variables específicas del gráfico:** Además de las variables globales en el componente Variables, también puedes definir variables específicas dentro de un gráfico de *script* visual. Sin embargo, estas variables específicas no serán visibles en el Inspector del GameObject y solo podrán ser utilizadas dentro del gráfico donde fueron creadas.

Para añadir una variable a nuestro GameObject que pueda ser utilizada por nuestro gráfico, hagamos lo siguiente:

1. Selecciona el GameObject Cube y observa el componente Variables.
2. Haz clic en el campo de entrada (New Variable Name) y escribe el nombre de la variable. En nuestro caso, será **rotationSpeed**. Si no ves esa opción, haz clic en el triángulo a la izquierda del nombre del componente Variables para expandir la vista.
3. Haz clic en el botón Más (+) del componente Variables para continuar con la creación de la variable.

4. En el menú desplegable Type, selecciona Float.
5. Opcionalmente, puedes establecer un valor inicial en el campo Value, en nuestro caso pondremos **100**, como se ve en la figura 3.8.

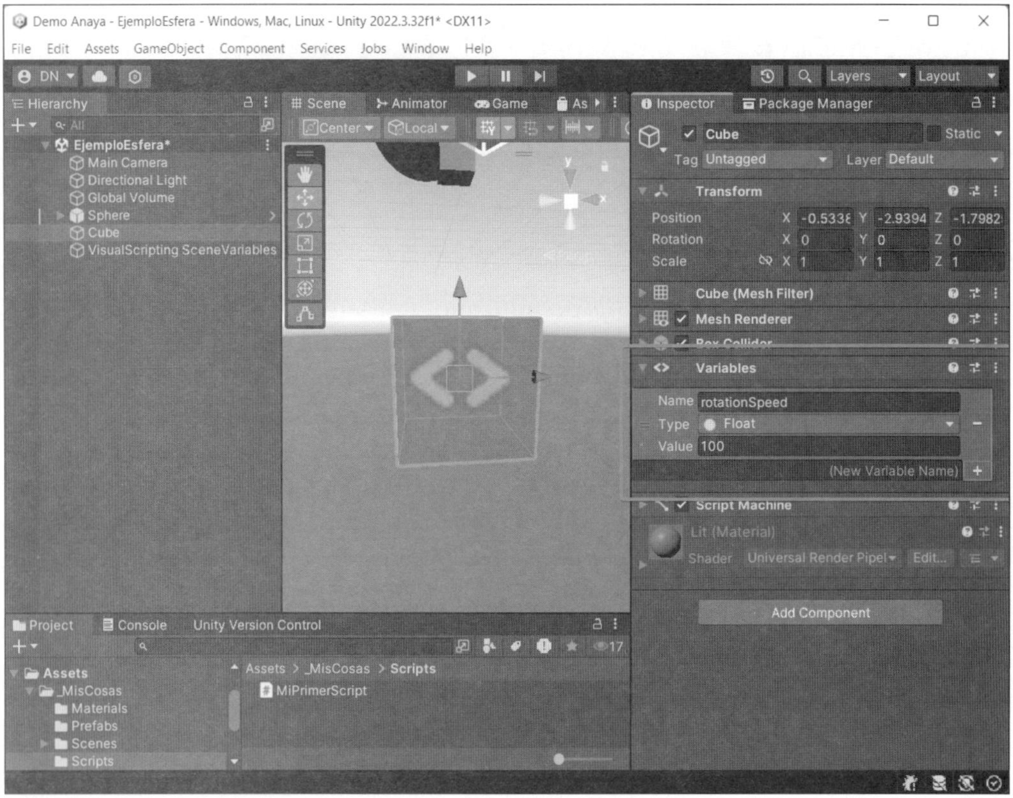

Figura 3.8. Creación de variables en Visual Scripting.

Para reproducir en Visual Scripting la misma rotación continua que programamos en nuestro primero *script* C#, sigue estos pasos:

1. En el panel Inspector de nuestro GameObject Cube, haz clic en el botón Edit Graph del componente Script Machine.
2. Para añadir el nodo Rotate, haz clic con el botón derecho en un área vacía del gráfico. Escribe **Rotate** y selecciona Transform.Rotate en el menú. Como verás, existen multitud de sobrecargas del método Rotate, asegúrate de seleccionar Rotate(Axis, Angle), como se señala en la figura 3.9.
3. Conecta la salida del nodo On Update a la entrada del nodo Rotate, como se ve en la figura 3.10.

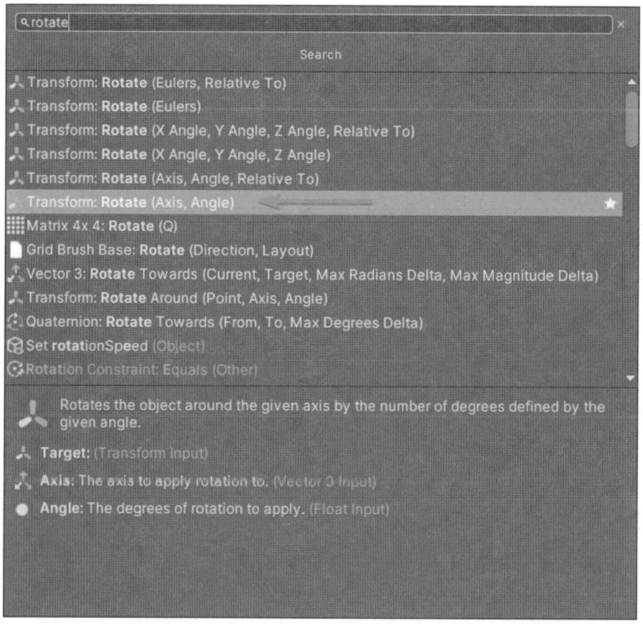

Figura 3.9. Selección del método `Rotate`.

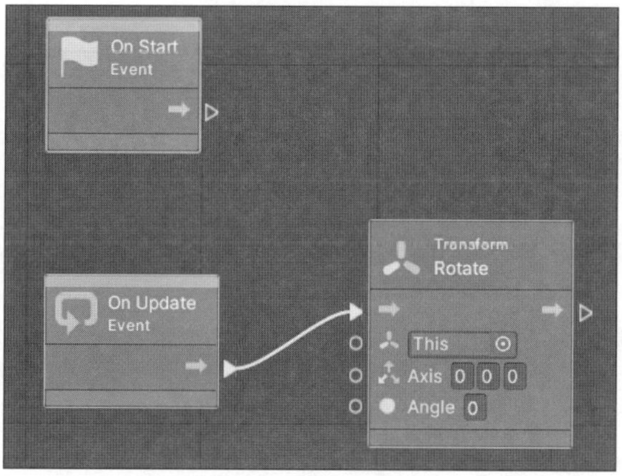

Figura 3.10. Conexión nodo On Update a Transform.

4. Para configurar los parámetros de rotación, en el nodo Transform.Rotate, necesitarás configurar los parámetros:
   - **Vector3 Axis:** Configura el eje Y para la rotación. Para hacerlo, crea un nodo Vector3, como se ve en la figura 3.11, y establece sus valores en (0, 1, 0) o utiliza el nodo abreviado Vector3.GetUp.

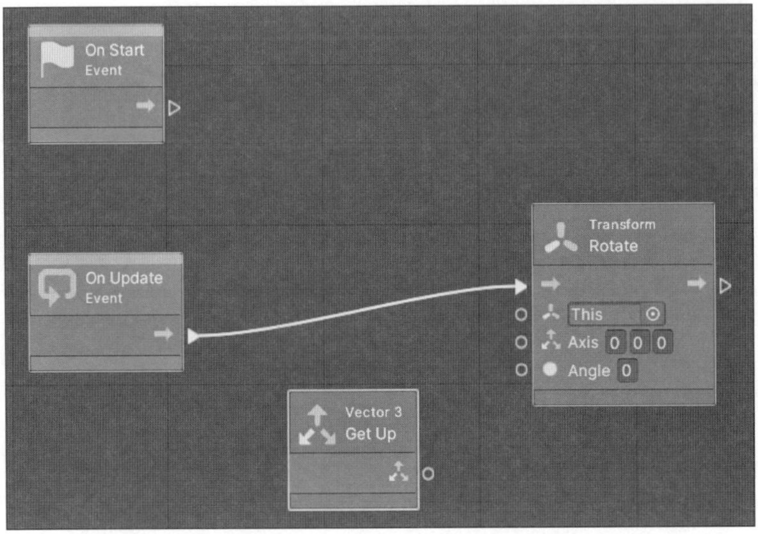

Figura 3.11. Creación del nodo Vector3.

- **Angular Speed:** Este será el valor de la propiedad rotationSpeed multiplicado por Time.deltaTime. Para rotationSpeed, agrega un nodo Get Variable y selecciona rotationSpeed, como se ve en la figura 3.12.

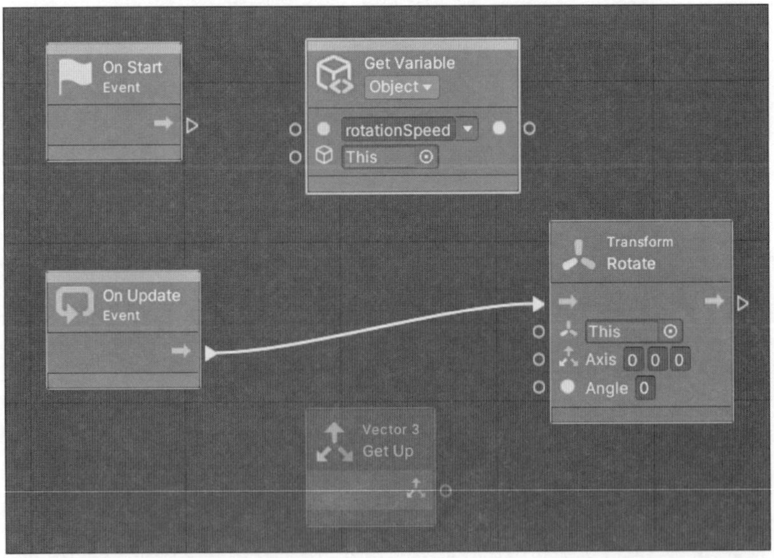

Figura 3.12. Creación del nodo GetVariable rotationSpeed.

- **Time.deltaTime:** Agrega un nodo Time y selecciona deltaTime, como se muestra en la figura 3.13.

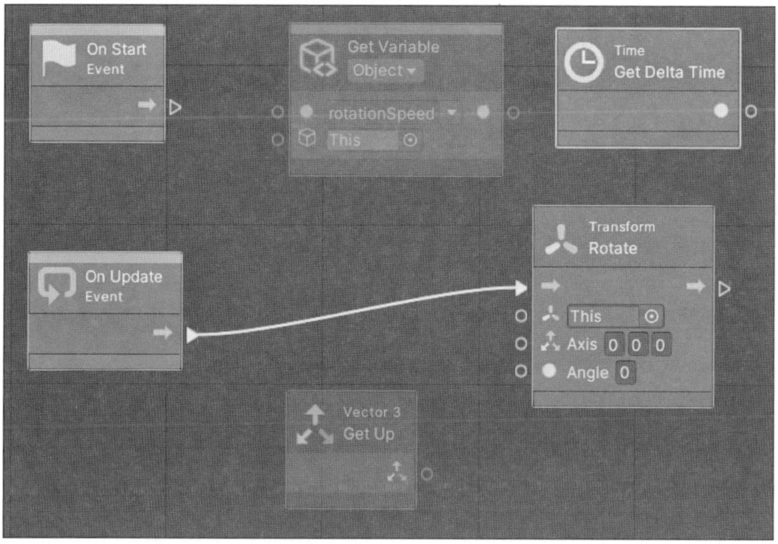

Figura 3.13. Creación del nodo Time Get DeltaTime.

- **Conecta estos nodos de la siguiente manera:** El eje Vector3 a la entrada Axis del nodo Rotate. Las variables rotationSpeed y deltaTime a un nodo Multiply y luego el resultado de Multiply a la entrada Angle del nodo Rotate. Puedes organizar y ordenar los nodos a tu gusto moviendo las cajas, haciendo clic y arrastrándolas al lugar que desees, como se ve en la figura 3.14.

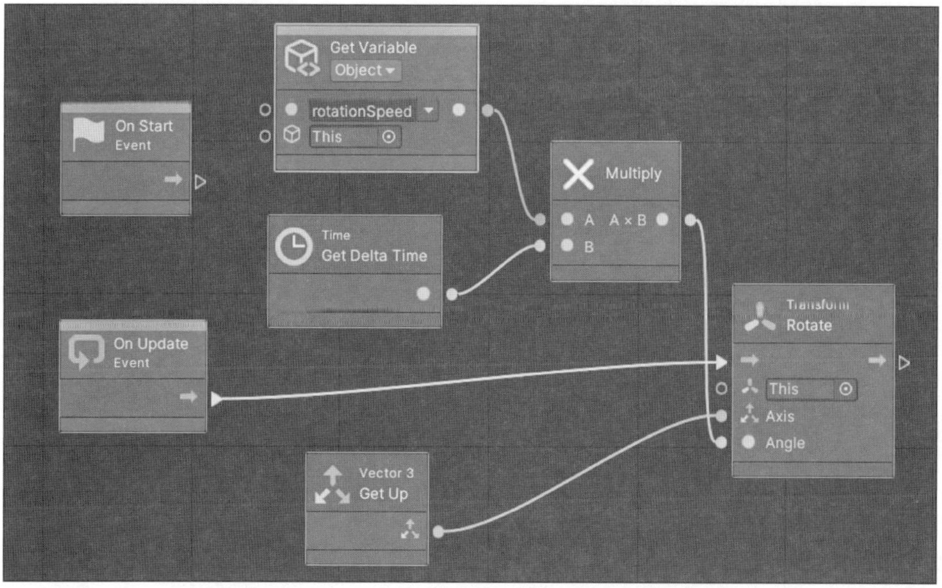

Figura 3.14. Resultado final de la combinación de nodos.

5. Guarda tu gráfico pulsando **Control-S** o **Comando-S** en Mac y regresa al editor principal de Unity. Haz clic en el botón Play para reproducir la escena y observa cómo el objeto Cube rota continuamente alrededor del eje Y a la velocidad especificada.

Hemos cubierto el proceso de creación de un *script* visual en Unity para rotar un GameObject utilizando Visual Scripting. Este método es accesible y poderoso, especialmente para aquellos que prefieren una aproximación más visual al desarrollo de juegos o no tienen experiencia en programación. Al dominar estas herramientas, puedes crear comportamientos complejos sin escribir una sola línea de código.

Para aquellos interesados en profundizar y explorar más nodos avanzados y funcionalidades de Visual Scripting, recomiendo visitar la documentación oficial de Unity sobre Visual Scripting en la web `https://docs.unity3d.com/Manual/VisualScripting.html`. Esta fuente ofrece información detallada y ejemplos avanzados que te ayudarán a maximizar el potencial de tus proyectos en Unity.

Uso de eventos e instrucciones

Ahora que hemos ya sabemos crear un *script*, tanto en C# como en Visual Scripting, estamos listos para agregarle funcionalidad. Aunque en este capítulo no implementaremos características avanzadas, sentaremos las bases para que en los próximos capítulos podamos añadir comportamientos interesantes a nuestros *scripts*.

En esta sección, abordaremos los siguientes conceptos:

- Eventos e instrucciones en C#.
- Eventos e instrucciones en Visual Scripting.
- Uso de campos en instrucciones.

Exploraremos el Sistema de Eventos (UnityEvents) de Unity, que nos permite reaccionar a diversas situaciones mediante la ejecución de instrucciones. Estas instrucciones también estarán influenciadas por los valores definidos en el editor. Comencemos con el concepto de UnityEvents en C#.

Eventos e instrucciones en C#

Unity permite desarrollar comportamientos reactivos a través de eventos, que son situaciones específicas que el motor de juego supervisa, como cuando dos objetos colisionan o uno de ellos es destruido. Estos eventos posibilitan la ejecución de código en respuesta a dichas situaciones, por ejemplo, disminuyendo la vida de un jugador cuando recibe el impacto de un proyectil. En las siguientes secciones, aprenderemos cómo detectar estos eventos y cómo responder a ellos con acciones simples. Esto se relaciona con el ciclo de vida de los *scripts* que vimos en páginas anteriores, proporcionando el contexto necesario para entender cuándo y cómo se ejecutan estos eventos en el flujo general del juego.

En otros sistemas de eventos, generalmente necesitas suscribirte a algún tipo de *listener* o delegado para escuchar y responder a eventos. Sin embargo, en Unity, este proceso es más directo: basta con definir una función cuyo nombre coincida exactamente con el evento que deseas manejar. Es vital que el nombre del método sea exacto, incluyendo mayúsculas y minúsculas, ya que cualquier discrepancia impedirá que el evento se ejecute y no recibirás ningún mensaje de error.

Ejemplo práctico con el evento Update

Uno de los eventos más comunes en Unity es el evento `Update`, que se llama en cada fotograma. Este evento es útil para cualquier lógica que deba ejecutarse constantemente, como el movimiento de un objeto. Para demostrar cómo funciona, crearemos un *script* que imprima un mensaje en la consola en cada fotograma:

1. Abre el *script* MiPrimerScript haciendo doble clic en él.
2. Añade la siguiente línea dentro de la función Update:

```
void Update()
{
    // Código anterior

    print("Prueba");
}
```

3. Guarda el archivo y vuelve a Unity.
4. Ejecuta el juego y abre el panel Console para ver los mensajes. Verás que el mensaje Prueba se imprime en cada fotograma, como se ve en la figura 3.15.

> En el panel Console, existe un botón llamado Collapse, que agrupa mensajes iguales en una sola línea; cuando esta opción está activada, puedes ver a la derecha de la línea el número total de impresiones.

Ejemplo práctico con el evento Start

El evento `Start` se ejecuta una vez al inicio del ciclo de vida del *script*, justo antes de que empiece la actualización de los fotogramas. Es ideal para inicializar variables o configurar el estado inicial de un objeto. Añadamos este método a nuestro *script*:

```
private void Start()
{
    print("Hola Mundo");
}
```

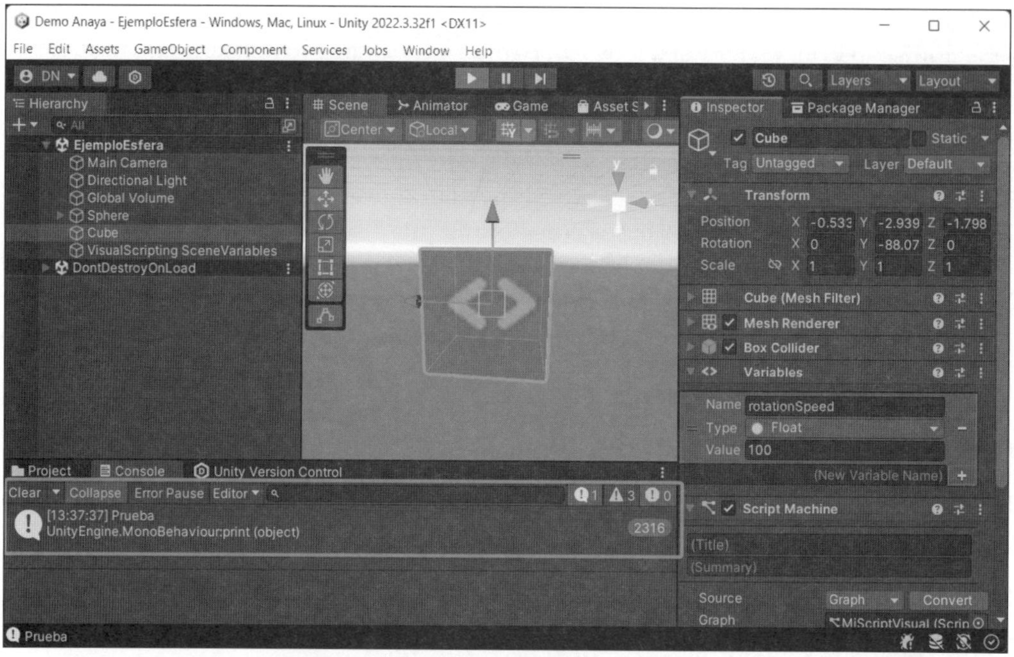

Figura 3.15. Ejemplo de impresión en `Update`.

Cuando ejecutes el juego, verás Hola Mundo impreso una vez al inicio, seguido de Prueba en cada fotograma, como se ve en la figura 3.16.

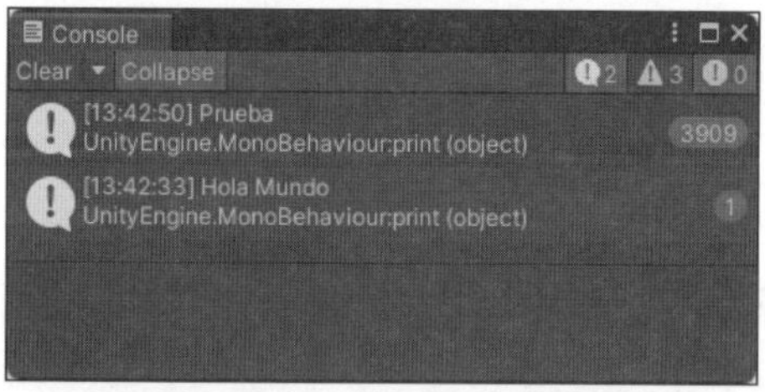

Figura 3.16. Ejemplo de impresión en `Start`.

Eventos e instrucciones en Visual Scripting

En Visual Scripting, los eventos e instrucciones se manejan mediante nodos en un gráfico. Los nodos On Start y On Update funcionan de manera similar a sus equivalentes en C#, pero se configuran visualmente:

1. Abre el gráfico de Visual Scripting del GameObject Cube.
2. Conecta el nodo On Start a un nodo Print que contenga el mensaje "Hola Mundo"; para el mensaje, puedes usar un nodo String Literal, como se ve en la figura 3.17.

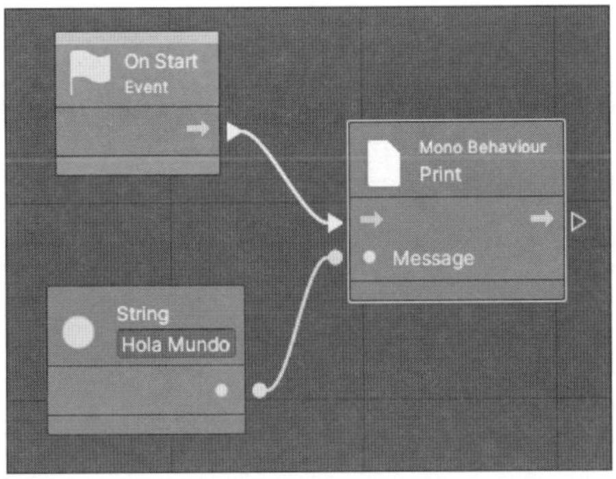

Figura 3.17. Conexión de nodo On Start a nodo Print.

3. Como el nodo On Update lo tenemos conectado al nodo Rotate, puedes conectar un nodo Print a la salida del nodo Rotate con el mensaje "Prueba", como se ve en la figura 3.18.

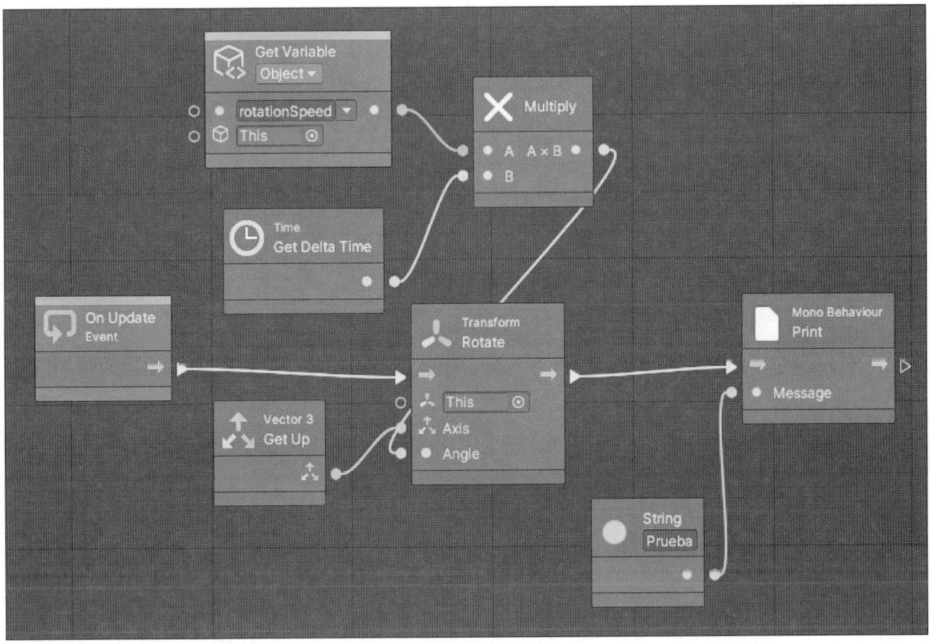

Figura 3.18. Conexión del nodo Rotate al nodo Print.

4. Ejecuta el juego y observa el mensaje impreso en la consola.

Uso de campos en instrucciones

Hasta ahora, hemos definido propiedades para ajustar el comportamiento de nuestros componentes, pero aún no las hemos puesto en práctica. En el próximo capítulo, crearemos componentes más complejos, pero es esencial aprender cómo utilizar los campos que hemos definido para alterar el comportamiento del objeto. Por ejemplo, el campo rotationSpeed que creamos no ha sido usado de manera efectiva todavía.

Para probar si nuestro código funciona correctamente, un proceso conocido como depuración, podemos usar los valores de un campo en una función para ver si se comportan según lo esperado. Esto se puede hacer cambiando la salida del comando `print` en la consola para reflejar el valor del campo rotationSpeed.

En nuestro *script* actual en C#, el valor de rotationSpeed permanece constante durante la ejecución. Sin embargo, en un caso práctico como un sistema de vida con valor de daño, sería útil imprimir los valores de cálculo en la consola para verificar si el daño reducido se calcula correctamente. Este tipo de prueba nos permite asegurar que nuestro código se ejecuta como se espera y facilita la detección de posibles errores.

La idea principal es sustituir el mensaje estático en las funciones `print` por un campo dinámico. Al hacer esto, el valor del campo se mostrará en la consola. Por ejemplo, si asignas un valor de 100 a `rotationSpeed` y lo imprimes, la consola mostrará repetidamente el número 100, y la salida de la función estará determinada por el valor del campo. Para probarlo, el código dentro de la función `print` debería lucir así:

```
void Update()
{
//Codigo anterior
    print(rotationSpeed);
}
```

Como se puede ver, simplemente colocamos el nombre del campo sin comillas para imprimir su valor. Si se usan comillas, la consola mostrará el texto literal "rotationSpeed" en lugar del valor del campo. En otros contextos, este valor puede ser utilizado en funciones de movimiento para ajustar la velocidad del objeto.

Configuración de variables en Visual Scripting

Para hacer que el gráfico de Visual Scripting imprima el valor de la variable rotationSpeed que creamos en el componente Variables, tan solo tienes que reemplazar el nodo String Literal por Get Variable: rotationSpeed, como se señala en la figura 3.19.

Estos pasos te permiten integrar y utilizar variables dentro de tus gráficos de Visual Scripting facilitando la personalización del comportamiento de tus objetos en Unity.

Hemos aprendido a manejar eventos e instrucciones tanto en C# como en Visual Scripting, estableciendo una base sólida para agregar comportamientos complejos a nuestros *scripts* en futuros capítulos.

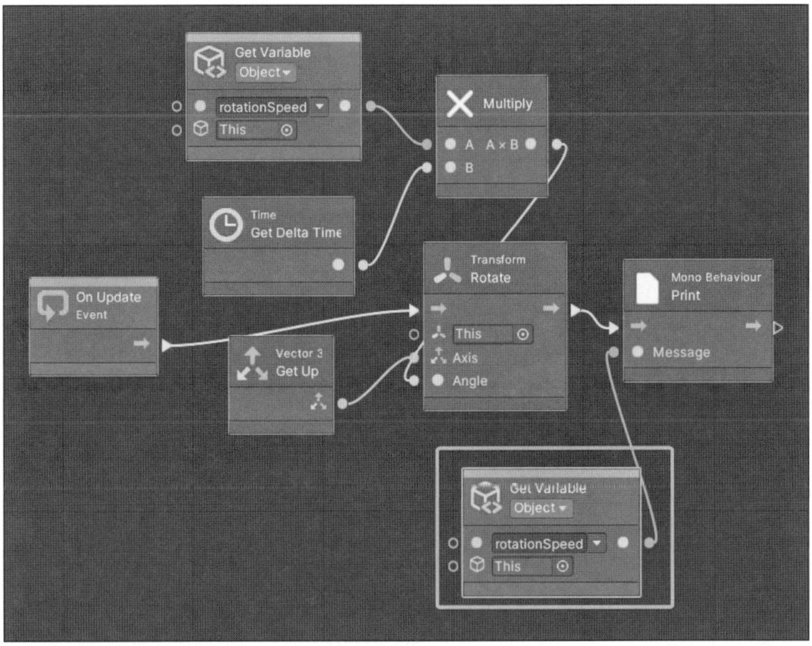

Figura 3.19. Reemplazando el nodo String Literal por Get Variable: rotationSpeed.

Errores comunes en *scripts* de C# para principiantes

Al iniciarse con C# en Unity, es común cometer errores de sintaxis y lógica que pueden ser frustrantes. A diferencia de Visual Scripting, donde el entorno evita muchos errores de sintaxis, los *scripts* en C# requieren una atención meticulosa al detalle. A continuación, revisaremos algunos de los errores más frecuentes que suelen cometer los principiantes y cómo identificarlos y solucionarlos.

Error clásico: olvidar el punto y coma

Uno de los errores más comunes y a menudo motivo de humor entre los programadores es olvidar el punto y coma al final de una instrucción. Cada declaración en C# debe terminar con un punto y coma. Si se omite, Unity mostrará un mensaje de error en la consola indicando que falta el punto y coma.

Ejemplo de error:

```
void Update()
{
    print("Hola Mundo")
}
```

Error en la consola:

```
Assets/MyFirstScript.cs(10,25): error CS1002: ; expected
```

Uso incorrecto de mayúsculas y minúsculas

Es crucial que los nombres de las funciones coincidan exactamente con las convenciones de mayúsculas y minúsculas de Unity. Por ejemplo, la función `Update` debe escribirse con la "`U`" en mayúscula. Si se escribe `update`, Unity no reconocerá la función como un evento de actualización y no la ejecutará, sin mostrar ningún error.

Ejemplo de error:

```
void update()
{
    print("Actualizando...");
}
```

Instrucciones fuera de los corchetes de la función

Todas las instrucciones deben estar dentro de los corchetes de una función. Colocar instrucciones fuera de una función o clase causará errores de compilación porque el compilador no sabrá cuándo ejecutar esa instrucción.

Ejemplo de error:

```
print("Esto está fuera de una función");
void Start()
{
    print("Inicio");
}
```

Error en la consola:

```
Assets/MyFirstScript.cs(5,1): error CS0116: A namespace cannot directly contain members such as
fields or methods
```

Corchetes no cerrados

Otro error frecuente es olvidar cerrar los corchetes {} de una función o clase. Esto puede causar confusión al compilador sobre dónde termina una función y comienza otra, resultando en errores de compilación.

Ejemplo de error:

```
void Start()
{
    print("Inicio");
void Update()
{
    print("Actualizando...");
}
```

Error en la consola:

```
Assets/MyFirstScript.cs(7,1): error CS1022: Type or namespace definition, or end-of-file expected
```

Estos son solo algunos de los errores más comunes que puedes encontrar al escribir *scripts* en C#. Con la práctica, te volverás más hábil en identificar y corregir estos errores rápidamente. Recuerda siempre revisar tus *scripts* cuidadosamente, prestar atención a los detalles de la sintaxis y utilizar las herramientas del IDE para ayudarte a localizar y solucionar errores. La paciencia y la práctica son clave para mejorar tus habilidades de programación.

> Para obtener más información y consejos avanzados sobre cómo depurar y escribir *scripts* efectivos en Unity, puedes visitar la documentación oficial de Unity sobre *scripting* en la web `https://docs.unity3d.com/Manual/index.html`.

En este capítulo, hemos abordado los fundamentos esenciales para la creación de *scripts* en Unity. Hemos explorado cómo los *scripts* en C# deben heredar de la clase `MonoBehaviour` para integrarse adecuadamente en Unity y cómo configurar estos *scripts* dentro del entorno. También hemos aprendido a utilizar eventos y métodos en C# para crear comportamientos específicos en los objetos, además de cómo declarar y utilizar campos para personalizar dichos comportamientos.

A través de ejemplos prácticos, hemos visto cómo implementar estos conceptos tanto en C# como en la programación visual, dándonos una comprensión clara de cuándo y cómo utilizar cada enfoque. Este conocimiento nos prepara para crear componentes más complejos y funcionales en nuestros futuros proyectos.

A partir de este punto, asumiremos que tienes una comprensión básica de la programación en cualquier lenguaje, y que sabes cómo trabajar con estructuras de control como `if`, `for` y `arrays`. Si encuentras alguna dificultad con estos conceptos, te recomendamos complementar tu aprendizaje con un libro de introducción a C# para asegurarte de seguir sin problemas con el contenido más avanzado.

4

CREACIÓN Y PERSONALIZACIÓN DEL TERRENO Y EL JUGADOR

Introducción

Después de varios capítulos con un enfoque más teórico que práctico, finalmente llegamos a la parte más emocionante del libro. En este nuevo capítulo, aprenderemos a crear uno de los elementos más fundamentales: el jugador. Nuestro jugador será un personaje 3D que podrá moverse por el mundo que hemos construido, siguiendo nuestras órdenes. Con el uso del teclado y el ratón, nuestro personaje podrá avanzar, retroceder, moverse lateralmente, girar con el movimiento del ratón, saltar, correr y realizar otras acciones. Además, aprenderemos a crear un terreno y a crear y personalizar el jugador. Esta sección práctica nos permitirá aplicar todos los conceptos aprendidos hasta ahora, dando vida a nuestro proyecto de manera interactiva y dinámica.

Exploraremos los siguientes conceptos:

- Creación de un terreno básico.
- Creación de un controlador en tercera persona.
- Cambio del avatar predeterminado.

Con estos conocimientos, podrás construir una base sólida para cualquier juego en tercera persona y personalizar la experiencia del jugador según tus necesidades.

Creación de un terreno básico

El primer paso para dar vida a nuestro entorno de juego es crear un terreno básico. Utilizar un terreno en lugar de un objeto plano ofrece varias ventajas, como la capacidad de modelar paisajes más realistas y variados con colinas, valles y texturas detalladas. Además, los terrenos en Unity están optimizados para grandes superficies y permiten aplicar efectos avanzados como la vegetación y el agua.

Crear un terreno es verdaderamente sencillo con Unity; vamos a llevarlo a cabo con los siguientes pasos:

1. Abre tu proyecto en Unity.
2. Crea una nueva escena y ponle el nombre que más te guste.
3. En la barra de menú principal, selecciona GameObject>3D Object>Terrain. Verás que aparece un nuevo GameObject llamado Terrain en Hierarchy. Puedes renombrarlo si lo deseas, yo lo he llamado MainTerrain.

Como habrás observado, con solo unos pocos clics ya hemos creado un terreno en nuestra escena, como se ve en la figura 4.1. Ahora, exploraremos las distintas configuraciones y opciones disponibles para hacerlo más atractivo y realista. Estas configuraciones nos permitirán ajustar el tamaño, aplicar texturas y modelar el terreno para crear paisajes más detallados y naturales.

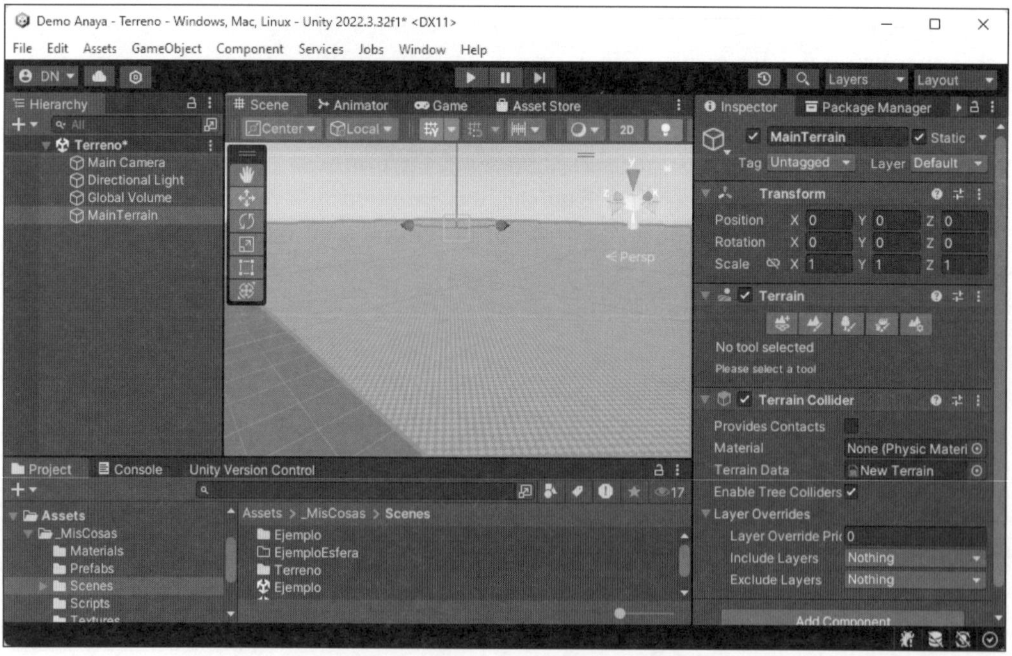

Figura 4.1. Terreno creado en la escena.

Una vez creada la base del terreno, podemos aplicarle varios procesos para personalizarlo a nuestro gusto. Por ejemplo, podemos escalarlo si consideramos que es demasiado pequeño o grande, y también podemos cubrirlo con texturas para que se asemeje a césped, terreno arenoso, entre otros. Además, es posible moldear desniveles, crear montañas y añadir cuerpos de agua. Suena emocionante, ¿verdad? Comencemos con lo más básico: la configuración del tamaño.

Ajustar las propiedades del terreno

- Con MainTerrain seleccionado, ve al Inspector.
- Aquí, puedes ajustar varias propiedades como el tamaño del terreno. Por defecto, el terreno tiene un tamaño de 1000 × 1000, pero puedes ajustarlo según tus necesidades, como se ve en la figura 4.2.

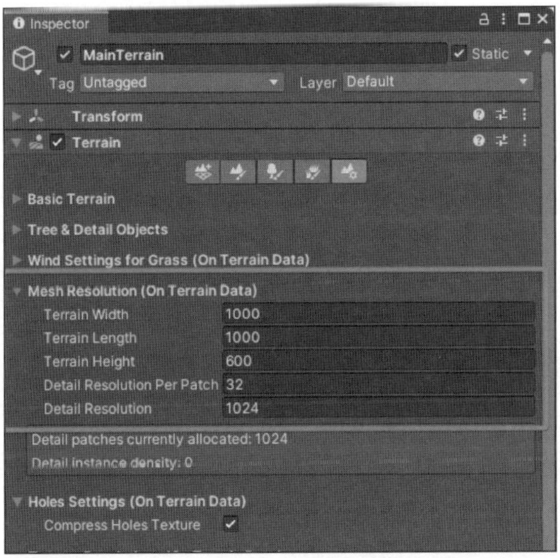

Figura 4.2. Tamaño del terreno por defecto.

Simplemente cambia los valores a los deseados y verás cómo el terreno se ajusta inmediatamente al nuevo tamaño.

Ahora, avanzaremos un poco más en la personalización del terreno. Ajustaremos su aspecto aplicando una textura que simule un campo de hierba.

Añadir texturas al terreno

- Con el terreno MainTerrain seleccionado, observa el Inspector y haz clic en el botón Paint Terrain de la barra de herramientas.
- Selecciona Edit Terrain Layers>Create Layer, como se señala en la figura 4.3.

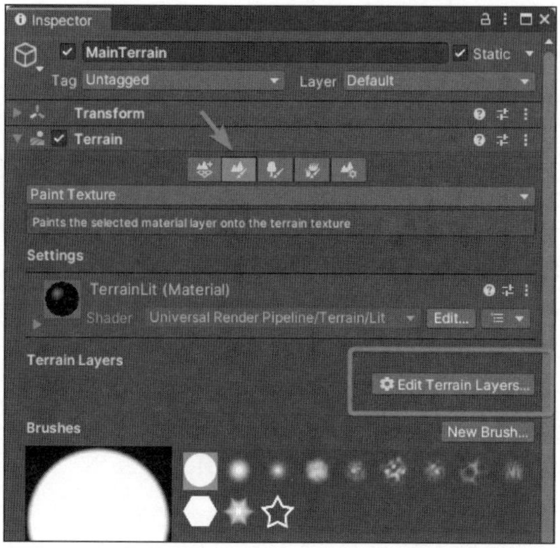

Figura 4.3. Creando nueva capa de textura en el terreno.

- Selecciona cualquier textura que te guste de la ventana que aparece. Puedes usar texturas predeterminadas de Unity o importar las tuyas propias.
- Una vez seleccionada la textura, verás que el terreno se ha cubierto con la textura elegida. Además, se habrá añadido una nueva capa a la lista de Terrain Layers.
- Puedes repetir este proceso para añadir nuevas capas y seleccionar diferentes texturas.
- Usa la herramienta de pintura para aplicar las texturas en el terreno haciendo clic y arrastrando sobre el área deseada. Por ejemplo, puedes añadir una textura de tierra para crear un camino sobre el terreno de hierba, como se ve en la figura 4.4.

Bien, ya sabemos cómo escalar y pintar nuestro terreno con texturas. Ahora vamos a ir un paso más allá. A continuación, aprenderemos a crear relieves para dotar de mayor realismo a nuestro terreno.

Modelar el terreno

Unity ofrece varias herramientas para la modelación de terrenos en tus proyectos. A continuación, se presenta una explicación detallada de cada una de las herramientas disponibles, que aparecen en la figura 4.5.

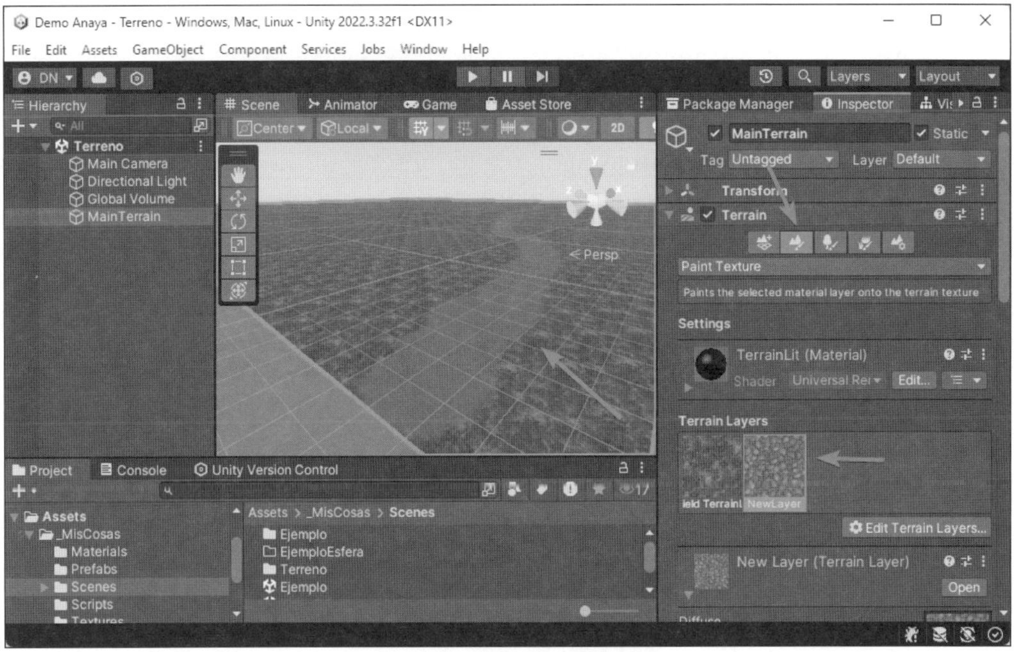

Figura 4.4. Dibujando un camino con una nueva capa de textura en el terreno.

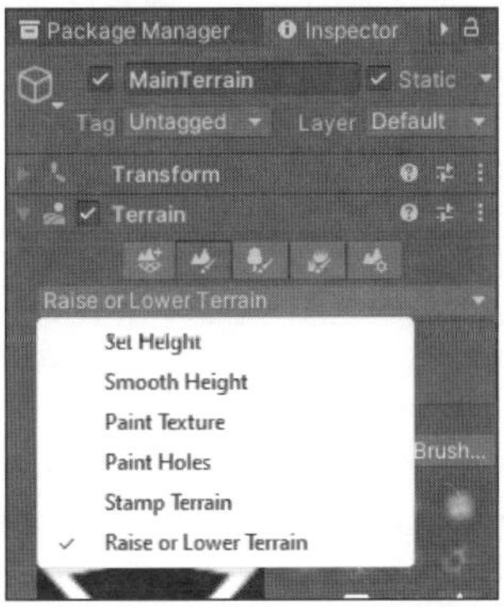

Figura 4.5. Lista de herramientas de modificación de terreno.

Herramientas de modelación de terreno en Unity

- Set Height: Permite establecer una altura específica en el terreno. Seleccionas esta herramienta, defines una altura específica y luego aplicas esta altura sobre el terreno haciendo clic en el botón Flaten All.
- Smooth Height: Suaviza las variaciones de altura en el terreno. Esta herramienta se utiliza para suavizar transiciones bruscas entre diferentes alturas en el terreno, creando pendientes más suaves y naturales. Se aplica haciendo clic y arrastrando el ratón sobre las áreas deseadas.

- Paint Texture: Permite aplicar texturas a la superficie del terreno. Seleccionas la textura que deseas aplicar y luego pintas sobre el terreno con esta herramienta. Esto es útil para crear diferentes tipos de superficies, como hierba, arena, rocas, etc., sobre el terreno.
- Paint Holes: Permite pintar agujeros en el terreno. Esta herramienta es útil para crear agujeros o áreas transparentes en el terreno.
- Stamp Terrain: Permite estampar formas predefinidas en el terreno. Seleccionas una forma o plantilla específica y la "estampas" en el terreno, creando rápidamente montañas, valles u otras formaciones geográficas. Esta herramienta es muy útil para dar forma rápidamente al terreno con características específicas.
- Raise or Lower Terrain: Permite elevar o bajar el terreno. Con esta herramienta, puedes hacer clic y arrastrar el ratón para subir o bajar la altura del terreno de manera continua. Es ideal para crear colinas, montañas y otras elevaciones en el terreno.

Estas herramientas combinadas te permiten crear terrenos detallados y realistas que se adapten a las necesidades de tu proyecto en Unity.

Ahora que ya conoces todas las herramientas para modelar tu terreno, vamos a hacer un ejercicio práctico para elevar el terreno:

- Con el GameObject MainTerrain seleccionado, utiliza la herramienta de modelado Raise or Lower Terrain, como se muestra en la figura 4.6. Eleva el terreno a tu gusto haciendo clic con el botón izquierdo del ratón, también puedes bajarlo manteniendo pulsada **Mayús** y haciendo clic con el botón izquierdo.
- Puedes también usar la herramienta Smooth Height para suavizar las áreas elevadas o bajadas, creando un terreno más natural.

Por último, y para mi gusto, la herramienta más divertida es la que nos permitirá poblar nuestro terreno con vegetación. Antes de continuar con la generación de vegetación, debemos pausar para descargar el Terrain Sample Asset Pack.

Terrain Sample Asset Pack

Unity trae de serie algunas texturas básicas que nos servirán para pintar nuestro terreno, pero no incluye Prefabs de vegetación. Para enriquecer nuestro proyecto con texturas más avanzadas y elementos de vegetación, Unity pone a nuestra disposición tres *assets* gratuitos que debemos instalar para poder disfrutarlos en nuestro proyecto.

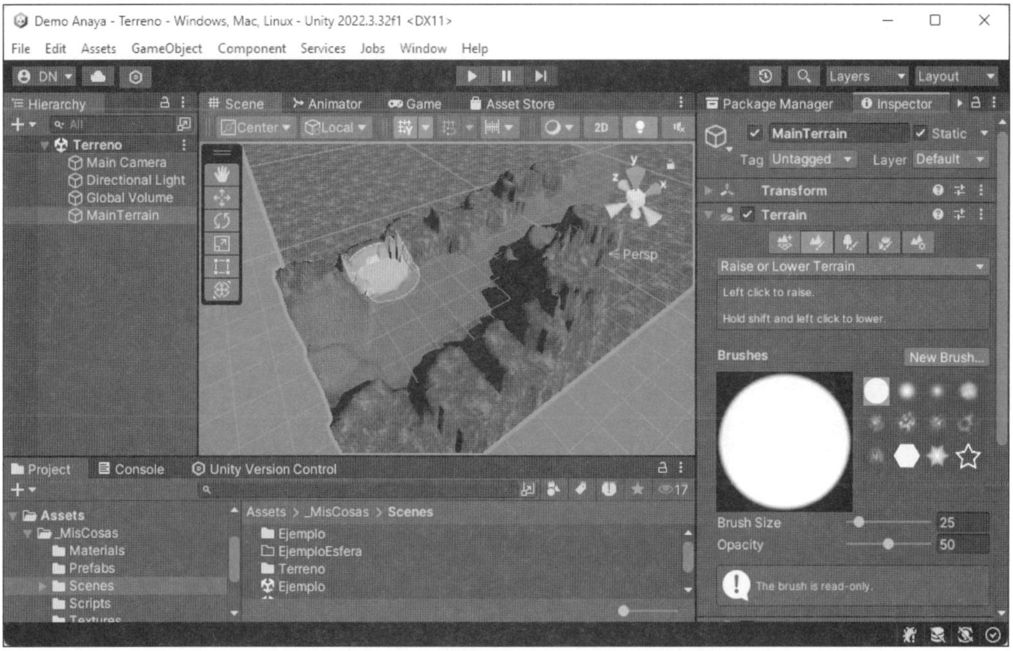

Figura 4.6. Añadiendo montañas a nuestro terreno.

Terrain Tools

La primera herramienta que necesitaremos es Terrain Tools, que nos proporcionará nuevos pinceles y herramientas para modelar de forma más avanzada:

- **Cómo obtenerla:** Puedes descargar Terrain Tools desde el Package Manager, filtrando por "terrain" en Unity Registry, como se ve en la figura 4.7.

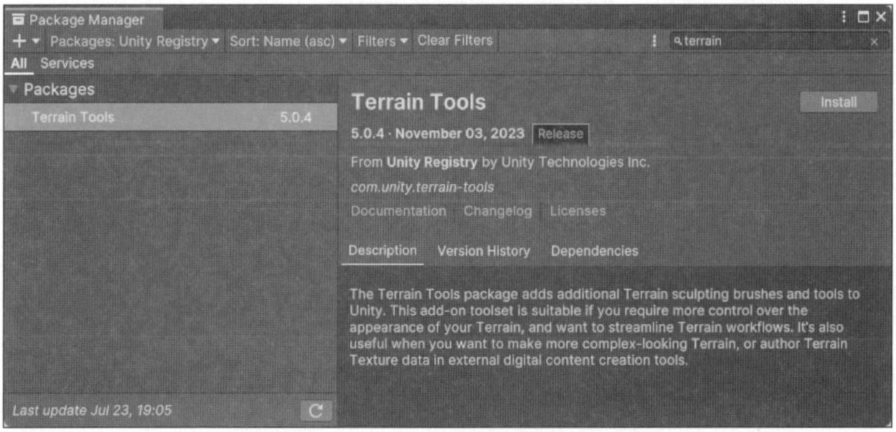

Figura 4.7. Terrain Tools en Package Manager.

Terrain Sample Asset Pack

Este *asset* nos proporcionará más texturas y elementos de vegetación, como plantas y arbustos:

- **Cómo obtenerlo:** Puedes descargarlo desde el siguiente enlace: `https://assetstore.unity.com/packages/3d/environments/landscapes/terrain-sample-asset-pack-145808`, como se muestra en la figura 4.8.

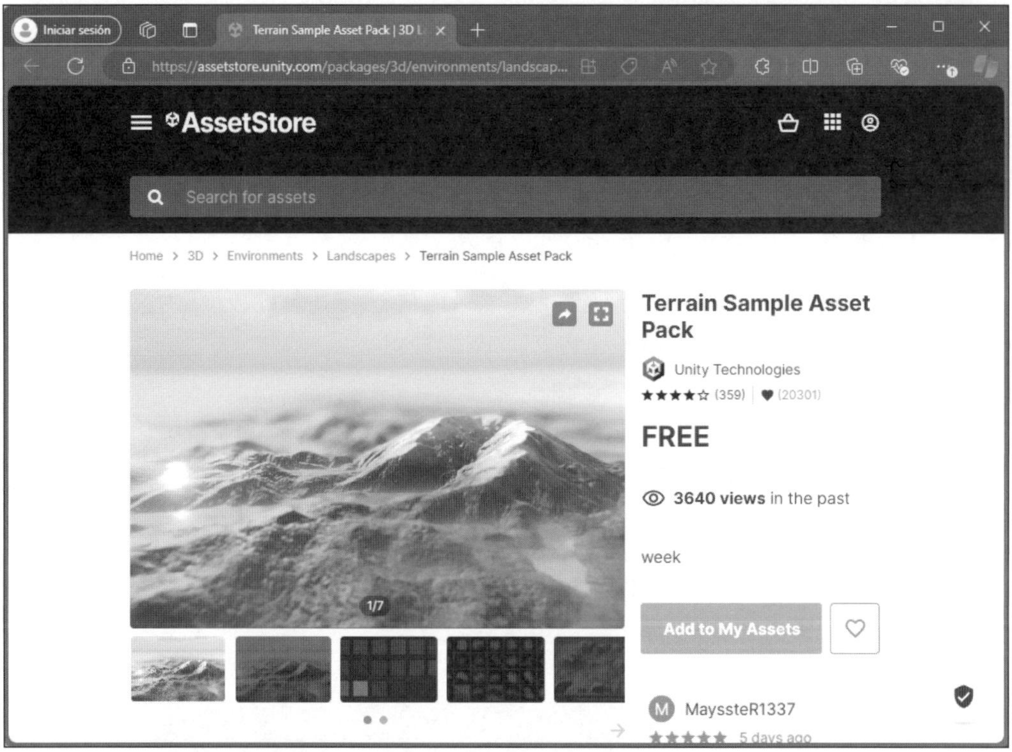

Figura 4.8. Terrain Sample Asset en Unity Asset Store.

Unity Terrain-URP Demo Scene

Este *asset*, además de proporcionarnos espectaculares escenas de demostración para inspirarnos, enriquecerá nuestro proyecto con una multitud de modelos de vegetación, como árboles y arbustos:

- **Cómo obtenerlo:** Puedes descargarlo desde el siguiente enlace: `https://assetstore.unity.com/packages/3d/environments/unity-terrain-urp-demo-scene-213197`, como se ve en la figura 4.9.

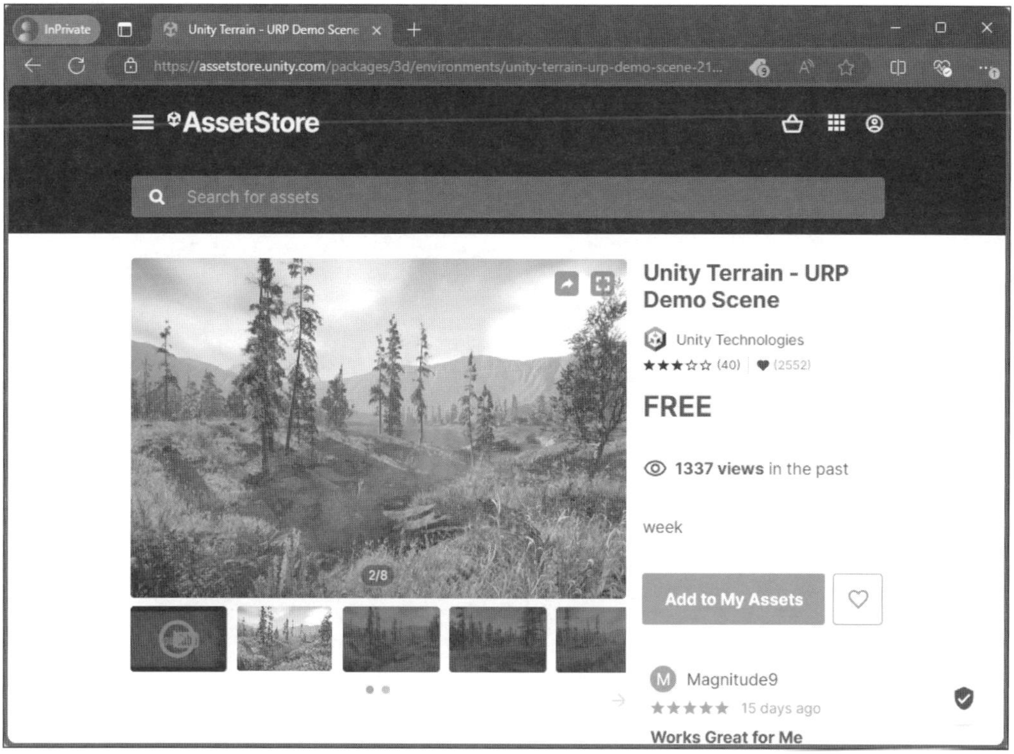

Figura 4.9. Unity Terrain-URP Demo Scene en Unity Asset Store.

> Es posible que, durante la instalación de los *assets*, Unity te pregunte si deseas actualizar dependencias. En ese caso, haz clic en Yes para asegurarte de que todo funcione correctamente.
>
> Si no recuerdas cómo instalar *assets* desde Package Manager o Asset Store, consulta el capítulo 2.

Añadir vegetación y detalles

Unity nos ofrece dos herramientas geniales para llevar nuestro terreno de vegetación, estas dos utilidades nos van a facilitar "plantar" árboles y añadir hierba al terreno:

1. **Añadir árboles:**
   - En la barra de herramientas del terreno, selecciona Paint Trees.
   - Haz clic en Edit Trees>Add Tree y selecciona un Prefab de árbol.
   - Haz clic y arrastra sobre el terreno para colocar árboles, como se ve en la figura 4.10.

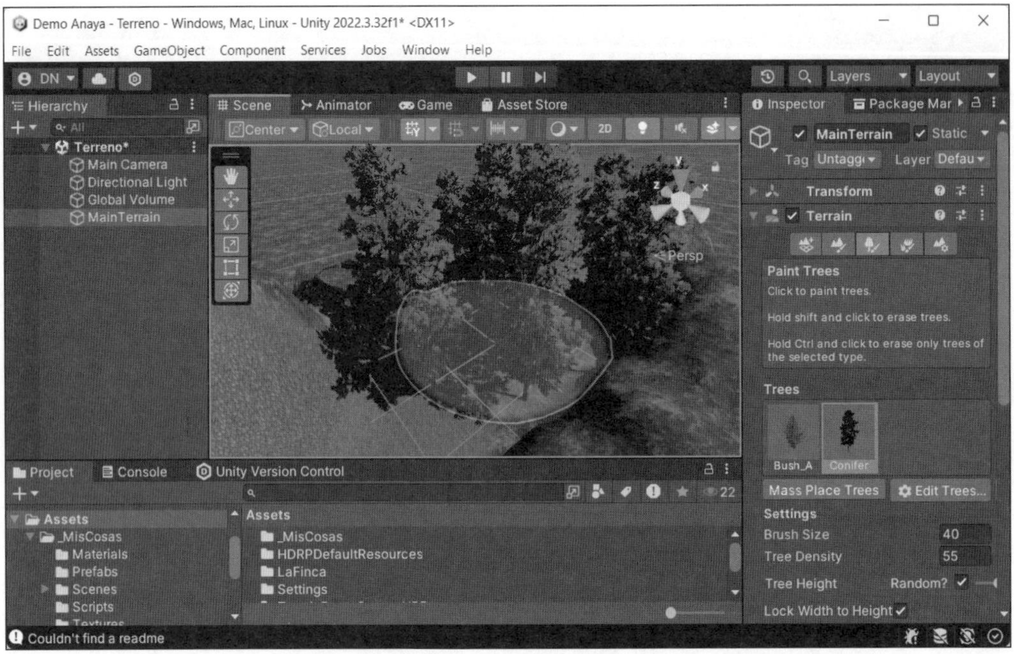

Figura 4.10. Añadiendo árboles al terreno.

2. **Añadir detalles:**
   - Selecciona Paint Details en la paleta de pintura.
   - En la sección Paint Details Control haz clic en el botón Más y elige Detail Mesh o Grass Texture para añadir elementos como pasto o flores.
   - Aplica los detalles en el terreno de manera similar a como hiciste con los árboles.

Siguiendo estos pasos, habrás creado un terreno básico y funcional en Unity, donde tu personaje podrá moverse y explorar. Este terreno servirá como base sólida para futuras implementaciones y mejoras en tu proyecto. Para obtener más información y detalles avanzados sobre la creación y personalización de terrenos en Unity, te recomiendo visitar la documentación oficial de Unity sobre Terrains en la dirección web `https://docs.unity3d.com/Manual/terrain-Toolset.html`.

VENTAJAS DE USAR UN TERRENO EN LUGAR DE UN OBJETO PLANO

El uso de un terreno en lugar de un objeto plano tiene múltiples ventajas significativas:

- **Realismo y detalle:** Los terrenos permiten modelar elevaciones y depresiones, creando paisajes más naturales y detallados. Esto es esencial para simular montañas, valles, colinas y ríos, que no se pueden representar adecuadamente con objetos planos.
- **Herramientas de personalización:** Unity proporciona herramientas específicas para la edición de terrenos que permiten texturizar, esculpir y agregar vegetación fácilmente. Estas herramientas son más avanzadas y ofrecen mayor flexibilidad que simplemente usar objetos planos.
- **Interacción con el entorno:** Los terrenos en Unity tienen funcionalidades integradas para la física y las colisiones, lo que facilita la interacción del jugador con el entorno. Los objetos planos, por otro lado, requieren configuraciones adicionales para lograr comportamientos similares.
- **Optimización del rendimiento:** Los terrenos están optimizados para el rendimiento en Unity. Utilizan técnicas de nivel de detalle (LOD) para renderizarse de manera eficiente, reduciendo la carga en el procesador gráfico en comparación con el uso de múltiples objetos planos.
- **Facilidad de escalabilidad:** Los terrenos permiten una fácil escalabilidad del entorno. Es sencillo expandir y modificar el terreno según las necesidades del proyecto, mientras que los objetos planos pueden requerir un retrabajo significativo para cambios similares.

Creación de un controlador en tercera persona

Una de las principales ventajas de usar Unity es su amplio mercado de *assets*. Unity Asset Store es una plataforma donde puedes encontrar contenido creado por terceros, así como *assets* desarrollados por Unity, disponibles tanto de forma gratuita como de pago. Entre estos recursos, los Starter Assets destacan por facilitar y acelerar enormemente el desarrollo de tu proyecto. En nuestro caso, utilizaremos el Starter Assets-Third Person Character Controller para nuestro jugador. Este controlador de personaje ya está adaptado al nuevo sistema de entrada que configuramos previamente en el proyecto.

Para descargar e instalar Starter Assets-Third Person Character Controller, sigue estos pasos:

1. Ve a `https://assetstore.unity.com` en tu navegador.
2. En el buscador, escribe **Starter Assets-Third Person Character Controller**.
3. Añade este *asset* al proyecto de la misma manera que hemos hecho en ocasiones anteriores, como se ve en la figura 4.11.

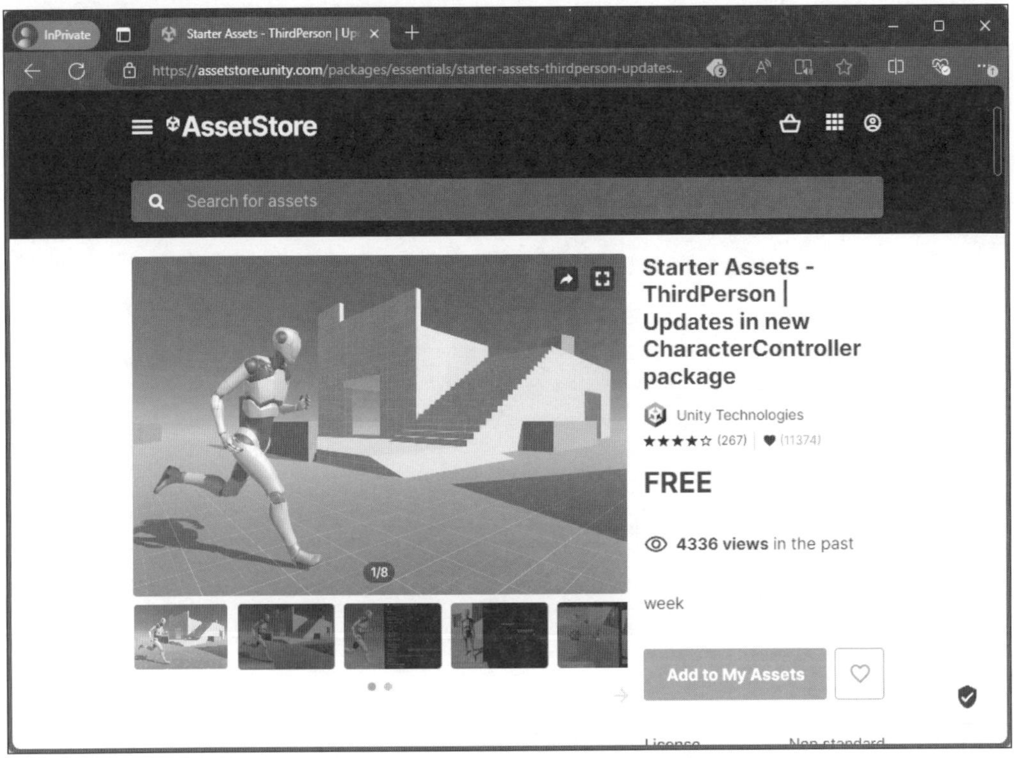

Figura 4.11. Starter Assets-Third Person en Unity Asset Store.

Ya hemos añadido a nuestro proyecto todo lo necesario para empezar a usar nuestro jugador. Es hora de probarlo. Para hacerlo, sigue estos pasos:

1. Con nuestra escena Terreno abierta, en Project, dirígete a la ruta Assets>Starter Assets>ThirdPersonController>Prefabs.
2. Arrastra y suelta el Prefab PlayerArmature en la escena. Tu escena se verá algo como lo que se muestra en la figura 4.12.
3. Una vez colocado el Prefab PlayerArmature, necesitaremos colocar el Prefab PlayerFollowCamera, que se va a encargar de que la cámara de la escena persiga al jugador.

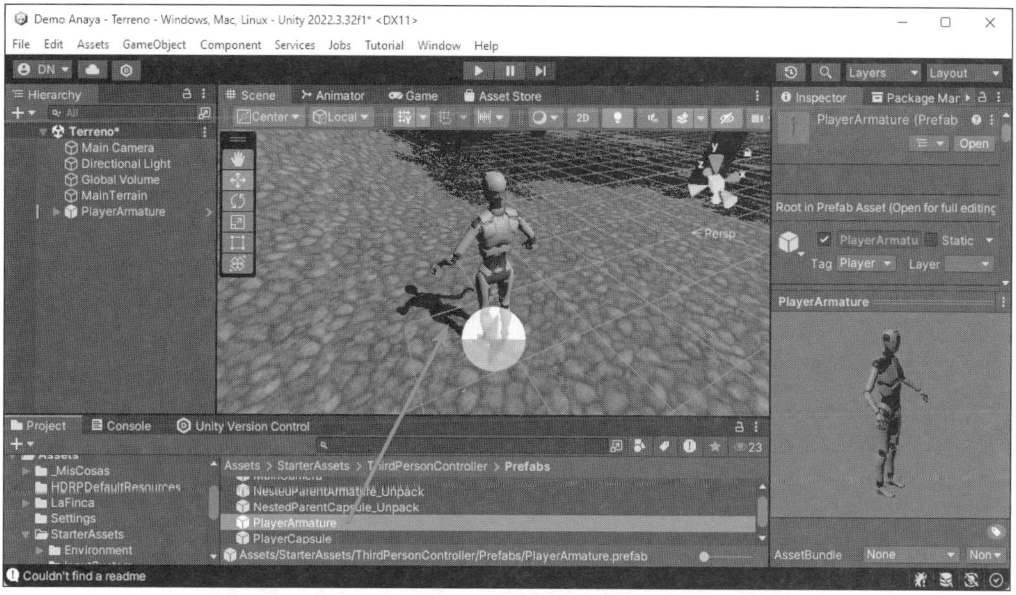

Figura 4.12. Añadiendo PlayerArmature a la escena.

4. Ahora, vamos a eliminar la cámara Main Camera que venía por defecto en la escena y vamos a añadir el Prefab MainCamera que se encuentra en la misma ruta que los Prefabs anteriores, en Hierarchy deberás tener un aspecto similar a la figura 4.13.

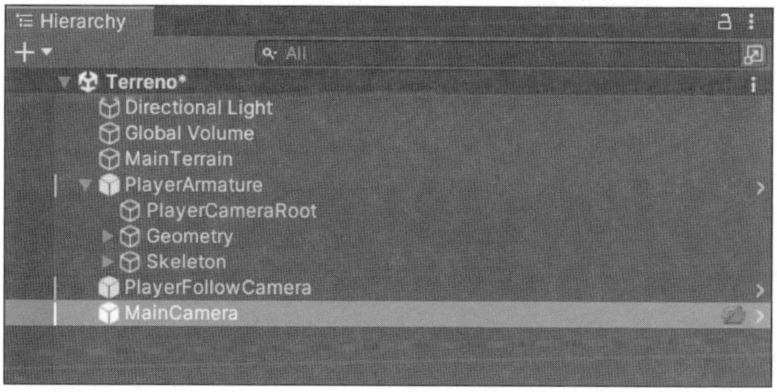

Figura 4.13. Hierarchy con PlayerArmature, PlayerFollorCamera y MainCamera.

5. Por último, seleccionamos el GameObject PlayerFollowCamera y, en el Inspector, arrastramos el GameObject PlayerCameraRoot que se encuentra dentro de PlayerArmature al *slot* Follow, que está en el componente CinemachineVirtualCamera, como se ve en la figura 4.14. Este paso es fundamental para que, al iniciar la escena, la cámara siga automáticamente al jugador.

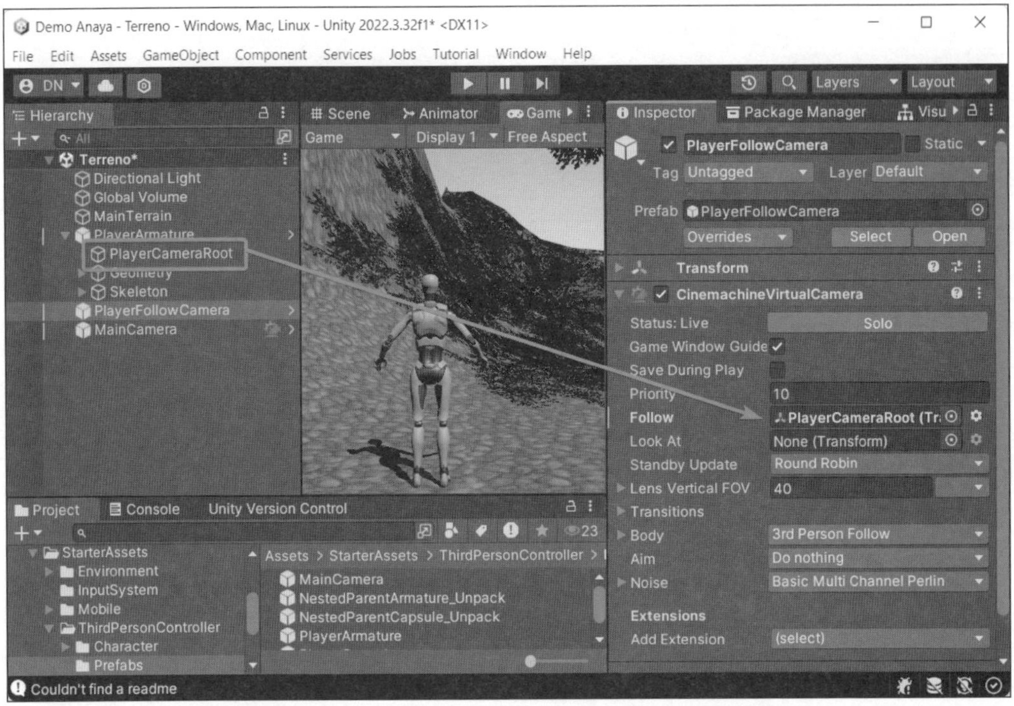

Figura 4.14. Enlazando PlayerCameraRoot al *slot* Follow.

Probando nuestro jugador

Si haces clic en el botón Play ahora y usas las teclas **W**, **A**, **S**, **D**, verás que la cámara sigue al jugador mientras se mueve, como se ve en la figura 4.15. ¡Impresionante!, ¿verdad? Ahora tienes en tu proyecto un jugador completamente controlable, similar a los que encuentras en cualquier juego profesional.

Cambio del avatar predeterminado

Por defecto, Unity crea nuestro personaje con un aspecto de robot, que posiblemente no sea lo que más nos gustaría. En esta sección, aprenderemos a cambiar fácilmente la apariencia inicial del jugador. Utilizaremos una plataforma web gratuita llamada Mixamo, que ofrece un extenso catálogo con cientos de personajes y animaciones 3D listos para usar en tu proyecto de Unity.

Como paso obligatorio, visita `https://www.mixamo.com`, en la figura 4.16, y regístrate gratis o inicia sesión si ya tienes una cuenta.

Figura 4.15. Prueba del jugador con seguimiento de cámara.

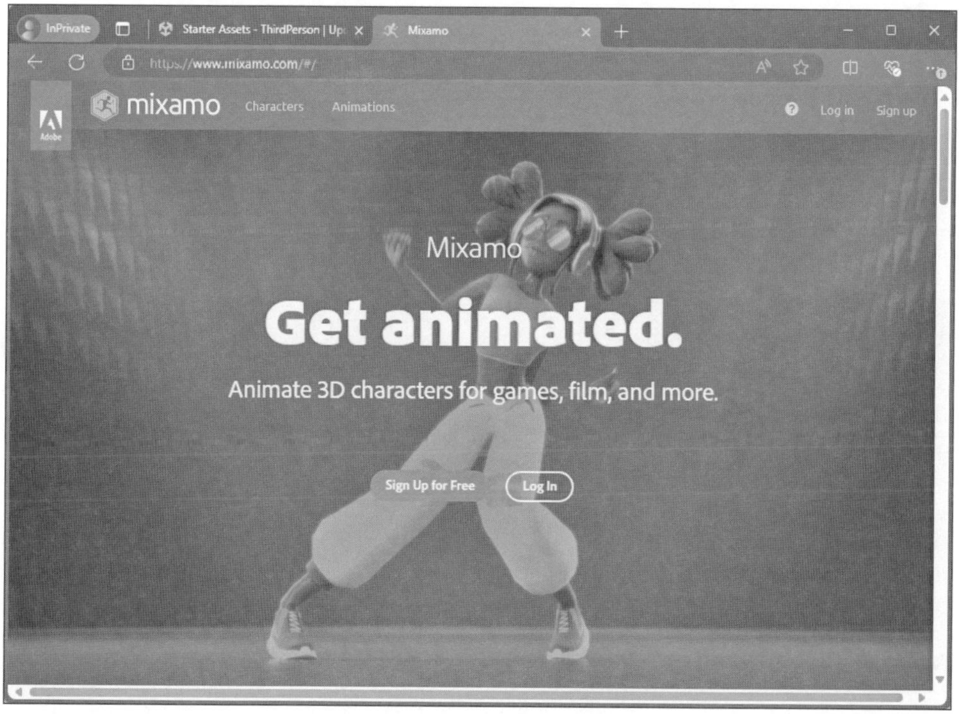

Figura 4.16. Página principal de Mixamo.com.

Buscaremos un personaje en el catálogo para reemplazar el avatar del robot. Para hacerlo, sigue estos pasos:

1. Haz clic en el menú Characters en la parte superior del sitio web.
2. Busca el personaje que más te guste, el proceso de personalización es igual para cualquier modelo. Yo voy a elegir el personaje Warrok W Kurniawan.
3. Haz clic sobre el personaje y se cargará a la derecha en la ventana de previsualización, puedes rotarlo y hacer zoom para verlo con más detalle, como se ve en la figura 4.17.

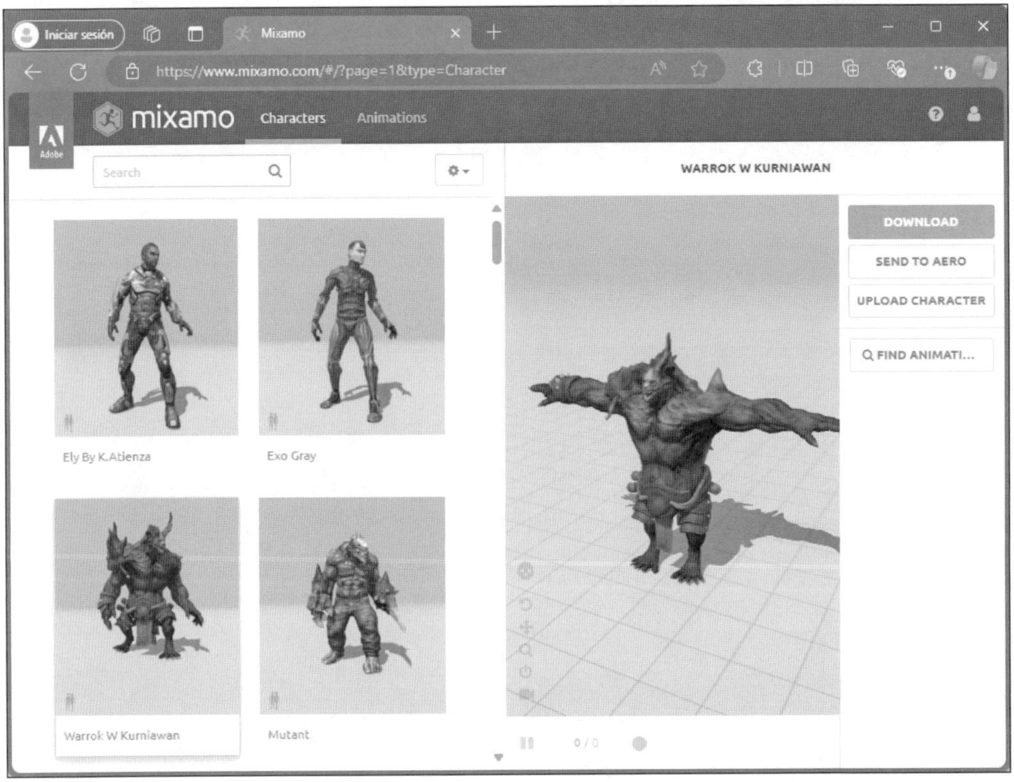

Figura 4.17. Enlace de Characters en Mixamo.

4. Haz clic en el botón DOWNLOAD. Aparecerá un *pop-up* que nos permitirá seleccionar algunas configuraciones para el archivo 3D que vamos a descargar.
5. Selecciona FBX for Unity (.fbx) y T-pose.
6. Haz clic nuevamente en el botón DOWNLOAD. Se descargará un archivo con el nombre del personaje que hayas seleccionado en tu carpeta de descargas.

Ahora que ya tienes descargado el archivo que contiene el nuevo aspecto de tu personaje, vamos a proceder a importarlo al proyecto, sigue estos pasos:

1. Crea una nueva carpeta llamada `Characters` dentro de Assets>_MisCosas.
2. Arrastra el archivo descargado dentro de ella.
3. Para terminar la configuración, necesitamos cambiar el tipo de Rig. Para ello, haz clic en el *asset* que acabas de importar en la carpeta `Characters` y mira sus propiedades en el Inspector.
4. Haz clic en la pestaña Rig y cambia Animation Type a Humanoid y Avatar Definition a Create From This Model y haz clic en el botón Apply.

¿QUÉ ES RIG Y ANIMATION TYPE?

- Rig: Se refiere al esqueleto virtual de un modelo 3D. Este esqueleto consiste en una serie de huesos y articulaciones que se utilizan para animar el modelo. El *rigging* es el proceso de crear este esqueleto y asociar los movimientos de los huesos con la geometría del modelo. Esto permite que el modelo se anime de manera realista, moviendo sus extremidades y cuerpo según las instrucciones dadas.
- Animation Type: En Unity, Animation Type se refiere a la configuración que define cómo se manejarán las animaciones del modelo. Existen diferentes tipos de animación que puedes seleccionar para tu modelo.
- Generic: Utilizado para animaciones simples y objetos que no requieren un esqueleto humanoide, como máquinas o animales.
- Humanoid: Este tipo se usa para modelos humanos o humanoides, permitiendo que las animaciones se compartan entre diferentes personajes humanos y aprovechen las características avanzadas de Unity para animaciones humanas.
- Legacy: Un sistema de animación anterior que Unity mantiene por compatibilidad con proyectos antiguos.

Si ahora revisas el *asset* del personaje importado, en la figura 4.18, y lo expandes haciendo clic en el botón de flecha, verás que se ha creado un *asset* llamado Warrok W KurniawanAvatar. Este avatar será esencial para reemplazar el robot con el nuevo personaje.

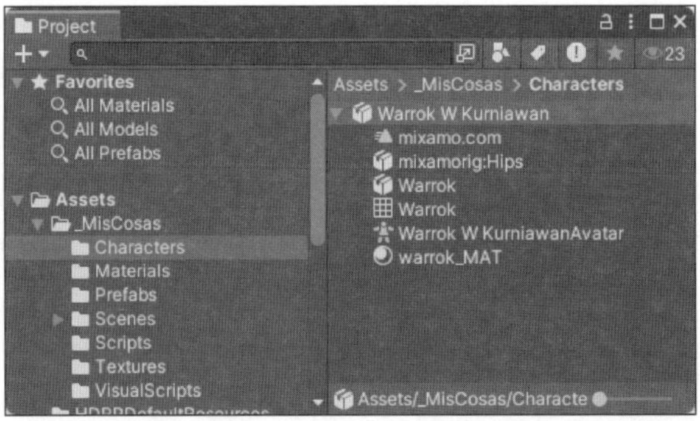

Figura 4.18. Avatar creado en el *asset* del personaje descargado.

¿QUÉ ES UN AVATAR?

En Unity, un avatar es un componente que define cómo se mapea un modelo 3D humanoide a un sistema de animación humanoide. El avatar se encarga de establecer las correspondencias entre los huesos del modelo y las referencias de huesos que Unity utiliza para animar personajes. Esto permite que el modelo pueda usar animaciones creadas para otros personajes humanoides, facilitando la reutilización de animaciones y asegurando que los movimientos sean naturales y coherentes.

Un avatar incluye información sobre la estructura ósea y cómo cada hueso está posicionado y orientado. Es esencial para cualquier modelo humanoide que desee utilizar el sistema de animación humanoide de Unity, que ofrece características avanzadas como la *retargeting* de animaciones (usar una animación en diferentes modelos) y el uso de animaciones de la Asset Store de Unity.

Reemplazando el aspecto del robot

Vamos a proceder a reemplazar el aspecto actual de robot de nuestro personaje. Para hacerlo, sigue estos pasos:

1. En Hierarchy de nuestra escena Terreno, selecciona el Prefab PlayerArmature.
2. El nombre del *asset* en azul indica que PlayerArmature es un Prefab, lo que significa que es una plantilla reutilizable que mantiene una conexión con su versión original. Para modificarlo, necesitamos desempaquetarlo:
   - Haz clic con el botón derecho sobre PlayerArmature.
   - En el menú que aparece, selecciona Prefab y luego Unpack Completely.

Una vez desempaquetado el Prefab, PlayerArmature perderá su color azul, lo que indica que ya no está vinculado a su versión original y puedes proceder a modificarlo libremente. Desplegamos el GameObject y buscamos un objeto hijo llamado Armature_Mesh, que está dentro de la jerarquía PlayerArmature>Geometry>Armature_Mesh, y hacemos clic en él, como se ve en la figura 4.19.

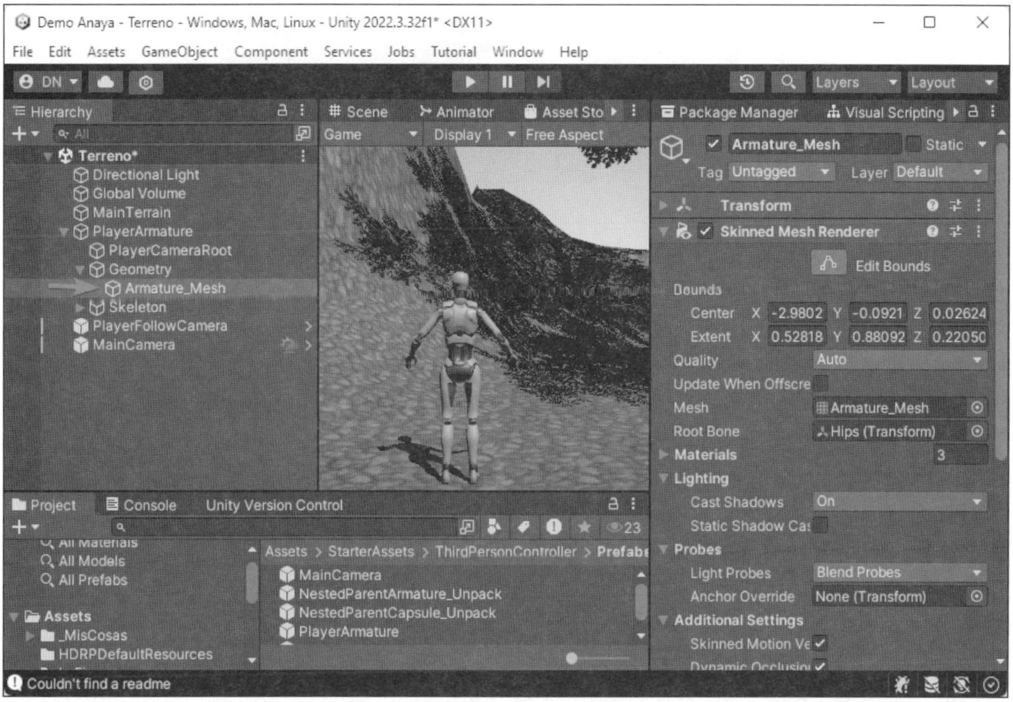

Figura 4.19. Seleccionando GameObject Armature_Mesh.

Ahora, con el GameObject Armature_Mesh seleccionado, lo eliminamos haciendo clic con el botón derecho y seleccionando la opción Delete o pulsando la tecla **Supr**. Arrastra el *asset* del personaje desde la carpeta `Characters` al GameObject Geometry y verás algo similar a lo que vemos en la figura 4.20.

Habrás observado que el nuevo personaje ya aparece en la escena, pero también habrás notado que se ve de color gris. ¿Por qué ocurre esto? ¿Dónde están las texturas?

A veces, Unity tiene problemas al manejar texturas incrustadas en el modelo FBX, pero, afortunadamente, esto se puede solucionar fácilmente.

Para corregirlo, sigue estos pasos:

1. En Project, selecciona el *asset* del personaje importado y haz clic en él.
2. En el panel Inspector, selecciona la pestaña llamada Materials y haz clic en el botón Extract Textures....

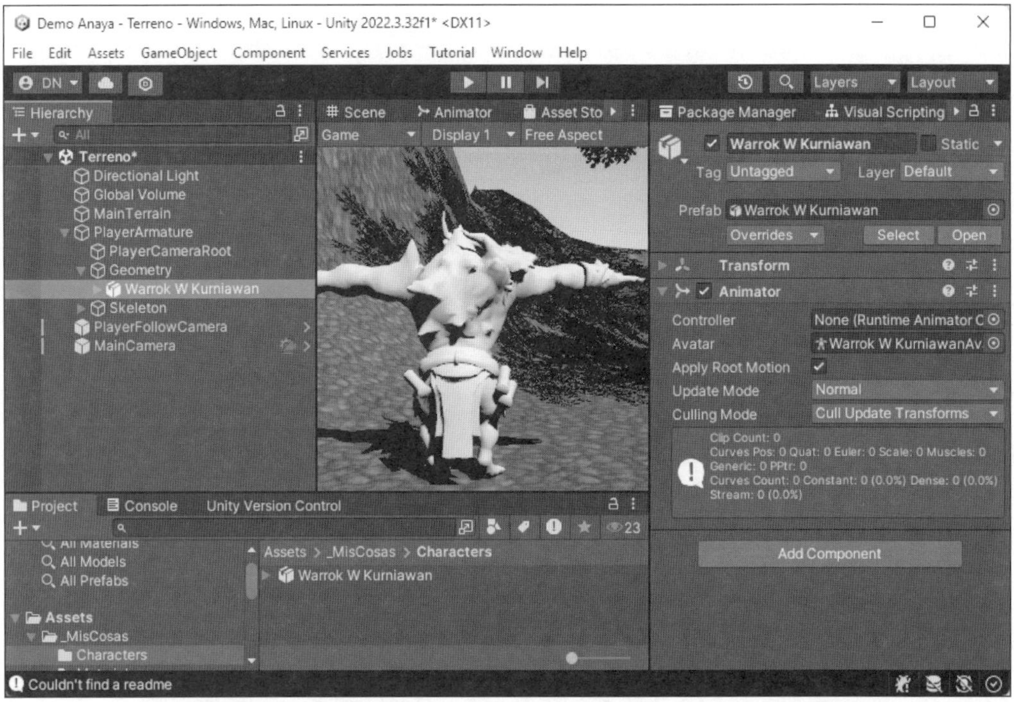

Figura 4.20. Reemplazando Armature_Mesh con el personaje descargado.

3. Unity te preguntará dónde deseas extraer las texturas. Por defecto, seleccionará la carpeta donde tienes el modelo FBX. Está bien, puedes hacer clic en Accept.

Siguiendo estos pasos, las texturas se extraerán correctamente y el personaje debería aparecer con sus texturas originales aplicadas.

> Si Unity encuentra un error o problema en una textura, intentará solucionarlo. Es por eso que puedes ver una ventana emergente advirtiendo esto. Siempre que la veas, haz clic en el botón Fix now para aplicar las correcciones.

Casi hemos terminado. Solo necesitamos asignar el avatar del nuevo personaje al motor de animación. Para hacerlo, sigue estos pasos:

1. Haz clic en el GameObject PlayerArmature.
2. En Inspector, busca el componente Animator.
3. En la casilla Avatar, asigna el avatar llamado Warrok W KurniawanAvatar (o el nombre del avatar que hayas elegido), como se ve en la figura 4.21, haciendo clic en el botón con el icono circular y seleccionándolo de la lista.

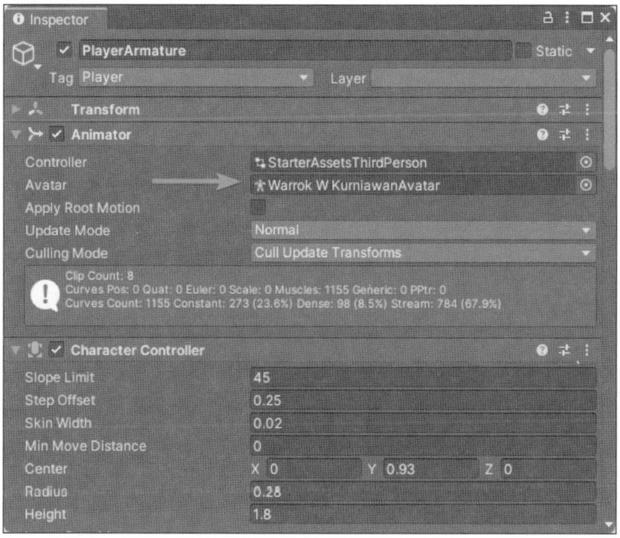

Figura 4.21. Reemplazando el avatar en el componente Animator.

¡Buen trabajo! Has conseguido personalizar con éxito tu jugador. Ahora, haz clic en el botón Play y pruébalo para ver el resultado, como se muestra en la figura 4.22.

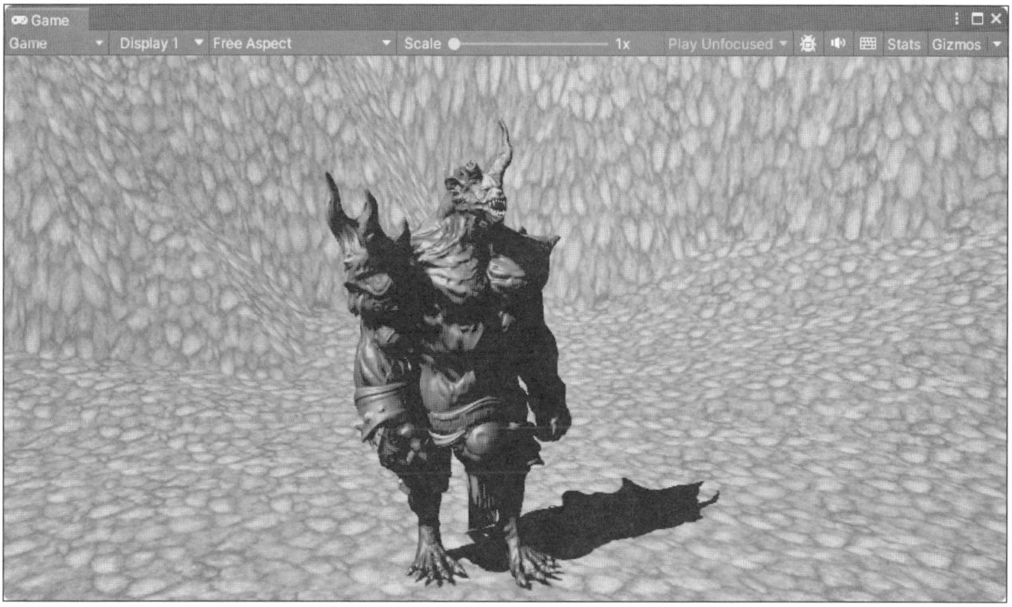

Figura 4.22. Probando el nuevo personaje en modo Play.

Habrás visto lo fácil y divertido que es cambiar la apariencia de nuestro personaje. Ahora que conoces Mixamo, piensa en las infinitas posibilidades que puede ofrecer para personalizar y enriquecer tu proyecto. Con Mixamo, puedes explorar una amplia variedad de personajes y animaciones, permitiéndote crear experiencias únicas y dinámicas en tus juegos.

A lo largo de este capítulo, hemos aprendido a crear y personalizar un terreno, proporcionando una base sólida para nuestro entorno de juego. Luego, hemos avanzado en la creación de un controlador completo para nuestro jugador, permitiendo que el personaje sea controlado por el teclado y el ratón con efectos totalmente profesionales.

Descubrimos cómo Unity facilita el desarrollo mediante los Starter Assets, que ofrecen soluciones compactas a tareas complicadas como la creación de un jugador controlable. Además, practicamos las colisiones colocando un cubo y una esfera en la escena, simulando la física de una pelota de fútbol que podemos mover al chocar.

Para mejorar aún más al jugador, utilizamos Mixamo, que nos sorprendió con su enorme catálogo de personajes gratuitos listos para usar en nuestro proyecto de Unity. Este capítulo nos ha equipado con las habilidades necesarias para desarrollar terrenos detallados y personajes personalizados, ampliando las posibilidades de nuestro proyecto.

5

COLISIONES Y SALUD

Introducción

La física es un componente clave en los videojuegos cuando se trata de simular comportamientos del mundo real, como el movimiento de objetos y las interacciones al chocar, ya sea entre jugadores y paredes o entre balas y enemigos. Sin embargo, controlar la física puede ser un desafío debido a la multitud de reacciones posibles tras una colisión. Por eso, es crucial aprender a configurar nuestro juego de manera que las colisiones sean lo más precisas posible, permitiendo que el movimiento y las interacciones en el juego se sientan naturales y fluidos. Esto nos ayudará a crear una experiencia de juego dinámica y convincente, donde las reacciones físicas reflejen con precisión la intención del diseño.

Exploraremos los siguientes conceptos:

- Configuración de la física.
- Detección de colisiones.

Primero, nos enfocaremos en configurar correctamente la física, un paso esencial para que nuestros *scripts* puedan detectar colisiones entre objetos, utilizando nuevos eventos de Unity que aprenderemos en el proceso. Esto es fundamental para asegurarnos de que nuestras balas impacten a los enemigos y les causen el daño esperado. Después, exploraremos las diferencias entre mover objetos utilizando Transform, como hemos hecho hasta ahora, y Rigidbody, evaluando los beneficios y limitaciones de cada método. A partir de estos conceptos, experimentaremos con distintas maneras de mover a nuestro jugador, dándote la libertad de elegir la que mejor se adapte a tu estilo de juego. Comencemos con la configuración de la física.

Configuración de la física

El sistema de física de Unity está diseñado para cubrir una amplia gama de aplicaciones dentro del juego, por lo que configurarlo correctamente es esencial para lograr los resultados que buscamos. En esta sección, abordaremos los siguientes aspectos clave de la configuración de la física:

- Ajuste de formas.
- Tipos de objetos físicos.
- Detección de colisiones.

Comenzaremos explorando los distintos tipos de colisionadores que ofrece Unity y cómo configurarlos para capturar diversas reacciones físicas, como colisiones y disparadores. Por último, veremos cómo evitar colisiones no deseadas entre objetos específicos, como cuando las balas del jugador impactan en su propio personaje.

Ajuste de formas

En el capítulo 2, vimos que los objetos suelen tener dos formas: la visual, que es la malla 3D, y la física, que corresponde al colisionador utilizado por el sistema de física para calcular colisiones. La idea es que puedas tener un modelo visual detallado envuelto en una forma física simplificada para mejorar el rendimiento.

Unity proporciona varios tipos de colisionadores, y aquí repasaremos los más comunes, comenzando con los tipos primitivos: Box, Sphere y Capsule. Estas formas son las más eficientes en términos de rendimiento para detectar colisiones, ya que las interacciones entre ellas se calculan mediante fórmulas matemáticas, a diferencia de colisionadores como el Mesh Collider, que permite usar cualquier malla como cuerpo físico del objeto, aunque con un mayor costo de rendimiento y algunas limitaciones. La recomendación es usar formas primitivas para representar tus objetos, o combinaciones de ellas; por ejemplo, un árbol podría modelarse con dos colisionadores Box, uno para el tronco y otro para la copa. Por ejemplo, el que vemos en la figura 5.1.

Sin embargo, en algunos casos no es necesario complicar tanto las cosas. Por ejemplo, si solo queremos que el jugador colisione con el tronco, ya que nunca alcanzará la copa, un colisionador Box que abarque todo el tronco puede ser suficiente, este tipo de decisiones ayudará a mejorar el rendimiento. Además, algunas formas complejas no pueden representarse adecuadamente ni siquiera combinando colisionadores primitivos, como en el caso de rampas o pirámides. En estas situaciones, la única solución sería utilizar un Mesh Collider, que usa una malla 3D para las colisiones.

Para profundizar en el uso de colisionadores en Unity, exploraremos una escena diseñada específicamente para ilustrar cómo se configuran y aplican en diferentes objetos del entorno. Esta práctica nos permitirá observar de manera directa cómo los colisionadores interactúan con otros elementos en un entorno de juego, proporcionando una comprensión más sólida de su funcionalidad y su implementación.

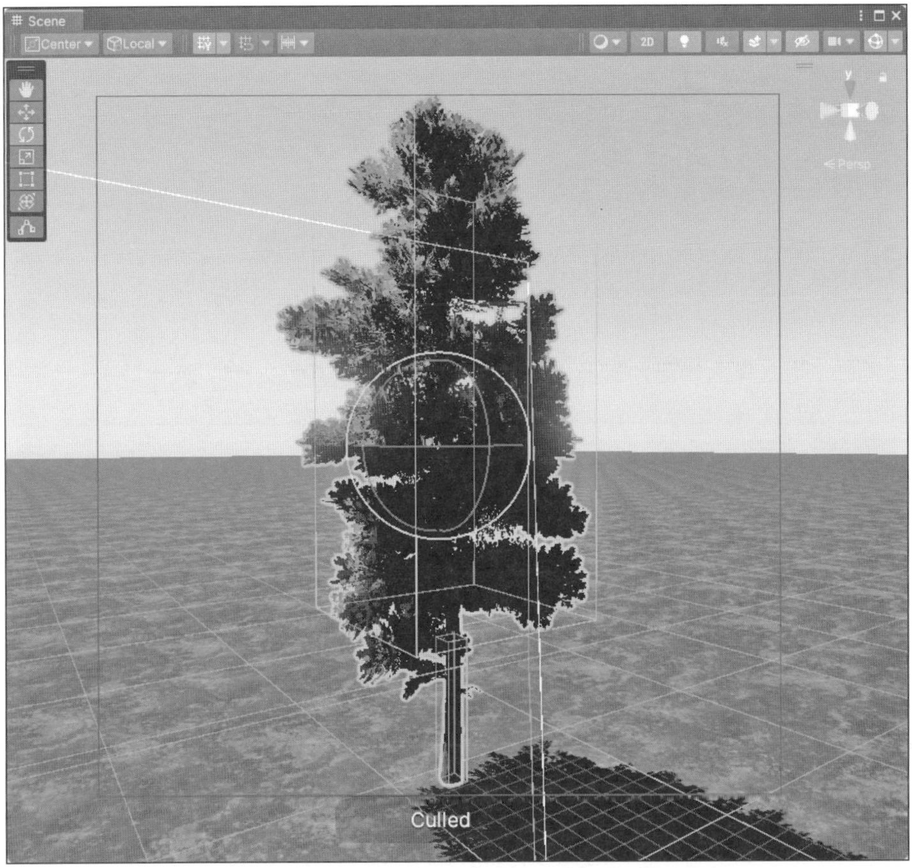

Figura 5.1. Ejemplo de composición de colisionadores Box.

Escena de ejemplo

En lugar de añadir colisionadores manualmente a tus objetos, una excelente manera de familiarizarte con la variedad de colisionadores y su aplicación en Unity es explorando la escena de ejemplo proporcionada en el paquete StarterAssets. Esta escena, en la figura 5.2, ubicada en StarterAssets>ThirdPersonController>Scenes>Playground, está repleta de objetos que ya cuentan con diferentes tipos de colisionadores configurados de manera óptima. Al estudiar esta escena, podrás observar cómo Unity maneja las colisiones y cómo se configuran los colisionadores en diversos contextos dentro de un entorno de juego.

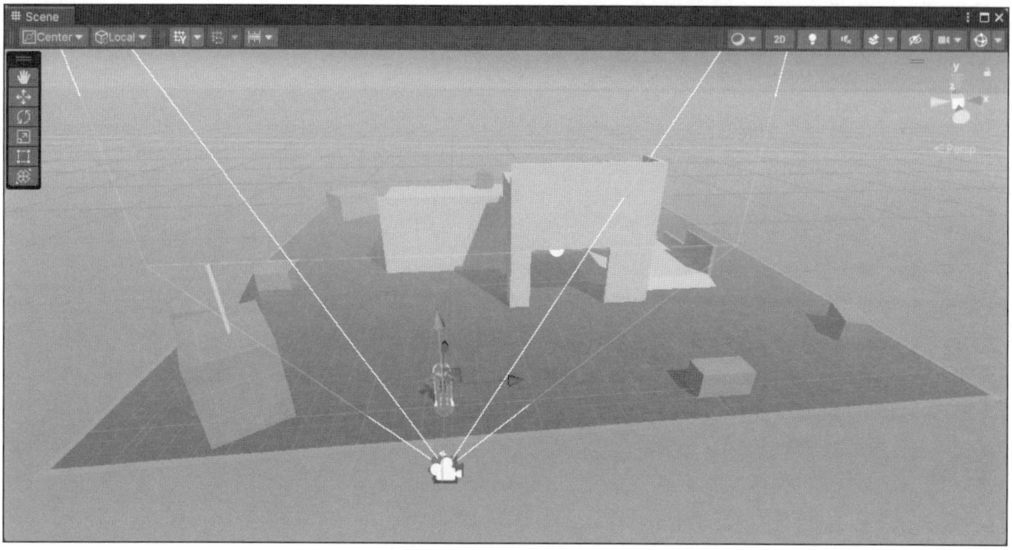

Figura 5.2. Escena de demostración Playground.

Exploración de la escena Playground

Al abrir a la escena Playground, te encontrarás con una variedad de objetos que utilizan diferentes tipos de colisionadores, cada uno seleccionado y configurado para cumplir con un propósito específico dentro del entorno. A continuación, se describen algunos ejemplos clave:

- Cajas y paredes con Box Collider: En la escena, verás varias cajas y paredes repartidas por el área de juego. Estas cajas utilizan Box Collider, un tipo de colisionador que es ideal para objetos de forma rectangular o cúbica. El Box Collider es eficiente y simple, ya que su cálculo de colisiones se basa en fórmulas matemáticas, lo que lo hace perfecto para objetos que tienen bordes definidos y superficies planas. Observa en la figura 5.3 cómo este tipo de colisionador se adapta perfectamente a la geometría del cubo.
- Escaleras con Mesh Collider: También encontrarás escaleras y otras estructuras más complejas que usan Mesh Collider. En esta escena podemos ver un ejemplo perfecto de optimización de rendimiento, observando las escaleras. Para resolver la colisión con un modelo de tipo escalera hay dos opciones:
  - Si no tenemos conocimientos de modelado 3D o simplemente nuestro proyecto no requiere de una optimización de rendimiento elevado, lo que suele ser normal en proyectos personales, la opción más rápida es añadir un Mesh Collider al modelo de la escalera y listo. El colisionador se ajustará a la forma de los escalones y problema resuelto.

- La opción más "pro" y la que se utiliza en esta escena de ejemplo en la figura 5.4 consiste en crear una malla optimizada con forma de rampa, independiente de la malla visual, para que el colisionador sea más simple y tenga que realizar menos cálculos matemáticos.

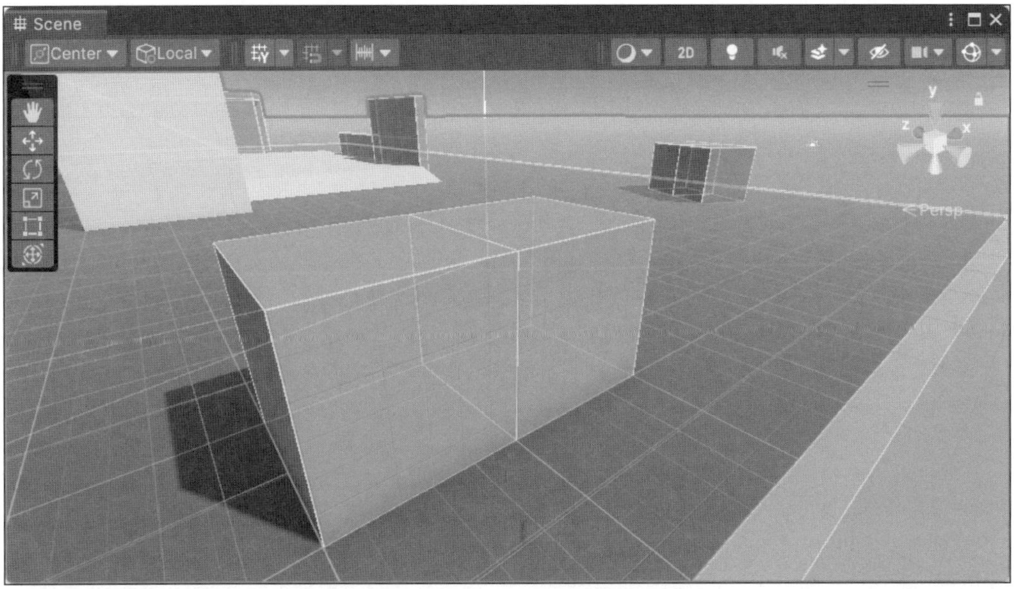

Figura 5.3. Ejemplo de Box Collider en cubos.

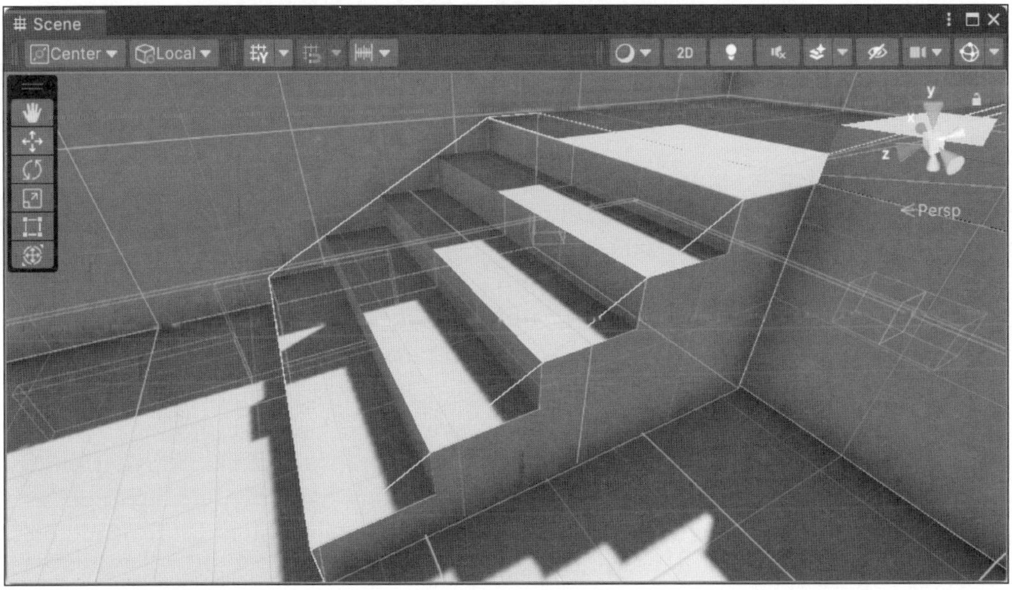

Figura 5.4. Ejemplo de un Mesh Collider sobre una malla optimizada.

No te preocupes por esta segunda opción, como dije anteriormente, lo normal en los comienzos y proyectos personales es resolver este tipo de colisiones añadiendo un Mesh Collider; si tu proyecto evoluciona con el tiempo y necesitas pulir el rendimiento, recuerda optimizar los Mesh Collider para hacerlos "más simples".

- Tubo con Capsule Collider: Además de las cajas, paredes y escaleras, la escena también incluye una tubería con Capsule Collider. Este colisionador es especialmente útil para objetos de forma tubular, como se ve en la figura 5.5.

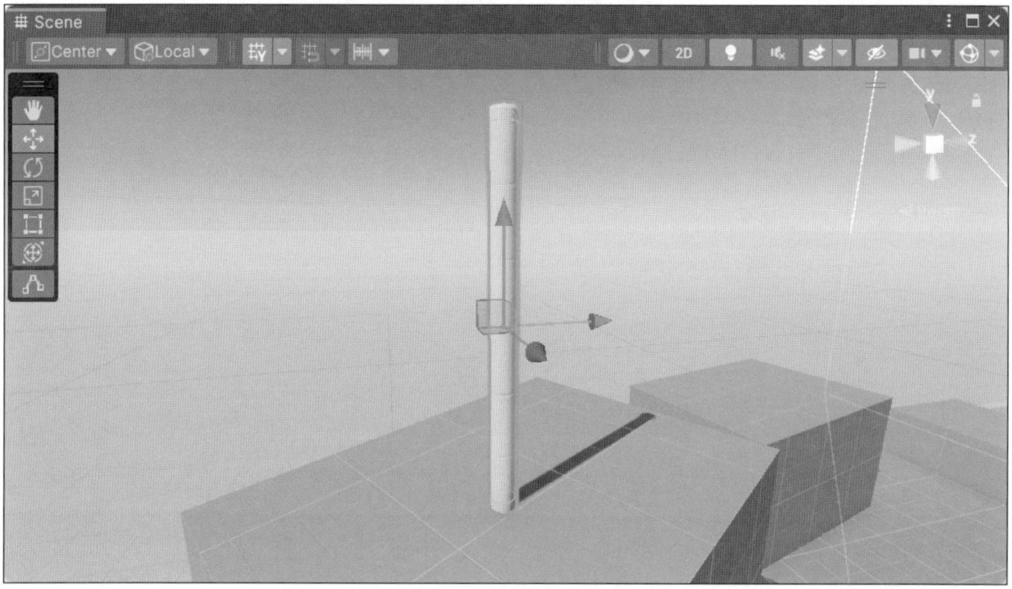

Figura 5.5. Ejemplo de Capsule Collider en un tubo.

Una vez que hayas explorado estos ejemplos en la escena Playground, te sugiero que interactúes con los objetos y modifiques los colisionadores para ver cómo cambian las interacciones y el comportamiento del juego. Puedes hacer esto seleccionando cualquier objeto en la escena y revisando sus componentes de colisionador en el Inspector. Experimenta cambiando el tipo de *collider* en una caja, por ejemplo, y observa cómo esto afecta a las colisiones con el personaje.

La exploración de la escena Playground no solo te proporcionará un mejor entendimiento de cómo se configuran los colisionadores en Unity, sino que también te ayudará a tomar decisiones más informadas en tus propios proyectos. Al comprender las ventajas y limitaciones de cada tipo de colisionador, estarás mejor preparado para optimizar tus escenas y asegurar que tus juegos no solo se vean bien, sino que también funcionen de manera eficiente y efectiva.

Tipos de objetos físicos

Con los colisionadores ya asignados a cada objeto, lo siguiente es configurar su comportamiento físico para obtener el resultado deseado en la simulación. Hay muchas combinaciones posibles de configuraciones, pero discutiremos un conjunto de perfiles comunes que cubrirán la mayoría de las situaciones. Además de los colisionadores, ya hemos visto el componente Rigidbody en el capítulo 2, que es el encargado de aplicar la física al objeto. A continuación, presentamos algunos perfiles que combinan diferentes configuraciones de colisionadores y Rigidbody:

- **Colisionador estático:** Como su nombre indica, este colisionador está destinado a objetos que no deberían moverse, con algunas excepciones específicas. La mayoría de los objetos del entorno, como paredes, suelos, obstáculos y terrenos, pertenecen a esta categoría. Estos colisionadores no requieren un componente Rigidbody, por lo que están presentes en la simulación de física, pero no experimentan ninguna interacción física directa; no pueden ser desplazados por colisiones y permanecerán fijos en su posición independientemente de lo que suceda a su alrededor. Cabe destacar que esto no está relacionado con la casilla de verificación Static en la parte superior derecha del Inspector, que se usa para otros sistemas que exploraremos más adelante.
- **Colisionador físico:** Estos colisionadores están equipados con un componente Rigidbody, como el ejemplo de la bola que cae que creamos en el capítulo 2. Estos objetos están completamente gobernados por la física, tienen gravedad y pueden ser movidos mediante la aplicación de fuerzas; también pueden ser empujados por otros objetos y reaccionan de manera física a los impactos. Puedes usar este tipo de colisionador para el jugador, el movimiento de una granada, cajas que caen o cualquier otro objeto en juegos que se basen fuertemente en simulaciones físicas.
- **Colisionador cinético:** Estos colisionadores también tienen un componente Rigidbody, pero con la casilla Is Kinematic marcada. No reaccionan físicamente a las colisiones y fuerzas como los colisionadores estáticos, pero están diseñados para moverse, permitiendo que los colisionadores físicos interactúen correctamente con ellos cuando se desplazan. Este tipo de colisionador se utiliza en objetos que se mueven mediante animaciones o movimientos personalizados por código, como plataformas móviles.
- **Colisionador estático con *trigger*:** Este es un colisionador estático, pero con la casilla Is Trigger marcada. La diferencia es que, cuando los objetos cinéticos y físicos pasan a través de él, se genera un evento de disparo (*trigger*), que puede capturarse mediante código para detectar cuándo algo entra en contacto con el colisionador. Este evento se puede utilizar para crear botones o desencadenar eventos en áreas del juego cuando el jugador pasa por un determinado lugar, como activar una ola de enemigos, abrir una puerta o finalizar el juego si el

área es la meta del jugador. Ten en cuenta que los colisionadores estáticos no generan eventos de disparo al ser atravesados porque no están destinados a moverse.

- **Colisionador cinético con *trigger*:** Los colisionadores cinéticos no generan colisiones físicas, por lo que pueden atravesar otros objetos sin problemas, pero sí generan eventos de disparo, lo que nos permite reaccionar mediante código. Este tipo de colisionador se puede usar para crear objetos que desaparecen al tocarlos y otorgan puntos, o balas que se mueven con movimientos personalizados por código y sin física, simplemente en línea recta, y que dañan a otros objetos cuando los tocan.

Por supuesto, existen otros perfiles que se pueden utilizar en juegos con requisitos específicos, pero depende de ti experimentar con las diversas combinaciones de configuraciones físicas para ver cuáles se adaptan mejor a tus necesidades. Sin embargo, los perfiles descritos aquí cubren el 99 % de los casos.

Detección de colisiones

Ahora que ya sabemos mucha teoría sobre los colisionadores, vamos a jugar un poco y realizaremos algunas pruebas para ver cómo reaccionan los objetos al contacto, implementando en el proceso un sistema de salud.

En esta sección, abordaremos los siguientes temas relacionados con las colisiones:

- Detección de eventos con *trigger*.
- Sistema de vida simple.

Comenzaremos explorando los diferentes eventos de colisión y disparo que Unity nos ofrece para responder al contacto entre dos objetos. Estos eventos nos permiten ejecutar cualquier código de reacción que necesitemos, y también veremos cómo modificar los componentes del objeto colisionado utilizando la función `GetComponent`.

Detección de eventos de disparo

Si los objetos están configurados correctamente, como discutimos anteriormente, podremos obtener dos tipos de reacciones: colisiones o *triggers*. La reacción de colisión tiene un efecto predeterminado que bloquea el movimiento de los objetos, pero podemos agregar comportamientos personalizados utilizando *scripting*. Sin embargo, un *trigger* no producirá ningún efecto visible a menos que programemos una reacción específica. En ambos casos, podemos utilizar la *suite* de eventos de física para crear reacciones, como sumar puntos, reducir la salud o perder el juego.

Los eventos se dividen en dos grupos: eventos de colisión y eventos de *trigger*, por lo que, dependiendo de la configuración de tu objeto, necesitarás elegir el grupo adecuado. Ambos grupos tienen tres eventos principales:

- `Enter`: Nos indican cuándo comenzó una colisión o *trigger*.
- `Stay`: Si continúa o permanece en contacto.
- `Exit`: Se ejecuta cuando dejó de haber contacto.

Por ejemplo, podemos programar un comportamiento para reproducir un sonido cuando dos objetos hacen contacto por primera vez en el evento `Enter`, como un sonido que represente un golpe, y detenerlo cuando termina el contacto en el evento `Exit`.

EJEMPLO PRÁCTICO 1: JUGADOR DESTRUYE OBJETOS AL TOCARLOS

En este ejercicio, aprenderás a implementar un sistema en el que el jugador puede destruir objetos simplemente al tocarlos. El objetivo es configurar un mecanismo de detección de colisiones que permita al personaje del jugador interactuar con ciertos objetos en la escena, de manera que cuando el jugador los alcance o colisione con ellos, estos objetos se destruyan automáticamente. Esto implicará el uso de colisionadores y la función `OnTriggerEnter` en un *script* de Unity, que se activará al detectar la colisión entre el jugador y los objetos designados para ser destruidos. Este tipo de interacción es común en muchos juegos para crear dinámicas como recoger objetos, eliminar obstáculos o generar efectos visuales. Sigue estos pasos:

1. Crea y agrega un *script* llamado `ObjectDestroyer` al GameObject PlayerArmature, que representa al jugador en la escena.
2. Reemplaza el código por el siguiente:

```
using UnityEngine;

public class ObjectDestroyer : MonoBehaviour
{
    void OnTriggerEnter(Collider other)
    {
        Destroy(other.gameObject);
    }
}
```

3. En PlayerArmature, busca en el Inspector el componente Basic Rigid Body Push y activa la casilla Can Push.

La propiedad Can Push del componente Basic Rigid Body Push en el Player Controller determina si el personaje controlado por el jugador puede empujar objetos en la escena que tienen un componente Rigidbody. Cuando Can Push está habilitada, el jugador puede interactuar físicamente con estos objetos, aplicando una fuerza que los empuja en la dirección del movimiento del jugador. Esto es útil para permitir que el jugador mueva elementos como cajas, barriles u otros objetos que necesitan ser desplazados dentro del juego.

Si Can Push está desactivada, el jugador no podrá empujar los objetos con Rigidbody, lo que significa que estos no se moverán por la interacción del jugador, manteniéndose estáticos o siendo influenciados solo por otras fuerzas del juego, como la gravedad o las colisiones con otros objetos.

Sin embargo, es importante destacar que, si un objeto no tiene un Rigidbody, pero sí tiene un Collider, el jugador aún puede interactuar con él, aunque no lo podrá empujar. La interacción se limitará a colisiones, donde el objeto puede bloquear el movimiento del jugador o el jugador puede rodearlo, pero el objeto permanecerá en su lugar sin ser desplazado por el jugador.

4. Haz clic en Play para ejecutar la escena y dirige al jugador a cualquier caja para comprobar el funcionamiento; al entrar en contacto con ella, se destruye y desaparece de la escena.

Versión Visual Scripting de Object Destroyer

Este gráfico Visual Scripting, en la figura 5.6, replicará la funcionalidad del *script* en C#. Cuando otro objeto entre en el Collider del objeto que tiene este Script Graph, obtendrás el GameObject del Collider que activó el evento y lo destruirás automáticamente usando el nodo `Destroy`.

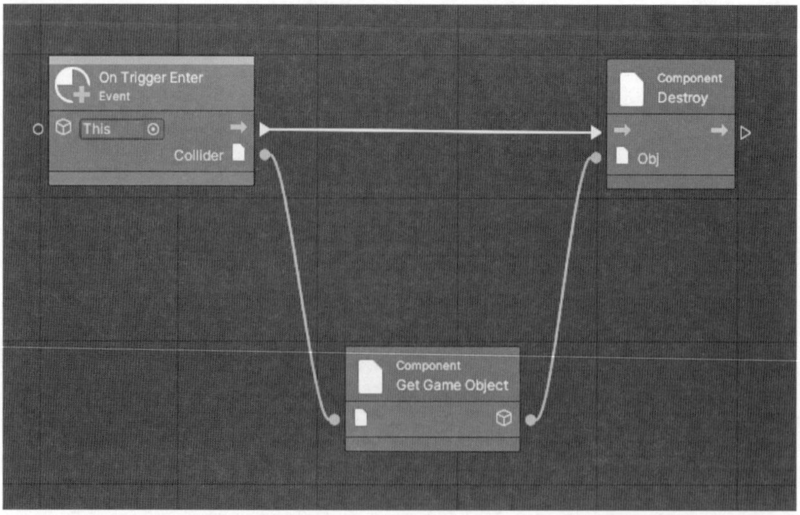

Figura 5.6. Versión Visual Scripting del componente Object Destroyer.

EJEMPLO PRÁCTICO 2: JUGADOR EMPUJA UNA CAJA AL COLISIONAR

En este ejercicio, configurarás un sistema que permita al jugador empujar una caja cuando colisiona con ella, replicando una interacción física realista en el juego. Para llevar a cabo esta funcionalidad, sigue estos pasos:

1. Necesitaremos seguir teniendo activada la propiedad Can Push, tal y como hicimos en el ejercicio anterior.
2. En el componente Basic Rigid Body Push observa la propiedad Push Layers y selecciona la opción Everything, de esta forma podemos transmitir la fuerza física a cualquier objeto.
3. En el cubo que prefieras de la escena, selecciónalo y añade un componente Rigidbody.
4. En el cubo que has elegido, desactiva la propiedad Is Trigger del componente Box Collider.
5. En el panel Inspector del cubo, desmarca la casilla Static.

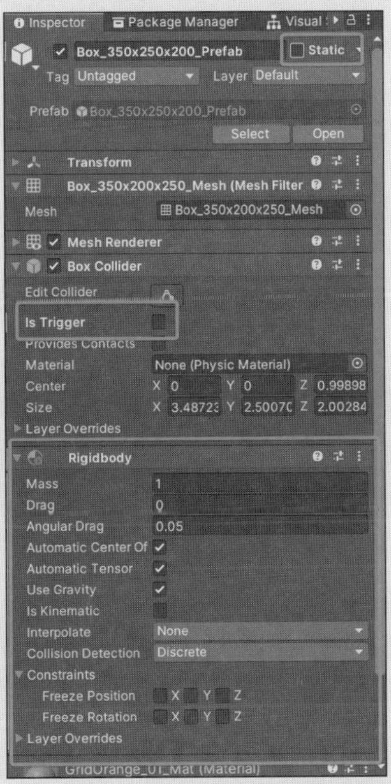

Figura 5.7. Panel Inspector con configuración de Box Collider y Rigidbody.

6. Haz clic en el botón Play y dirige al jugador hacia el cubo que has modificado; verás que el cubo se desplaza al ser colisionado.

Puedes jugar modificando las siguientes propiedades del componente Rigidbody, notarás diferentes resultados cuando el jugador colisiona:

- Mass (Masa): Esta propiedad determina la cantidad de inercia del objeto, es decir, qué tan difícil es moverlo o detenerlo. Un valor de masa más alto hace que el objeto sea más resistente a las fuerzas, mientras que un valor más bajo lo hace más susceptible a ser empujado o arrastrado.
- Drag (Arrastre): Esta propiedad controla la resistencia que el objeto experimenta al moverse a través del espacio. Un mayor valor de Drag reduce la velocidad del objeto más rápidamente cuando no se aplican fuerzas, simulando efectos como la fricción con el aire.
- Angular Drag (Arrastre Angular): Esta propiedad afecta la resistencia a la rotación del objeto. Un valor más alto de Angular Drag hará que el objeto reduzca su rotación más rápidamente cuando no se le aplique torque, simulando la resistencia rotacional debido a la fricción o al aire.

Sistema de vida simple

Para que el jugador pierda vida cuando entra en contacto con algún objeto con el que colisiona, necesitamos acceder a un componente llamado Life, el cual se encargará de gestionar la cantidad de vida del jugador. Vamos a crear este componente Life, que contendrá un campo flotante que almacenará la cantidad de vida restante.

Una vez que hayamos creado el componente, escribiremos un *script* que pueda acceder a él utilizando la función `GetComponent`, lo que nos permitirá modificar su valor. Cuando tienes una referencia a un GameObject o a uno de sus componentes, puedes usar `GetComponent` para acceder a un componente específico que ese objeto posea (si el componente no existe, la función devolverá `null`).

A continuación, veremos cómo usar `GetComponent`, pero primero crearemos el componente Life:

1. Crea un componente llamado Life y agrégalo al GameObject PlayerArmature. Este componente debe tener un campo flotante público llamado `health`, que representará la cantidad de vida. Configura este campo a un valor de 100:

```
using UnityEngine;

public class Life : MonoBehaviour
{
```

```
    public float health = 100f;

    private void OnGUI()
    {
        if (health <= 0)
        {
            GUI.Label(new Rect(Screen.width / 2 - 50, Screen.height / 2 - 25, 100, 50),
"Has muerto");
        }
    }
}
```

Este código inicia la vida del jugador en 100, luego comprueba constantemente si le queda vida; de lo contrario, mostramos el mensaje "Has muerto" en pantalla.

2. Elimina el componente ObjectDestroyer del jugador que creamos en ejercicios anteriores.
3. Crea un nuevo *script* llamado `HealthDamager` y agrégalo a las cajas que quieras que dañen al jugador y reemplaza el código por el siguiente:

```
using UnityEngine;

public class HealthDamager : MonoBehaviour
{
    public float damageAmount = 10f;

    private void OnTriggerEnter(Collider other)
    {
        Life life = other.GetComponent<Life>();

        if (life != null)
        {
            life.health -= damageAmount;
        }
    }
}
```

Este fragmento de código define una cantidad de daño en 10; cada vez que el jugador toque el cubo que incluya este *script*, le restaremos 10 a su vida, accediendo al componente Life que hemos creado.

4. Marca la propiedad Is Trigger en el cubo donde hayas añadido el *script* `HealthDamanger`.
5. Haz clic en Play y colisiona al jugador múltiples veces contra el cubo, podrás observar cómo el valor de vida del jugador disminuye en el Inspector. Si presionas **Esc** para recuperar el control del ratón, podrás seleccionar el GameObject PlayerArmature mientras el juego sigue en ejecución y verás cómo el campo de vida cambia en tiempo real en el editor.

Versión Visual Scripting de Life

La versión Visual Scripting del componente Life, en la figura 5.8, es muy similar a la versión C#. Usamos la función `On GUI`, obtenemos la variable `health` y, si es menor que 0, mostramos un mensaje en pantalla.

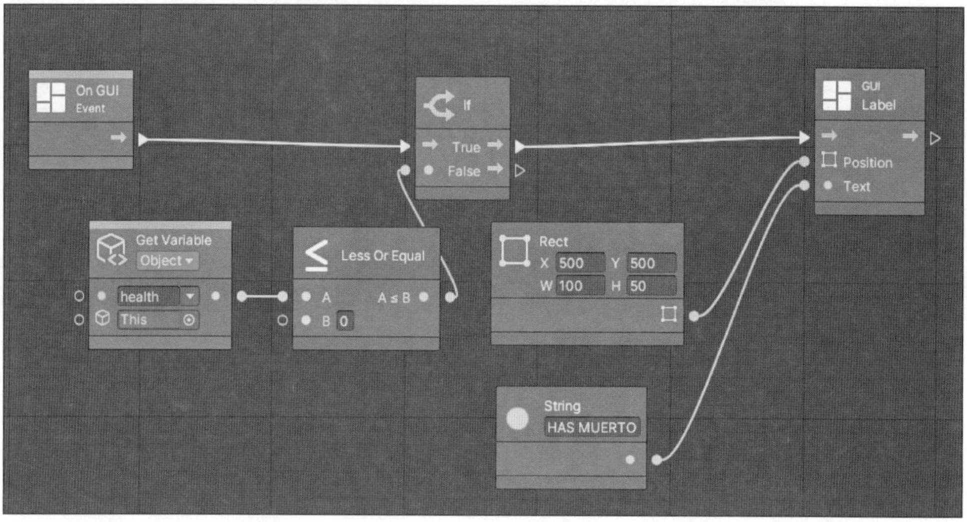

Figura 5.8. Versión Visual Scripting del componente Life.

Versión Visual Scripting de HealthDamager

Esta versión, en la figura 5.9, es un poco diferente de su contraparte en C#. A primera vista, parece similar: utilizamos el nodo `Get Variable` para obtener el valor de la vida y luego el nodo `Subtract` para restar el daño de la vida, y el resultado se convierte en el nuevo valor de vida mediante el nodo `Set Variable`.

La principal diferencia aquí es la ausencia del nodo `GetComponent`. En C#, utilizamos `GetComponent` para acceder al componente Life del objeto colisionado y modificar su variable `health`, pero en Visual Scripting no es necesario acceder al componente para leer sus variables. En lugar de eso, utilizamos el nodo `Get Variable`, conectándolo al colisionador del evento `OnTriggerEnter`, para leer el valor de la vida del objeto colisionado.

Del mismo modo, utilizamos el nodo `Set Variable` para modificar el valor de la vida, conectándolo al colisionador y especificando que queremos alterar la variable `health`, restándole 10 al jugador. Si el objeto colisionado no tiene la variable `health`, añadimos el nodo `Has Variable`, que verifica si el objeto posee la variable antes de intentar modificarla.

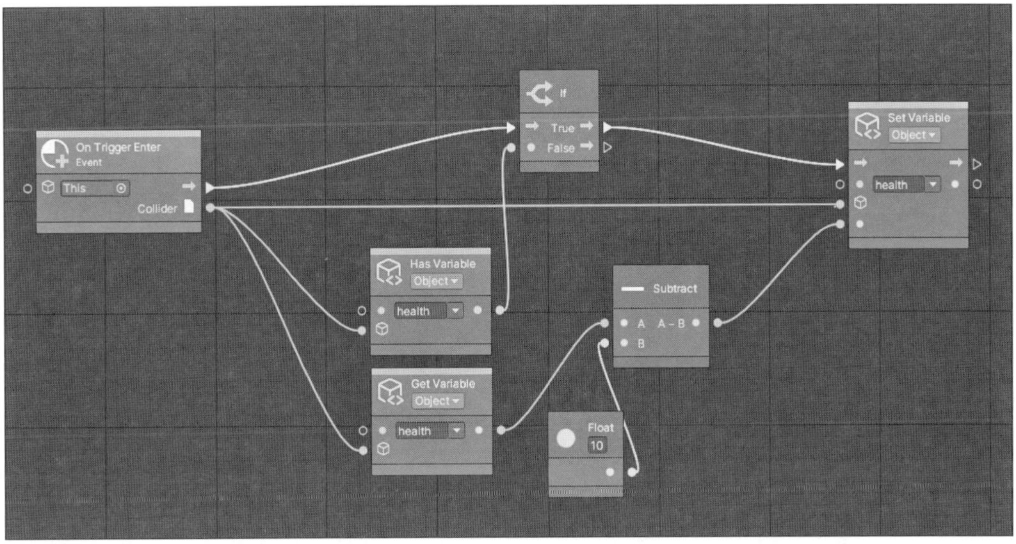

Figura 5.9. Versión Visual Scripting del componente HealthDamager.

La función `OnGUI` en Unity es un método especial que se utiliza para crear y manejar elementos de la interfaz de usuario directamente desde el código. Esta función se llama varias veces por cuadro (*frame*) y es parte del antiguo sistema de GUI de Unity, conocido como Immediate Mode GUI (IMGUI). Con `OnGUI`, puedes dibujar botones, etiquetas, ventanas y otros controles de interfaz directamente en la pantalla. Sin embargo, ten en cuenta que este sistema ha sido en gran medida reemplazado por el sistema más moderno de Unity UI, aunque `OnGUI` sigue siendo útil para herramientas de desarrollo y depuración. Para más información, puedes consultar la documentación oficial de Unity sobre `OnGUI` en `https://docs.unity3d.com/ScriptReference/MonoBehaviour.OnGUI.html`.

En este capítulo, hemos explorado la importancia de la física en la simulación de comportamientos realistas dentro de un videojuego, centrándonos en la configuración de colisionadores y la detección de colisiones. Analizamos cómo Unity maneja diferentes tipos de colisionadores y cómo estos se aplican en la escena de ejemplo Playground, permitiendo que los objetos interactúen de manera precisa y eficiente. Además, implementamos sistemas básicos de salud y destrucción de objetos utilizando tanto *scripting* en C# como Visual Scripting, demostrando cómo aplicar fuerzas físicas y gestionar eventos de colisión para enriquecer la dinámica del juego. Estas herramientas y técnicas son fundamentales para crear experiencias de juego más inmersivas y realistas.

6

CREAR UN NPC CON CHATGPT

Introducción

Los personajes no jugables (NPC) son una pieza clave en muchos videojuegos, proporcionando un medio para que los jugadores interactúen con el mundo del juego. Tradicionalmente, los NPC están limitados a comportamientos guionizados y predecibles. Sin embargo, en este capítulo, llevaremos a los NPC al siguiente nivel utilizando un sistema de inteligencia artificial que les permitirá conversar de manera dinámica con el jugador. Gracias al *asset* Easy AI Chat Integration, podemos integrar de forma sencilla un *chatbot* basado en ChatGPT, permitiendo que nuestros NPC respondan a las preguntas del jugador en tiempo real y mejorando la inmersión en el juego de manera significativa. En este capítulo cubriremos los siguientes temas:

- Elegir un aspecto.
- Integrar Open AI en Unity.

Este capítulo proporcionará las bases para crear un NPC inteligente que pueda interactuar con los jugadores de manera dinámica, utilizando inteligencia artificial para mejorar la inmersión en tu juego.

Elegir un aspecto

En videojuegos, los personajes no jugables (NPC) desempeñan diversos roles y presentan múltiples apariencias según las necesidades del juego. Al diseñar un NPC, es fundamental elegir un modelo 3D que se ajuste al estilo artístico y a las características del proyecto. Para facilitar este proceso, utilizaremos Mixamo, una plataforma gratuita que ofrece modelos 3D FBX y una amplia variedad de animaciones listas para ser integradas en Unity.

En el capítulo 4, ya exploramos cómo usar esta herramienta para preparar al personaje principal. Ahora, la emplearemos nuevamente para seleccionar y personalizar un NPC. La razón por la que recurrimos a esta plataforma es su simplicidad y su integración directa con Unity, lo que acelera el flujo de trabajo al permitirnos descargar personajes y animaciones sin necesidad de modelado ni *rigging* manual. Además, su extensa biblioteca de personajes y animaciones nos permite adaptar fácilmente el aspecto y los movimientos del NPC a las necesidades de nuestro juego.

Una de las mayores ventajas es que Mixamo no solo ofrece personajes, sino que también proporciona animaciones ya configuradas, lo que nos ahorra tiempo y recursos. Las animaciones predefinidas pueden implementarse de inmediato, evitando el proceso tedioso de crear animaciones desde cero. Además, todos los modelos y animaciones están optimizados para Unity, lo que garantiza una integración sin complicaciones y ajustes mínimos al importar los archivos.

Los pasos para seleccionar un modelo en Mixamo son los siguientes:

1. **Visita el sitio web de Mixamo:** Dirígete a `https://www.mixamo.com`.
2. **Inicia sesión o crea una cuenta:** Si ya tienes una cuenta, ingresa con tus credenciales; de lo contrario, regístrate de manera gratuita.
3. **Explora la galería de personajes:** En la pestaña Personajes, encontrarás una gran variedad de modelos 3D. Puedes elegir el personaje que más se ajuste a la personalidad y función de tu NPC. Por ejemplo, podríamos seleccionar un personaje sencillo, yo he seleccionado a la chica llamada "Amy" en la figura 6.1.
4. **Añadir una animación de tipo *idle*:** Para dar vida al personaje de inmediato, selecciona una animación de espera (*idle*), como se ve en la figura 6.2. Este tipo de animación es ideal para un NPC que estará estático, pero mostrando sutiles movimientos que le den vida, como respirar o mirar a su alrededor.
5. **Descargar el modelo en formato FBX:** Una vez seleccionado el personaje y la animación, haz clic en Descargar. Elige el formato FBX for Unity y asegúrate de seleccionar la opción With Skin, lo que incluirá la textura y detalles del personaje.
6. **Importar el modelo a Unity:** Cuando hayas descargado el archivo FBX, impórtalo a Unity arrastrando el archivo a la carpeta de tu proyecto en Assets>_MisCosas>Characters>NPCs.
7. **Configurar el modelo:** Cuando importes el archivo a Unity, selecciona el modelo en el panel Proyecto. Si el modelo aparece completamente blanco, selecciona la pestaña Materiales en el panel Inspector y haz clic en Extraer texturas. Esto aplicará las texturas y colores correctamente. Esta acción ya la hicimos en el capítulo 4, puedes consultarlo para encontrar más detalle.

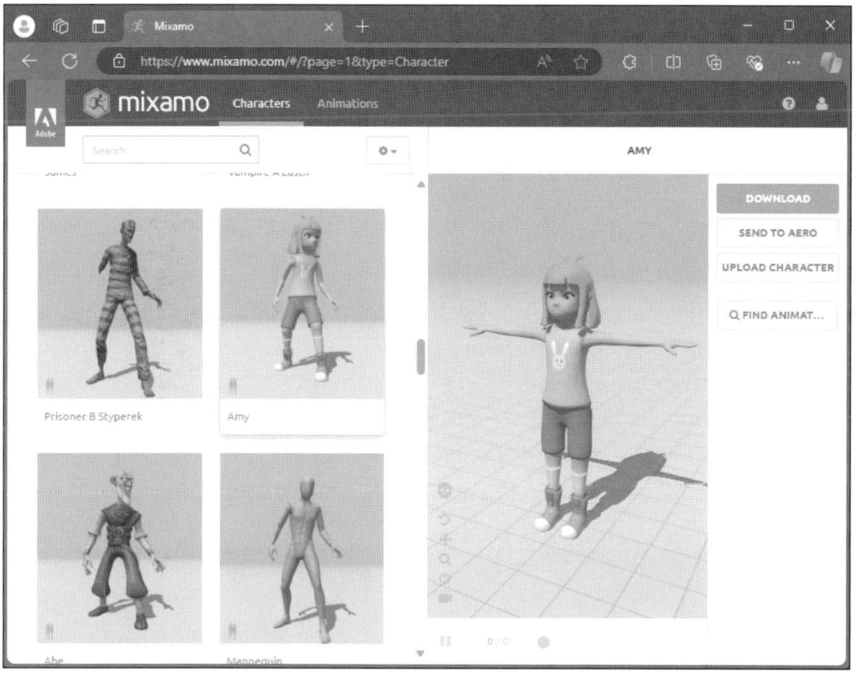

Figura 6.1. Personaje 3D seleccionado en Mixamo.

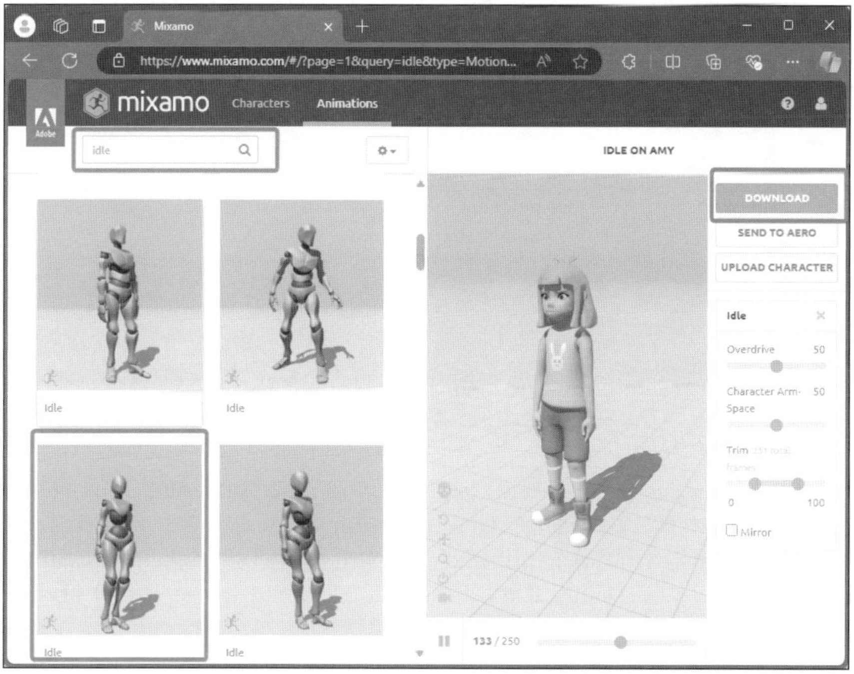

Figura 6.2. Animación *idle* seleccionada en Mixamo.

8. **Configuración del *rig*:** Con el modelo importado seleccionado, en el panel Inspector, selecciona la pestaña Rig y selecciona Humanoid en Animation Type y haz clic en el botón Apply.
9. **Configurando animación:** En la pestaña Animation, busca y activa la casilla Loop Time, esto hará que la animación Idle vuelva a comenzar cuando acabe.
10. **Añádelo a la escena:** Arrastra el modelo a la escena para asegurarte de que todo esté bien importado.
11. **Configuración de Animation Controller:** Ya casi lo tenemos, ahora falta asignar al NPC un componente Animation Controller para que inicie la animación cuando comience la partida. Para crearlo, haz clic con el botón derecho en la carpeta donde hemos importado el personaje, vuelve a hacer clic con el botón derecho y selecciona Create>Animation Controller. Una vez creado, lo arrastramos al *slot* Controller del componente Animator, como se ve en la figura 6.3.

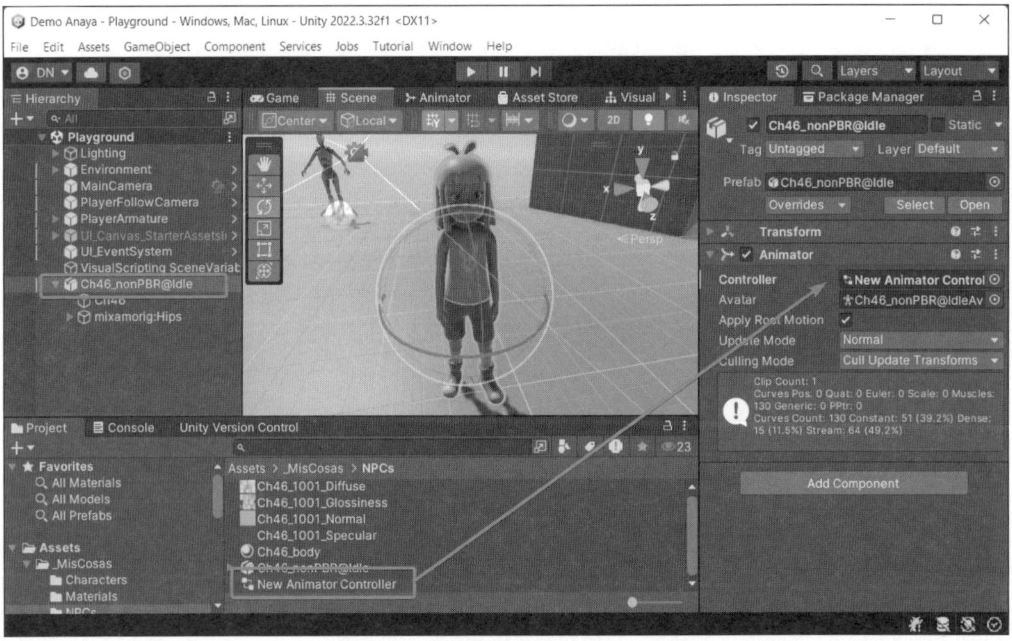

Figura 6.3. Personaje 3D en la escena.

12. Por último, necesitamos añadir la animación *idle* al Animator Controller, como se ve en la figura 6.4. Para ello, hacemos doble clic sobre él y se abrirá un gráfico de estados, arrastramos la animación *idle* al gráfico y se conectará automáticamente con el nodo Entry. De esta forma, al iniciar la escena, el nodo Entry se ejecutará y llamará a la animación *idle*.

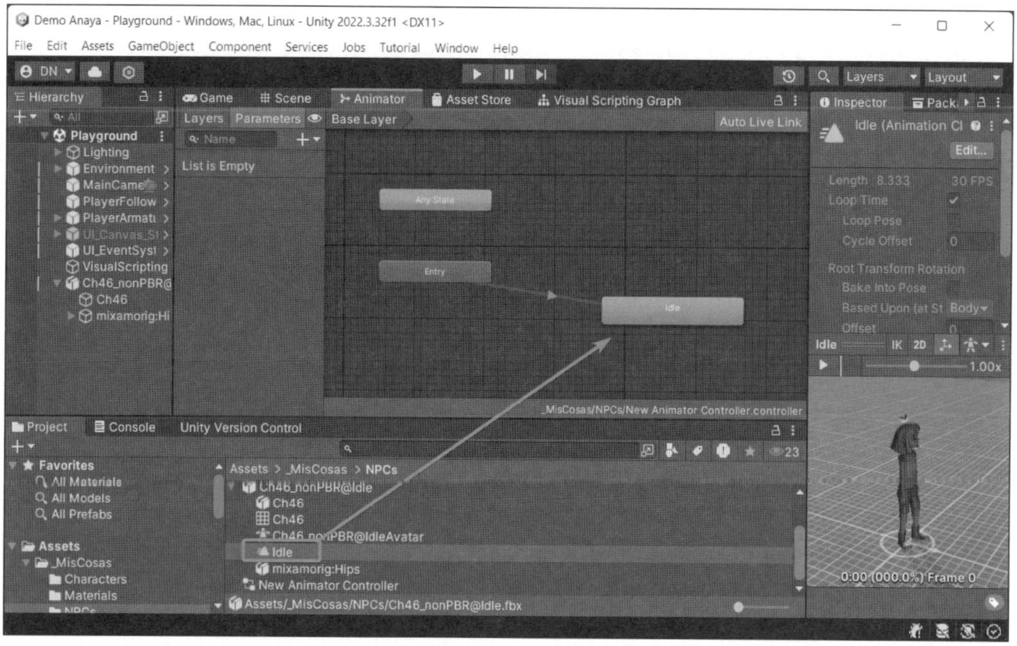

Figura 6.4. Arrastrar la animación *idle* al gráfico de animaciones.

Ahora si haces clic en Play para ejecutar la escena, puedes comprobar cómo la chica tiene una animación suave, como si estuviera respirando; da la sensación de que nuestro NPC va tomando vida.

Con el modelo de nuestro NPC correctamente configurado y listo en Unity, ya tenemos el aspecto visual definido. Sin embargo, para que el NPC sea verdaderamente funcional e interactúe de manera inteligente con el jugador, vamos a aprovechar el *asset* Easy AI Chat Integration. Este paquete nos permitirá dotar al NPC de capacidades conversacionales mediante la integración de ChatGPT, sin la complejidad de configurar manualmente la API de OpenAI. De esta forma, nuestro personaje podrá responder a las preguntas del jugador de manera personalizada y fluida, mejorando la experiencia de inmersión en el juego de forma rápida y eficiente.

Integrar Open AI en Unity usando el *asset* Easy AI Chat Integration

En esta sección, te mostraré cómo integrar un sistema de chat basado en IA en un juego de Unity de manera rápida y sencilla usando el paquete Easy AI Chat Integration, disponible en la Unity Asset Store. Usar este *asset* ofrece una serie de ventajas significativas frente a desarrollar la integración desde cero utilizando las herramientas y SDK nativas.

Crear una integración manual implica configurar todos los aspectos técnicos, como la autenticación con la API, la gestión de las solicitudes y respuestas de la IA, y asegurarse de que la comunicación se maneje de manera eficiente dentro de Unity. Esto no solo requiere un conocimiento profundo de programación en C# y manejo de APIs externas, sino también una comprensión sólida de cómo Unity gestiona la red y los sistemas de diálogo.

Por otro lado, Easy AI Chat Integration está diseñado específicamente para Unity, lo que significa que todo el trabajo pesado ya ha sido hecho por los desarrolladores del *asset*. Este paquete incluye una interfaz gráfica de usuario lista para usar, controladores de chat integrados y toda la lógica necesaria para la conexión con la inteligencia artificial. De esta forma, los desarrolladores pueden centrarse en crear experiencias de juego y ajustar los detalles sin perder tiempo configurando cada aspecto técnico desde cero.

Además, el *asset* viene optimizado para Unity, lo que evita problemas de compatibilidad que podrían surgir al implementar la solución de manera manual. Al utilizar un *asset* probado y optimizado, reduces el riesgo de errores técnicos y aseguras que el sistema funcione correctamente desde el principio. Esto es especialmente útil si no tienes mucha experiencia trabajando con APIs o gestionando solicitudes HTTP en Unity.

Prerrequisitos

Antes de comenzar, asegúrate de tener lo siguiente:

- La clave API de OpenAI, que la puedes obtener en `https://platform.openai.com/account/api-keys`.
- El paquete Easy AI Chat Integration descargado, en la figura 6.5, desde la Asset Store y añadido a tu proyecto.

COSTES DE LA API DE OPENAI (GPT-3.5-TURBO)

Antes de integrar ChatGPT en tu juego, es importante que conozcas los costes asociados al uso de la API de OpenAI. Para este proyecto, utilizaremos el modelo gpt-3.5-turbo, que es una opción muy potente y más económica que otros modelos.
Los costes aproximados para el modelo gpt-3.5-turbo son los siguientes:

- 0,0015 dólares por cada 1.000 *tokens* en la solicitud (lo que tú envías a la IA).
- 0,002 dólares por cada 1.000 *tokens* en la respuesta (lo que la IA te envía de vuelta).

Para que te hagas una idea, 1.000 *tokens* corresponden aproximadamente a 750 palabras, lo que cubre una conversación razonablemente larga. El coste dependerá de la longitud de las preguntas que los jugadores hagan y de las respuestas generadas por la IA.

Además, OpenAI ofrece un nivel gratuito inicial con un crédito que puedes usar para probar la API antes de incurrir en costes. Esto es ideal para la fase de pruebas y ajustes del sistema de chat en tu juego.
Te recomendamos monitorear el uso de la API en el panel de OpenAI para evitar consumos inesperados y, si es necesario, configurar límites de uso para mantener controlados los costes.

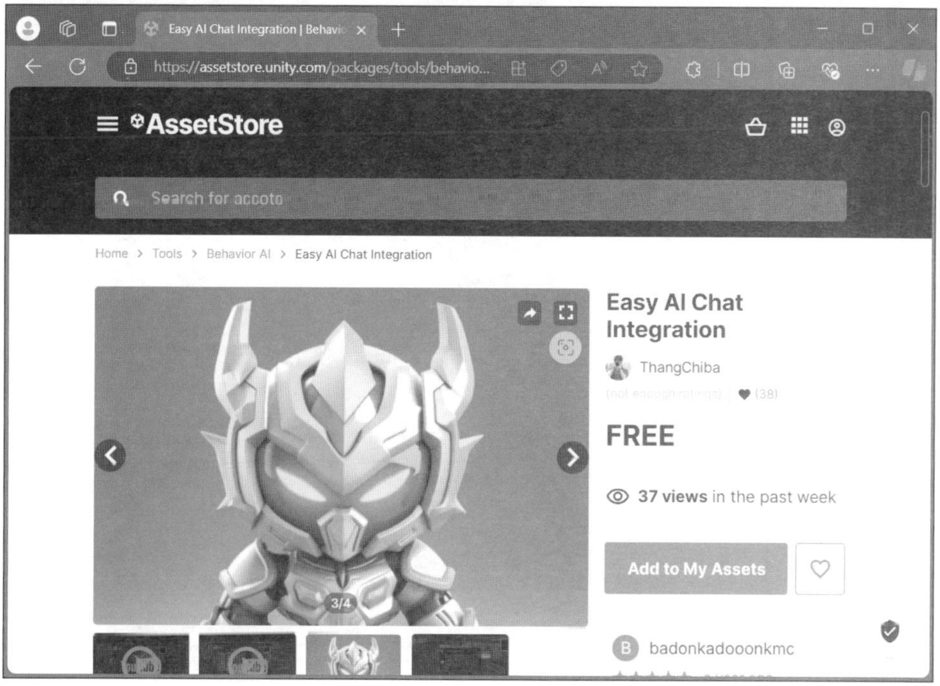

Figura 6.5. *Asset* Easy AI Chat Integration en Unity Asset Store.

EJEMPLO PRÁCTICO 1: AÑADIR EL PREFAB AICHAT A LA ESCENA

Una vez importado el paquete Easy AI Chat Integration, debemos añadir el Prefab AIChat a la jerarquía:

1. Navega hasta la ruta Assets>ThangChiba>ChatGPT Integrate>Prefabs>QuickStart.
2. Arrastra el Prefab AIChat a la jerarquía de la escena, como se ve en la figura 6.6. Este Prefab contiene tanto el Canvas con la interfaz de chat como el ChatManager, que gestionará las interacciones con el jugador.

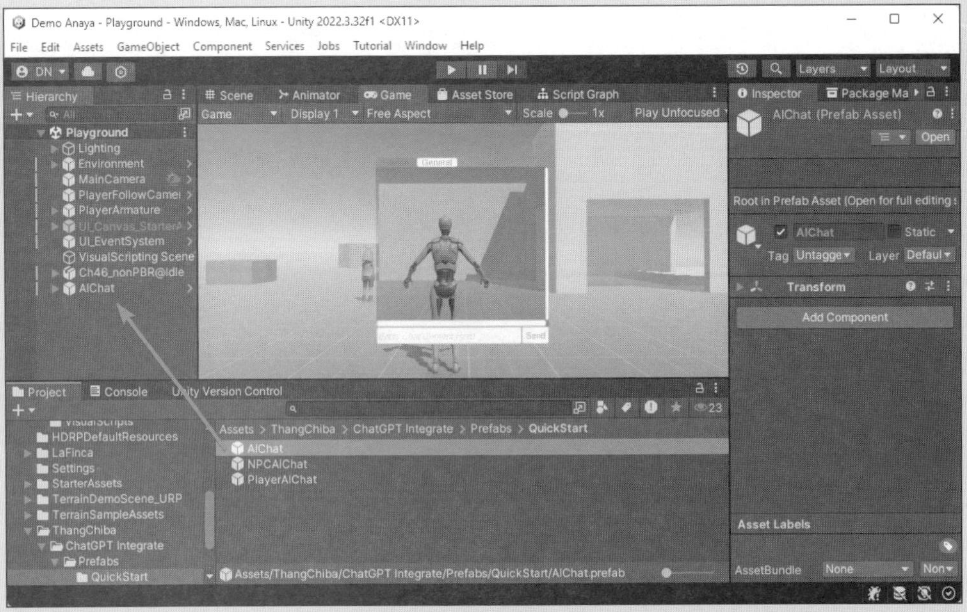

Figura 6.6. Arrastrar el Prefab AIChat a la escena.

Ahora que hemos añadido el Prefab AIChat a la escena y tenemos la interfaz de chat lista para usar, es momento de configurar la inteligencia detrás del sistema. Para que el chat funcione y el NPC pueda responder a las preguntas del jugador, necesitamos conectar nuestro proyecto con la inteligencia artificial de ChatGPT. Esto lo haremos configurando la clave API de OpenAI, que permitirá que el sistema se comunique con los servidores de IA y obtenga respuestas en tiempo real.

¿QUÉ ES UN CANVAS?

En Unity, el Canvas es un componente esencial en la creación de interfaces de usuario (UI). Es un área invisible que actúa como el "lienzo" sobre el cual se renderizan todos los elementos de UI, como botones, textos, imágenes o paneles. Cada elemento de la interfaz gráfica que ves en pantalla, como menús, barras de vida o cuadros de diálogo, debe estar dentro de un Canvas para ser visible.

El Canvas tiene propiedades especiales para gestionar cómo y dónde se dibujan los elementos de la UI en la pantalla del jugador. También permite ajustar su escalado y disposición para que se adapten a diferentes resoluciones y dispositivos.

En resumen, si quieres crear o visualizar cualquier elemento de la interfaz en Unity, necesitarás un Canvas donde colocar esos componentes.

EJEMPLO PRÁCTICO 2: CONFIGURAR LA CLAVE API

Para que el sistema funcione correctamente, necesitamos añadir tu clave API de OpenAI al ChatManager:

1. Si aún no tienes una clave API, puedes obtenerla en `https://platform.openai.com/account/api-keys`. Crea una nueva clave secreta y copia el valor, como se ve en la figura 6.7.

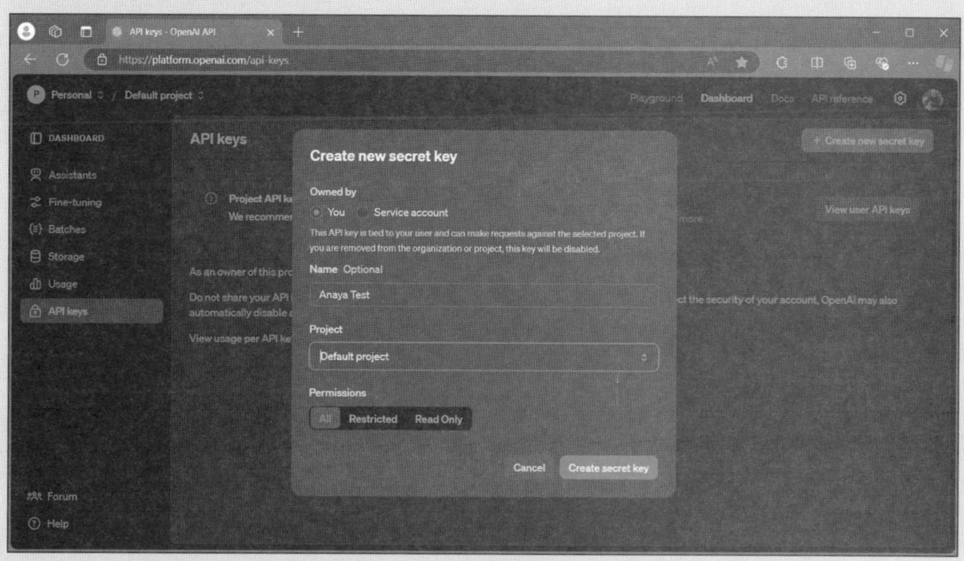

Figura 6.7. Crear una *API key* en Open AI.

2. En Unity, selecciona el objeto AIChat en la jerarquía y localiza el componente GameManager en su interior.
3. Busca la variable AccessToken en el Inspector.
4. Reemplaza el valor predeterminado (comienza con "sk-") con tu clave API recién creada.

Ahora que hemos configurado la clave API de OpenAI en el ChatManager, como se muestra en la figura 6.8, es momento de darle vida a la interacción entre el jugador y el NPC. Vamos a configurar los componentes necesarios para que el jugador pueda chatear directamente con el NPC en el juego.

Con la clave API correctamente configurada, ya tenemos la base para que el sistema de chat funcione y el NPC pueda generar respuestas en tiempo real. El siguiente paso es permitir que el jugador interactúe directamente con el NPC dentro del juego. Para ello, configuraremos la interacción entre el jugador y el NPC, asegurándonos de que puedan comunicarse cuando estén lo suficientemente cerca, creando una experiencia más natural y dinámica en el juego.

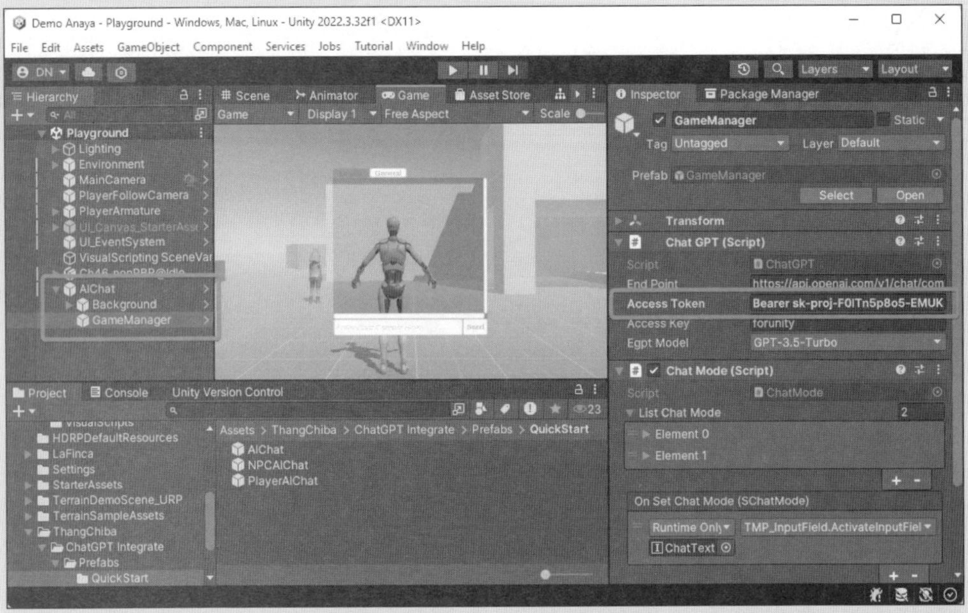

Figura 6.8. Configurar la *API key* en el GameObject GameManager.

EJEMPLO PRÁCTICO 3: CONFIGURAR LA INTERACCIÓN ENTRE EL JUGADOR Y EL NPC

Ahora necesitamos configurar la interacción entre el jugador y el NPC para que puedan chatear entre sí:

1. Arrastra el Prefab PlayerAIChat, que se encuentra en la ruta Assets>ThangChiba>ChatGPT Integrate>Prefabs y suéltalo dentro del GameObject PlayerArmature, que es nuestro jugador, como se ve en la figura 6.9.
2. Arrastra el Prefab NPCAIChat dentro el NPC que estamos creando, la chica de pelo azul, para que gestione el chat y las respuestas, como se muestra en la figura 6.10.

El NPCAIChat incluye un SphereCollider que detectará cuándo el jugador se acerca al NPC, activando la interacción.

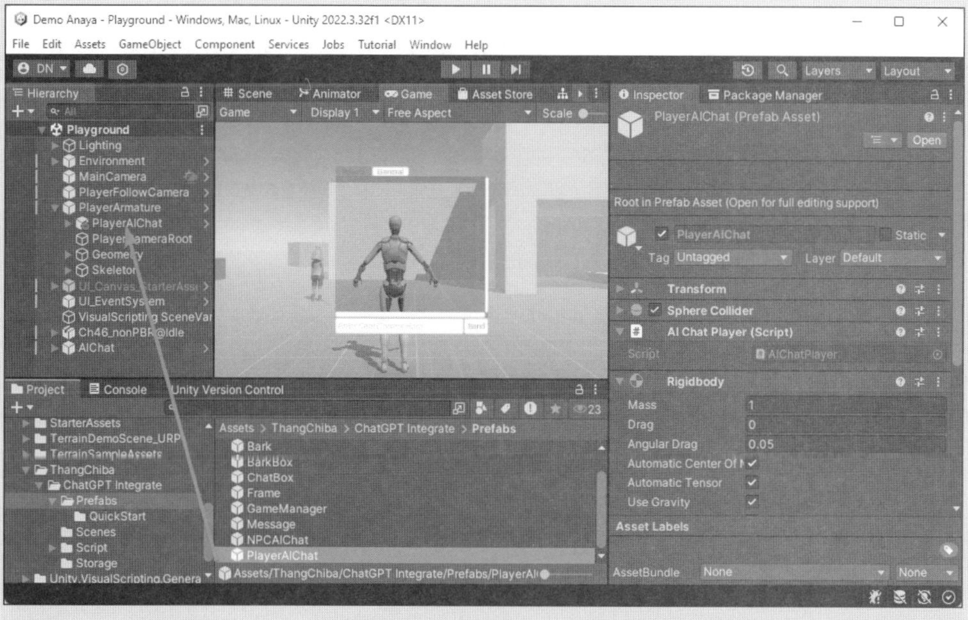

Figura 6.9. Arrastrar el Prefab PlayerAIChat dentro de PlayerArmature.

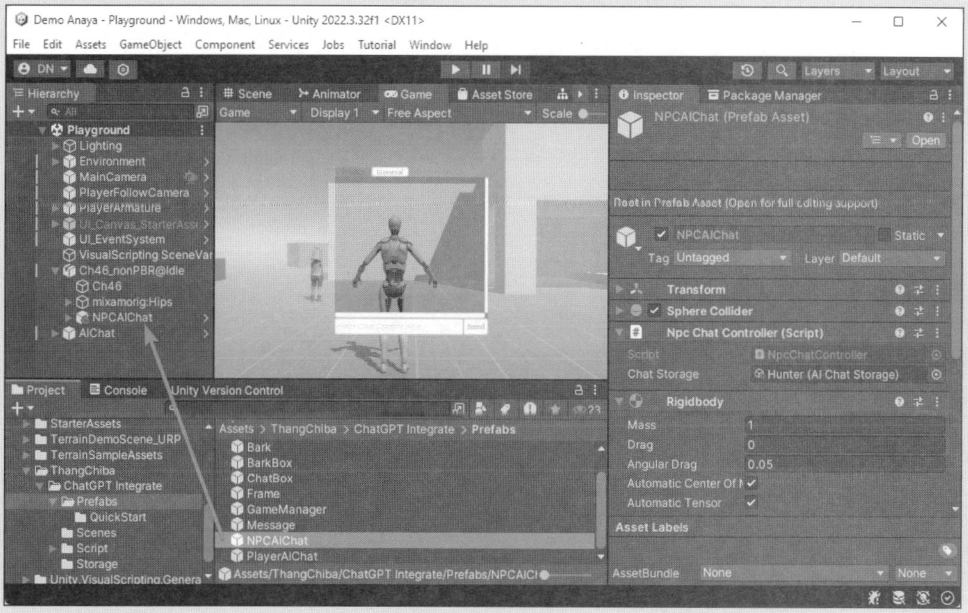

Figura 6.10. Arrastrar el Prefab NPCAIChat dentro de nuestro NPC.

Una vez que hemos establecido la interacción entre el jugador y el NPC, es importante que configuremos el comportamiento del sistema de chat de manera más general. Esto permitirá que el jugador no solo interactúe con un NPC específico, sino también con otros personajes cercanos que compartan este sistema. En el siguiente paso, ajustaremos el modo de chat general, asegurándonos de que el jugador pueda comunicarse fácilmente con cualquier NPC dentro de su área de influencia.

EJEMPLO PRÁCTICO 4: CONFIGURAR EL MODO DE CHAT GENERAL

Para permitir que el jugador hable con cualquier NPC cercano, debemos ajustar el ChatMode general:

1. Localiza y selecciona el GameObject que se encuentra en AIChat>Background>ChatBox>ChatToggle>General.
2. Configura la propiedad AiChatPlayer arrastrando y soltando tu PlayerAIChat desde la jerarquía, como se ve en la figura 6.11.

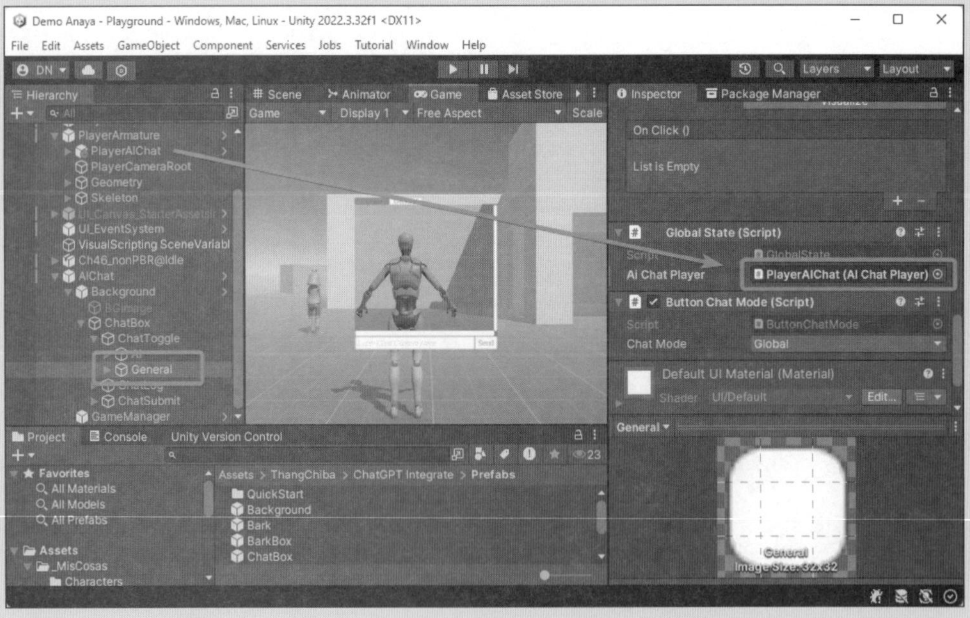

Figura 6.11. Arrastrar el Prefab PlayerAIChat al *slot* AI Chat Player.

Con el modo de chat general configurado, ya tenemos todo listo para que el jugador pueda interactuar con cualquier NPC cercano. Ahora es momento de poner todo a prueba y asegurarnos de que la integración funciona como esperamos. En el siguiente paso, ejecutaremos el juego y probaremos las interacciones de chat en tiempo real, verificando que tanto la funcionalidad de la IA como la detección de proximidad entre el jugador y los NPC se comporten de manera adecuada.

EJEMPLO PRÁCTICO 5: PROBAR EL JUEGO

¡Felicidades! Ahora que has completado la integración, es momento de probar el sistema de chat basado en ChatGPT en Unity. Ejecuta el juego y comienza a interactuar con el *chatbot* escribiendo algunos mensajes en la interfaz de chat. Deberías ver las respuestas generadas por la IA aparecer en tiempo real en la pantalla. Para iniciar la conversación, acércate al NPC y pulsa la tecla **Intro** para abrir la ventana de chat, como se ve en la figura 6.12; cuando desees cerrarla, simplemente presiona **Esc**.

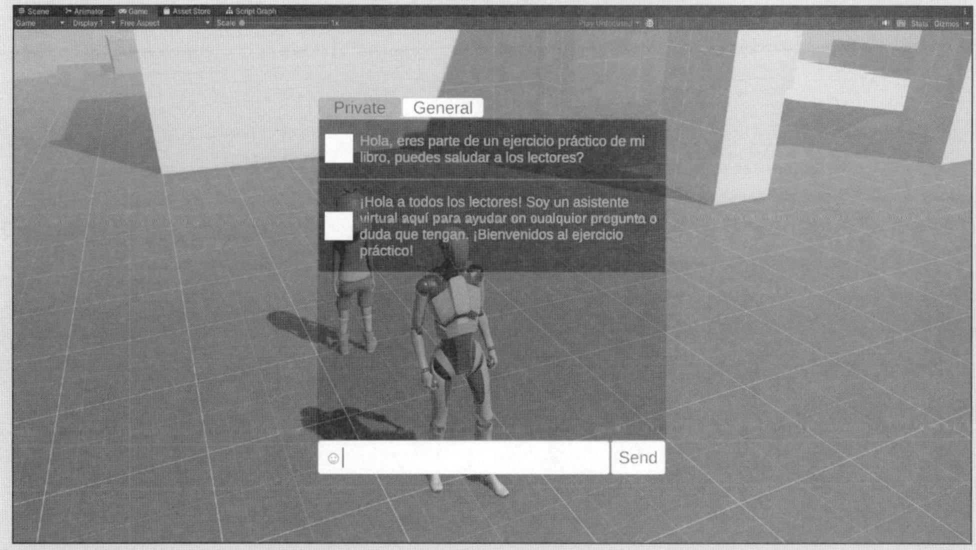

Figura 6.12. Probando a conversar con el sistema de inteligencia artificial.

Con esta integración, tu NPC ahora puede interactuar con los jugadores de manera inteligente, respondiendo preguntas en tiempo real y proporcionando una experiencia más inmersiva. A partir de aquí, puedes seguir personalizando las respuestas de la IA o incluso modificar la lógica de diálogo para adaptarla a situaciones más complejas en tu juego. No dudes en experimentar con diferentes comportamientos o añadir múltiples tipos de NPC con roles específicos, mejorando la narrativa y la jugabilidad.

Este capítulo te ha enseñado a integrar un sistema de chat basado en inteligencia artificial en Unity utilizando el *asset* Easy AI Chat Integration, proporcionando una base sólida para dotar a tus personajes de comportamientos inteligentes. Sin embargo, aún quedan muchas áreas por explorar en el desarrollo de videojuegos y, a medida que avances, te encontrarás con nuevos desafíos y oportunidades para seguir enriqueciendo la experiencia del jugador.

En el próximo capítulo, nos alejaremos de la inteligencia artificial para centrarnos en los materiales y efectos visuales. Aprenderás a utilizar URP (Universal Render Pipeline) y Shader Graph para crear texturas y efectos visuales impresionantes que harán que tu juego destaque visualmente.

7

DOMINANDO LOS *SHADERS* Y EFECTOS VISUALES AVANZADOS

Introducción

En el mundo del desarrollo de videojuegos, la calidad visual es un elemento crucial para atraer y mantener a los jugadores inmersos en la experiencia. Los gráficos no solo hacen que un juego se vea atractivo, sino que también comunican información importante sobre el entorno, los personajes y la narrativa. En este capítulo, exploraremos algunas de las técnicas más poderosas y flexibles para mejorar el aspecto visual de tu juego en Unity. Desde la creación de *shaders* personalizados y simulaciones de partículas hasta la implementación de iluminación realista y optimización de efectos visuales, aprenderás a dominar herramientas avanzadas como Shader Graph dentro del Universal Render Pipeline (URP).

En este capítulo cubriremos los siguientes temas:

- Introducción a los *shaders* y URP.
- Crear *shaders* con Shader Graph.
- Introducción a los sistemas de partículas.
- Simulaciones de fluidos con partículas.
- Aplicar iluminación y sombras.
- Optimización de la iluminación y los efectos.

A lo largo de este capítulo, cubriremos una amplia gama de temas que te permitirán elevar el nivel visual de tu proyecto de manera significativa, aprovechando al máximo los recursos que Unity ofrece.

Introducción a los *shaders* y URP

Los *shaders* son programas que controlan cómo se renderizan los objetos en un juego, manipulando cómo la luz interactúa con las superficies de los modelos y cómo se ven estos en pantalla. Desde efectos simples como cambiar el color de un objeto hasta efectos más avanzados como hologramas, disoluciones o animaciones complejas de agua, los *shaders* son esenciales para lograr visuales únicos y personalizados. En resumen, los *shaders* te permiten controlar cómo se representa cada píxel de un objeto en la pantalla, dándote un control absoluto sobre su apariencia.

¿Qué es un *shader*?

En términos simples, un *shader* es un pequeño programa que se ejecuta en la tarjeta gráfica (GPU) para decidir cómo se deben pintar los píxeles de un objeto en la pantalla. Existen varios tipos de *shaders*, como Vertex Shaders y Fragment Shaders, que procesan diferentes etapas de la representación gráfica. Los Vertex Shaders manipulan la geometría del modelo 3D, afectando la posición de los vértices del objeto, mientras que los Fragment Shaders determinan el color de los píxeles, aplicando texturas, iluminación y otros efectos visuales.

¿Qué es URP (Universal Render Pipeline)?

El Universal Render Pipeline (URP) es una opción de renderizado altamente optimizada en Unity, diseñada para proporcionar gráficos de alta calidad mientras mantiene un rendimiento óptimo en una amplia variedad de plataformas, desde dispositivos móviles hasta consolas. URP es la opción recomendada cuando se desea crear juegos que puedan ejecutarse en dispositivos con diferentes niveles de hardware, sin sacrificar demasiado la calidad visual.

Con URP, obtienes acceso a características avanzadas como el Shader Graph, en la figura 7.1, que te permite crear *shaders* de manera visual sin escribir código, y otros recursos que optimizan el proceso de renderizado, como las sombras y las luces personalizadas. A diferencia del *pipeline* de renderizado estándar de Unity (BIRP), URP ofrece un mejor equilibrio entre calidad y rendimiento, haciendo posible que los juegos se vean geniales incluso en dispositivos con menos potencia gráfica.

Ventajas de URP

- **Rendimiento optimizado:** URP está diseñado para optimizar el uso de la GPU, reduciendo la carga sobre el procesador al utilizar técnicas avanzadas de renderizado.

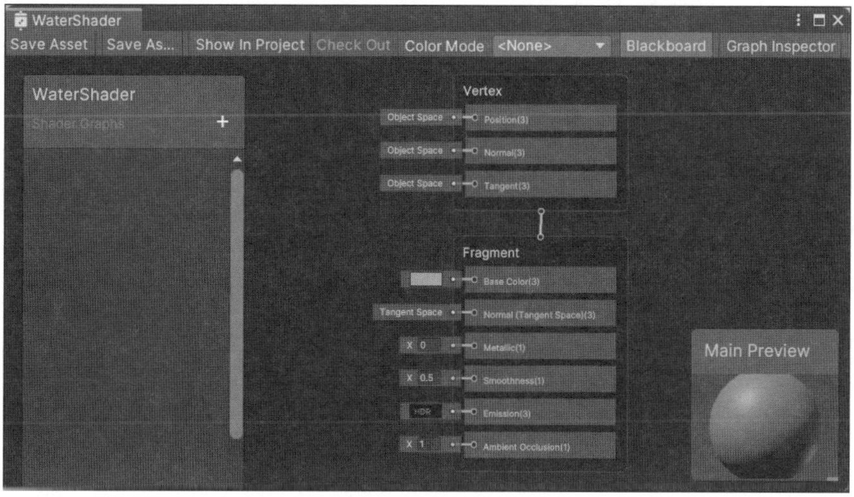

Figura 7.1. Vista previa de Shader Graph.

- **Compatibilidad en múltiples plataformas:** Con URP, puedes desarrollar juegos que funcionen en una amplia gama de dispositivos, desde teléfonos móviles hasta consolas y PC de alta gama.
- **Shader Graph:** Esta herramienta visual te permite crear *shaders* personalizados sin necesidad de escribir código. En lugar de manipular líneas de código complejas, puedes usar nodos conectados entre sí para definir cómo se renderizarán los materiales.
- **Sombras y luces mejoradas:** URP incluye sistemas de iluminación más flexibles y avanzados que permiten un control más preciso sobre la calidad de las sombras y la iluminación, lo cual es crucial para obtener un realismo visual adecuado.

Diferencias con otros *pipelines* de Unity

Comparado con el Built-In Render Pipeline (BIRP) y el High Definition Render Pipeline (HDRP), URP se sitúa en un punto intermedio. Mientras que HDRP está diseñado para gráficos de ultra alta calidad, ideal para juegos de PC y consolas de gama alta, URP está más enfocado en ofrecer un equilibrio entre calidad gráfica y rendimiento, lo que lo convierte en la elección ideal para juegos multiplataforma.

Cuando creamos *shaders* en Unity, es importante familiarizarse con algunos términos clave que definen cómo los objetos reaccionan a la luz y qué propiedades podemos ajustar para conseguir efectos visuales específicos. Aquí tienes un glosario de los términos más comunes que encontrarás al trabajar con Shader Graph.

Glosario de términos en Shader Graph

- Smoothness (Suavidad): Este valor controla qué tan suave o brillante es la superficie de un objeto. Valores altos de suavidad (cerca de 1) hacen que la superficie parezca pulida o reflectante, mientras que valores bajos (cerca de 0) la hacen más rugosa y menos reflectante.

  Al aplicar Smoothness a un objeto metálico, un valor alto hará que parezca brillante como un espejo, mientras que un valor bajo lo hará lucir más desgastado y opaco.
- Base Color (Color Base): Es el color principal de la superficie del objeto. Este es el color que se muestra antes de aplicar cualquier efecto de iluminación o textura adicional.

  Si estás creando un *shader* para una pared de ladrillo, el Base Color será el color de los ladrillos antes de aplicar detalles como sombras o reflejos.
- Metallic (Metálico): Este valor determina si la superficie de un objeto es metálica o no. Los materiales metálicos reflejan la luz de manera diferente a los materiales no metálicos.

  Un valor alto de Metallic hará que la superficie del objeto se vea como metal, mientras que un valor bajo la hará parecer más como madera o plástico.
- Emission (Emisión): Permite que un objeto emita luz propia. Si se activa Emission, el objeto parecerá brillar, independientemente de las luces en la escena.

  Esto se utiliza para hacer que ciertos objetos, como pantallas, luces o elementos de ciencia ficción, emitan luz.
- Normal Map: Es una textura que simula detalles en la superficie de un objeto sin necesidad de añadir geometría adicional. Se utiliza para añadir pequeñas imperfecciones, como rugosidad, bultos o surcos.

  Un Normal Map puede hacer que una pared lisa parezca tener detalles en 3D, como ladrillos o grietas, sin aumentar el número de polígonos del modelo.

EJEMPLO PRÁCTICO: JUGANDO CON PROPIEDADES DE SHADER GRAPH

1. **Ajustando la suavidad y el color base:** Cuando estás creando un material reflectante como un metal, debes ajustar la propiedad Smoothness a un valor alto, alrededor de 0,8 o 1, para que el material parezca liso y brillante. Al mismo tiempo, ajusta el Base Color a un tono gris oscuro o metálico, como se ve en la figura 7.2.

2. **Añadiendo un Normal Map para detalles:** Si deseas añadir texturas realistas sin aumentar la carga de geometría, puedes usar un Normal Map. Por ejemplo, si estás diseñando una pared de ladrillos, aplica una textura de ladrillos como Normal Map para que parezca tridimensional. Puedes buscar en Google, por ejemplo, "Normal map bricks"; una vez la tengas, incluye la textura en el proyecto Unity y, finalmente, arrástrala al Shader Graph y conéctala al nodo Normal, como se muestra en la figura 7.3.

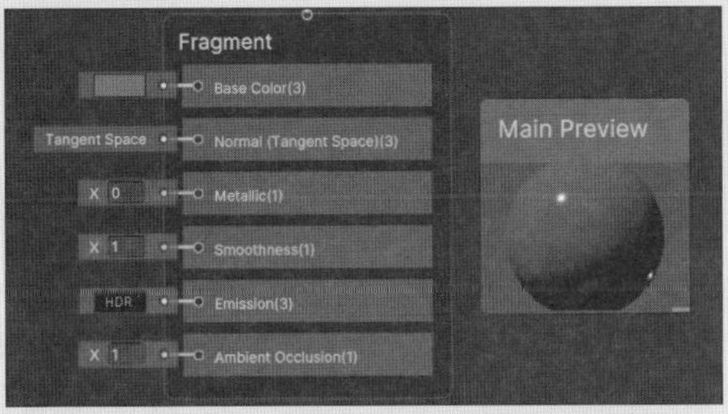

Figura 7.2. Nodo principal en Shader Graph.

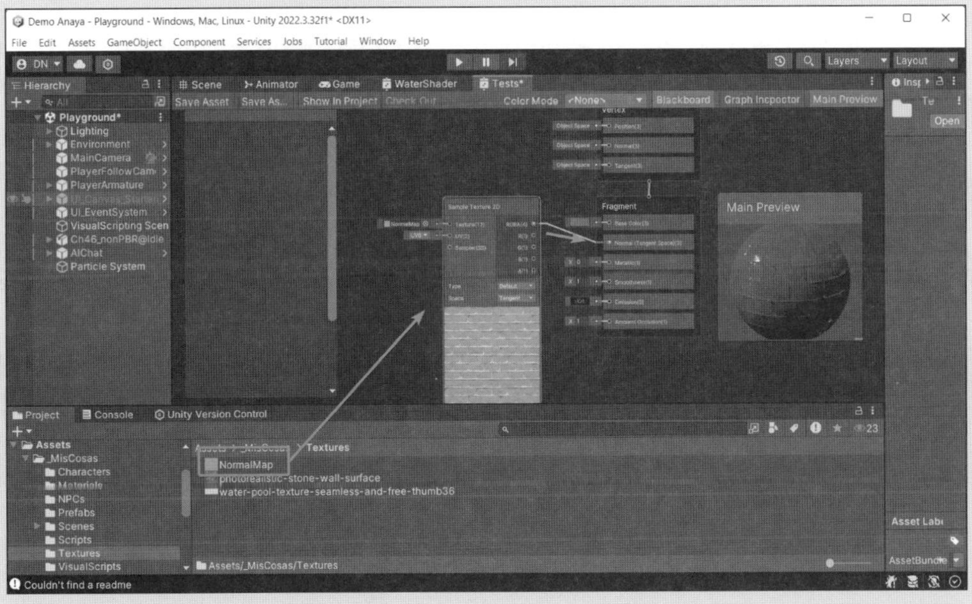

Figura 7.3. Añadiendo textura Normal Map a Shader Graph.

Después de haber explorado cómo crear *shaders* personalizados con Shader Graph para mejorar los materiales y efectos visuales de los objetos en nuestra escena, es importante entender cómo podemos añadir aún más dinamismo a nuestro juego. Los *shaders* nos permiten modificar el comportamiento de la luz y la textura de los objetos estáticos, pero ¿qué ocurre cuando queremos simular fenómenos en movimiento, como el humo, el fuego o el agua?

Aquí es donde entran en juego los sistemas de partículas. Mientras que los *shaders* definen la apariencia superficial de los objetos, las partículas nos permiten simular efectos visuales que se comportan de manera dinámica y fluida, interactuando tanto con el entorno como con las luces que hemos configurado. En la siguiente sección, nos adentraremos en los fundamentos de los sistemas de partículas en Unity, viendo cómo estas herramientas son esenciales para crear efectos visuales que evolucionan y se mueven a lo largo del tiempo.

Crear *shaders* con Shader Graph

Los *shaders* personalizados pueden dar a tu juego un toque único y hacer que los efectos visuales sean mucho más dinámicos. Sin embargo, escribir un *shader* desde cero puede ser una tarea compleja si no estás familiarizado con lenguajes de programación como HLSL o GLSL. Aquí es donde Shader Graph entra en acción. Shader Graph es una herramienta visual que te permite diseñar *shaders* mediante nodos y conexiones, sin necesidad de escribir código. Esto no solo hace que el proceso sea más intuitivo, sino que también facilita experimentar con nuevos efectos sin tener que preocuparte por errores en el código.

¿Cómo funciona Shader Graph?

Shader Graph te permite crear *shaders* visuales utilizando un sistema de nodos. Cada nodo representa una operación o un dato que puede afectar al *shader* final. Al conectar estos nodos, defines cómo se debe renderizar un material o efecto en Unity.

La interfaz de Shader Graph está dividida en varias secciones:

- Ventana de nodos: Aquí es donde arrastras y conectas los nodos para definir el comportamiento de tu *shader*.
- Propiedades: Definen los valores que pueden ser ajustados desde el inspector de Unity, como el color base, la opacidad o las texturas.
- Master Node: Es el nodo final al que se conectan todas las operaciones del *shader*. Define cómo se verá el resultado en el objeto. Puedes ver que el nodo maestro está dividido en una sección Vertex (Vértices) y una sección Fragment (Fragmento). La primera es capaz de cambiar la malla del objeto que estamos modificando para deformarlo, animarlo, etc., mientras que la segunda cambiará cómo se verá, qué texturas usar, cómo será iluminado, etc.

EJEMPLO PRÁCTICO: CREAR NUESTRO PRIMER *SHADER* CON EFECTO DE AGUA ANIMADA

Vamos a crear un *shader* sencillo pero impresionante: un efecto de animación de agua. Este *shader* hará que la superficie de un plano simule el movimiento del agua, utilizando texturas y distorsiones basadas en ondas. A continuación, os presentamos los pasos para lograrlo.

PASO 1: CREAR UN NUEVO SHADER GRAPH

1. Abre Unity y asegúrate de que tienes URP habilitado en tu proyecto (en el capítulo 1 vimos cómo crear un proyecto nuevo con URP).
2. Ve a la carpeta `Assets>_MisCosas` en el panel Project y haz clic con el botón derecho. Selecciona Create>Shader Graph>URP>Lit Shader Graph.
3. Nombra este *shader* como "WaterShader" y haz doble clic sobre él para abrir el editor de Shader Graph, como se señala en la figura 7.4.

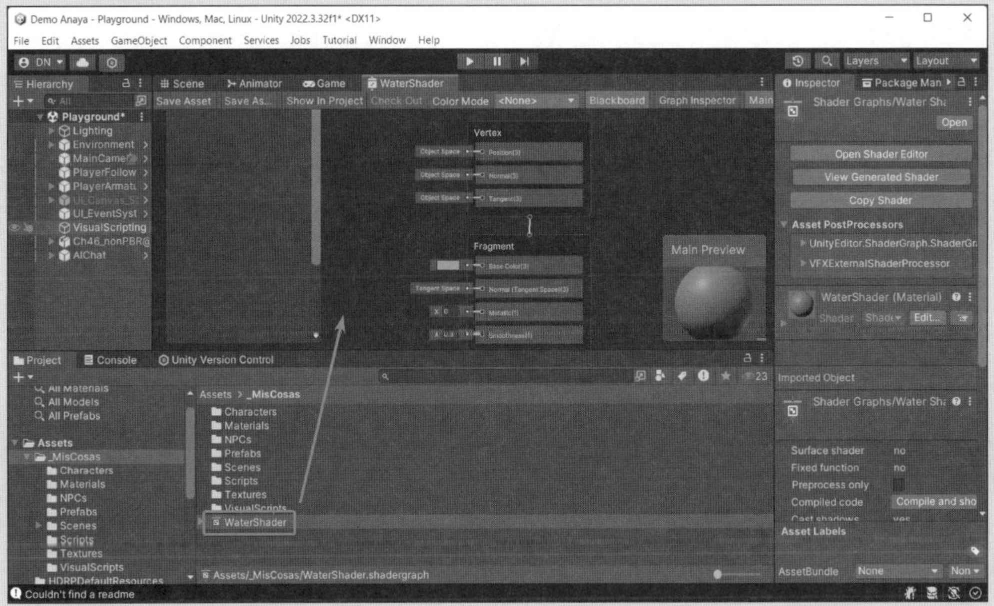

Figura 7.4. Añadir WaterShader a Shader Graph.

PASO 2: CONFIGURAR EL MASTER NODE

1. Al abrir el editor, verás el nodo Vertex por defecto. Este nodo controla las propiedades clave del *shader*, como Color Base, Metallic (Metálico) y Smoothness (Suavidad).

Para nuestro efecto de agua, vamos a ajustar Smoothness a 0.9, para hacer que la superficie refleje el entorno como lo haría el agua, como se ve en la figura 7.5.

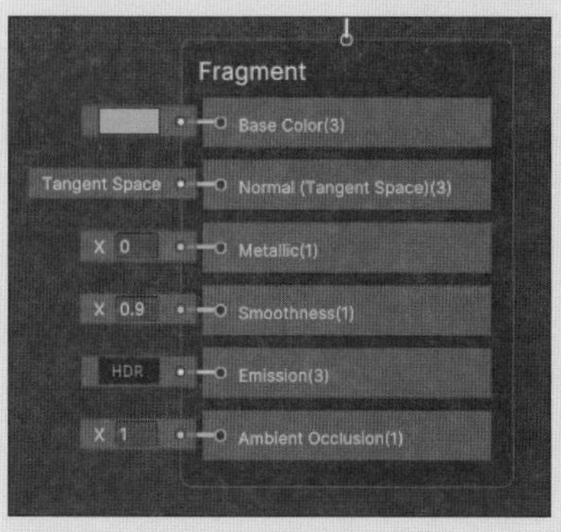

Figura 7.5. Master Node de Shader Graph.

PASO 3: AÑADIR UNA TEXTURA DE AGUA

1. Para simular el agua, necesitamos una textura que represente las ondas. Descarga una textura de agua tileable (que se pueda repetir sin cortes visibles). Puedes encontrar alguna buscando en Google "Water tiled texture", por ejemplo.
2. Arrastra la textura que hayas descargado a la carpeta `Assets>_MisCosas>Textures`.
3. Arrastra la textura a un hueco de Shader Graph, esto creará un nuevo nodo Sample Texture 2D con la textura.
4. Conecta este nodo al pin Base Color del Master Node. Esto aplicará la textura al objeto, como se ve en la figura 7.6.

PASO 4: SIMULAR EL MOVIMIENTO DEL AGUA

Para hacer que la textura de agua parezca moverse, aplicaremos un efecto de desplazamiento basado en el tiempo:

1. Crea un nodo Time (Tiempo) en el editor de Shader Graph. Esto generará un valor de tiempo que podemos usar para mover la textura.
2. Añade un nodo Tiling y Offset y conecta el nodo Time al pin de Offset.
3. Finalmente, conecta el nodo Tiling y Offset al pin UV en el nodo Sample Texture 2D, como se muestra en la figura 7.7.

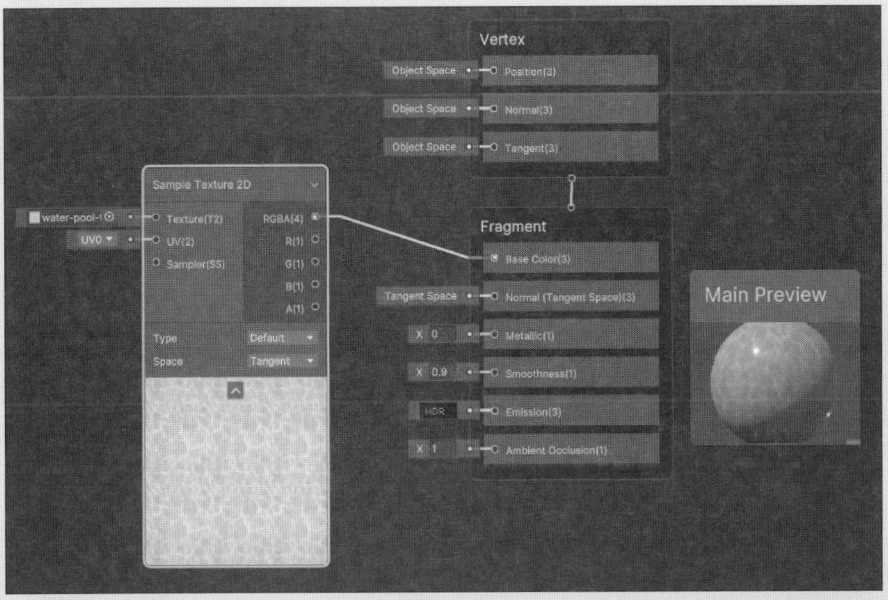

Figura 7.6. Aplicando textura a Master Node de Shader Graph.

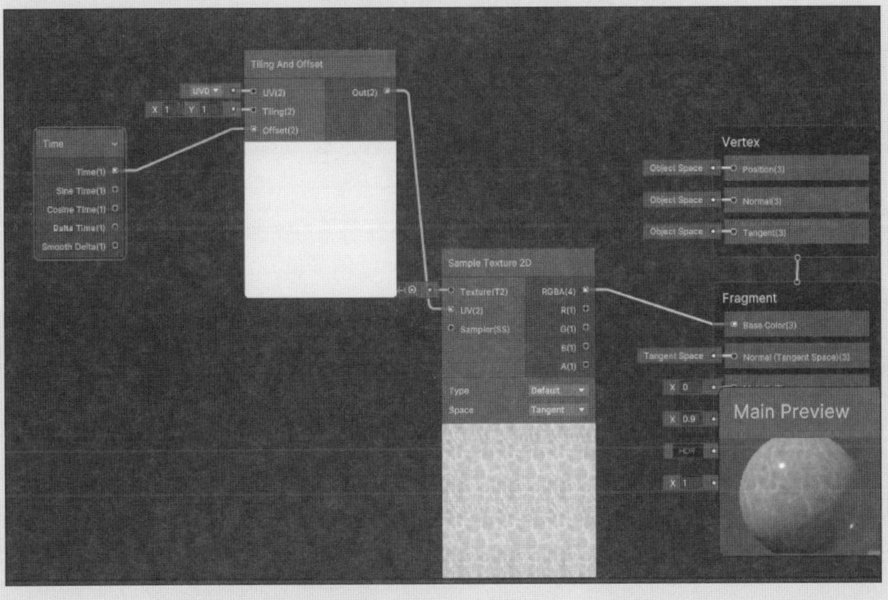

Figura 7.7. Aplicar un nodo Tilling y Offset en Shader Graph.

Al hacer esto, la textura de agua comenzará a desplazarse, simulando el movimiento natural de la superficie del agua.

PASO 5: APLICAR EL *SHADER* AL OBJETO

1. Guarda tu *shader* haciendo clic en Save Asset en la parte superior izquierda del editor.
2. En Unity, crea un nuevo material desde el panel Project, en la ruta Assets>_MisCosas>Materials y asigna el *shader* WaterShader a ese material.
3. Aplica el material a un objeto Plano en tu escena para visualizar el efecto de agua animada, como se ve en la figura 7.8.

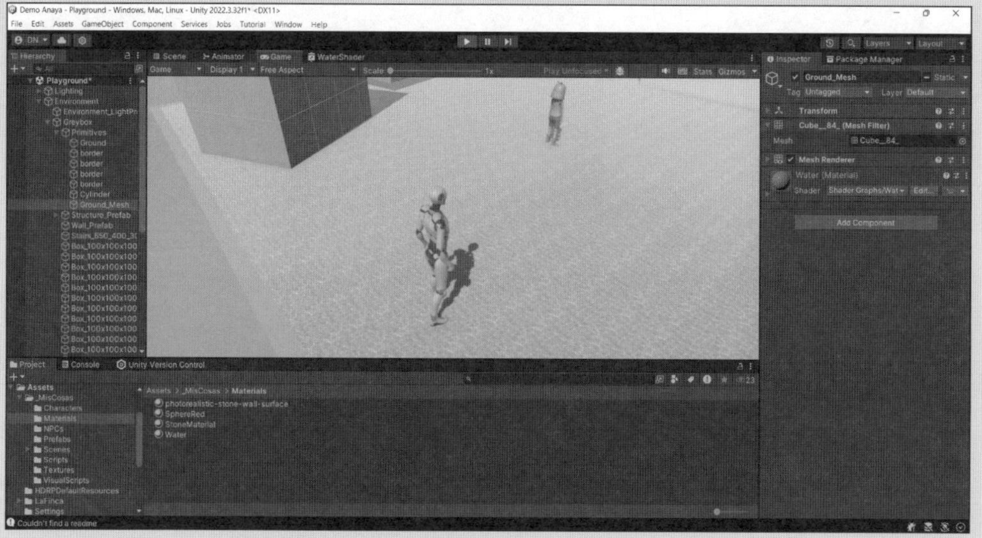

Figura 7.8. Vista previa del resultado.

Resultados esperados

Después de aplicar el *shader* al plano, deberías ver una superficie de agua en movimiento que se distorsiona suavemente, simulando las ondulaciones del agua. Al ajustar los valores de Tiling y Offset, puedes personalizar la velocidad y amplitud de las ondas para obtener el efecto deseado.

Después de haber explorado cómo crear *shaders* personalizados con Shader Graph, hemos visto cómo estas herramientas nos permiten manipular el comportamiento de la luz y los materiales en objetos estáticos o con propiedades específicas. Sin embargo, no todos los efectos visuales en un juego se limitan a objetos fijos. Muchos juegos requieren efectos dinámicos, como humo, chispas, lluvia o explosiones, que no pueden ser representados únicamente con *shaders*.

Aquí es donde los sistemas de partículas juegan un papel crucial. Mientras que los *shaders* nos permiten alterar el aspecto de las superficies, los sistemas de partículas nos permiten simular fenómenos que cambian y se mueven constantemente, como fluidos o fuegos. En la siguiente sección, nos adentraremos en cómo funcionan los sistemas de partículas en Unity y cómo puedes usarlos para añadir efectos visuales realistas y dinámicos a tus escenas.

Introducción a los sistemas de partículas

Los sistemas de partículas son una de las herramientas más potentes y versátiles en Unity para crear efectos visuales dinámicos, como explosiones, humo, fuegos artificiales, niebla, fuego, entre otros. Estos efectos son fundamentales para simular fenómenos que no pueden ser representados fácilmente mediante objetos 3D estáticos.

En este apartado, aprenderemos los conceptos básicos de los sistemas de partículas en Unity y cómo configurarlos para lograr efectos visuales espectaculares.

¿Qué es un sistema de partículas?

Un sistema de partículas es un conjunto de pequeñas imágenes o mallas, llamadas partículas, que se renderizan en la escena para simular efectos dinámicos. Estas partículas pueden moverse, rotar, cambiar de tamaño y color, e interactuar con otros elementos de la escena. Cada sistema de partículas está compuesto por:

- **Emisor de partículas:** Define desde dónde se generan las partículas y con qué forma se distribuyen.
- **Partículas:** Las unidades individuales que se emiten y que forman el efecto visual.
- **Módulos:** Controlan aspectos como la velocidad, el tiempo de vida, la dirección, el color y la gravedad que afectan a las partículas.

EJEMPLO PRÁCTICO: CREAR UN SISTEMA DE PARTÍCULAS BÁSICO

Para ilustrar cómo funcionan los sistemas de partículas, crearemos un efecto básico de explosión. Este ejemplo te ayudará a familiarizarte con los conceptos y ajustes que se pueden hacer para modificar el comportamiento de las partículas.

PASO 1: CREAR UN SISTEMA DE PARTÍCULAS

1. En Unity, ve a GameObject>Effects>Particle System para crear un nuevo sistema de partículas que se añadirá a la escena abierta, como se ve en la figura 7.9.

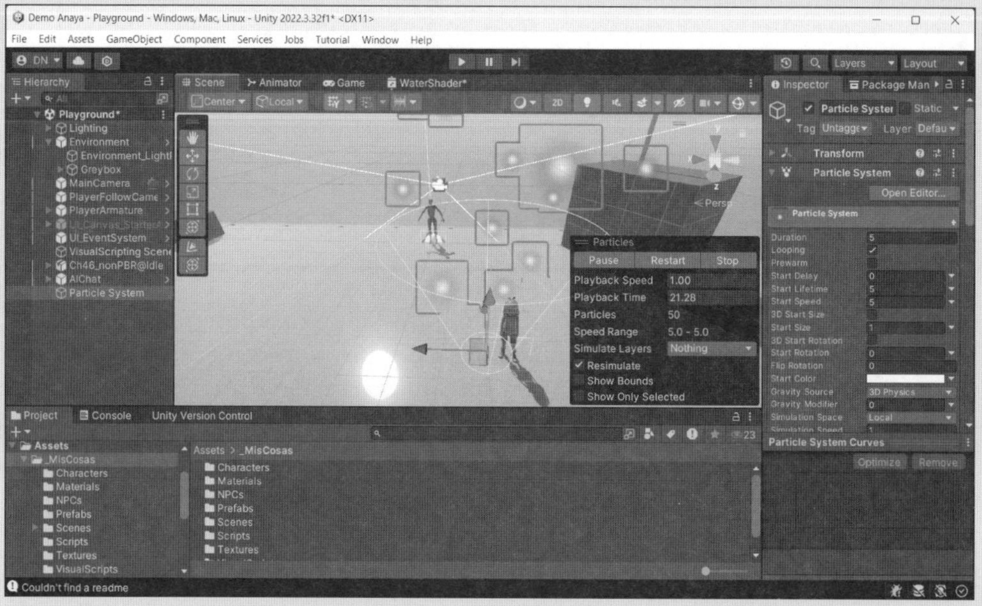

Figura 7.9. Añadiendo un sistema de partículas a la escena.

2. Aparecerá un emisor de partículas en la escena y también podrás ver que se ha creado un nuevo GameObject llamado Particle System en el panel Hierarchy. Observarás cómo emite una columna de partículas que suben hacia arriba de forma predeterminada.

PASO 2: CONFIGURACIÓN BÁSICA DEL SISTEMA

1. Selecciona el objeto del sistema de partículas en Hierarchy.
2. En el Inspector, abre el módulo Shape y cambia la forma de emisión de las partículas a Sphere. Esto hará que las partículas se dispersen en todas las direcciones, en lugar de subir en línea recta.
3. Ajusta la propiedad Start Speed en las propiedades principales a 10 para que las partículas se muevan más rápido.
4. Cambia la propiedad Start Lifetime a 0.5, como se ve en la figura 7.10. Esto significa que las partículas vivirán solo medio segundo, creando una explosión corta y rápida.

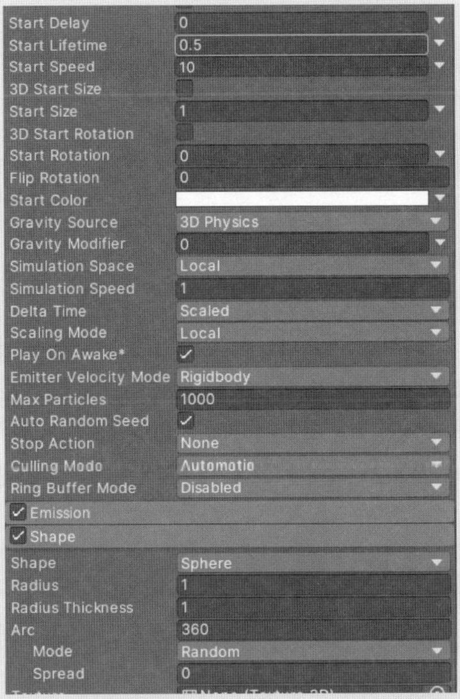

Figura 7.10. Propiedades de un sistema de partículas.

DOCUMENTACIÓN AMPLIADA SOBRE SISTEMAS DE PARTÍCULAS

Para una comprensión más profunda de todas las funcionalidades y características que ofrecen los sistemas de partículas, Unity proporciona una documentación oficial muy completa. Esta documentación incluye detalles sobre cómo utilizar los módulos más avanzados, crear efectos personalizados, gestionar el rendimiento y aprovechar al máximo las herramientas de simulación de partículas en Unity.

Te recomendamos que consultes la documentación oficial de Unity en el siguiente enlace, donde encontrarás guías paso a paso, ejemplos, y una explicación detallada de cada módulo y opción disponible: `https://docs.unity.cn/es/2021.1/Manual/ParticleSystems.html`. Esta documentación es un recurso valioso si deseas explorar más a fondo las posibilidades de los sistemas de partículas y cómo pueden integrarse de manera eficiente en tu flujo de trabajo de desarrollo de videojuegos.

Explorar la documentación te permitirá sacar el máximo provecho de las herramientas que Unity pone a tu disposición, elevando la calidad de los efectos visuales en tu juego y llevándolos al siguiente nivel de realismo y optimización. ¡No dudes en experimentar y personalizar cada detalle para que tu juego destaque visualmente!

Hemos cubierto los aspectos fundamentales para mejorar la apariencia de tus partículas, incluyendo la aplicación de texturas y la configuración del material y del sistema de partículas en Unity. Sin embargo, el sistema de partículas de Unity es increíblemente flexible y ofrece muchas más opciones de personalización, desde la simulación de físicas complejas hasta efectos avanzados como la colisión con objetos y la interacción con luces.

Simulaciones de fluidos con partículas

Una de las aplicaciones más populares de los sistemas de partículas es la simulación de fluidos, como el agua, la niebla o el fuego. Para crear estos efectos de manera eficiente, Unity permite manipular las propiedades de las partículas para imitar el comportamiento de fluidos reales, como la gravedad o la resistencia del aire.

EJEMPLO PRÁCTICO: CREAR UN EFECTO DE CASCADA

Crearemos un sistema de partículas para simular una cascada de agua.

PASO 1: CREAR UN NUEVO SISTEMA DE PARTÍCULAS

1. Ve a GameObject>Effects>Particle System y crea un nuevo sistema de partículas.
2. En el módulo Shape, selecciona la forma Edge para que las partículas se emitan desde una línea, simulando el agua que cae desde una cascada.

PASO 2: CONFIGURAR LA GRAVEDAD Y EL FLUJO

1. Ajusta el valor Gravity Modifier en el módulo Main a 0.5 para que las partículas caigan de forma más natural.
2. Cambia el valor Start Lifetime a 3 para que las partículas vivan más tiempo mientras caen.
3. Usa una textura de agua para darle un aspecto más realista al flujo.

PASO 3: AÑADIR UNA TEXTURA A LAS PARTÍCULAS

1. **Buscar una textura adecuada:**
   - Para que las partículas se vean más realistas, necesitas una textura que represente el efecto que estás buscando (por ejemplo, humo, fuego, chispas, etc.). Puedes encontrar texturas de partículas en la Unity Asset Store o en otros sitios que ofrezcan recursos para desarrolladores de videojuegos.

- Asegúrate de que las texturas sean adecuadas para el efecto que quieras crear. Por ejemplo, una textura de humo debe ser un archivo PNG o TGA con un fondo transparente y bordes difuminados, para lograr un efecto de suavidad y disipación.
- También puedes encontrar texturas en Google; yo, por ejemplo, para crear un efecto corriente de agua, he buscado "Water png" y he descargado una que tenga transparencia.

2. **Crear un material de partículas:**
   - Crea un nuevo material para las partículas: ve a Assets>Create>Material.
   - En el Inspector, cambia el Shader a Universal Render Pipeline>Particles>Unlit.
   - Aplica la textura descargada al Base Map del material.
   - Cambia la propiedad Surface Type a Transparent y juega con la opción Blending Mode para encontrar la fórmula más realista dependiendo de la textura que has encontrado.
3. **Aplicar el material de partículas:**
   - Selecciona el sistema de partículas que has creado en la Jerarquía.
   - En el Inspector, desplázate hasta el Renderer Module.
   - En la opción Material, selecciona el material que creaste previamente con la textura aplicada.

Este paso hará que las partículas no aparezcan como esferas o cuadrados blancos por defecto, sino que utilicen la textura realista que hayas seleccionado, ya sea humo, fuego, chispas, etc., como se ve en la figura 7.11.

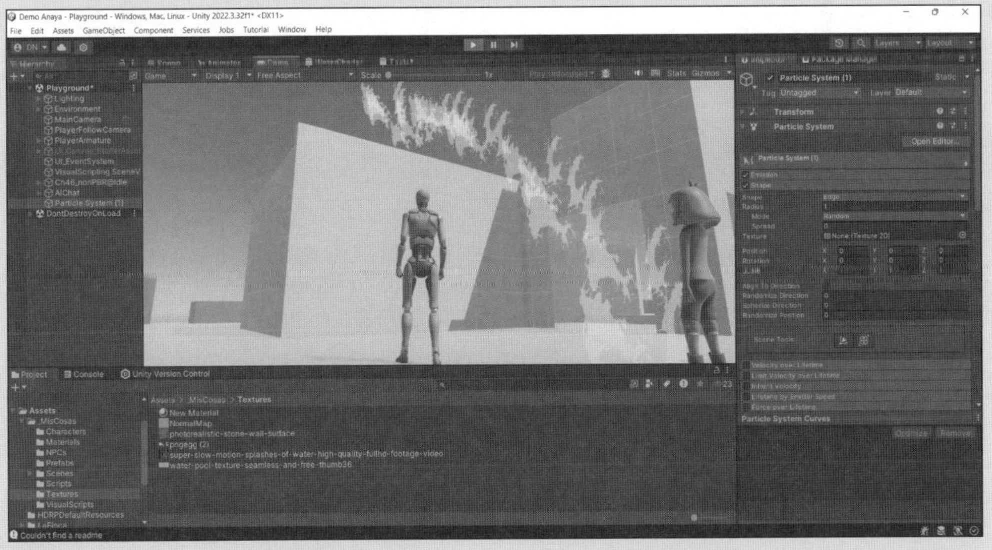

Figura 7.11. Vista previa del sistema de partículas.

El resultado será una cascada de agua que fluye de manera continua y natural. Puedes ajustar la velocidad, la dispersión y la gravedad para obtener el efecto exacto que desees.

Después de haber explorado cómo crear simulaciones de fluidos y otros efectos visuales con partículas, es importante destacar que la iluminación juega un papel crucial en cómo se perciben estos efectos en el entorno del juego. Mientras que las partículas nos permiten simular fenómenos visuales como fuego, humo o agua, la manera en que estos interactúan con las luces y sombras de la escena determina el nivel de realismo y la atmósfera general. En las siguientes secciones, nos enfocaremos en cómo aplicar diferentes tipos de luces y sombras en Unity para complementar y realzar los efectos visuales, asegurándonos de que las partículas se integren de manera fluida con el entorno iluminado.

Aplicar iluminación y sombras

La iluminación es uno de los aspectos más importantes para definir el estilo visual de un videojuego. Una correcta configuración de las luces puede transformar por completo la atmósfera de una escena, añadiendo realismo, emoción o misterio, dependiendo de cómo se utilicen. En esta sección, exploraremos cómo añadir y ajustar diferentes tipos de luces en Unity, utilizando el sistema Universal Render Pipeline (URP) para obtener resultados óptimos. A lo largo de esta sección, también abordaremos el uso de sombras, ya que estas juegan un papel crucial en la percepción de profundidad y realismo dentro de la escena.

Tipos de luces en Unity

Unity ofrece varios tipos de luces para iluminar una escena. Aquí exploraremos las más comunes y cómo ajustarlas para obtener el máximo provecho en diferentes situaciones.

Luces direccionales (Directional Light)

Directional Light es ideal para simular la luz de fuentes distantes, como el sol o la luna. Este tipo de luz afecta a todos los objetos de la escena de manera uniforme, independientemente de su posición, por lo que es especialmente útil para iluminar escenas exteriores.

1. **Cómo añadir una Directional Light:**
   - En el menú superior, ve a GameObject>Light>Directional Light.
   - La luz aparecerá en la escena. Puedes ajustar su rotación para controlar desde qué dirección proviene la luz, simulando la posición del sol o de otra fuente lejana.

- Por defecto, al crear una escena, Unity añade una luz direccional, puedes jugar aplicándole rotación en diferentes sentidos, verás en tiempo real cómo cambia el ángulo de las sombras proyectadas en la escena.

2. **Configuraciones clave:**
   - **Intensidad:** Controla la fuerza de la luz. Un valor bajo puede simular una tarde, mientras que un valor alto puede representar la luz directa del mediodía.
   - **Color:** Cambia el tono de la luz. Un color cálido (amarillo o naranja) puede dar la sensación de amanecer o atardecer, mientras que un color frío (azul) puede simular la luz de la luna.
   - **Sombras:** Activa Shadows, como se ve en la figura 7.12, en el Inspector y ajusta su resolución para obtener sombras nítidas o suaves.

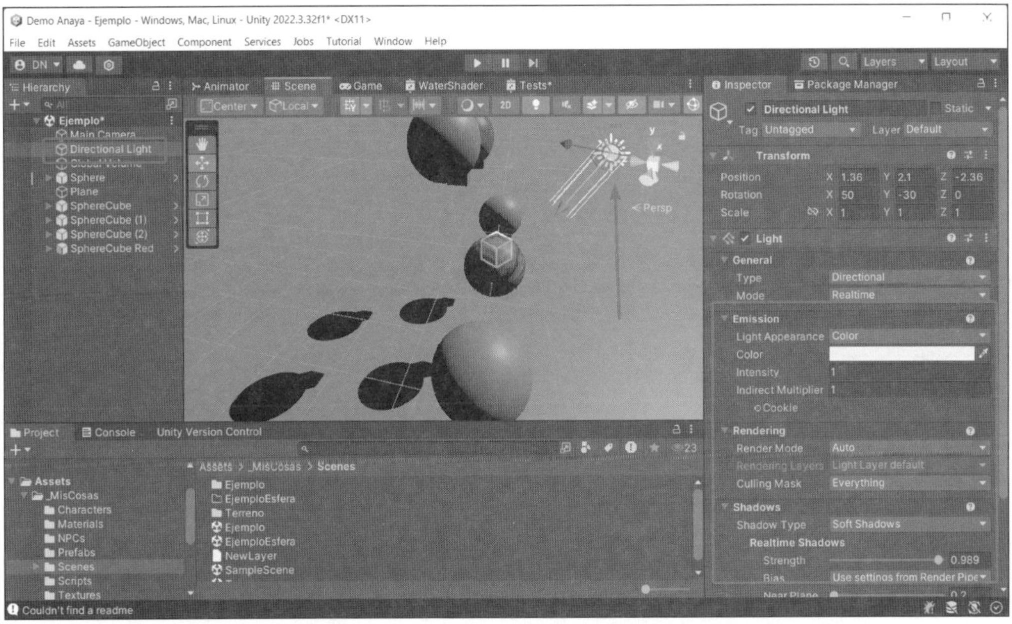

Figura 7.12. Vista previa de una Directional Light.

Luces puntuales (Point Light)

Point Light son fuentes de luz omnidireccionales que emiten luz en todas las direcciones desde un punto. Son ideales para iluminar áreas locales, como lámparas, antorchas o cualquier objeto que simule una luz interna.

1. **Añadir una Point Light:**
   - Ve a GameObject>Light>Point Light.
   - Coloca la luz en el lugar donde desees una fuente de luz puntual, como una lámpara de calle, o en un interior.

2. **Configuraciones clave:**
   - Range (Alcance): Controla qué tan lejos llega la luz. Para una antorcha, un rango pequeño es ideal, mientras que, para una lámpara de calle, necesitarás un rango mayor.
   - Intensity (Intensidad): Ajusta la fuerza de la luz, como se ve en la figura 7.13. Valores bajos pueden simular una luz tenue o difusa, mientras que valores altos generarán una fuente de luz potente.

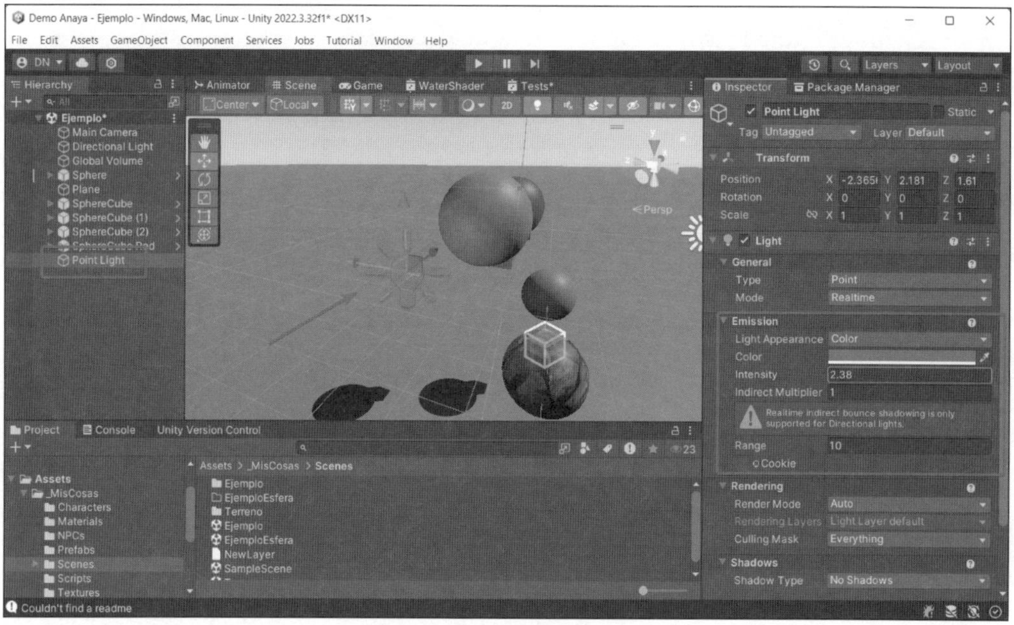

Figura 7.13. Vista previa de una Point Light.

Luces focalizadas (Spot Light)

Spot Lights emite luz en una dirección concreta, formando un cono de luz que se ensancha o estrecha según el ajuste del ángulo de apertura. Son perfectas para efectos dramáticos o para simular luces como las de los faros de un coche, focos en un escenario o linternas.

1. **Añadir una Spot Light:**
   - Ve a GameObject>Light>Spot Light.
   - Coloca la luz sobre un objeto o punto de interés, como una linterna o un proyector en un teatro.
2. **Configuraciones clave:**
   - Angle (Ángulo de apertura): Ajusta el ángulo del cono de luz. Un ángulo pequeño simula una luz muy enfocada, mientras que un ángulo amplio ilumina más áreas, pero con menor intensidad.

- Shadows (Sombras): Las sombras generadas por Spot Light pueden crear efectos muy realistas y dramáticos, como sombras alargadas o concentradas según el ángulo de la luz, como se ve en la figura 7.14.

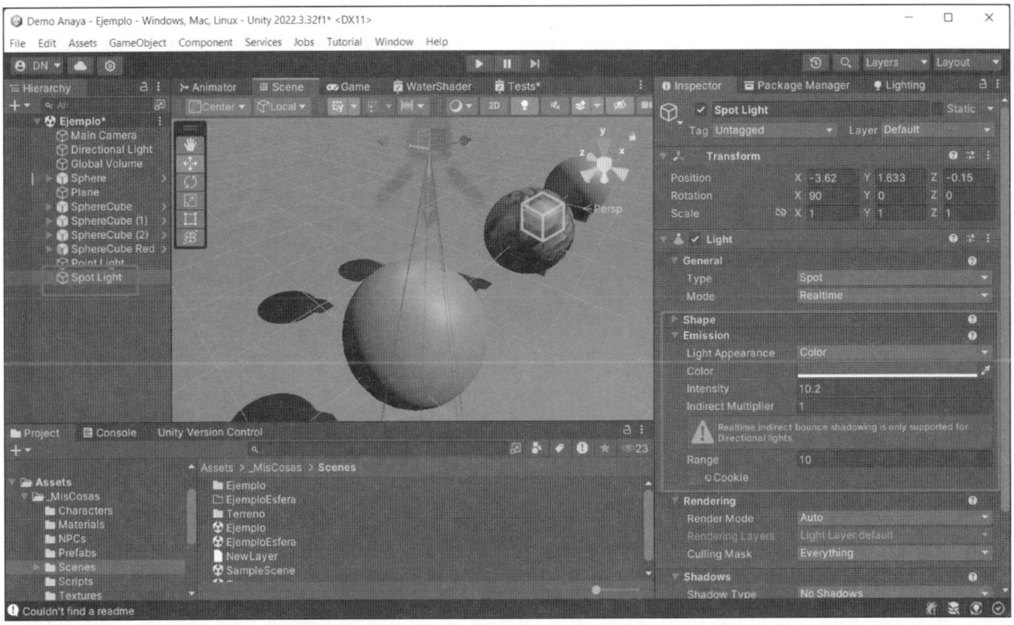

Figura 7.14. Vista previa de una Spot Light.

Aplicación de sombras en Unity

Las sombras son esenciales para añadir profundidad y realismo en una escena. Sin sombras, los objetos parecen flotar y la escena carece de detalles visuales que permiten que el jugador perciba la dimensión y distancia de los elementos.

Ajustes de sombras dinámicas

1. **Activar sombras dinámicas:** En el Inspector de cualquier luz, asegúrate de activar la casilla Shadows. A partir de ahí, puedes ajustar el tipo de sombras (suaves o duras) según tus necesidades.
2. **Sombras suaves vs. duras:**
   - Las sombras suaves (*soft shadows*) difuminan los bordes de la sombra, dándole un aspecto más natural, especialmente para luces grandes como el sol, como se ve en la figura 7.15.
   - Las sombras duras (*hard shadows*) son más nítidas y se utilizan cuando se desea un contraste fuerte, como en luces puntuales muy cercanas a los objetos.

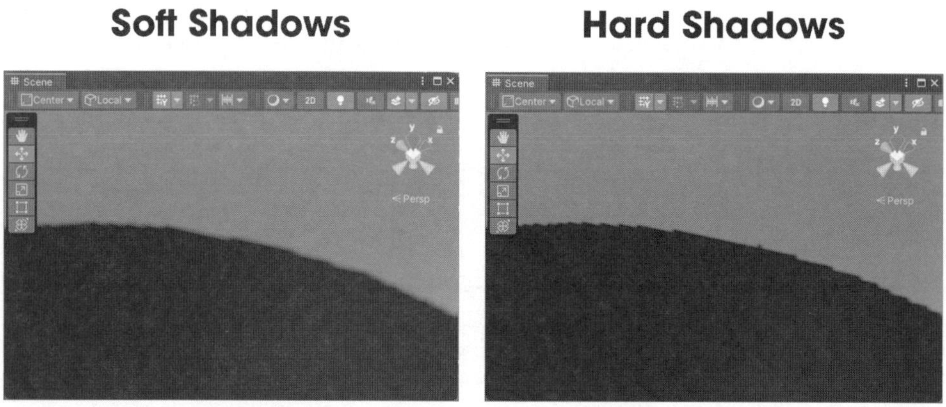

Figura 7.15. Comparación de *soft* y *hard shadows*.

3. **Distancia de las sombras:**
   - En la configuración de calidad de URP, ajusta la distancia a la que se renderizan las sombras. Esto es crucial para optimizar el rendimiento sin sacrificar demasiada calidad visual.
   - Una distancia corta de sombras es suficiente en interiores, mientras que, en exteriores, debes ajustar la distancia para cubrir más área sin sobrecargar la GPU.

La correcta aplicación de luces y sombras en Unity, combinada con un uso estratégico de las diferentes fuentes de luz, puede transformar por completo el aspecto de tu escena. Desde la iluminación global con Directional Light hasta la precisión de Spot Light, cada tipo de luz tiene su propósito y debe ajustarse cuidadosamente según el estilo visual que quieras lograr. Añadir sombras correctamente y optimizar la distancia y calidad de estas también garantizará que tu juego se vea bien sin afectar el rendimiento.

Una vez que hemos aplicado varios tipos de iluminación y configurado sombras en nuestra escena, es hora de considerar el rendimiento. La iluminación y las sombras son elementos que pueden impactar significativamente en la capacidad de respuesta del juego, especialmente cuando se utilizan en exceso o sin optimización.

Para mantener un equilibrio entre calidad visual y rendimiento, Unity ofrece varias herramientas de optimización que nos permitirán reducir la carga de procesamiento sin comprometer la estética. En la siguiente sección, exploraremos técnicas clave para optimizar la iluminación y los efectos visuales, incluyendo el uso de *lightmaps*, *culling* y niveles de detalle (LOD).

Optimización de iluminación y efectos visuales

En la sección anterior, hemos visto cómo añadir diferentes tipos de luces y cómo las sombras juegan un papel crucial en la creación de escenas inmersivas y realistas. Sin embargo, un buen uso de la iluminación no solo se trata de hacer que las escenas se vean bien, sino también de asegurarse de que el rendimiento del juego no se vea comprometido. En esta sección, nos enfocaremos en cómo optimizar la iluminación y los efectos visuales que hemos implementado para garantizar un rendimiento óptimo en diferentes dispositivos.

La iluminación, si no se gestiona adecuadamente, puede consumir muchos recursos del procesador gráfico (GPU) y causar una caída significativa en los fotogramas por segundo (FPS). Afortunadamente, Unity nos ofrece varias herramientas y técnicas para equilibrar la calidad visual y el rendimiento.

Baked Lighting (Iluminación horneada)

La iluminación horneada es una técnica que permite precalcular cómo las luces afectan a los objetos estáticos de la escena. En lugar de calcular la iluminación en tiempo real (lo cual es costoso), Unity "hornea" la información de las luces en texturas llamadas *lightmaps*, que luego se aplican a los objetos durante el juego.

¿Cuándo usar iluminación horneada?

- **Ideal para escenarios estáticos:** Cuando tienes entornos que no cambian de forma o posición (como edificios, paisajes o decoraciones), la iluminación horneada es perfecta, ya que elimina la necesidad de recalcular la iluminación en tiempo real.
- **Ventajas de rendimiento:** Al utilizar la iluminación horneada, liberas a la GPU de realizar cálculos complejos de luces dinámicas, lo que mejora significativamente el rendimiento.

Cómo configurar la iluminación horneada

1. **Selecciona los objetos estáticos:** En el Inspector, activa la opción Static en los objetos de la escena que no cambiarán de posición.
2. **Ajustes de *baking*:**
    - Ve a Window>Rendering>Lighting Settings.
    - En la sección Mixed Lighting, habilita Baked Global Illumination.
    - Ajusta la resolución de los *lightmaps* según el nivel de detalle que necesites. Un valor más bajo reduce el consumo de memoria, pero también disminuye la calidad.

3. **Ajustar el tiempo de horneado:** Si tienes una escena compleja, puedes ajustar el modo de horneado en Auto Generate, señalado en la figura 7.16, o realizar un horneado manual para tener más control sobre cuándo se recalculan los *lightmaps*.

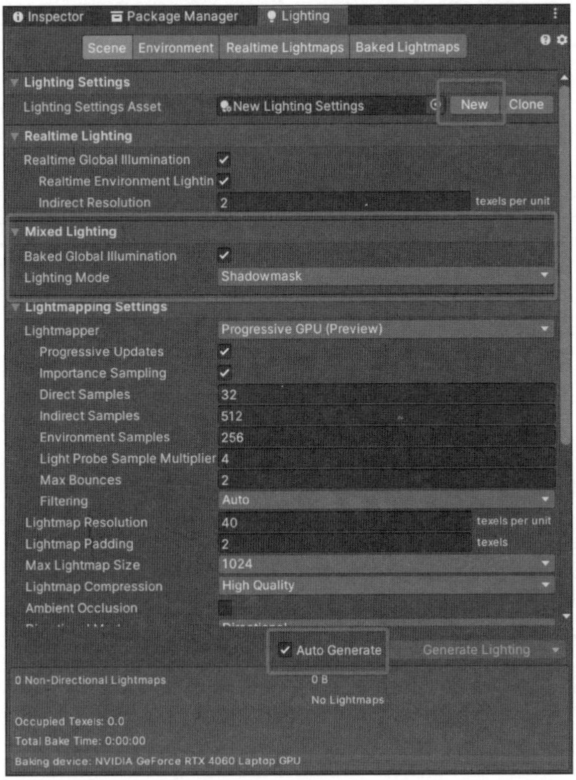

Figura 7.16. Panel de opciones de Lighting.

Mixed Lighting

En muchos casos, no todo en tu escena será estático, lo que significa que debes combinar iluminación horneada con luces en tiempo real. Aquí es donde entra en juego Mixed Lighting. Este enfoque permite que los objetos estáticos usen luz horneada mientras que los objetos dinámicos (como personajes u objetos que se mueven) usen luz calculada en tiempo real.

Cómo usar Mixed Lighting

1. **Configura las luces en modo mixto:** Selecciona una luz en tu escena y, en el Inspector, cambia el modo de la luz a Mixed. Este modo le indica a Unity que debe hornear la iluminación para los objetos estáticos, pero calcularla en

tiempo real para los objetos dinámicos. Esto es útil para escenas donde los elementos fijos y en movimiento necesitan interactuar con la luz de manera eficiente.

2. **Optimiza las sombras dinámicas:** En el modo de iluminación mixta, las sombras dinámicas solo se calculan para los objetos que se mueven o interactúan en tiempo real. Esto ayuda a reducir la carga de trabajo de la GPU, ya que las sombras estáticas ya han sido prehorneadas. Así, mantienes un equilibrio entre rendimiento y realismo en las sombras que proyectan los objetos en movimiento.
3. **Objetos estáticos y dinámicos:** Los objetos estáticos son aquellos que no se mueven en la escena. Para definir un objeto como estático, selecciona GameObject en tu escena y marca la casilla Static en el Inspector. Esto indica que recibirá luz horneada (*baked*) y no generará sombras dinámicas en tiempo real. En cambio, los objetos que no están marcados como estáticos recibirán luz en tiempo real y proyectarán sombras dinámicas que se recalculan constantemente según el movimiento.

Occlusion Culling

La oclusión de cámara (*occlusion culling*) en Unity es una técnica de optimización que ayuda a mejorar el rendimiento del juego al evitar renderizar objetos que están completamente o parcialmente ocultos por otros objetos en la escena y, por lo tanto, no son visibles para la cámara.

Durante la fase de cálculo, Unity determina qué objetos están ocultos o fuera del campo de visión y los excluye del proceso de renderizado. Esto reduce significativamente la carga gráfica y mejora el rendimiento en tiempo real. Esta técnica es especialmente útil en escenas complejas con muchos objetos, permitiendo un uso más eficiente de los recursos y una experiencia de juego más fluida.

Para comprender mejor este concepto, observemos la figura 7.17 basada en una de nuestras escenas.

Como se puede ver, es una captura de la escena tomada desde arriba. Después de aplicar la técnica de oclusión de cámara, el resultado es como el que se muestra en la figura anterior. Podemos ver que el punto 1 es donde se encuentra la cámara. El triángulo en el punto 2 representa el ángulo de visión de la cámara, que es lo que el jugador puede ver.

Todo lo que no esté dentro del área de visión (2) desaparece de la escena. A medida que el jugador gira la cabeza, la cámara también lo hace, por lo que el ángulo de visión se mueve dinámicamente. Así, de manera automática, los objetos que están dentro del área de visión (2) aparecerán en la escena, mientras que los que estén fuera desaparecerán.

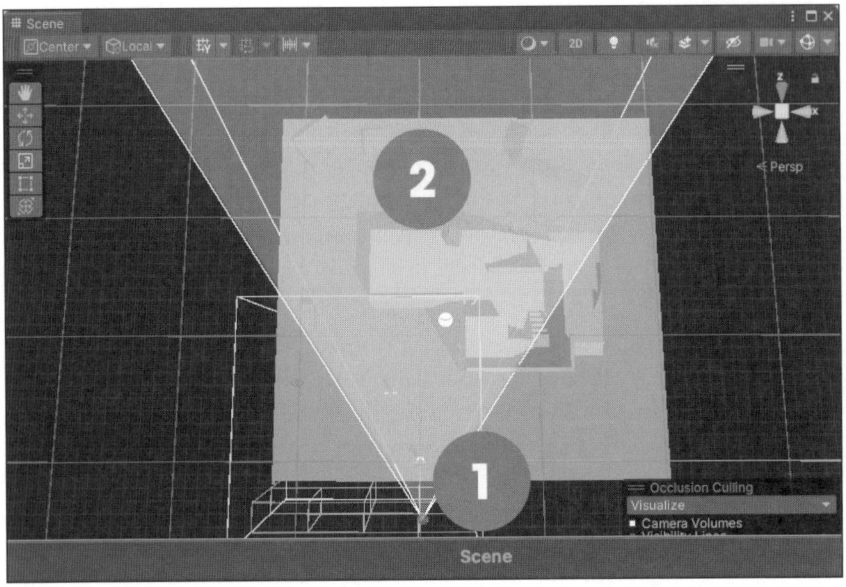

Figura 7.17. Explicación del funcionamiento de Occlusion Culling.

LA IMPORTANCIA DE USAR UNA MÁSCARA DE *CULLING* (*CULLING MASK*)

Al aplicar la técnica de *culling* y horneado (*baked lighting*) en Unity, se logra una mejora significativa en el renderizado de triángulos en la escena del juego. El *culling* evita renderizar objetos no visibles, reduciendo la carga gráfica, mientras que el horneado precalcula la iluminación estática. Esto optimiza el número de cálculos en tiempo real, ahorrando recursos y mejorando el rendimiento general. Estas técnicas combinadas reducen el número de triángulos procesados, permitiendo un juego más fluido y eficiente, especialmente en dispositivos con recursos limitados.

EJEMPLO PRÁCTICO: APLICAR LA OPTIMIZACIÓN DE OCLUSIÓN DE CÁMARA

Ahora, ¿cómo se aplica esta optimización? Es muy sencillo; lo haremos juntos siguiendo estos pasos.

PASO 1: ABRIR EL PANEL OCCLUSION

Lo primero que haremos será abrir el panel Occlusion Culling, en la figura 7.18. Para ello, en la barra de menú principal, haz clic en Window>Rendering>Occlusion Culling.

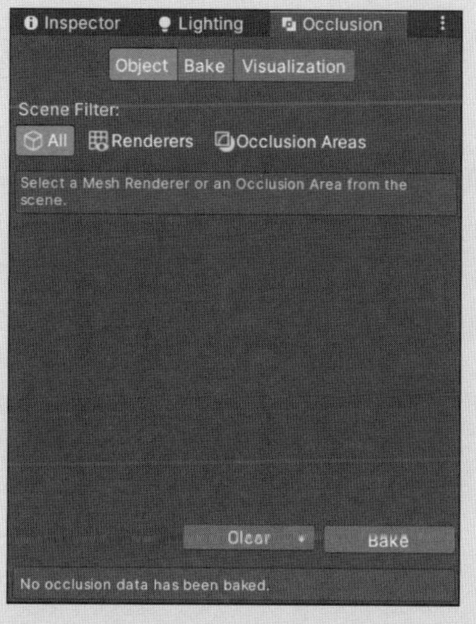

Figura 7.18. Menú de opciones de Occlusion.

PASO 2: EXPLORAR LAS PESTAÑAS DE OCCLUSION CULLING

Una vez abierto el panel Occlusion, veremos tres pestañas:

- Object: Permite explorar los objetos en la escena y editar si son estáticos o no.
- Bake: Aquí es donde se configura y lanza el cálculo de la oclusión de cámara.
- Visualization: Simula el resultado mostrando el ángulo de visión de la cámara activa.

PASO 3: CONFIGURAR Y HORNEAR LA OCLUSIÓN

La oclusión solo funciona con objetos marcados como estáticos, puedes obtener un error en la consola si no hay ningún objeto estático cuando hagas clic en el botón Bake. En el panel Oclussion, haz clic en la pestaña Object, esto te filtrará todos los GameObject de tu escena que son candidatos a ser estáticos. En mi escena PlayGround, voy a convertir a estáticos todos los elementos que representan cajas, paredes o escalera.

Una vez hayas decidido cuáles objetos serán estáticos, haz clic en la pestaña Bake. Los valores Smallest Occluder y Smallest Hole sirven para ajustar la granularidad de los objetos que queremos ocultar. Cambia el valor Smallest Occluder de 5 a 1. El valor Smallest Hole puede dejarse en el valor predeterminado. Finalmente, selecciona el botón Bake. Este proceso puede tardar un poco, así que ten paciencia.

Como puedes ver, se ha generado una malla azul en la escena, algo similar a lo que se ve en la figura 7.19.

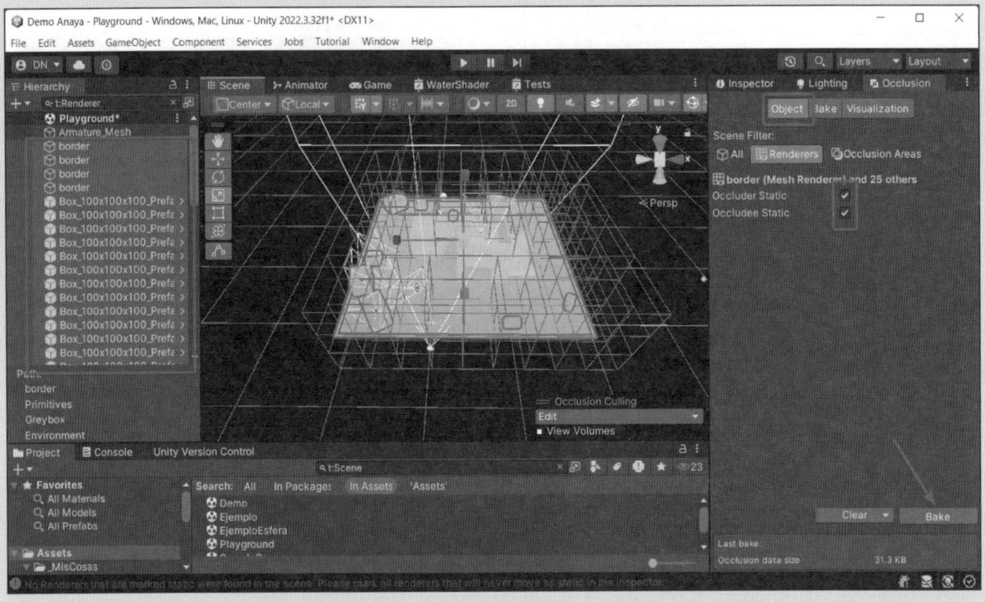

Figura 7.19. Resultado después de hornear la oclusión.

Ahora, haz clic en la pestaña Visualization. Notarás que solo los objetos que están dentro del ángulo de visión de la cámara se renderizan en la escena, como se ve en la figura 7.20.

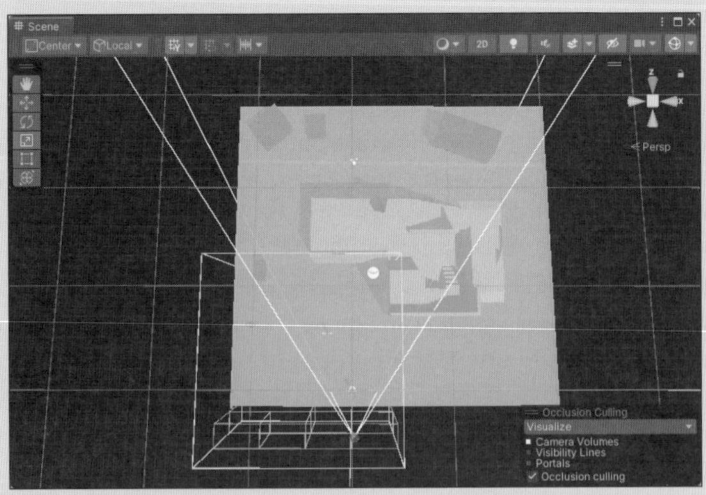

Figura 7.20. Vista previa del funcionamiento de la oclusión.

¡Fantástico! Has conseguido aplicar correctamente la optimización de oclusión para la cámara.

ERROR COMÚN

Un error común es tener problemas con el *culling* y el horneado cuando un GameObject no está marcado como estático. El motor de Unity asume que los objetos pueden cambiar su posición, rotación o escala en tiempo de ejecución. Como resultado, el motor no puede realizar cálculos efectivos de *culling* y horneado, lo que puede generar renderizados innecesarios y sobrecargar los cálculos. Esto afecta negativamente al rendimiento del juego, especialmente en escenas complejas o en dispositivos con recursos limitados. Marcar los objetos relevantes como estáticos permite al motor realizar optimizaciones significativas, como el *culling* y el horneado de iluminación, mejorando así la eficiencia general del juego.

Ahora que hemos aprendido a aplicar Occlusion Culling para mejorar el rendimiento evitando renderizar objetos no visibles, el siguiente paso clave es la optimización de las sombras. Las sombras son un elemento visual esencial para agregar realismo a las escenas, pero también pueden ser costosas en términos de rendimiento si no se gestionan adecuadamente.

Al igual que el *culling*, la optimización correcta de las sombras puede marcar una gran diferencia en el rendimiento del juego. Unity ofrece una variedad de herramientas y configuraciones para ajustar la calidad, el rango y el tipo de sombras, lo que te permite encontrar el equilibrio adecuado entre rendimiento y realismo visual.

Hemos visto cómo ajustar la iluminación, las sombras y los efectos visuales para lograr un rendimiento óptimo sin comprometer la calidad gráfica. El uso de técnicas como la iluminación horneada, Occlusion Culling y la optimización de sombras ayuda a mejorar significativamente el rendimiento del juego, manteniendo al mismo tiempo un estilo visual atractivo.

Estos ajustes no solo harán que tu juego luzca mejor, sino que también garantizarán que funcione sin problemas en una amplia variedad de dispositivos. Es importante que pruebes tu juego en diferentes configuraciones de calidad para encontrar el equilibrio perfecto entre rendimiento y calidad visual.

Optimizar los efectos visuales y la iluminación requiere equilibrio entre mantener la calidad gráfica y asegurar un buen rendimiento en diversos dispositivos. Con el uso eficaz de técnicas como la iluminación horneada, sombras optimizadas y sistemas de partículas, puedes crear un juego que no solo se vea impresionante, sino que también ofrezca una experiencia de juego fluida y sin interrupciones.

8

INTEGRACIÓN DE SONIDO Y MÚSICA Y REPRODUCCIÓN DE VÍDEO

Introducción

El sonido y el vídeo son componentes esenciales en cualquier juego, ya que aportan inmersión y enriquecen la experiencia del jugador. Mientras que los gráficos capturan la atención visual, es el sonido el que establece la atmósfera emocional, complementando los elementos visuales y dando vida a los entornos y personajes. La música, los efectos de sonido y los paisajes sonoros tienen un papel crucial en cómo los jugadores perciben el mundo del juego, haciendo que la experiencia sea mucho más envolvente y atractiva.

En este capítulo, exploraremos la integración de sonido y música, aprendiendo cómo configurar, importar y reproducir archivos de audio en Unity, tanto en 2D como en 3D. Además, nos adentraremos en la reproducción de vídeos utilizando la clase `Video Player`, una herramienta que permite reproducir tanto vídeos locales como en línea dentro de la escena del juego. Al dominar estas técnicas, podrás mejorar significativamente la calidad audiovisual de tus proyectos, proporcionando una experiencia mucho más inmersiva y detallada para el jugador.

En este capítulo cubriremos los siguientes temas:

- Importar y configurar recursos de audio.
- Integrar audio y música en el proyecto.
- Mezclar y ajustar efectos de sonido con Audio Mixer.
- Reproducir vídeos desde archivos locales y URL.
- Crear un sistema básico de reproducción de vídeo en Unity.

El sonido y el vídeo son componentes esenciales en cualquier experiencia interactiva, ya que logran transformar un entorno visual en algo mucho más envolvente y atractivo. Como hemos mencionado, el sonido tiene la capacidad de reforzar el ambiente de tu juego, guiando a los jugadores y mejorando su experiencia. Ahora, vamos a profundizar en cómo importar y configurar estos elementos en Unity, garantizando que el audio se gestione de manera eficiente y sin comprometer el rendimiento.

Importar y configurar recursos de audio

El sonido es un aspecto fundamental en la creación de un entorno inmersivo dentro de los videojuegos. Sin embargo, su integración y configuración en un proyecto de Unity puede ser un proceso técnico que requiere atención a detalles específicos para obtener el máximo rendimiento y calidad. En esta sección, te guiaré a través del proceso de importación y configuración de recursos de audio, cubriendo desde los tipos de archivos de audio que puedes utilizar, hasta los ajustes clave que debes configurar para garantizar un uso eficiente de la memoria y un excelente rendimiento en diferentes plataformas.

Tipos de audio compatibles

Antes de importar cualquier archivo de audio, es importante asegurarse de que el formato sea compatible con Unity. Unity admite una amplia variedad de formatos de audio, siendo los más comunes:

- **WAV:** Este formato sin pérdida ofrece una alta calidad de sonido, pero a costa de archivos muy pesados.
- **MP3:** Un formato comprimido ampliamente utilizado que equilibra calidad y tamaño de archivo.
- **OGG:** Un formato de código abierto que también ofrece compresión, similar al MP3.
- **AIFF:** Este es un formato de alta calidad utilizado frecuentemente en dispositivos de Apple.

Aunque Unity soporta múltiples formatos, es recomendable convertir el audio a WAV u OGG si es posible, ya que estos formatos garantizan una mayor compatibilidad y permiten una mejor gestión de la memoria en tiempo de ejecución.

Importar recursos de audio

El proceso de importación de archivos de audio en Unity es sencillo, pero lo que realmente marcará la diferencia es cómo configuramos estos archivos una vez estén dentro del proyecto. A continuación, te explico los pasos básicos para importar audio a tu proyecto:

1. **Agregar el archivo a Unity:** Puedes arrastrar y soltar el archivo de audio desde tu sistema operativo directamente a una nueva carpeta en la ruta Assets>_MisCosas>Sounds en el panel Project, o bien puedes hacer clic con el botón derecho en la carpeta deseada, seleccionar Import New Asset después de hacer clic con el botón derecho, y luego navegar hasta la ubicación de tu archivo de audio.
2. **Verificar el archivo en el Inspector:** Una vez importado, selecciona el archivo de audio en el panel Project. Esto abrirá las opciones del archivo en el panel Inspector, donde podrás ajustar varias configuraciones para optimizar el uso del audio en tu proyecto, como se ve en la figura 8.1.

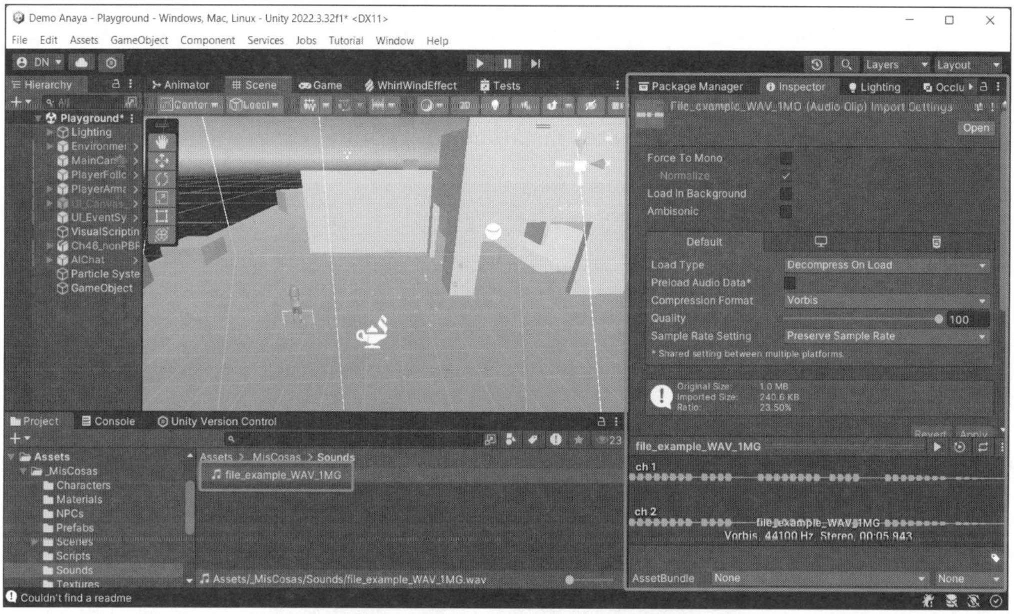

Figura 8.1. Propiedades de un clip de audio.

Configuraciones de importación de audio

Configurar adecuadamente los archivos de audio es crucial para asegurar que el sonido funcione de manera eficiente en tu juego. En Unity, al seleccionar cualquier archivo de audio en el panel Project, verás varias opciones importantes que puedes ajustar en el Inspector. A continuación, desglosamos las más relevantes.

Force To Mono

La opción Force To Mono juega un papel crucial en la optimización de los recursos de audio en Unity, especialmente cuando trabajamos en entornos 3D. Convertir un archivo estéreo a mono no solo ayuda a ahorrar memoria, sino que también mejora el rendimiento, al reducir el tamaño del archivo de audio, lo que puede ser clave en dispositivos con recursos limitados. Esto es particularmente útil en efectos de sonido 3D, como el disparo de un arma o pasos que se escuchan a medida que el personaje se mueve por la escena.

En un entorno 3D, es fundamental que el sonido provenga de la dirección correcta; si un disparo ocurre a la izquierda del jugador, el sonido debe originarse desde ese lado. Convertir los efectos a mono permite a Unity combinar los dos canales de un archivo estéreo en uno solo, garantizando que el audio no consuma recursos innecesarios y, a la vez, se reproduzca en la dirección correcta. Además, al hacer esto, el tamaño del archivo de audio se reduce significativamente, lo que mejora la carga y reproducción en tiempo real.

Puedes verificar la diferencia de tamaño y rendimiento en la parte inferior del panel Inspector de Unity al comparar archivos con y sin Force To Mono activado, como se ve en la figura 8.2. Verás cómo esta configuración puede ser clave para optimizar el uso de memoria sin comprometer la calidad del sonido en el juego.

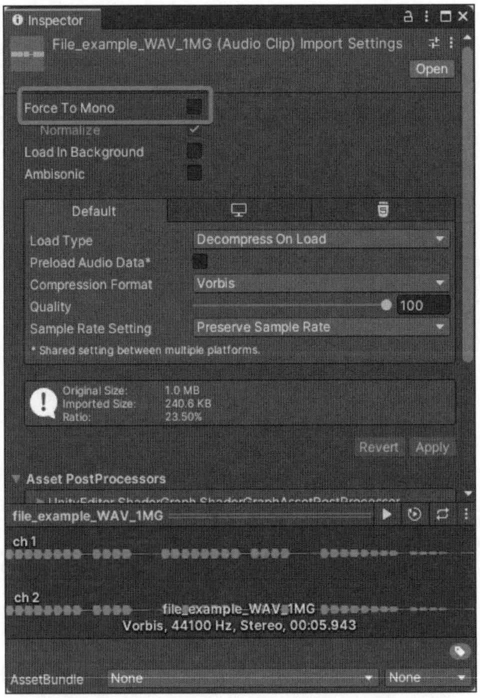

Figura 8.2. Propiedad Force To Mono.

Load Type

Esta opción determina cómo se carga el audio en memoria. Existen tres configuraciones principales, como se muestra en la figura 8.3:

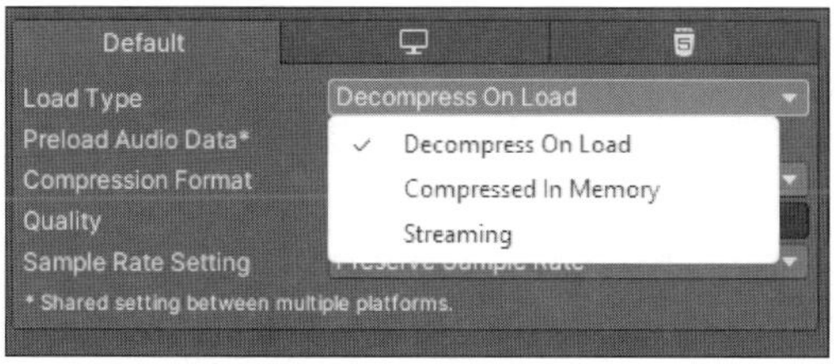

Figura 8.3. Propiedad Load Type.

- Decompress On Load: La opción Decompress On Load es una configuración crítica cuando se trata de gestionar los recursos de audio en Unity, particularmente en situaciones donde se requiere una respuesta inmediata del sonido. Esta opción descomprime el audio en la memoria RAM cuando se carga la escena, garantizando que el sonido esté disponible para reproducirse sin demoras ni necesidad de cargar o descomprimir en tiempo real. Es ideal para efectos de sonido cortos y que ocurren con frecuencia, como disparos, pasos o saltos, donde es crucial que el audio se reproduzca sin latencia.

  También es la opción que más memoria consume, ya que almacena el archivo de audio completamente descomprimido en la memoria. Aunque esto puede resultar en un mayor uso de RAM, asegura que el audio esté listo para ser reproducido de inmediato. Esto es especialmente útil cuando hay múltiples instancias de un mismo efecto sonoro que podrían reproducirse simultáneamente, como en el caso de varios disparos o explosiones que ocurren a la vez. Tener el archivo sin comprimir en la RAM elimina la necesidad de esperar a que Unity lo descomprima cada vez que se quiera reproducir, lo que mejora el rendimiento en términos de latencia y velocidad de reproducción.

  Sin embargo, debes tener cuidado con el uso excesivo de esta opción en dispositivos con recursos limitados, como teléfonos móviles, ya que el consumo de memoria puede afectar negativamente al rendimiento general del juego. Como recomendación, Decompress On Load debe utilizarse para audios pequeños y frecuentes que beneficien de una reproducción inmediata, pero para archivos más grandes, como música o diálogos extensos, es preferible utilizar otras opciones que consuman menos memoria.

- Streaming: Esta opción es prácticamente la opuesta a Decompress On Load. En lugar de cargar el archivo de audio completo en la memoria RAM, este modo lee el audio directamente desde el disco mientras se está reproduciendo, lo que significa que Unity va cargando y descomprimiendo pequeñas porciones del archivo según sea necesario. Esto es particularmente útil cuando se trata de archivos de audio grandes, como música de fondo o diálogos largos, que no necesitan estar disponibles de manera inmediata y continua en la RAM.

Al utilizar Streaming, se optimiza el consumo de memoria, ya que el archivo de audio no ocupa espacio en la RAM. Sin embargo, este proceso tiene un coste: se hace un uso más intensivo de la CPU. Unity necesita acceder al disco de forma constante para cargar cada porción de audio, descomprimirla y reproducirla, lo que podría generar un mayor tiempo de respuesta en dispositivos con CPU limitadas o si se tienen varios archivos en modo Streaming reproduciéndose al mismo tiempo.

Streaming es ideal para archivos de audio que no son frecuentemente interrumpidos, como la música de fondo o los efectos sonoros que se activan de forma esporádica. Al usarlo, Unity se asegura de que el impacto en la memoria sea mínimo, permitiendo que el juego se ejecute de manera más eficiente, especialmente en dispositivos con poca RAM. No obstante, es importante balancear el uso de Streaming para no sobrecargar la CPU y evitar su uso cuando hay múltiples sonidos largos reproduciéndose a la vez, ya que podría afectar el rendimiento.

- Compressed in Memory: Esta opción es el punto intermedio entre Decompress On Load y Streaming. En este modo, Unity carga el archivo de audio desde el disco cuando se inicia la escena, pero, en lugar de descomprimirlo por completo y almacenarlo en la RAM, lo mantiene comprimido. Cada vez que se necesita reproducir el audio, Unity toma una porción del archivo comprimido desde la memoria, lo descomprime y lo reproduce.

  Este enfoque ofrece un equilibrio eficaz entre el uso de CPU y memoria. Al mantener el audio comprimido en la RAM, se reduce el impacto en el uso de memoria, en comparación con Decompress On Load, pero sin los retardos de lectura frecuentes desde el disco que ocurren con Streaming. La descompresión de pequeños fragmentos de audio desde la memoria es mucho más rápida que la lectura desde el disco, lo que mejora el rendimiento sin comprometer demasiado la cantidad de memoria utilizada.

  Este modo es especialmente útil para archivos de tamaño moderado que se reproducen con frecuencia, como diálogos pregrabados, efectos de sonido de mediana duración o cualquier recurso de audio que, aunque no sea corto, tampoco sea lo suficientemente largo como para justificar el uso de Streaming. Aunque no libera tanta memoria como Streaming, su uso eficiente de la CPU y el acceso más rápido desde la RAM hacen de Compressed in Memory una opción recomendada para efectos sonoros y música en juegos con requerimientos medios.

RECONOCER LA FRECUENCIA Y DURACIÓN DE LOS SONIDOS

Cuando trabajamos con recursos de audio en Unity, es importante reconocer qué tipo de sonido estamos manejando y cómo se utilizan en el juego para optimizar su rendimiento. Los sonidos cortos y frecuentes, como pasos o disparos, deben configurarse con la opción Descomprimir On Load, ya que esto permite que el sonido esté siempre listo para reproducirse sin retrasos, aunque ocupe algo más de RAM. En cambio, los sonidos largos y poco frecuentes, como música de fondo o diálogos extensos, funcionan mejor con la opción Streaming, que ahorra memoria RAM al leer el audio directamente desde el disco, a cambio de un mayor uso de la CPU. Para los sonidos de tamaño intermedio, como explosiones largas o diálogos breves, la opción Compressed in Memory ofrece un equilibrio ideal entre memoria y procesamiento, al mantener el archivo comprimido en la RAM y descomprimir solo cuando sea necesario. Identificar correctamente la frecuencia y duración de los sonidos es clave para decidir cuál de estas opciones de configuración es la más adecuada en cada caso.

Preload Audio Data

Cuando se marca, Unity precargará los datos de audio en la memoria al cargar la escena, como se ve en la figura 8.4. Es útil para asegurarse de que el audio esté disponible inmediatamente cuando sea necesario. Sin embargo, si tienes muchos archivos de audio grandes, esta opción puede consumir demasiada memoria.

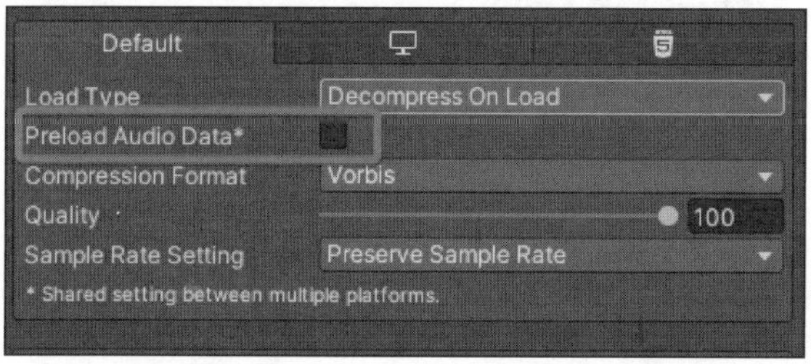

Figura 8.4. Propiedad Preload Audio Data.

Compression Format

Aquí, como se muestra en la figura 8.5, puedes elegir entre diferentes formatos de compresión, cada uno con sus ventajas y desventajas:

- PCM: Es el formato sin compresión y ofrece la mayor calidad de sonido, pero también genera los archivos más grandes. Es adecuado para audio de alta calidad que no necesita ser comprimido.

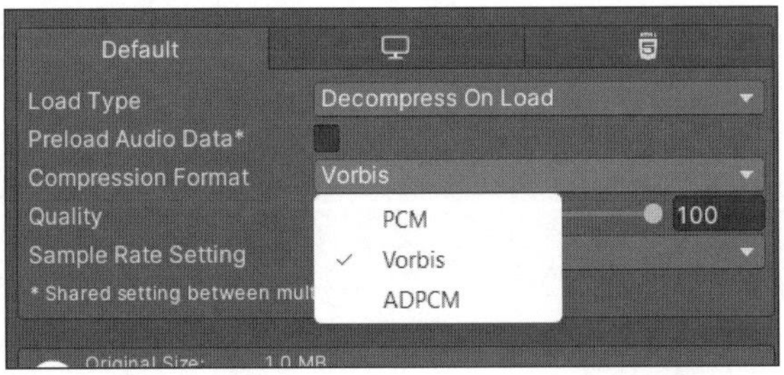

Figura 8.5. Propiedad Compression Format.

- ADPCM: Este formato ofrece una compresión moderada y es útil para efectos de sonido cortos. Proporciona una buena calidad de sonido sin un gran coste en términos de rendimiento.
- Vorbis: Ofrece una compresión más agresiva, pero puede afectar la calidad de sonido en algunos casos. Este formato es ideal para música y efectos de sonido que no requieren una calidad extremadamente alta.

Sample Rate Setting

Controla la frecuencia de muestreo del audio, lo que afecta tanto la calidad como el tamaño del archivo. Puedes optar por Preserve Sample Rate, como se ve en la figura 8.6, para mantener la calidad original del archivo o ajustar la frecuencia a un valor inferior para reducir el tamaño del archivo y mejorar el rendimiento.

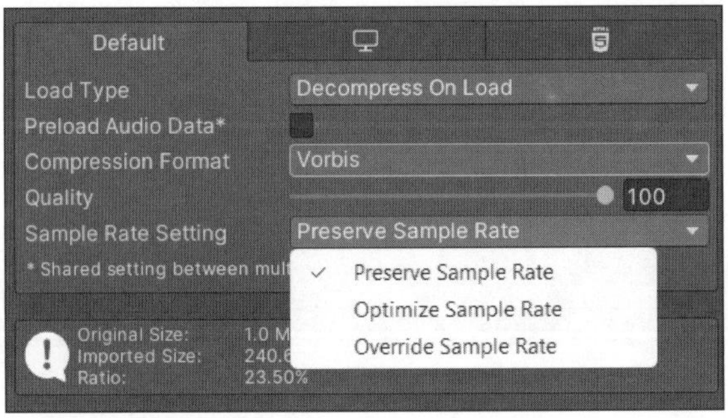

Figura 8.6. Propiedad Sample Rate Setting.

Ajustes de audio en entornos 2D y 3D

El audio en Unity puede manejarse tanto en entornos 2D como en 3D, y la elección entre uno y otro dependerá del tipo de experiencia que quieras ofrecer en tu juego. Cada enfoque tiene un uso específico y puede influir significativamente en la inmersión del jugador:

- **Sonido en 2D:** El sonido 2D es ideal cuando el origen del sonido no necesita simularse en un espacio tridimensional. En este caso, el sonido se reproduce uniformemente a través de todos los canales de audio, sin importar la posición del jugador o del objeto que emite el sonido. Este tipo de configuración es perfecta para la música de fondo o para efectos sonoros generales, como clics de botones, notificaciones o sonidos globales que deben escucharse de la misma manera independientemente de dónde se encuentre el jugador en la escena.

  Para configurar un sonido en 2D, es importante tener en cuenta que el sonido no variará en función de la distancia o dirección. Los jugadores escucharán el sonido de manera consistente en todo momento. Esto es útil cuando quieres garantizar que ciertos sonidos mantengan su presencia constante en la experiencia del usuario.

- **Sonido en 3D:** El sonido en 3D, por otro lado, se comporta de manera más realista, ya que tiene en cuenta la distancia y la dirección entre el jugador y la fuente del sonido. A medida que el jugador se acerque o aleje de la fuente, el volumen del sonido variará y también se ajustará su posición en el espacio auditivo (lo que se conoce como *spatialization*).

  Este tipo de sonido es esencial para efectos que dependen de la ubicación en el espacio del juego, como el ruido de pasos, disparos, el rugir de un motor en movimiento o cualquier otro sonido que deba "vivir" dentro del mundo 3D. La integración del sonido 3D mejora la sensación de realismo y ayuda a los jugadores a orientarse en el espacio, ya que pueden identificar la procedencia de un sonido y reaccionar en consecuencia.

ELECCIÓN Y CONFIGURACIÓN DE SONIDO

Elegir entre sonido 2D y 3D no es simplemente una cuestión de preferencia, sino de contexto. Los efectos de sonido que no dependen del entorno espacial, como la música o los sonidos de interfaz, se benefician de la configuración 2D, mientras que los efectos sonoros que están ligados a objetos específicos en el entorno 3D se sienten mucho más naturales si se implementan con *spatial blend* en 3D.

Integrar audio y música en el proyecto

Una vez que hemos importado y configurado nuestros recursos de audio, el siguiente paso crucial es integrarlos de manera efectiva en el entorno del juego. La integración del sonido y la música no solo ayuda a crear una experiencia inmersiva, sino que también refuerza las acciones, emociones y el ambiente dentro del juego. A continuación, veremos cómo asociar los clips de audio con objetos y eventos en Unity, gestionar fuentes de sonido en 2D y 3D, y usar el Audio Mixer para tener control dinámico sobre las pistas de audio.

Crear y asociar fuentes de audio (Audio Source)

El componente Audio Source es fundamental para reproducir cualquier sonido o música en Unity. Una vez que hemos importado un archivo de audio, podemos asignarlo a cualquier objeto del juego mediante un Audio Source. Esto nos permite reproducir el sonido cuando se activa una interacción o acción específica en el juego, como cuando el personaje del jugador dispara, salta o cuando se inicia una escena con música ambiental.

CLIPS DE AUDIOS GRATIS

Si estás buscando recursos de audio gratuitos para tus proyectos en Unity, hay varias bibliotecas y plataformas que ofrecen sonidos de alta calidad sin costo alguno. Aquí te dejo una lista de sitios donde puedes encontrar efectos de sonido y música de fondo para tus proyectos:

- **Unity Asset Store:** El Asset Store de Unity tiene una sección de recursos gratuitos, incluyendo paquetes de música y efectos de sonido ideales para videojuegos. Solo necesitas crear una cuenta de Unity y acceder a la categoría de recursos gratuitos para descargar lo que necesitas.
- **FreeSound.org:** Un sitio web popular con una extensa colección de efectos de sonido gratuitos, todos bajo diferentes tipos de licencias Creative Commons. Es ideal para encontrar una gran variedad de sonidos específicos para juegos.
- **WOW Sound:** Esta plataforma ofrece un *starter pack* gratuito que incluye música y efectos de sonido para videojuegos. Aunque algunos de los recursos requieren compra, el *pack* inicial te da acceso a una serie de efectos con licencia Creative Commons para que los utilices en proyectos personales o comerciales.
- **OpenGameArt:** Una comunidad que ofrece una gran cantidad de recursos gráficos y sonoros bajo licencias abiertas. Aquí puedes descargar efectos de sonido, música y otro tipo de recursos para tus juegos.
- **Zapsplat:** Otra excelente fuente para encontrar efectos de sonido gratuitos con una gran variedad de categorías y estilos. Puedes encontrar desde sonidos ambientales hasta efectos complejos para videojuegos.

Estos sitios son excelentes para encontrar los recursos de sonido que necesitas para complementar tus escenas de audio 2D y 3D en Unity.

EJEMPLO PRÁCTICO 1: AÑADIR MÚSICA DE FONDO EN 2D

Supongamos que queremos añadir música de fondo a una escena. Para esto, el sonido no necesita ser tridimensional ni depender de la posición del jugador, por lo que lo configuraremos como un sonido 2D, como se muestra en la figura 8.7.

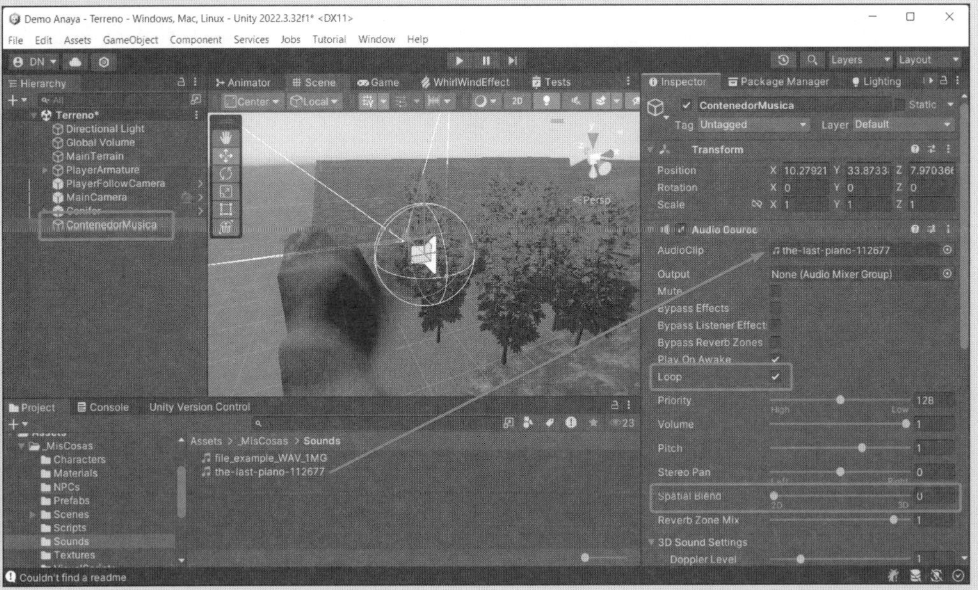

Figura 8.7. Asignar clip de audio a Audio Source.

Los pasos a seguir son:

1. Seleccionamos un GameObject vacío (o creamos uno nuevo) en la escena. Este objeto actuará como el "contenedor" de la música.
2. Añadimos un componente Audio Source a este objeto desde el panel de Inspector.
3. En la propiedad Audio Clip del componente, seleccionamos el archivo de música previamente importado (puedes buscar una melodía que te agrade en los recursos gratuitos mencionados anteriormente).
4. Ajustamos el parámetro Spatial Blend a 0 para que se configure como un sonido en 2D.
5. Activamos la opción Loop para que la música se repita continuamente mientras se desarrolla la escena.

6. Ajustamos el volumen según nuestras preferencias en la propiedad Volume del Audio Source.
7. Haz clic en Play para verificar que suena música de fondo mientras juegas.

Este enfoque es ideal para crear música de fondo o efectos de sonido que deben ser constantes, como los sonidos de la interfaz del usuario o notificaciones generales.

Podríamos usar este enfoque para poner música relajante en una escena de exploración o sonidos de ambiente generales, como el viento suave, o, como en mi caso, una bonita canción relajante.

EJEMPLO PRÁCTICO 2: AÑADIR EFECTOS DE SONIDO 3D (PÁJAROS)

Para un ejemplo más inmersivo, supongamos que estamos creando un entorno al aire libre y queremos que los sonidos de los pájaros se escuchen de manera más realista, dependiendo de dónde esté el jugador. La escena de bosque que creamos en el capítulo 4 es perfecta para practicar este ejemplo con sonido 3D.

Imagina un bosque donde los pájaros cantan en diferentes partes del mapa. Al caminar por la escena, el jugador escuchará el canto de los pájaros acercarse o alejarse dependiendo de su posición, mejorando así la experiencia de inmersión. A continuación, veremos cómo conseguir este efecto en la figura 8.8. Los pasos a seguir son:

1. Importamos un archivo de audio con el sonido de pájaros cantando.
2. Seleccionamos un objeto de la escena (puede ser un árbol o incluso un objeto vacío) y le añadimos un componente Audio Source.
3. En la propiedad Audio Clip, seleccionamos el archivo de sonido de los pájaros.
4. Activa la propiedad Loop para que el sonido se repita constantemente.
5. Ajustamos el parámetro Spatial Blend a 1 para que Unity gestione el sonido en 3D.
6. Configuramos el Volume Rolloff en Logarithmic para que el sonido se reduzca de manera natural a medida que el jugador se aleja de la fuente del sonido.
7. Opcionalmente, podemos ajustar el parámetro Max Distance en la sección 3D Sound Settings para limitar el alcance máximo del sonido.
8. Haz clic en Play para probar el ejemplo práctico, puedes moverte con el jugador con la escena y notarás cómo el sonido de pájaros se activa y desactiva gradualmente, dependiendo de la cercanía del jugador al punto de origen del sonido.

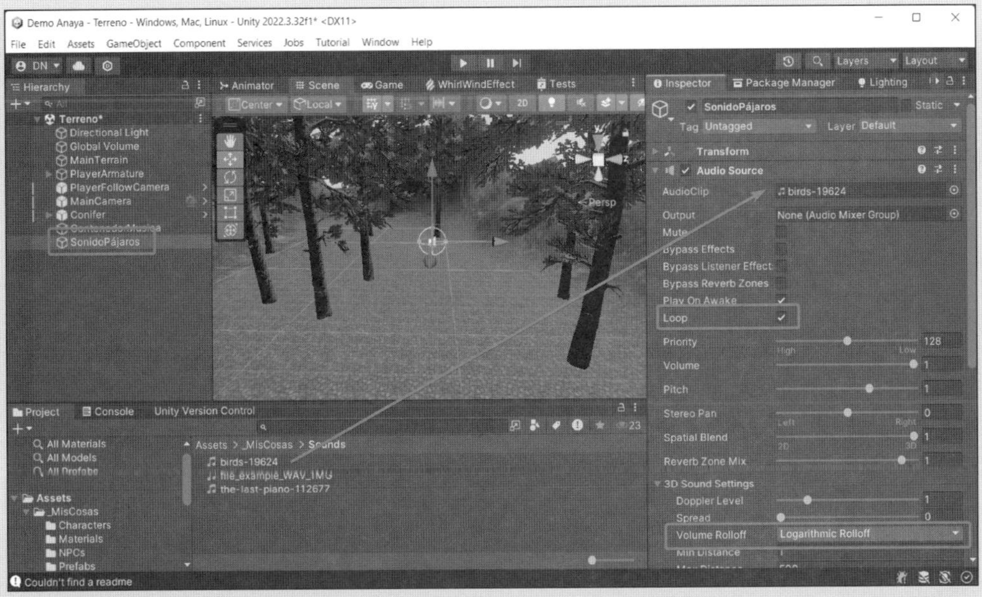

Figura 8.8. Asignar clip de audio a Audio Source.

Este tipo de sonido es perfecto para crear una atmósfera inmersiva, ya que el jugador sentirá que el sonido proviene de una dirección específica y que se desvanece de manera natural a medida que se aleja de la fuente. Este ejemplo se puede aplicar también a ruidos de animales, fuentes de agua o cualquier otro objeto en el mundo 3D.

EJEMPLO PRÁCTICO 3: SONIDO AL IMPACTAR CON UN COLISIONADOR

Imagina que en tu juego tienes un objeto, como una roca, que emite un sonido al golpear otro objeto cuando entra en una zona específica. Para lograr esto, debes conectar un Audio Source con el archivo de sonido correspondiente y, en el *script* asociado al objeto, programar que el sonido se reproduzca cuando se detecte la entrada en un Trigger. Los pasos a seguir son:

1. Añade un componente Audio Source al objeto que desees que emita un sonido al impactar.
2. Para que el sonido no inicie automáticamente sin una colisión, desmarca la propiedad Play On Awake del Audio Source.
3. Crea un nuevo *script* con el siguiente código y agrégalo como componente al mismo objeto donde creaste el Audio Source:

```
using UnityEngine;

public class PlayOnCollision : MonoBehaviour
{
    public AudioSource impactSound;

    private void Awake()
    {
        impactSound = GetComponent<AudioSource>();
    }

    void OnTriggerEnter(Collider other)
    {
        print("Trigger detected");
        impactSound.Play();
    }
}
```

En este código, el método `OnTriggerEnter` se utiliza para detectar cuándo un objeto entra en contacto con un objeto que tiene un colisionador. Al activarse el evento, se imprime un mensaje en la consola (`"Trigger detected"`) y el Audio Source, llamado `impactSound`, reproduce el sonido asignado. Esto asegura que el sonido solo se reproduce al entrar en la zona de colisión definida, ofreciendo un comportamiento dinámico y controlado para situaciones como el impacto de un objeto con el entorno.

La función `Awake` se encarga de inicializar `impactSound`, obteniendo la referencia al componente Audio Source del objeto, garantizando que esté listo para reproducir el sonido cuando ocurra la colisión. Esto permite una integración sencilla y efectiva del audio en tu juego, mejorando la experiencia inmersiva de los jugadores.

Ahora que hemos visto cómo preparar y activar un sonido en respuesta a eventos físicos dentro de una escena, es importante entender cuándo y por qué utilizar diferentes efectos de sonido o música en momentos específicos del juego. No todos los sonidos deben reproducirse al inicio de la escena; algunos requieren una activación más contextual. A continuación, exploraremos cómo decidir qué efectos o música deben reproducirse en respuesta a acciones o situaciones específicas en tu juego.

Decidir qué efectos o música deben reproducirse en ciertos eventos

La decisión de qué efectos de sonido o música se deben reproducir en ciertos eventos es crucial para mejorar la inmersión y dinamismo en un videojuego. No todos los efectos deben activarse de inmediato al comenzar una escena; algunos sonidos son más efectivos cuando se sincronizan con acciones o cambios específicos que ocurren durante el juego. Este aspecto de la integración de audio se gestiona generalmente a través de *scripts* en Unity que interactúan con componentes Audio Source para activar y detener sonidos en respuesta a eventos.

¿Cuándo usar efectos o música en ciertos eventos?

El sonido puede utilizarse estratégicamente en varios momentos clave dentro del juego para aumentar el impacto emocional o la percepción del jugador. Algunos ejemplos incluyen:

- **Acciones del jugador:** Sonidos como disparos, pasos o interacción con objetos pueden mejorar la experiencia de juego y proporcionar retroalimentación inmediata al jugador. Si un personaje dispara un arma, un sonido asociado al disparo hará que la acción se sienta más realista.
- **Cambios en la escena:** Transiciones de música ambiental o efectos especiales para señalar cambios en el entorno, como una tormenta que se avecina o un enemigo que se aproxima, ayudan a crear atmósfera.
- **Eventos narrativos:** La música puede cambiar de manera dinámica en respuesta a eventos clave en la narrativa, como el inicio de una batalla o la resolución de un conflicto.

EFECTOS 2D Y 3D

El uso de efectos de sonido en 2D o 3D también se puede ajustar para mejorar la inmersión. Por ejemplo, si tienes un ambiente forestal, puedes usar sonidos 3D para que los pájaros suenen como si estuvieran en diferentes partes del entorno. Si el personaje pasa cerca de un área con agua, el sonido de la corriente podría aumentar en volumen según la proximidad del personaje, algo que se gestiona con Spatial Blend y los parámetros de volumen en Audio Source.

Te sugiero que, antes de comenzar a integrar sonidos de eventos en tu juego, planifiques qué sonidos y música tendrán un impacto significativo en cada acción y escenario. Experimenta con la sincronización de los sonidos con las acciones y usa el mezclador de audio de Unity para controlar cómo los diferentes elementos de sonido interactúan en tiempo real. Esto mejorará enormemente la experiencia auditiva de tus jugadores.

Una vez que hayas planificado y definido cómo quieres que se comporten tus efectos sonoros en diferentes situaciones, es el momento de explorar cómo el Audio Mixer de Unity puede ayudarte a gestionar estos sonidos de manera dinámica y eficiente. Con esta herramienta, podrás ajustar volúmenes y aplicar efectos en tiempo real, permitiéndote crear una experiencia sonora mucho más inmersiva para tus jugadores.

Uso de Audio Mixer para el control dinámico

Audio Mixer de Unity es una herramienta fundamental para gestionar de forma avanzada las distintas fuentes de sonido de un juego, ofreciendo un control detallado sobre cómo y cuándo se escuchan. Permite agrupar sonidos de manera lógica, como música, efectos de sonido (SFX) y diálogos, y ajustar cada grupo de manera independiente. Esto significa que no solo puedes modificar el volumen de cada grupo, sino también aplicar efectos que transformen la forma en que se escuchan, adaptándolos a la atmósfera de cada escenario del juego.

Una de las mayores ventajas de Audio Mixer es su capacidad para reaccionar dinámicamente a las situaciones del juego. Por ejemplo, puedes reducir automáticamente el volumen de la música cuando el jugador entra en un área de diálogos importantes o intensificar los efectos de sonido cuando se produce una explosión cercana. Esto se logra mediante la configuración de "*snapshots*", que permiten guardar diferentes ajustes de audio para distintos momentos del juego y hacer transiciones suaves entre ellos. Esto es crucial para mantener una experiencia inmersiva, ya que garantiza que el sonido siempre se ajuste al ritmo y tono de la acción en pantalla.

Además, Audio Mixer facilita la aplicación de efectos avanzados como filtros de *low pass*, que simulan la amortiguación de sonido en ciertas situaciones, o efectos de reverberación que recrean la acústica de entornos como cuevas o grandes habitaciones. Con estas herramientas, puedes personalizar la experiencia auditiva del jugador de forma intuitiva y precisa.

Para comprender mejor cómo aprovechar el potencial de Audio Mixer, veamos algunos ejemplos prácticos que muestran cómo configurar grupos de audio y aplicar efectos en situaciones comunes de los videojuegos. A continuación, exploraremos cómo cambiar de manera dinámica entre diferentes estados de sonido, como la transición de música al entrar y salir de un bosque, así como la aplicación de efectos al colisionar con objetos en el entorno. Estos ejemplos ilustran cómo puedes integrar de forma sencilla Audio Mixer en tus proyectos para lograr un control completo sobre la atmósfera sonora de tu juego.

EJEMPLO PRÁCTICO: CAMBIOS DE MÚSICA EN EL BOSQUE

Imagina que, en tu juego, deseas cambiar la música de fondo según el entorno en el que se encuentre el jugador. Al entrar en un bosque, la música se vuelve más misteriosa y, al salir del bosque, se transforma en una melodía relajante. Esto ayuda a reforzar la atmósfera del juego y a guiar al jugador emocionalmente a lo largo de la aventura. A continuación, se explica cómo configurarlo paso a paso.

PASO 1. CONFIGURAR LOS SONIDOS

1. Selecciona la música:
   - **Música de misterio:** Escoge un audio con sonidos sutiles, como el viento, ecos distantes y tonos bajos para crear una atmósfera de misterio.
   - **Música relajante:** Escoge una pista suave, como el canto de pájaros o una melodía ligera y armónica, ideal para áreas despejadas y tranquilas fuera del bosque.
2. Importa los archivos de audio a tu proyecto en Unity siguiendo los pasos de importación estándar.

PASO 2. CONFIGURAR AUDIO MIXER Y LOS GRUPOS DE AUDIO

1. Crear el Audio Mixer: En Unity, en la ruta Assets>_MisCosas>Sounds, haz clic con el botón derecho y selecciona Create>Audio Mixer y nómbralo como AmbienteAudioMixer, como se ve en la figura 8.9. Haz doble clic sobre Audio Mixer para entrar en el modo edición.

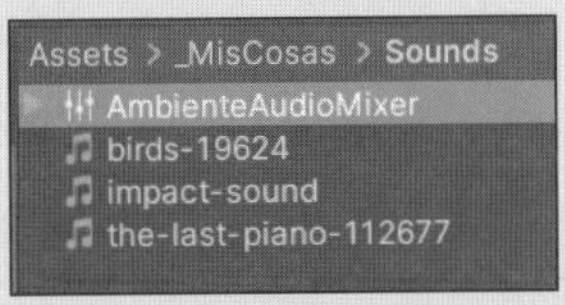

Figura 8.9. Audio Mixer en panel Project.

2. Crear dos grupos de audio dentro del Mixer, como se muestra en la figura 8.10:

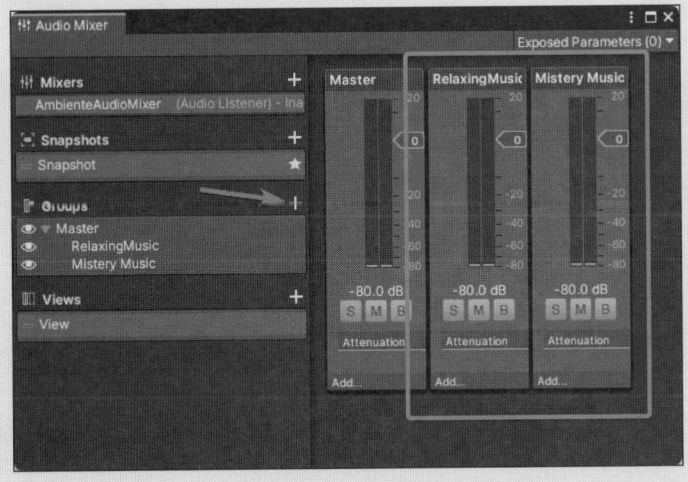

Figura 8.10. Grupos creados en Audio Mixer.

- **Grupo de música de misterio:** Crea un grupo y asigna la pista de música misteriosa a este grupo.
- **Grupo de música relajante:** Crea otro grupo y asigna la pista de música relajante.

PASO 3. CONFIGURAR LOS *SNAPSHOTS* PARA LA TRANSICIÓN

1. Crear los *snapshots* en Audio Mixer:
   - Con Audio Mixer abierto, justo encima de la sección Groups, verás una sección llamada Snapshots. Unity crea un *snapshot* por defecto llamado Snapshot cuando se crea un Audio Mixer.
   - Haz clic en el botón + al lado de esta sección para crear dos nuevos *snapshots*. Nómbralos como Forest y Exterior, como se ve en la figura 8.11.

Figura 8.11. *Snapshots* creados en Audio Mixer.

2. Ajustar las configuraciones de los grupos de audio para cada *snapshot*:
   - Selecciona el *snapshot* Forest. Esto te permitirá guardar la configuración actual del volumen para cada grupo de audio mientras este *snapshot* esté activo.
   - Ajusta el volumen del grupo de música de misterio a un nivel alto (por ejemplo, 0 dB), como se ve en la figura 8.12, asegurándote de que sea audible.

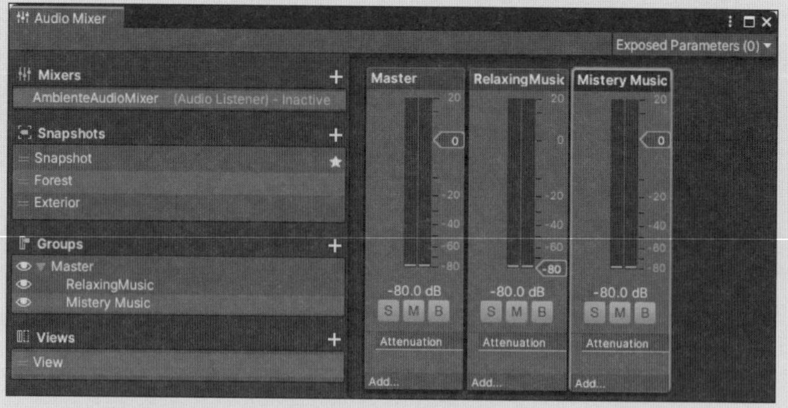

Figura 8.12. Configuración de volúmenes en *snapshots*.

- Baja el volumen del grupo de música relajante a un nivel bajo (por ejemplo, -80 dB) para silenciarlo.
- Ahora, selecciona el *snapshot* Exterior y ajusta los volúmenes al revés: eleva el volumen del grupo de música relajante y baja el del grupo de música de misterio.

3. Guardar y verificar:
   - Asegúrate de que las configuraciones de cada *snapshot* estén correctamente guardadas haciendo clic en cada uno y verificando que los volúmenes de los grupos de audio cambien como esperas.
   - Esto permitirá que, cuando se active un *snapshot*, los volúmenes de los grupos de audio se ajusten automáticamente según la configuración guardada en cada uno.

PASO 4. PROGRAMAR LA TRANSICIÓN ENTRE LOS ESTADOS

1. Crea un GameObject vacío y añade un colisionador que cubra la zona del bosque. Yo he decidido llamarlo Zona Bosque, como se indica en la figura 8.13.

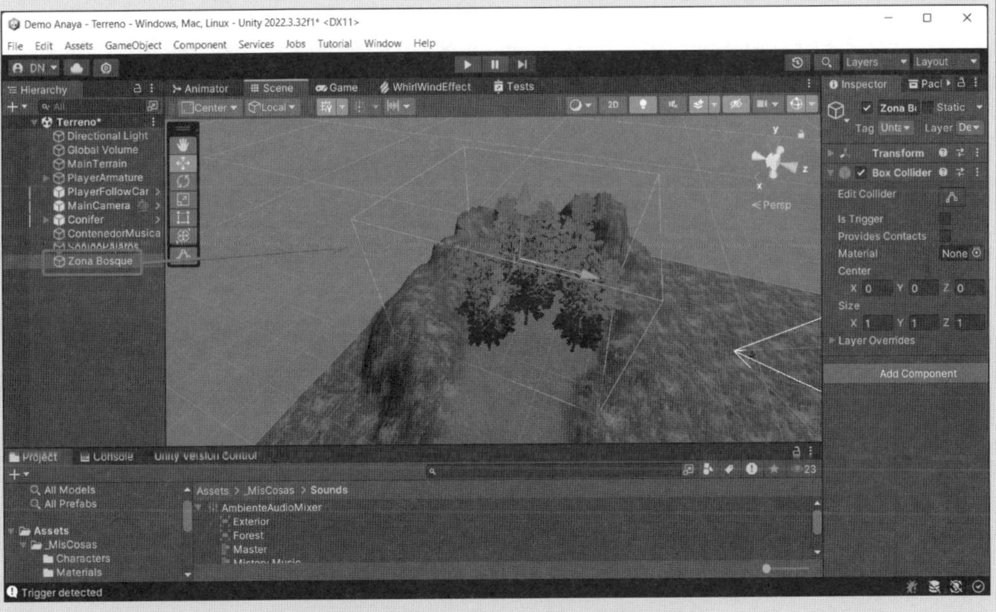

Figura 8.13. Crear colisionador Zona Bosque.

2. Añade un nuevo *script* como componente al GameObject Zona Bosque creado anteriormente y pega el siguiente código:

```
using UnityEngine;
using UnityEngine.Audio;

public class ChangeMusicOnTrigger : MonoBehaviour
{
    public AudioMixerSnapshot snapshotBosque;
    public AudioMixerSnapshot snapshotExterior;

    private void Start()
    {
        // Cambia a la música relajante al inicio de la escena
        snapshotExterior.TransitionTo(2.0f);
    }

    void OnTriggerEnter(Collider other)
    {
        if (other.CompareTag("Player"))
        {
            snapshotBosque.TransitionTo(2.0f); // Cambia a la música misteriosa al entrar al
                                                  bosque
        }
    }

    void OnTriggerExit(Collider other)
    {
        if (other.CompareTag("Player"))
        {
            snapshotExterior.TransitionTo(2.0f); // Cambia a la música relajante al salir del
                                                    bosque
        }
    }
}
```

En este código, al detectar la entrada del jugador al bosque, se activa el *snapshot* Forest y, al salir, se activa el *snapshot* Exterior. Las transiciones aseguran un cambio suave entre las pistas de audio.

***SNAPSHOT* POR DEFECTO**

En el método `Start`, hemos incluido una línea de código para que, al iniciar la escena, el *snapshot* Exterior se cargue por defecto. Esto garantiza que la música relajante se reproduzca desde el comienzo del juego. Sin embargo, también es posible establecer un *snapshot* predeterminado sin necesidad de programar, simplemente haciendo clic con el botón derecho sobre el *snapshot* deseado en la ventana de Audio Mixer y seleccionando la opción Set as Start Snapshot. Esto facilita la configuración inicial y permite un ajuste rápido del audio en la interfaz de Unity.

Para relacionar los clips de música de misterio y relajante con Audio Mixer, necesitas vincular cada uno de los clips a un Audio Source que, a su vez, estará conectado al grupo correspondiente en Audio Mixer. A continuación, los pasos detallados para lograr esta relación son:

1. **Crear Audio Source para cada clip de música:**
   - Agrega un Audio Source para cada pista de audio (por ejemplo, "Música de misterio" y "Música relajante").
   - Marca la propiedad Play On Awake en ambos Audio Source.
   - Luego, selecciona el clip deseado y, en la propiedad Ouput, selecciona el grupo RelaxingMusic o MisteryMusic, como se ve en la figura 8.14.

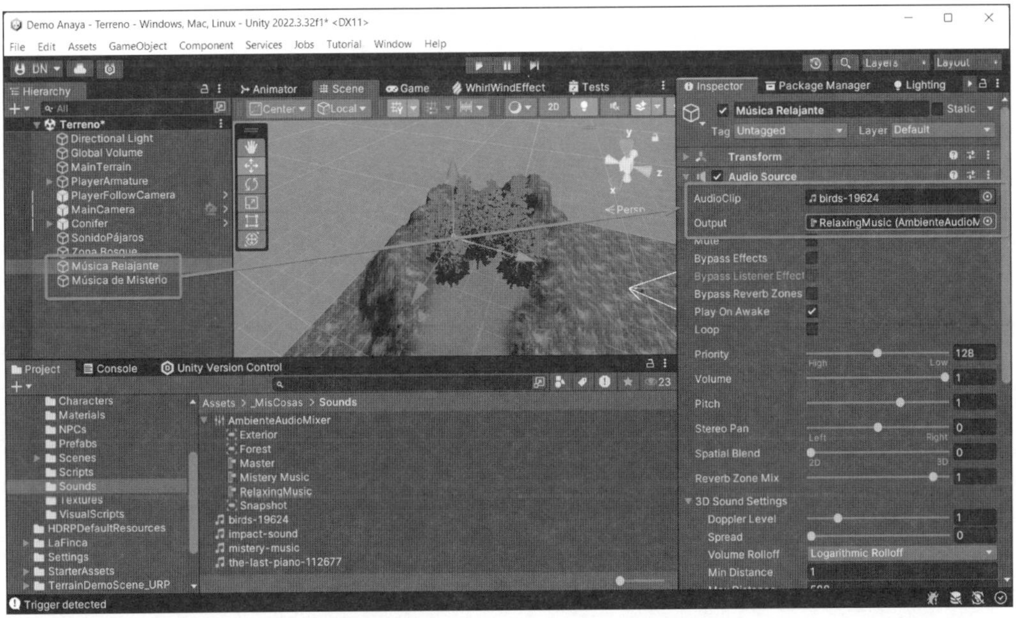

Figura 8.14. Asignar clip de audio a Audio Source.

2. **Comprobación de la configuración:**
   - En el componente Change Music On Trigger que hemos añadido al GameObject Zona Bosque, configura las propiedades Snapshot Bosque y Snapshot Exterior, como se muestra en la figura 8.15.
   - De esta forma, cuando el *snapshot* cambie entre Forest y Exterior, los volúmenes de cada pista de música se ajustarán automáticamente según la configuración de Audio Mixer.

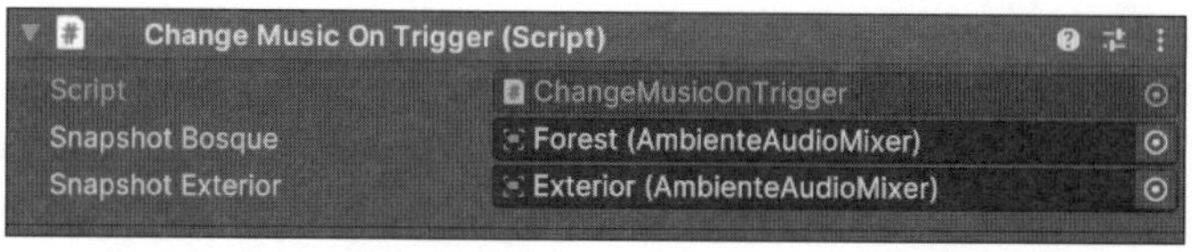

Figura 8.15, Asignar *snapshots* a propiedades de Change Music On Trigger.

Este enfoque te permite tener un control centralizado sobre el volumen y los efectos de cada pista de audio mediante Audio Mixer, y a la vez ajustar su comportamiento a través de los *snapshots* para una experiencia de sonido dinámica y adaptativa, como se ve en la figura 8.16.

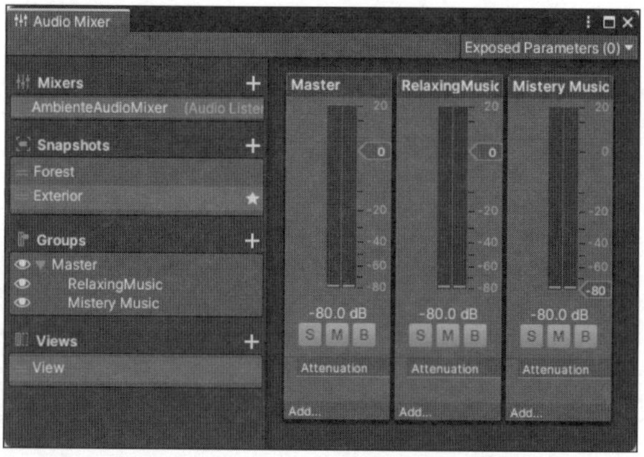

Figura 8.16. Resultado final de Audio Mixer.

Con esta configuración, la música de tu juego cambiará automáticamente según la ubicación del jugador, reforzando la atmósfera del bosque y creando una experiencia inmersiva. Las transiciones suaves entre los estados evitan cambios abruptos, manteniendo una ambientación fluida y agradable.

Mezclar y ajustar efectos de sonido con Audio Mixer

La mezcla de audio es un componente esencial en la creación de videojuegos, ya que ayuda a equilibrar y coordinar diferentes fuentes de sonido para ofrecer una experiencia auditiva envolvente y coherente. Un buen diseño de audio puede sumergir completamente al jugador en la atmósfera del juego, proporcionando indicaciones sutiles sobre el entorno y mejorando la inmersión general. En Unity, Audio Mixer se convierte en una herramienta fundamental para este propósito, permitiendo agrupar, ajustar y aplicar efectos a las distintas fuentes de audio de manera dinámica.

Audio Mixer no solo facilita el control de volúmenes de la música, efectos de sonido (SFX) y diálogos, sino que también permite aplicar diversos filtros y efectos en tiempo real. Esto resulta particularmente útil en situaciones donde el ambiente y la atmósfera de un juego cambian de forma rápida y constante. Gracias a estas capacidades, los desarrolladores pueden crear transiciones de sonido fluidas entre diferentes momentos del juego, como la transición entre un ambiente tranquilo a uno más tenso o la simulación de sonidos distantes y amortiguados tras una explosión. Utilizar Audio Mixer correctamente puede marcar la diferencia entre un juego con un audio funcional y uno con una banda sonora que verdaderamente mejora la experiencia del jugador.

Efectos de sonido básicos

Una de las principales ventajas de Audio Mixer de Unity es la posibilidad de aplicar efectos avanzados a los grupos de audio, lo que permite transformar y adaptar los sonidos para enriquecer la atmósfera del juego. Más allá de simplemente ajustar los volúmenes, Audio Mixer ofrece una variedad de filtros que ayudan a crear transiciones auditivas y realzar momentos específicos en el *gameplay*. A continuación, exploramos algunos de los efectos más útiles que puedes aplicar a través de Audio Mixer y cómo utilizarlos de manera efectiva:

- Lowpass Simple: Este filtro es ideal para atenuar las frecuencias más altas de un sonido, creando una sensación de distancia o de amortiguación. Por ejemplo, en una escena donde el personaje sufre una explosión cercana, puedes usar este filtro para simular la pérdida temporal de audición, como si el mundo se volviera más "apagado" y los sonidos más distantes. Esto ayuda a transmitir la intensidad del evento y a hacer sentir al jugador el impacto de la explosión.
- SFX Reverb: La reverberación es un efecto que simula el eco natural de un espacio cerrado, como una cueva, un pasillo largo o un gran salón. Usar un *reverb* en los efectos de sonido o en la música puede ayudar a situar al jugador en un ambiente concreto. Por ejemplo, al entrar en una catedral o un cañón profundo, aplicar un *reverb* puede aumentar la sensación de grandeza y espacio del entorno. Este efecto es muy útil para cambiar la percepción del espacio sin necesidad de cambiar la estructura visual del escenario.
- Echo: Similar al anterior, Echo repite los sonidos, pero de forma más marcada y definida, como un rebote que se siente nítidamente. Esto puede ser útil para ambientes abiertos, como montañas o grandes paisajes, donde el sonido rebota contra las superficies. Por ejemplo, si el personaje grita en una montaña, el eco puede ayudar a crear la sensación de un espacio abierto y vasto.

- **Distortion**: Este efecto distorsiona la forma de onda del sonido, creando un efecto rugoso o "crujiente" en el audio. Puede ser útil para simular transmisiones de radio antiguas, efectos de *walkie-talkie* o para crear una atmósfera más agresiva en los efectos de monstruos o robots.
- **Pitch Shifter**: Cambiar el tono de un sonido con este efecto puede tener varios usos creativos. Por ejemplo, podrías acelerar la música para intensificar la sensación de peligro durante una persecución, o bajar el tono de la voz de un personaje para darle un toque más misterioso y siniestro.

Para aplicar cualquiera de estos efectos, selecciona un grupo en Audio Mixer y haz clic en el botón Add... en la parte inferior del panel, como se señala en la figura 8.17. Desde allí, puedes elegir entre una lista de efectos disponibles y ajustar sus parámetros para obtener el sonido deseado. Cada efecto se puede activar o desactivar según las necesidades del juego, lo que ofrece una gran flexibilidad para adaptarse a las diferentes situaciones que puedan surgir durante el *gameplay*.

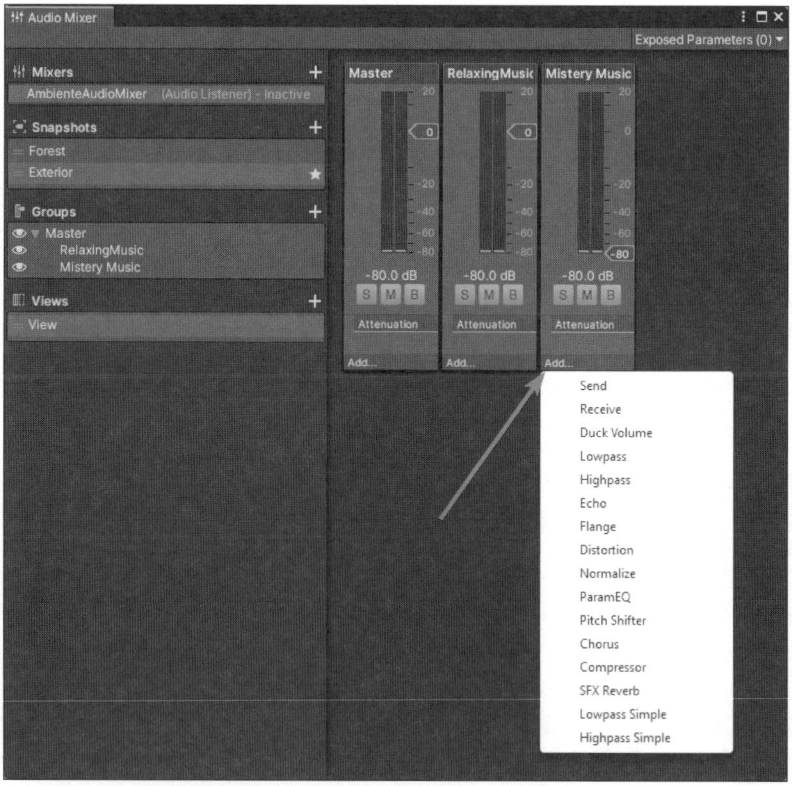

Figura 8.17. Crear efecto de sonido en Audio Mixer.

Al usar estos filtros de manera creativa, puedes elevar la experiencia sonora de tu juego, ayudando a sumergir al jugador en el mundo que has creado y a hacer que cada escenario se sienta único y envolvente. Los efectos son una herramienta poderosa para comunicar sensaciones que no siempre se pueden expresar solo con gráficos, y su uso adecuado puede ser el toque que haga destacar tu proyecto.

Ahora, con una sólida comprensión de cómo mejorar la experiencia auditiva, es momento de explorar otro componente clave de la inmersión multimedia en Unity: la reproducción de vídeos. A continuación, veremos cómo integrar vídeos en tu juego, tanto desde archivos locales como desde URL, utilizando la clase Video Player de Unity.

Reproducir vídeos desde archivos locales y URL

La integración de vídeo en un juego o aplicación añade una capa adicional de inmersión que puede complementar la narrativa, proporcionar información visual o simplemente ofrecer una experiencia más rica a los jugadores. En Unity, la clase Video Player facilita la reproducción de vídeos, ya sea desde archivos locales almacenados en el proyecto o mediante URL de vídeos alojados en línea. Esto permite a los desarrolladores crear experiencias como escenas cinemáticas, tutoriales interactivos o incluso pantallas de información dinámica directamente dentro del entorno 3D del juego.

A lo largo de esta sección, exploraremos cómo configurar y utilizar Video Player para reproducir vídeos de ambas fuentes, abordando tanto los aspectos técnicos como las mejores prácticas. Desde la creación de una pantalla virtual que funcione como un proyector de vídeo, hasta la correcta configuración de las propiedades para asegurar una reproducción fluida, te guiaremos paso a paso en el proceso.

Ahora, veamos algunos ejemplos prácticos que te ayudarán a dominar la integración de vídeos en tu proyecto de Unity.

EJEMPLO PRÁCTICO: CREAR UN SISTEMA BÁSICO DE REPRODUCCIÓN DE VÍDEO EN UNITY DESDE ARCHIVOS LOCALES Y URL

Uno de los elementos interactivos más potentes que puedes añadir a tus proyectos de Unity es la capacidad de reproducir vídeos, ya sea desde archivos locales o en *streaming* a través de URL. Unity facilita la integración de vídeo con su componente Video Player, que te permite reproducir vídeos directamente en objetos 3D, generando una experiencia visual inmersiva para tus jugadores o usuarios. En esta sección, aprenderemos cómo crear un sistema básico de reproducción de video en Unity utilizando el componente Video Player.

CONFIGURACIÓN BÁSICA DE VIDEO PLAYER

El componente Video Player de Unity ofrece una solución flexible para reproducir vídeos, tanto de archivos locales como mediante URL. Para comenzar, debes agregar este componente a un objeto en tu escena, que actuará como la pantalla donde se reproducirá el vídeo:

1. Primero, necesitas crear un objeto 3D que representará tu pantalla de vídeo. Esto puede ser un plano simple o cualquier objeto al que quieras aplicar el video como textura. Selecciona el menú GameObject>3D Object>Plane y crea un plano que funcione como la pantalla de tu vídeo.
2. Con el objeto seleccionado, añade el componente Video Player desde el Inspector. Haz clic en Add Component, busca Video Player y añádelo a tu objeto, como se ve en la figura 8.18.

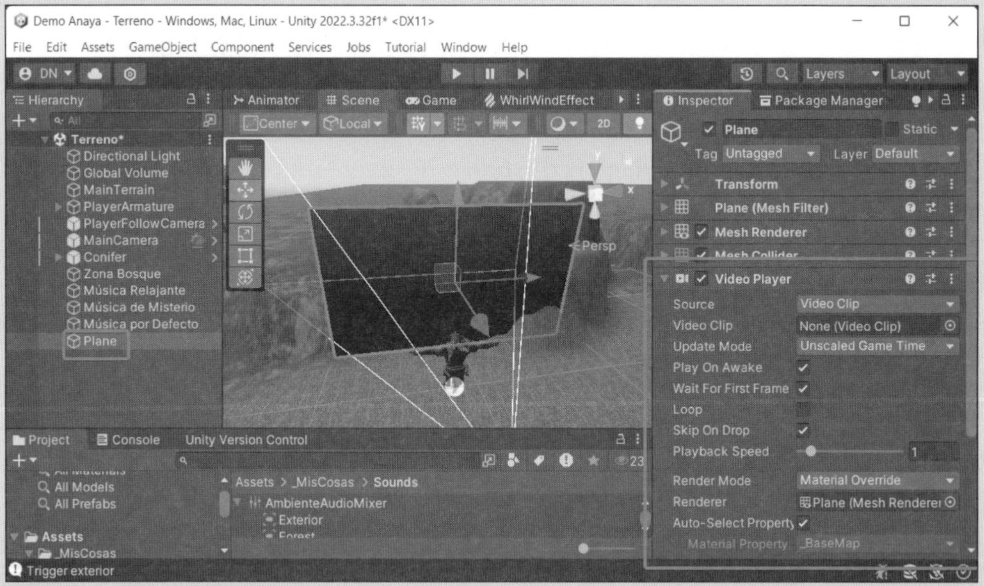

Figura 8.18. Componente Video Player en un GameObject Plane.

REPRODUCCIÓN DE VÍDEOS DESDE ARCHIVOS LOCALES

Si deseas reproducir vídeos almacenados localmente en tu proyecto, como un archivo `.mp4` descargado, como se ve en la figura 8.19, debes configurar Video Player para que utilice un Video Clip como fuente:

1. **Importar el archivo de vídeo:** Arrastra tu archivo de vídeo al proyecto en una carpeta de recursos, puedes crear una nueva carpeta en Assets>_MisCosas>Vídeos.

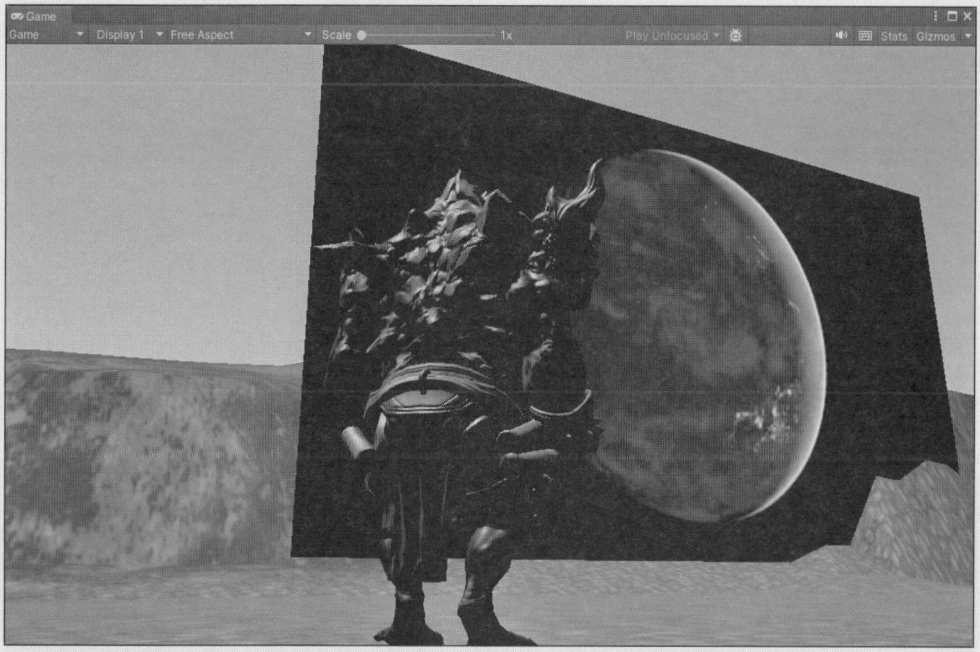

Figura 8.19. Vista previa de reproducción de vídeo.

2. **Configurar Video Player para reproducir desde un archivo local:**
   - En la propiedad Source, selecciona Video Clip.
   - Luego, arrastra el archivo de vídeo desde la carpeta del proyecto a la propiedad Video Clip en el componente Video Player.
3. **Reproducir el vídeo:** Activa la opción Play on Awake para que el vídeo comience a reproducirse automáticamente cuando la escena se inicie, o desactívala si prefieres controlar la reproducción manualmente mediante *scripts*.

MATERIAL LIT

Cuando creas un plano en Unity, este se genera por defecto con un material de tipo Lit. Este tipo de material responde a la iluminación de la escena, lo que significa que, si no hay una fuente de luz adecuada, el plano se verá oscuro o completamente negro. Si necesitas que el plano se vea iluminado independientemente de las condiciones de luz de la escena, debes cambiar a un material Unlit, que emite luz propia y no depende de fuentes externas para ser visible. Para hacerlo, ve al componente Mesh Renderer del objeto, y reemplaza el material Lit por uno del tipo Unlit, o bien crea un material personalizado con propiedades de autoiluminación. Esto permitirá que el objeto se mantenga visible sin importar las condiciones de luz en la escena.

Para reproducir un vídeo en *streaming* desde una URL (por ejemplo, un servidor web), solo necesitas ajustar la configuración de la fuente de Video Player para utilizar una URL en lugar de un archivo local:

1. **Configurar Video Player para reproducción desde URL:**
   - En la propiedad Source, selecciona URL.
   - Ingresa la URL del vídeo en la propiedad correspondiente, asegurándote de que el formato del vídeo sea compatible (MP4, WebM, etc.).

   Puedes usar este ejemplo de URL para probar la reproducción en Unity: `http://commondatastorage.googleapis.com/gtv-videos-bucket/sample/BigBuckBunny.mp4`.
2. **Ajustes adicionales:**
   - Loop: Si quieres que el vídeo se reproduzca en bucle, activa esta opción.
   - Skip on Drop: Activa esta opción si prefieres que Unity omita fotogramas cuando el rendimiento no sea suficiente para reproducir el vídeo a la velocidad deseada.

PERSONALIZACIÓN DE LA REPRODUCCIÓN DE VÍDEO

Video Player ofrece varias opciones de personalización que te permitirán ajustar la experiencia de visualización:

- Wait for First Frame: Asegura que el vídeo no se reproduzca hasta que se haya cargado completamente el primer fotograma, evitando parpadeos o *glitches* al iniciar la reproducción.
- Playback Speed: Controla la velocidad a la que se reproduce el vídeo, útil si deseas modificar el ritmo en función de la lógica del juego.
- Render Mode: Te permite elegir si el vídeo se reproducirá en un material de un objeto, en una cámara o como un componente independiente.

INTEGRAR AUDIO EN LA REPRODUCCIÓN DE VÍDEO

Si el vídeo que estás utilizando contiene audio, Video Player también se encargará de reproducirlo. Puedes seleccionar dónde reproducir el audio utilizando la propiedad Audio Output Mode:

- Direct: Para reproducir el audio directamente a través de los altavoces del dispositivo.
- Audio Source: Para asociar el audio a un componente Audio Source en la escena, lo que te permitirá controlar su volumen, su espacialización 3D y otros efectos de sonido.

En este capítulo, exploramos dos elementos fundamentales para enriquecer la experiencia de cualquier juego o aplicación: el audio y el vídeo. Desde la integración de paisajes sonoros inmersivos hasta la incorporación de vídeos tanto locales como en *streaming*, vimos cómo ambos aspectos pueden transformar un proyecto, aportando no solo una atmósfera más envolvente, sino también un medio para transmitir emociones y narrativas más profundas.

El manejo de audio, a través de la configuración de Audio Source y el uso de Audio Mixer, permite ajustar cada detalle sonoro para que se adapte a las situaciones del juego, reforzando el ambiente y la inmersión del jugador. Por otro lado, la integración de vídeo mediante la clase Video Player de Unity añade una capa visual extra, que puede utilizarse para crear momentos cinemáticos, áreas interactivas y pantallas dinámicas que enriquecen la experiencia general.

La combinación de estas dos herramientas no solo mejora la calidad del contenido, sino que también ofrece a los desarrolladores la posibilidad de crear experiencias únicas y adaptativas, que cautivan a los jugadores y los mantienen inmersos en el mundo que has diseñado. Ahora, con estas habilidades, estás preparado para seguir experimentando y perfeccionando la atmósfera audiovisual de tu juego, llevando la experiencia de tus usuarios a un nuevo nivel. ¡Adelante, sigue creando mundos que se escuchen y se vean tan bien como se juegan!

9

INTRODUCCIÓN A LA INTERFAZ DE USUARIO

Introducción

La interfaz de usuario (UI) es una de las piezas clave en el desarrollo de videojuegos, ya que actúa como el puente entre el jugador y el mundo del juego. A través de una UI bien diseñada, se logra que la experiencia de juego sea intuitiva, accesible y atractiva. En este capítulo, nos adentraremos en la creación de interfaces usando UI Toolkit, una de las herramientas más recientes de Unity para el desarrollo de UI. Aunque en capítulos anteriores hemos trabajado con el sistema tradicional de uGUI, UI Toolkit ofrece una forma más moderna y flexible de construir interfaces dinámicas, orientada a la adaptabilidad y al rendimiento.

Aprenderemos cómo crear y gestionar interfaces utilizando UI Documents y el editor UI Builder, exploraremos cómo aplicar estilos reutilizables a través de USS (*Unity Style Sheets*) y veremos cómo hacer que nuestras interfaces se adapten a diferentes resoluciones de pantalla. Además, compararemos las capacidades de UI Toolkit con las de uGUI, para que puedas elegir la mejor herramienta para tus proyectos según tus necesidades. Al finalizar el capítulo, tendrás una comprensión sólida de cómo usar UI Toolkit para construir UI robustas y atractivas, preparándote para las futuras versiones de Unity.

En este capítulo cubriremos los siguientes temas:

- Por qué usar UI Toolkit.
- Crear interfaces básicas con UI Toolkit.
- Aplicar estilos con USS.
- Ajustes de posición y escalabilidad.
- Añadir interactividad a la UI.

Ahora que hemos entendido la importancia de UI Toolkit y por qué es relevante aprenderlo, es el momento de profundizar en su implementación práctica. A lo largo de este capítulo, exploraremos cómo utilizar esta herramienta para crear interfaces adaptativas y modernas que puedan elevar la experiencia de usuario en nuestros proyectos de Unity. Veremos cómo definir, organizar y diseñar elementos visuales de manera eficiente, aprovechando las capacidades de UI Toolkit para crear una interfaz que no solo se vea bien, sino que también funcione de manera óptima en diferentes dispositivos y resoluciones.

Pasemos a desglosar los conceptos clave y a realizar ejemplos prácticos que te permitirán dominar esta nueva forma de crear UI en Unity.

Por qué usar UI Toolkit

UI Toolkit es la nueva herramienta de Unity diseñada para crear interfaces de usuario (UI) de manera más eficiente y moderna. Aunque el sistema uGUI ha sido durante mucho tiempo el estándar en Unity, la llegada de UI Toolkit introduce una forma de trabajo que está inspirada en tecnologías web, como HTML y CSS, haciendo que la transición para desarrolladores web sea más sencilla. UI Toolkit se destaca por su enfoque en la flexibilidad y la escalabilidad de las interfaces, permitiendo crear UI que se adapten mejor a diferentes resoluciones y dispositivos. Además, su diseño modular facilita el mantenimiento y la extensión de la UI de los proyectos.

A medida que Unity continúa evolucionando, es importante que los desarrolladores conozcan tanto el sistema uGUI como UI Toolkit. Esto asegura que, en el futuro, puedan trabajar con proyectos que utilicen ambas tecnologías y, eventualmente, aprovechen las mejoras y optimizaciones que UI Toolkit ofrece para interfaces más complejas y adaptativas.

Evolución hacia UI Toolkit y diferencias con uGUI

UI Toolkit representa un cambio significativo en la forma de crear interfaces en Unity. Está diseñado para aprovechar la experiencia de los desarrolladores familiarizados con la creación de interfaces web, utilizando UXML para definir la estructura de la UI y USS (*Unity Style Sheets*) para el estilo, de manera similar a HTML y CSS. Esto lo convierte en una herramienta poderosa para diseñar UI que sean tanto estéticamente agradables como altamente funcionales.

A diferencia de uGUI, que se basa en GameObjects y componentes, UI Toolkit introduce un enfoque basado en documentos. Esto significa que las interfaces se pueden definir y gestionar como archivos independientes, facilitando la modularidad y la reutilización de componentes. Además, UI Toolkit permite una separación más clara entre la lógica y la presentación, lo que puede resultar en un código más limpio y fácil de mantener.

¿QUÉ ES UGUI?

uGUI, también conocido como Unity GUI, es el sistema de interfaz de usuario integrado en Unity desde la versión 4.6. Se basa en el uso de un Canvas que actúa como una especie de "lienzo" donde se colocan los diferentes elementos de la interfaz, como botones, textos, imágenes y paneles. Cada uno de estos elementos se trata como un GameObject, lo que permite integrarlos de manera natural en la jerarquía de objetos de la escena. Esto facilita su manipulación, animación y control a través de *scripts* en C#.

uGUI es muy versátil y ha sido el estándar durante muchos años para la creación de interfaces de usuario en Unity. Además, su diseño visual en el editor de Unity permite a los desarrolladores y diseñadores construir y ajustar la UI de manera intuitiva, lo que lo convierte en una herramienta accesible tanto para principiantes como para desarrolladores más avanzados. Sin embargo, debido a que cada elemento de la UI es un GameObject, puede consumir más recursos en proyectos con interfaces muy complejas.

Ventajas de UI Toolkit para proyectos futuros

Adoptar UI Toolkit hoy puede ser una ventaja para estar preparados para futuras versiones de Unity, donde se espera que se convierta en el estándar para la creación de interfaces. Aunque aún no tiene paridad completa de características con uGUI, UI Toolkit ya ofrece mejoras en términos de rendimiento y facilidad de diseño para ciertos tipos de aplicaciones, como herramientas editoriales y UI más complejas que requieren adaptabilidad a diferentes dispositivos.

Escalabilidad y adaptabilidad

Una de las principales ventajas de UI Toolkit es su capacidad para crear interfaces adaptables a distintas resoluciones de pantalla, algo que es cada vez más importante en un mundo de dispositivos variados. Gracias a sus herramientas de diseño *responsive*, los desarrolladores pueden crear interfaces que se ajusten automáticamente al tamaño de la pantalla, mejorando la experiencia de usuario en móviles, *tablets* y monitores de alta resolución.

¿CUÁNDO UTILIZAR UI TOOLKIT?

Aunque uGUI sigue siendo una opción viable para proyectos que ya están en desarrollo, UI Toolkit es ideal para proyectos nuevos donde la flexibilidad y la eficiencia en el diseño de UI son primordiales. Además, es una excelente opción para desarrolladores que desean aprovechar una metodología de trabajo más cercana a la creación de interfaces web, haciendo que la curva de aprendizaje sea menos pronunciada para quienes ya tienen experiencia en ese campo.

Con esta comprensión de por qué es importante aprender UI Toolkit, podemos adentrarnos en los detalles de cómo crear interfaces básicas con esta herramienta y explorar sus capacidades.

Crear interfaces básicas con UI Toolkit

Crear interfaces con UI Toolkit en Unity permite a los desarrolladores diseñar y organizar elementos visuales de una forma más flexible y moderna, utilizando una estructura similar a la de las tecnologías web. UI Toolkit introduce una manera diferente de construir interfaces, utilizando documentos UXML y hojas de estilo USS para definir la estructura y el estilo de los elementos, similar al HTML y CSS en el desarrollo web.

Para empezar a trabajar con UI Toolkit, es importante entender los conceptos fundamentales de cómo se estructuran los documentos de interfaz y cómo se integran en la escena de Unity. A continuación, desglosaremos paso a paso cómo crear una interfaz básica utilizando esta herramienta, lo que permitirá crear HUD, menús y paneles que se integren de manera elegante en tus proyectos.

Creación de documentos UXML

Los documentos UXML en Unity son archivos especiales que definen la estructura y jerarquía de la interfaz de usuario para proyectos creados con UI Toolkit. Estos documentos actúan como el núcleo de la UI, especificando elementos como botones, imágenes y etiquetas, y la disposición de estos en la pantalla.

Para crear un documento UXML, sigue estos pasos:

1. En el panel Project de Unity, crea una nueva carpeta en Assets>_MisCosas>UI.
2. En la nueva carpeta, haz clic con el botón derecho y selecciona UI Toolkit y, a continuación, UI Document. Asegúrate de darle un nombre descriptivo para que puedas identificar fácilmente este archivo, ya que será la base de tu interfaz.

Una vez que hayas creado el documento, haz doble clic para abrirlo en el UI Builder, una herramienta visual que permite diseñar interfaces de usuario de manera gráfica (en la figura 9.1). Al trabajar en UI Builder, tienes la opción de arrastrar y soltar elementos en el lienzo, organizar su jerarquía y ajustar propiedades, como el tamaño y la posición, sin necesidad de escribir código directamente. Este flujo de trabajo facilita la creación de interfaces, especialmente si no tienes experiencia en XML o programación.

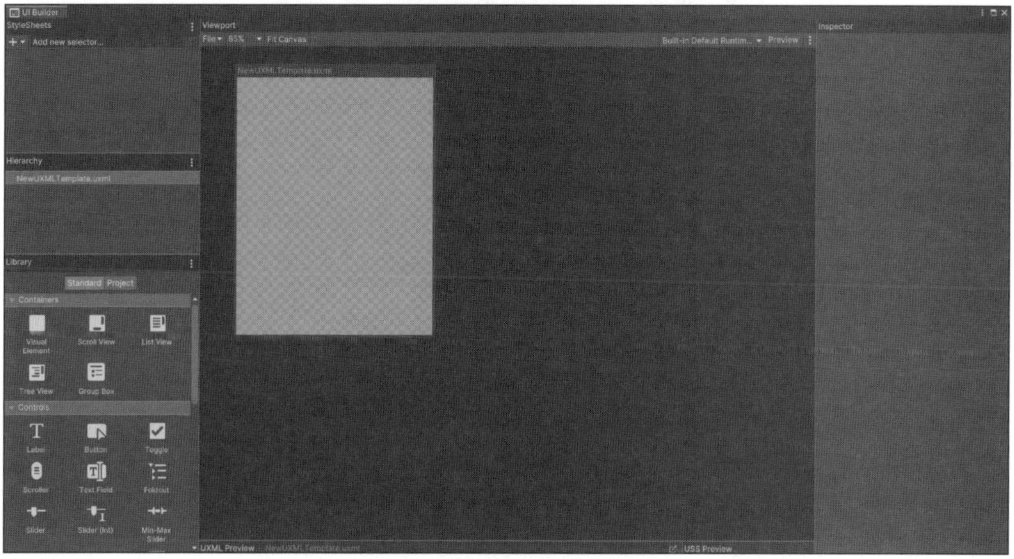

Figura 9.1. Interfaz de UI Builder.

Con esta base, estarás listo para comenzar a construir la interfaz de usuario de tu proyecto, aprovechando la flexibilidad de los documentos UXML y la simplicidad de UI Builder.

Configurar el GameObject con UI Document

Para visualizar el contenido de un documento UXML en la escena, es esencial crear un GameObject en la jerarquía de Unity y asignarle un componente UI Document. Este componente actúa como un puente entre el archivo UXML y la interfaz del juego, ya que lee el archivo y renderiza su contenido en tiempo real.

Para configurarlo, sigue estos pasos: crea un GameObject en la jerarquía, añade el componente UI Document (como se ve en la figura 9.2) y, en la propiedad Source Asset del UI Document, asigna el archivo UXML que creaste previamente. De esta manera, Unity cargará automáticamente la interfaz definida en el documento y la desplegará en la escena.

Al añadir un componente UI Document a un GameObject, es posible que Unity muestre una advertencia indicando la falta de un Panel Settings Asset. Este activo es necesario para definir cómo se renderizará el contenido de UI Toolkit en pantalla.

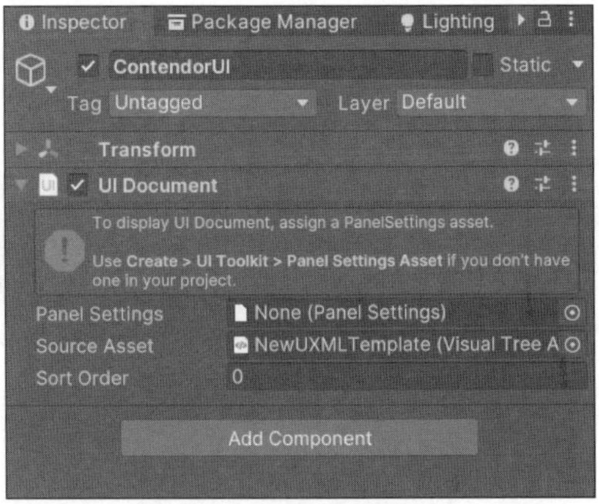

Figura 9.2. Componente UI Document.

Para crear el Panel Settings Asset, haz clic con el botón derecho en la carpeta Assets>_MisCosas>UI, selecciona UI Toolkit>Panel Settings Asset y asígnalo a la propiedad Panel Settings del componente UI Document en el Inspector, como se ve en la figura 9.3. Este paso final asegura que el documento UXML se renderice correctamente y se muestre como esperas en el juego.

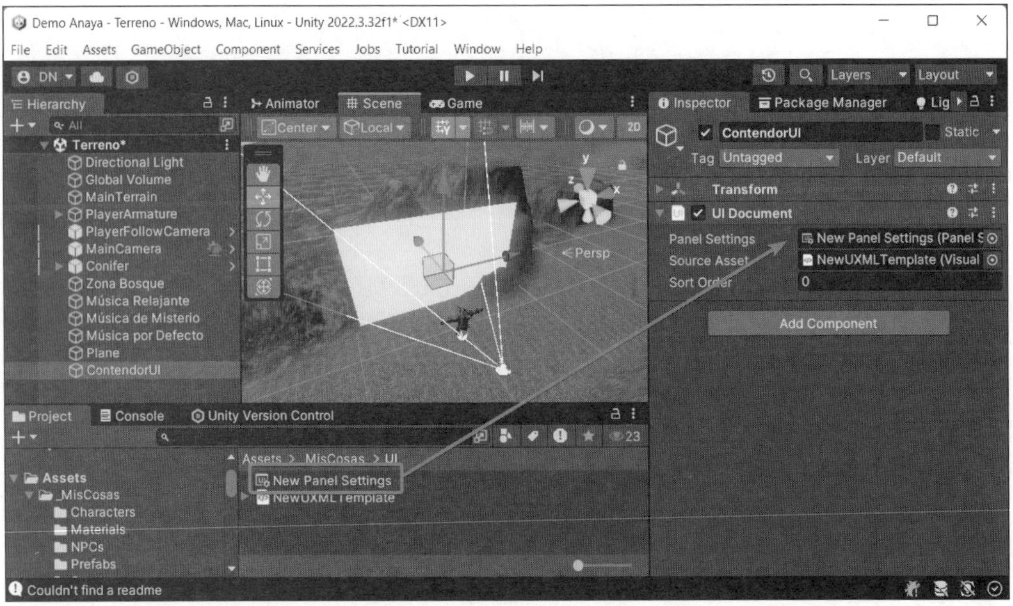

Figura 9.3. Conectando Panel Settings Assets al componente UI Document.

¿QUÉ ES EL PANEL SETTINGS ASSET?

El Panel Settings Asset permite configurar cómo se renderizarán los elementos de UI en la pantalla del juego, incluyendo opciones como la resolución de referencia y los modos de escalado para adaptarse a diferentes dispositivos o tamaños de pantalla.

Este proceso de configuración es clave para que la interfaz creada con UI Toolkit se muestre correctamente en el juego, permitiéndote ver y ajustar el diseño mientras desarrollas la escena.

Diseñar la interfaz visualmente con UI Builder

Antes de adentrarnos en los ejemplos prácticos, vale la pena recordar que el proceso de diseño en UI Builder permite crear y ajustar los elementos de la interfaz de usuario con gran precisión. Trabajaremos con componentes como VisualElement y Button, que servirán para construir elementos clave como barras de vida y botones de interacción en nuestro juego. A través de Hierarchy y el Inspector, aprenderemos cómo estructurar y personalizar cada elemento, viendo los cambios en tiempo real. Esta configuración nos ayudará a comprender cómo estructurar visualmente la interfaz para mejorar la experiencia del usuario.

Configuración inicial

Para empezar a diseñar la interfaz en UI Builder, es importante ajustar el tamaño del *viewport* o lienzo de diseño en el que se verán los elementos de la interfaz, como se muestra en la figura 9.4. Esto se puede configurar para que se adapte automáticamente a la resolución del panel Game o para mantener un tamaño fijo. Por ejemplo, establecer un tamaño fijo en Full HD (1920x1080) puede ser útil si deseas un control constante sobre la proporción y el aspecto de la interfaz en una resolución específica. Esta opción es especialmente útil para interfaces que deben verse iguales en diferentes resoluciones o en dispositivos con tamaños de pantalla variados.

Si prefieres que el UI Document no tenga una resolución fija, puedes activar la opción Match Game View. Esto permitirá que el tamaño del lienzo coincida automáticamente con la resolución configurada en el panel Game, como se ve en la figura 9.5.

Por defecto, Unity usa la opción Free Aspect, que ajusta la resolución de forma escalable según el tamaño de la ventana. Sin embargo, si haces clic en esta configuración, puedes elegir entre resoluciones estándar o crear una personalizada según tus necesidades.

Antes de adentrarnos en el diseño detallado de la interfaz, vamos a explorar un ejemplo práctico que te permitirá familiarizarte con los conceptos básicos de UI Builder mediante la creación de una barra de vida. Este ejemplo te ayudará a comprender cómo organizar los elementos de la interfaz, aplicar propiedades específicas y darle estilo visual, aprovechando las opciones de configuración del UI Document para lograr una experiencia de usuario coherente y atractiva en tu juego.

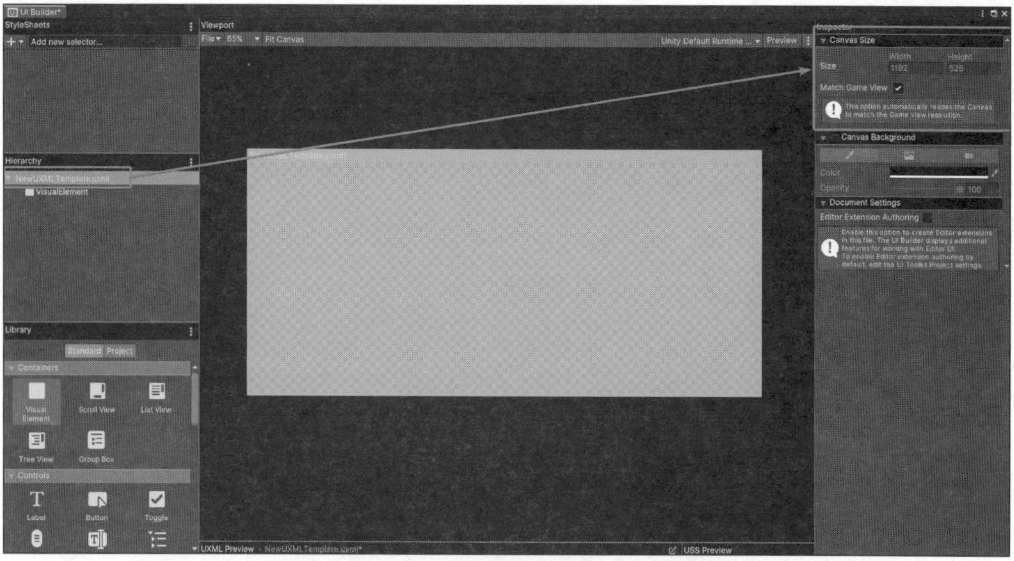

Figura 9.4. Propiedades de UXML Template.

Figura 9.5. Resoluciones por defecto en el panel Game.

EJEMPLO PRÁCTICO: CREACIÓN DE UNA BARRA DE VIDA

La barra de vida es un componente común en los juegos, utilizado para representar la salud del personaje o de algún objeto en la escena. En este ejemplo práctico, aprenderemos a crear una barra de vida visualmente atractiva y funcional con UI Toolkit en Unity. Este ejercicio incluirá tanto la creación visual de la barra en el UI Builder como la configuración de *scripts* para modificar el valor de la barra en respuesta a eventos del juego, como una colisión o el contacto con un *trigger*. Con este sistema, podrás ajustar dinámicamente el valor de la barra de vida, creando una representación clara y visual del estado de salud del jugador o personaje. Para implementar una barra de vida, sigue estos pasos:

1. **Agregar un contenedor base:** En el panel Hierarchy, arrastra un VisualElement al lienzo, a la derecha, en el panel Inspector, cambia el valor Position a Absolute, como se ve en la figura 9.6; luego, ajústalo en una esquina o en la parte superior de la pantalla. Este contenedor será la base de la barra de vida. Para mantener una organización y que sea fácil encontrar elementos en el árbol, renombra este VisualElement a PlayerHealth.

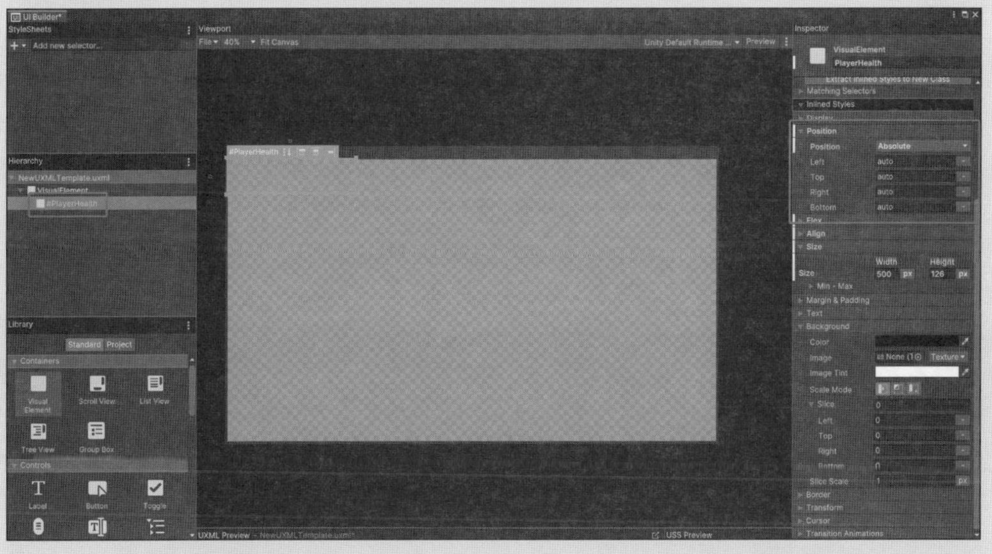

Figura 9.6. Propiedades de posición del VisualElement PlayerHealth.

2. **Configurar el fondo de la barra:** Añade otro VisualElement dentro del contenedor, ajustando su tamaño y color, por ejemplo, gris, que representará el tamaño máximo de la barra de vida. Renombra este elemento a Background, como se muestra en la figura 9.7.

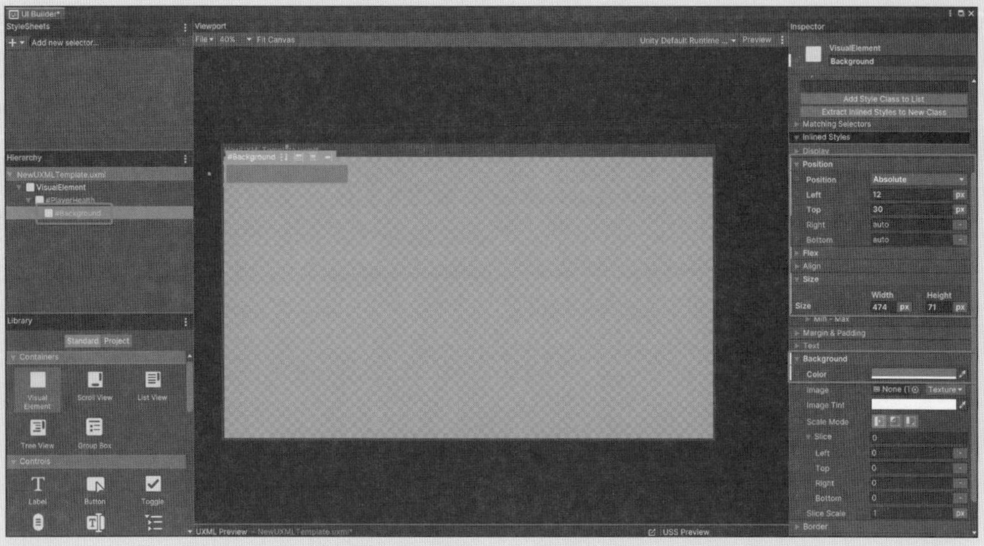

Figura 9.7. Propiedades de posición y color del VisualElement Background.

3. **Crear el relleno de la barra:** Inserta un tercer VisualElement dentro del contenedor y configúralo con un color verde. Este será el indicador de vida, cuyo ancho se puede ajustar dinámicamente en función de la vida del personaje. Renómbralo a Filling, como se señala en la figura 9.8.

Figura 9.8. Propiedades de color del VisualElement Filling.

4. **Crear un *script* para controlar la barra de vida:** Para terminar de entender cómo conectar un UI Document a la lógica de tu juego, crearemos un *script* que reducirá la vida del jugador al entrar en contacto con un colisionador. En la carpeta Assets>_MisCosas>Scripts crea un *script* llamado `LifeBarController.cs` y añádelo como componente al GameObject donde tengas un colisionador; luego, añade el siguiente código para simular la disminución de vida al colisionar con un *trigger*.

```
using UnityEngine;
using UnityEngine.UIElements;

public class LifeBarController : MonoBehaviour
{
    public UIDocument uiDocument;
    public VisualElement lifeBarFill;
    private float currentLife = 100f;
    private float maxLife = 100f;

    private void Start()
    {
        var root = uiDocument.rootVisualElement;
        lifeBarFill = root.Q<VisualElement>("Filling");
    }

    private void OnTriggerEnter(Collider other)
    {
        TakeDamage(20f); // Reduce la vida en 20 al colisionar
        print("Oh¡ He sido dañado...");
    }

    public void TakeDamage(float damage)
    {
        currentLife = Mathf.Max(currentLife - damage, 0); // Evita que la vida sea
negativa
        UpdateLifeBar();
    }

    private void UpdateLifeBar()
    {
        float fillPercentage = currentLife / maxLife;
        lifeBarFill.style.width = new Length(fillPercentage * 100, LengthUnit.Percent);
    }
}
```

Finalmente, para verificar que todo funciona correctamente, conecta el GameObject que contiene el componente UI Document a la propiedad UI Document en el nuevo componente Life Bar Controller, como se ve en la figura 9.9. Luego, haz clic en Play y lleva al jugador hacia el colisionador. Al entrar en contacto, observa cómo la barra de vida responde de acuerdo a los valores de daño establecidos en el *script*, reduciéndose visualmente para reflejar el cambio.

Figura 9.9. GameObject DamageCube y componente Life Bar Controller.

Con la creación de la barra de vida, hemos logrado incorporar un elemento visual que responde dinámicamente a los eventos del juego, enriqueciendo la experiencia del usuario. Ahora, pasemos a otro aspecto fundamental de la interfaz: los botones interactivos. Estos elementos son esenciales para cualquier menú o interacción en pantalla, permitiendo al jugador realizar acciones dentro del juego de forma intuitiva y sencilla. A continuación, exploraremos cómo crear botones que respondan a las interacciones del jugador, personalizando tanto su diseño como su funcionalidad.

EJEMPLO PRÁCTICO: CREACIÓN DE BOTONES INTERACTIVOS

Los botones interactivos son uno de los elementos esenciales de cualquier interfaz, permitiendo al jugador realizar acciones y navegar a través de la experiencia del juego de manera intuitiva. En este ejemplo práctico, aprenderás a crear botones funcionales y personalizables usando UI Toolkit. Exploraremos cómo aplicar estilos y cómo gestionar eventos de interacción para que los botones respondan a clics u otras acciones del usuario. Con este sistema, podrás integrar botones para múltiples funcionalidades, como abrir menús, iniciar una acción o desplegar información adicional.

Como ejemplo, podemos crear un botón que pause el juego en Unity usando UI Toolkit. Sigue estos pasos prácticos:

1. **Añadir el botón de pausa:** Desde el panel Library, arrastra un Button al lienzo y colócalo en la posición que desees, preferiblemente en una esquina de la pantalla.
2. **Personalizar apariencia:** En el Inspector, ajusta el color de fondo, la posición y el texto del botón, por ejemplo, "Pausar", como se ve en la figura 9.10. Puedes también modificar detalles visuales adicionales como bordes o sombras para que destaque en la interfaz.

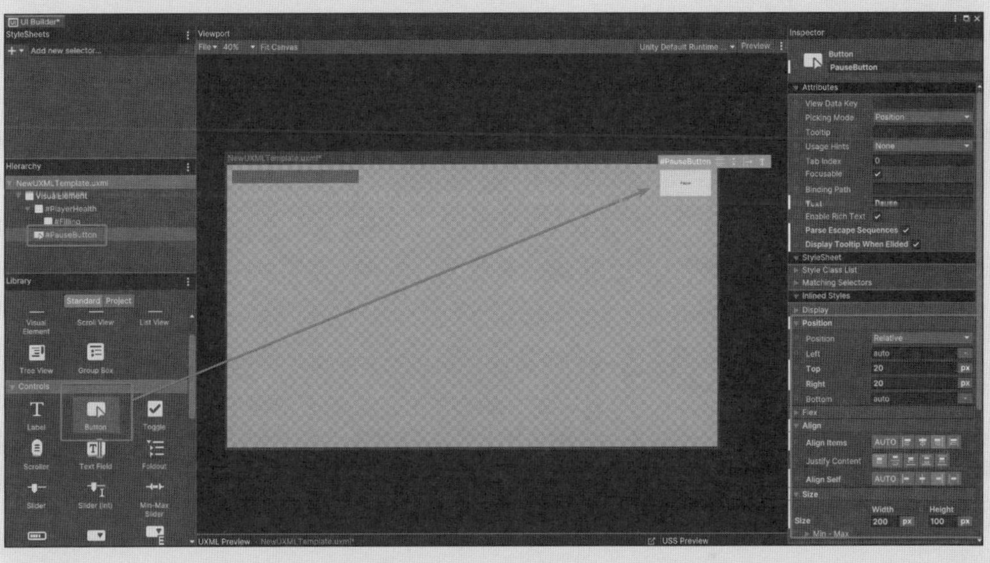

Figura 9.10. Añadiendo un botón al Canvas.

3. **Agregar funcionalidad de pausa:** Crea un *script* llamado `PauseController`. En este *script*, añade un método que gestione el estado de pausa del juego:

```
using UnityEngine;
using UnityEngine.UIElements;

public class PauseController : MonoBehaviour
{
    private bool isPaused = false; // Variable para rastrear el estado de pausa

    public Button pauseButton; // Referencia al botón de pausa en la interfaz de usuario

    private void Start()
    {
        // Al inicio, mostramos el cursor y desbloqueamos su movimiento
        Cursor.visible = true;
        Cursor.lockState = CursorLockMode.None;

        // Accedemos al documento de la interfaz y buscamos el botón "PauseButton"
        var root = GetComponent<UIDocument>().rootVisualElement;
```

```
        pauseButton = root.Q<Button>("PauseButton");

        // Asignamos el método TogglePause al evento de clic del botón
        pauseButton.clicked += TogglePause;
    }

    // Método para alternar el estado de pausa del juego
    public void TogglePause()
    {
        // Cambiamos el estado de pausa
        isPaused = !isPaused;

        // Ajustamos el tiempo de juego a 0 si está pausado y a 1 si no
        Time.timeScale = isPaused ? 0 : 1;

        // Mostramos o escondemos el cursor dependiendo del estado de pausa
        Cursor.visible = isPaused;
        Cursor.lockState = isPaused ? CursorLockMode.None : CursorLockMode.Locked;

        // Mensaje en la consola para verificar el estado de pausa
        print("El juego está pausado: " + isPaused.ToString());
    }
}
```

4. **Asociar el evento del botón:** En el ejemplo práctico del *script* `PauseController`, el método `TogglePause` se conecta automáticamente con el botón de pausa en el método `Start`. Para que Unity lo reconozca correctamente al ejecutar el juego, asegúrate de que el nombre del botón en UI Builder sea el mismo que el referenciado en el código (`PauseButton`). Con esta configuración, al hacer clic en el botón, el juego se pausará o reanudará dinámicamente según el estado actual.

Al finalizar estos pasos, tendrás un botón de pausa funcional en tu interfaz. Al hacer clic en él, el estado de `Time.timeScale` cambiará, pausando o reanudando el juego según sea necesario.

EJEMPLO PRÁCTICO: CREAR UN MENÚ INTERACTIVO

Imagina que quieres crear un menú lateral que se despliega cuando el usuario pasa el ratón por encima de un área específica. Este menú contiene opciones que el usuario puede seleccionar. Para crear un menú lateral que se despliega al pasar el ratón por encima de un área específica, sigue estos pasos detallados:

- Abre UI Builder y crea un nuevo VisualElement que será el contenedor de tu menú lateral, puedes llamarlo MenuContainer. Ajusta su tamaño y posición para que esté alineado al borde de la pantalla (por ejemplo, al lado derecho).

- Añade un segundo VisualElement dentro de MenuContainer, que se llame, por ejemplo, OptionsContainer y establece su visibilidad como oculto en el Inspector, como se ve en la figura 9.11.

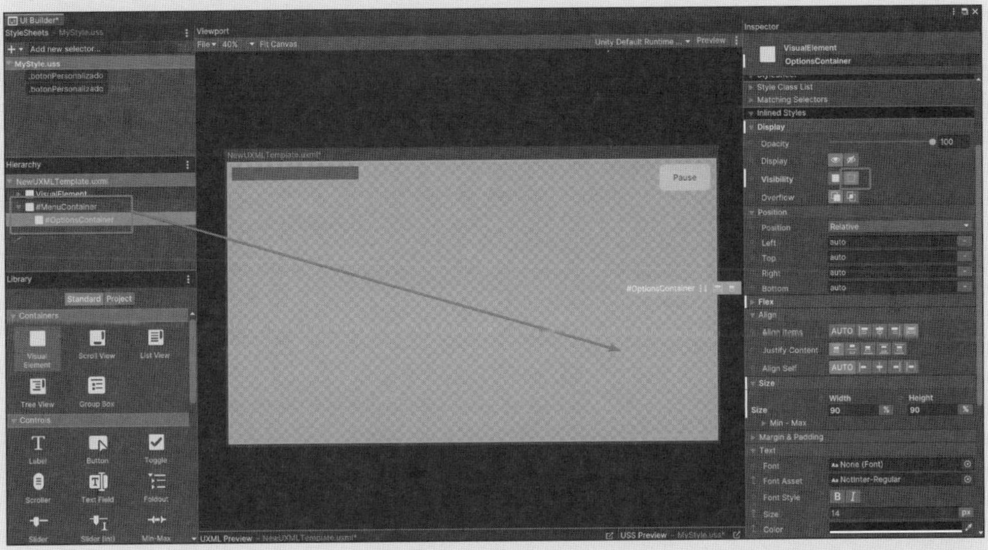

Figura 9.11. VisualElements MenuContainer y OptionsContainer.

- Dentro de este contenedor, añade varios elementos, como Labels o Buttons que representen las opciones del menú, como se muestra en la figura 9.12.

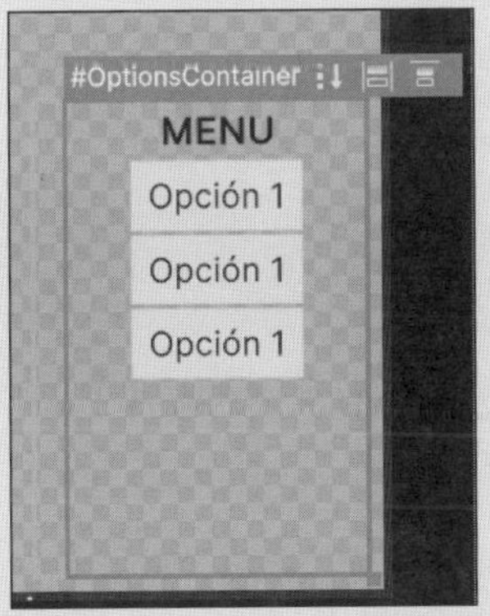

Figura 9.12. Resultado final del VisualElement OptionsContainer.

- Añade un *script* a tu proyecto, por ejemplo, `MenuController`, y reemplaza el código por el siguiente:

```
using UnityEngine;
using UnityEngine.UIElements;

public class MenuController : MonoBehaviour
{
    // Elemento que representará el menú lateral que queremos mostrar y ocultar
    private VisualElement menu;

    // Área de detección para activar el evento al pasar el ratón
    private VisualElement detectionArea;

    private void Start()
    {
        // Obtenemos el rootVisualElement, que es el contenedor principal de la UI en el
documento
        var root = GetComponent<UIDocument>().rootVisualElement;

        // Identificamos el menú y el área de detección por su nombre
        menu = root.Q<VisualElement>("OptionsContainer"); // Asegúrate de que el
elemento en UI Builder se llama "OptionsContainer"
        detectionArea = root.Q<VisualElement>("MenuContainer"); // Asegúrate de que el
elemento en UI Builder se llama "MenuContainer"

        // Registramos el evento para mostrar el menú cuando el ratón entra en el área
de detección
        detectionArea.RegisterCallback<MouseEnterEvent>(ev => ShowMenu());

        // Registramos el evento para ocultar el menú cuando el ratón sale del área de
detección
        detectionArea.RegisterCallback<MouseLeaveEvent>(ev => HideMenu());
    }

    // Método para mostrar el menú configurando su visibilidad a Flex
    private void ShowMenu()
    {
        // Cambia el estilo display del menú a Flex para que se muestre en pantalla
        menu.style.visibility = Visibility.Visible;
    }

    // Método para ocultar el menú configurando su visibilidad a None
    private void HideMenu()
    {
        // Cambia el estilo display del menú a None para que desaparezca de la pantalla
        menu.style.visibility = Visibility.Hidden;
    }
}
```

En la figura 9.13 puedes ver la visibilidad del menú.

Figura 9.13. Previsualización visibilidad de menú.

EXPLORA LOS EVENTOS DE UI TOOLKIT

En UI Toolkit, los eventos permiten que los elementos de la UI "escuchen" y respondan a acciones del usuario de manera flexible. Los eventos básicos incluyen:

- `ClickEvent`: Responde a clics en botones y otros elementos interactivos.
- `MouseEnterEvent` y `MouseLeaveEvent`: Detectan cuándo el cursor entra o sale de un área de la UI.
- `FocusEvent` y `BlurEvent`: Son útiles para saber cuándo un campo de texto o *input* es seleccionado o pierde el foco.

Para explorar la lista completa de eventos y sus usos en UI Toolkit, te recomendamos visitar la documentación oficial de Unity en la web `https://docs.unity3d.com/2021.3/Documentation/Manual/UIBuilder.html`, donde encontrarás una guía detallada sobre cómo utilizarlos y registrarlos en tus proyectos.

Concluida la creación y conexión de los elementos visuales en nuestra interfaz, pasamos a la personalización y gestión de su estética a través de las hojas de estilo USS. Con USS (*Unity Style Sheets*), podremos aplicar estilos visuales de manera coherente y reutilizable en toda la UI, permitiendo un control preciso sobre colores, tipografías, márgenes y bordes de cada componente. Esto no solo nos ayuda a mantener una estética uniforme, sino que también simplifica y agiliza cualquier ajuste de estilo necesario, contribuyendo a una experiencia visual consistente y profesional en nuestro proyecto.

Aplicar estilos con USS

Las hojas de estilo USS (*Unity Style Sheets*), inspiradas en CSS del desarrollo web, permiten centralizar y definir de manera consistente los estilos visuales de una interfaz en UI Toolkit. Con USS, es posible aplicar configuraciones de color, tamaño, tipografía y márgenes a múltiples elementos de la interfaz de forma modular y eficiente, facilitando así el diseño y la gestión de interfaces de usuario complejas. Este sistema permite crear un aspecto uniforme y coherente en todos los componentes, como botones, etiquetas y paneles, sin tener que configurar cada uno manualmente. Al organizar los estilos en un solo archivo, USS mejora el flujo de trabajo y permite realizar cambios rápidos en toda la interfaz, lo que es especialmente útil en proyectos grandes o de larga duración. A continuación, exploraremos ejemplos prácticos de cómo aplicar y aprovechar USS para estilizar de forma efectiva nuestras interfaces en Unity.

Creación y aplicación de StyleSheets

Para trabajar con estilos personalizados en UI Toolkit, el primer paso es crear un archivo USS que contenga las definiciones de estilo para los elementos de la interfaz. Esto permite un control centralizado sobre el aspecto visual, facilitando la consistencia y los cambios globales.

Para empezar, en el panel Project, crea una nueva hoja de estilo USS: en la carpeta Assets>_MisCosas>UI, haz clic con el botón derecho y selecciona Create>UI Toolkit>StyleSheet. Dale un nombre representativo, como MyStyle, como aparece en la figura 9.14. Luego, asocia este archivo al documento UXML deseado desde el UI Builder, lo que permitirá que cualquier elemento en la interfaz pueda utilizar los estilos definidos en este archivo.

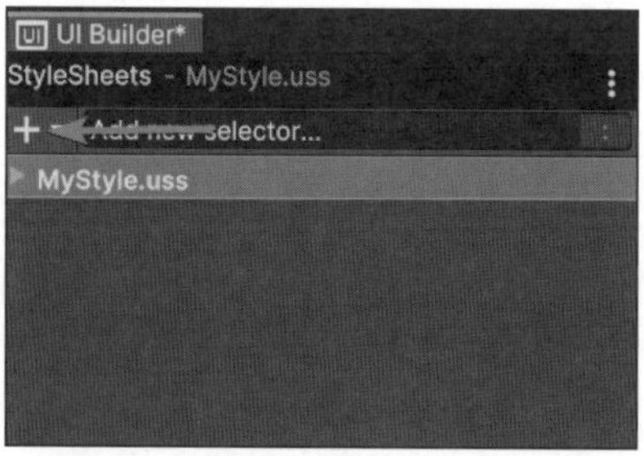

Figura 9.14. Añadiendo hoja de estilos existente a UI Builder.

En el archivo USS, puedes definir clases de estilo utilizando una sintaxis similar a CSS. Por ejemplo, imagina que deseas crear una clase de botón personalizada llamada `botonPersonalizado` que ajuste la apariencia de los botones. Esta clase podría incluir propiedades como el color de fondo, el tamaño de la fuente y los márgenes. Un ejemplo básico en el archivo USS podría verse así:

```
.botonPersonalizado {
    background-color: #3498db;
    font-size: 32px;
    padding: 10px;
    border-radius: 20px;
}
```

EJEMPLO PRÁCTICO: APLICACIÓN DE ESTILOS PERSONALIZADOS

1. **Aplicación de la clase de estilo:** Con el botón PauseButton seleccionado en el UI Builder, dirígete a la sección Style Class List del Inspector y escribe **botonPersonalizado**. Esto aplicará la clase definida en el archivo USS al botón, dándole el color de fondo azul, tamaño de fuente de 32 px, *padding* y bordes redondeados especificados.
2. **Añadir pseudoclases:** Para mejorar la interactividad, puedes añadir pseudoclases en el archivo USS. Por ejemplo, para cambiar el color cuando el usuario pasa el cursor sobre el botón, añade:

```
.botonPersonalizado:hover {
    background-color: #2980b9;
}
```

Este ajuste visual proporciona un *feedback* al usuario, lo que mejora la experiencia de interacción. Gracias a los selectores y pseudoclases, puedes lograr personalizaciones detalladas y dinámicas, adaptando la interfaz visualmente a las acciones del usuario de manera eficaz.

Modificación visual de los estilos en UI Builder

UI Builder no solo facilita la creación de estilos mediante código USS, sino que permite modificar los estilos de manera visual y en tiempo real. Esto significa que puedes seleccionar cualquier elemento de la interfaz y ajustar propiedades como colores, tamaños, fuentes, márgenes y más desde el Inspector de UI Builder, generando automáticamente el código USS en el archivo de estilos. Esta característica convierte a UI Builder en una herramienta poderosa para los diseñadores y desarrolladores que buscan un flujo de trabajo visual y rápido.

Además, al asociar un archivo USS al documento de UI, cualquier cambio realizado en UI Builder se refleja directamente en el archivo USS y, por ende, en todos los elementos que compartan esa clase de estilo. Por ejemplo, si creas una clase llamada `botonPersonalizado` y la aplicas a varios botones, cualquier ajuste que realices en sus propiedades dentro de UI Builder se actualizará en todos los elementos que tengan esa clase, sin necesidad de cambiar el código manualmente.

EJEMPLO PRÁCTICO: MODIFICACIÓN DE ESTILOS VISUALES

1. **Aplicar un estilo existente:** Abre UI Builder y selecciona un elemento con una clase ya definida, como `botonPersonalizado`.
2. **Modificación en tiempo real:** En el Inspector, cambia el color de fondo o el tamaño de la fuente de la clase `botonPersonalizado`. Observa cómo se actualizan inmediatamente todos los elementos que usan esta clase en la interfaz.
3. **Refrescar el código USS:** Si accedes al archivo USS, verás que los cambios realizados en UI Builder se han aplicado al código de la clase `botonPersonalizado`. Esto permite una visualización rápida y la opción de seguir ajustando estilos visualmente sin perder tiempo en código manual.

UI Builder, junto con el uso de USS, proporciona flexibilidad y consistencia visual, permitiendo a los equipos diseñar y refinar la interfaz de usuario de forma modular y coherente. Este enfoque de diseño iterativo ayuda a mantener un estilo profesional y consistente en toda la interfaz, simplificando futuros ajustes y experimentación.

Con una comprensión sólida sobre cómo aplicar y modificar estilos usando USS, ahora podemos enfocar nuestra atención en la posición y escalabilidad de los elementos de la interfaz. Los ajustes de posición y la escalabilidad son fundamentales para garantizar que nuestra interfaz sea adaptable y funcional en diferentes resoluciones de pantalla y dispositivos. Al aplicar estos principios, lograremos una interfaz versátil y centrada en la experiencia del usuario, manteniendo el diseño visual uniforme y bien estructurado.

Ajustes de posición y escalabilidad

Al diseñar interfaces de usuario, es esencial que los elementos mantengan una disposición adecuada y se adapten a una variedad de tamaños de pantalla y resoluciones. En UI Toolkit, contamos con herramientas específicas para gestionar de manera flexible la posición y el tamaño de cada elemento. Estas herramientas nos permiten construir interfaces que no solo son estéticamente atractivas, sino que también son altamente funcionales en dispositivos con distintas características de pantalla. Mediante configuraciones de anclajes, alineación y escalabilidad, UI Toolkit ofrece la posibilidad de diseñar UI que responden y se ajustan a cualquier contexto visual, manteniendo la coherencia y optimizando la experiencia de usuario.

Posicionamiento absoluto y relativo

En UI Toolkit, el posicionamiento de los elementos de la interfaz puede lograrse mediante dos métodos principales: el posicionamiento absoluto y el relativo. Con el posicionamiento absoluto, cada elemento se coloca en coordenadas específicas dentro del espacio de la UI, definidas en unidades de píxeles (px). Este método es útil para situaciones que requieren una ubicación precisa y estática, pero puede ser limitante en términos de adaptabilidad, ya que los elementos pueden perder su alineación cuando la pantalla cambia de tamaño o proporciones.

Por otro lado, el posicionamiento relativo, señalado en la figura 9.15, ofrece una solución más flexible, permitiendo que los elementos se ubiquen en función de su contenedor o de otros componentes en la interfaz. Con este enfoque, los elementos pueden moverse y ajustarse automáticamente cuando el tamaño del contenedor varía, haciendo que la interfaz se adapte mejor a diferentes resoluciones y dispositivos.

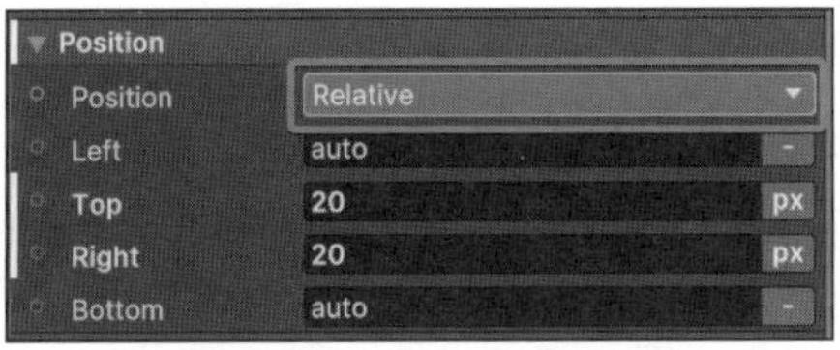

Figura 9.15. Selector de posición.

Usar porcentajes y unidades relativas

En UI Toolkit, el uso de porcentajes y unidades relativas en la configuración de posición y tamaño de elementos permite una interfaz visualmente adaptable a distintos tamaños de pantalla, similar a las técnicas de diseño web. Al definir dimensiones y posiciones en porcentajes, puedes hacer que los elementos se escalen automáticamente en relación a su contenedor. Esto resulta muy útil para interfaces responsivas que deben mantener su estructura en pantallas de distintas resoluciones.

Por ejemplo, al asignar un ancho de "50%" a un elemento, como aparece en la figura 9.16, este ocupará la mitad del ancho de su contenedor, independientemente de si el contenedor representa una pantalla de 720p o 4K. Esta adaptabilidad garantiza una apariencia uniforme y coherente, incluso en dispositivos con resoluciones y relaciones de aspecto variables.

Adaptación a diferentes resoluciones con Panel Settings

Para lograr que los elementos de UI se adapten adecuadamente a diversas resoluciones de pantalla, UI Toolkit ofrece el *asset* de Panel Settings. Este *asset* permite configurar una resolución de referencia, que actúa como punto de partida para el escalado de la UI en distintos dispositivos. Al definir un modo de escalado como

Scale With Screen Size, como se ve en la figura 9.17,puedes indicar cómo cambiará el tamaño de los elementos cuando la resolución de la pantalla varíe, manteniendo así las proporciones correctas de textos, imágenes y botones en diferentes dispositivos.

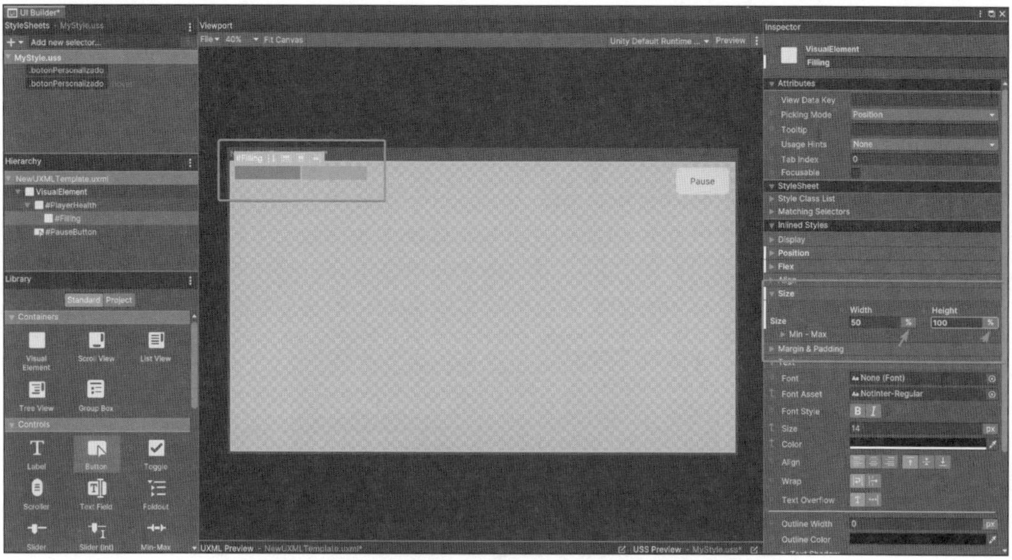

Figura 9.16. Previsualización de tamaño por porcentaje.

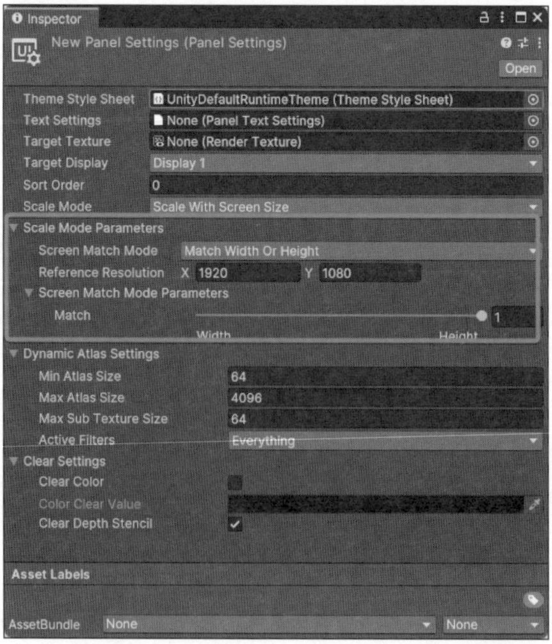

Figura 9.17. Opciones de Scale Mode en Panel Settings.

Este método de escalado es similar al Canvas Scaler de uGUI, adaptado para funcionar con las capacidades de UI Toolkit. Mediante el uso de Panel Settings, los desarrolladores pueden garantizar que la interfaz sea visualmente coherente y funcional en diversas plataformas y resoluciones, logrando una experiencia de usuario homogénea.

Ajustes de anclaje y alineación

En UI Builder de Unity, puedes encontrar opciones de justificación y alineación en el panel Inspector al seleccionar un contenedor o un elemento de tipo contenedor, como un VisualElement. Estas opciones se encuentran específicamente en la sección de Align y Justify Content, en la figura 9.18, que permiten organizar la disposición de los elementos secundarios dentro de un contenedor:

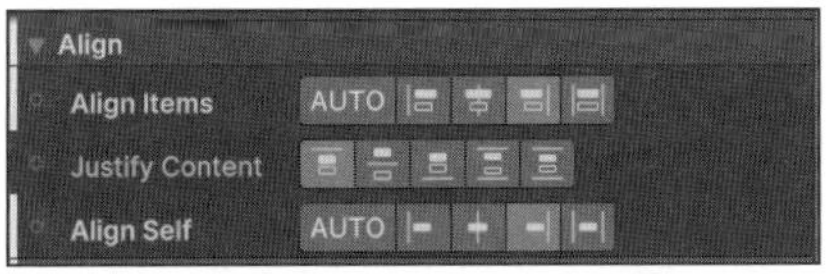

Figura 9.18. Propiedades de alineamiento.

1. Align Items: Aquí puedes elegir la alineación vertical de los elementos dentro del contenedor, con opciones como Start, Center y End, que los alinearán en la parte superior, centro o inferior del contenedor, respectivamente. Es útil para ajustar la orientación vertical en *layouts* flexibles.
2. Justify Content: Este ajuste controla la distribución horizontal de los elementos en el contenedor. Puedes escoger entre opciones como Space Between, Space Around y Space Evenly, que distribuyen los elementos dejando espacios entre ellos de diferentes maneras para lograr una estructura uniforme.

Estas propiedades están diseñadas para facilitar el diseño adaptable y responsivo, ya que permiten que los elementos se ajusten automáticamente al cambiar el tamaño de la pantalla. En el Inspector del UI Builder, puedes ver cómo los cambios se reflejan en tiempo real en el lienzo, lo cual facilita visualizar y ajustar el diseño.

En este capítulo, hemos cubierto los fundamentos de la creación de interfaces de usuario en Unity usando UI Toolkit, explorando cómo diseñar y estructurar elementos visuales de forma gráfica y ordenada. Aprendimos a utilizar UXML para definir la estructura de nuestras interfaces, mientras que UI Builder nos permitió un diseño visual intuitivo, sin necesidad de escribir código manual. Además, profundizamos en el uso de hojas de estilo USS para gestionar y aplicar estilos de manera consistente en toda la UI, lo que resulta clave para garantizar una experiencia de usuario coherente y visualmente atractiva en cada pantalla. Con este flujo de trabajo, podemos no solo centralizar cambios estéticos, sino también adaptarnos de forma rápida a las necesidades de diseño de proyectos complejos y grandes.

El ajuste de la interfaz para adaptarse a distintos tamaños de pantalla y resoluciones fue otro pilar de este capítulo, abordado mediante el uso de propiedades relativas y absolutas, unidades de medida flexibles, y las configuraciones del Panel Settings Asset. Al dominar estos elementos, puedes lograr interfaces escalables y adaptables, independientemente del dispositivo. Además, los ajustes de anclaje y alineación ofrecen un control adicional para organizar el diseño de manera eficiente, manteniendo los elementos visuales en posiciones óptimas en todo momento.

Por último, hemos dado un vistazo a la interactividad a través de eventos de UI Toolkit, explorando cómo hacer que botones, menús y otros elementos respondan a acciones del usuario mediante eventos como `ClickEvent`, `MouseEnterEvent` y `MouseLeaveEvent`. La capacidad de vincular estos eventos mediante *scripting* añade un nivel de control que permite adaptar la interfaz a comportamientos complejos.

Ahora que tenemos una base sólida en la creación de interfaces dinámicas, en el próximo capítulo daremos un paso más hacia la interactividad y la fluidez visual en nuestros proyectos. Exploraremos la creación de animaciones utilizando herramientas de Unity como Animator, Cinemachine y Timeline. Estas herramientas nos permitirán dotar de movimiento y realismo tanto a los elementos de la UI como a los personajes y objetos de nuestro juego, creando escenas cinemáticas y transiciones que enriquecerán la narrativa y la inmersión del jugador. ¡Prepárate para llevar tu proyecto a un nuevo nivel de animación y expresión visual!

10

INTRODUCCIÓN A ANIMACIONES CON ANIMATOR, CINEMACHINE Y TIMELINE

La animación es esencial para construir experiencias interactivas y narrativas en videojuegos, aportando vida y dinamismo tanto a personajes como a escenarios. Unity proporciona un conjunto de herramientas avanzadas que permiten desarrollar animaciones y movimientos fluidos de forma visual e intuitiva, sin depender exclusivamente de *scripts*. Estas herramientas facilitan la creación de cinemáticas, movimientos de personajes y cámaras dinámicas que responden a las acciones del jugador.

En este capítulo, profundizaremos en el uso de Animator y Cinemachine, conceptos que ya vimos brevemente en el capítulo 4, donde aprendimos a integrar modelos de Mixamo en nuestros personajes. Ahora exploraremos cómo aprovechar estas herramientas a mayor profundidad, controlando animaciones y configurando cámaras dinámicas para enriquecer la experiencia del jugador. Finalmente, descubriremos Timeline, una herramienta poderosa para secuenciar eventos en el tiempo, ideal para crear escenas de introducción, momentos narrativos o transiciones complejas que añaden valor a la historia del juego.

Al dominar estas herramientas, podrás no solo mejorar el aspecto visual de tu proyecto, sino también incrementar la inmersión del jugador, ofreciendo una narrativa visual y detallada que respalda el diseño de tu juego.

En este capítulo cubriremos los siguientes temas:

- Animaciones controladas por *scripts*.
- Cámaras dinámicas con Cinemachine.
- Creación de cinemáticas con Timeline.

Al finalizar este capítulo, habrás adquirido las habilidades necesarias para construir escenas narrativas, configurar cámaras dinámicas que respondan a la acción del juego y desarrollar animaciones contextuales de forma flexible. Estos conocimientos te permitirán dar vida a tus personajes y ambientes de manera fluida y atractiva, mejorando tanto la inmersión como el impacto visual de tu juego.

Para comenzar, en la siguiente sección aprenderemos a crear y controlar animaciones mediante *scripts*, lo que te permitirá implementar movimientos precisos y personalizados en respuesta a los eventos del juego.

Animaciones controladas por *scripts*

Para crear una experiencia de juego inmersiva y adaptable, a veces necesitamos que los objetos se animen en respuesta a acciones específicas del jugador o a eventos del juego. En lugar de depender exclusivamente de Animator o de animaciones predefinidas, podemos emplear *scripts* en C# para activar, controlar y personalizar las animaciones en tiempo real. Este enfoque es ideal para animaciones que requieren mucha flexibilidad, como la rotación de objetos, la creación de efectos temporales o la manipulación de transformaciones de los objetos en función de las acciones del usuario. Con la comprensión general de las técnicas y herramientas de animación visual que ofrece Unity, pasemos a explorar un enfoque más flexible y programático: la animación mediante código.

A continuación, aprenderemos a controlar directamente los movimientos y cambios de estado de los objetos en la escena, permitiendo que las animaciones respondan de manera inmediata a eventos y condiciones del juego, sin depender de configuraciones predefinidas.

Concepto básico de animación mediante código

Las animaciones controladas por *scripts* permiten ajustar propiedades de los objetos, como posición, rotación y escala, directamente desde el código. Este enfoque es útil cuando necesitamos movimientos específicos en respuesta a eventos o cuando deseamos crear efectos temporales que respondan a condiciones en tiempo real, sin la necesidad de crear animaciones específicas en el Animator.

Podemos iniciar creando movimientos básicos mediante *scripts* que ajusten propiedades de los objetos en cada fotograma. Aquí un ejemplo de código que mueve un objeto de un punto a otro de forma suave. Puedes añadirlo como nuevo componente a un objeto para comprobar su funcionamiento, por ejemplo, en un cubo:

```
using UnityEngine;

public class MovimientoControlado : MonoBehaviour
{
    public Vector3 puntoDestino;
```

```
    public float velocidad = 5f;

    void Update()
    {
        // Mueve el objeto hacia el punto de destino a una velocidad constante
        transform.position = Vector3.MoveTowards(transform.position, puntoDestino, velocidad *
Time.deltaTime);
    }
}
```

Observa en la figura 10.1 cómo hemos reutilizado las posiciones X y Z, modificando únicamente el valor de Y para que la animación eleve el cubo de forma gradual. Ahora, haz clic en Play para ver el resultado en acción.

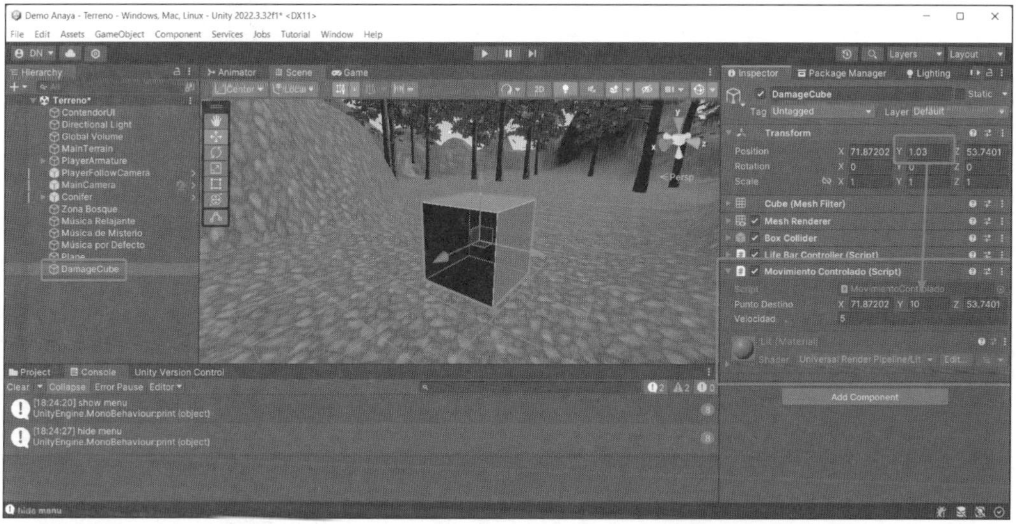

Figura 10.1. *Script* `Movimiento Controlado` en GameObject.

Ahora que hemos visto cómo implementar una animación básica mediante código, vamos a profundizar en técnicas más avanzadas para controlar las animaciones. En la siguiente sección, exploraremos cómo manejar las animaciones de forma dinámica y adaptativa mediante *scripts*, permitiendo que respondan de manera precisa a diferentes estados y eventos en tiempo real.

Control avanzado de animaciones con *scripts*

Para crear animaciones más complejas, podemos implementar lógica que controle las transiciones y el flujo de las animaciones, logrando secuencias o movimientos sincronizados que den mayor dinamismo al juego. Una forma sencilla de conseguirlo es hacer que un objeto gire mientras se desplaza, combinando tanto el cambio de posición como el de rotación de forma continua. Por ejemplo, podemos hacer que un objeto gire mientras se desplaza.

EJEMPLO PRÁCTICO: ROTACIÓN Y DESPLAZAMIENTO SIMULTÁNEOS DE UN OBJETO

En este ejemplo, vamos a hacer que un objeto, como un cubo, gire sobre su propio eje mientras se mueve hacia adelante. Para lograr esto, utilizaremos el método `transform.Rotate` para aplicar la rotación y `transform.Translate` para realizar el desplazamiento:

```
using UnityEngine;

public class RotarMover : MonoBehaviour
{
    public float velocidadRotacion = 50f; // Velocidad de rotación en grados por segundo
    public float velocidadMovimiento = 2f; // Velocidad de desplazamiento en unidades por
segundo

    void Update()
    {
        // Aplicar rotación sobre el eje Y
        transform.Rotate(0, velocidadRotacion * Time.deltaTime, 0);

        // Desplazar el objeto hacia adelante en su eje Z
        transform.Translate(Vector3.forward * velocidadMovimiento * Time.deltaTime);
    }
}
```

ROTACIÓN CON TRANSFORM.ROTATE

Este método permite rotar el objeto en cada uno de sus ejes (X, Y y Z) de manera individual. En este caso, establecemos que el objeto gire solo sobre el eje Y (0 grados en X, `rotationSpeed` grados en Y y 0 grados en Z). Así, el objeto realiza una rotación continua en sentido horario o antihorario, dependiendo del valor de `rotationSpeed`.

DESPLAZAMIENTO CON TRANSFORM.TRANSLATE

Utilizamos `transform.Translate` para mover el objeto hacia adelante. `Vector3.forward` representa una dirección en el eje Z del objeto. Este vector se multiplica por `movementSpeed` y `Time.deltaTime` para asegurar que el objeto se mueva a una velocidad constante, independientemente de la tasa de fotogramas del dispositivo.

TIME.DELTATIME

`Time.deltaTime` representa el tiempo que ha transcurrido entre el último y el actual fotograma. Esto permite que el movimiento y la rotación sean consistentes sin importar la velocidad de procesamiento del dispositivo. Al multiplicar `rotationSpeed` y `movementSpeed` por `Time.deltaTime`, estamos escalando estos valores para que el objeto se mueva y gire a una velocidad estable y suave, independientemente de la frecuencia de fotogramas.

Una vez agregado el *script* al objeto en Unity, haz clic en el botón Play en el Editor para ver el objeto girar y desplazarse hacia adelante. Al ajustar las variables `rotationSpeed` y `movementSpeed`, puedes modificar la velocidad de rotación y de movimiento para personalizar el efecto según tus necesidades, como se ve en la figura 10.2.

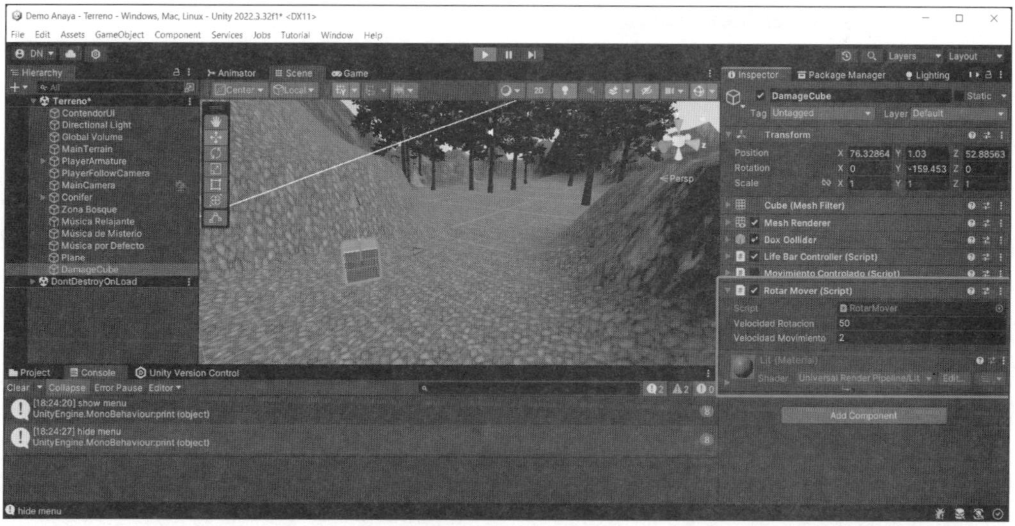

Figura 10.2. *Script* `Rotar Mover` en GameObject.

Ahora que hemos explorado cómo animar objetos de forma básica mediante rotación y desplazamiento en el tiempo real, es momento de adentrarnos en técnicas avanzadas que nos permitan controlar animaciones de manera más precisa. En la siguiente sección, aprenderemos a utilizar *coroutines* y *tweening*, dos herramientas clave en Unity que permiten gestionar animaciones más detalladas y complejas, como movimientos suaves y transiciones controladas. Esto ampliará nuestras opciones de animación, mejorando la fluidez y personalización de las interacciones visuales en nuestro proyecto.

Uso de *coroutines* y *tweening*

Para aquellas animaciones que requieren una transición suave y un control más preciso, las *coroutines* son una herramienta ideal. Las *coroutines* en Unity permiten ejecutar fragmentos de código durante un periodo determinado, pausando o reanudando la ejecución sin necesidad de usar el método `Update` constantemente, lo que ayuda a mantener el rendimiento del juego. Con ellas, podemos definir el tiempo exacto de cada animación, hacer pausas entre movimientos o efectos y manejar secuencias complejas sin complicaciones.

Además de *coroutines*, existen también librerías de *tweening*, como DOTween, que simplifican aún más el proceso de animación al permitirnos especificar, por ejemplo, que un objeto se mueva de un punto a otro, cambie de color o altere su escala en un tiempo determinado. DOTween ofrece una sintaxis fácil y clara para realizar animaciones en Unity sin la necesidad de programar todos los detalles manualmente, lo que facilita la creación de efectos suaves y permite controlar varios parámetros simultáneamente.

> DOTween y otras librerías de *tweening* pueden manejar transiciones complejas con una carga mínima sobre el rendimiento del juego, ya que están optimizadas para animaciones en Unity. Estas librerías son especialmente útiles para efectos de UI, movimientos de cámara y animaciones de personajes no controlados directamente por el jugador.

Para ilustrar el uso de *coroutines* en animaciones, realizaremos un caso práctico en el que controlaremos el movimiento de un objeto de manera escalonada, simulando una animación que se activa y detiene con intervalos definidos. Este enfoque es particularmente útil cuando necesitamos coordinar varios efectos o pausas en una secuencia de animación sin sobrecargar el método `Update`.

Mediante *coroutines*, podremos mover un objeto en la escena a diferentes posiciones y aplicar pausas entre cada movimiento, controlando así la duración de cada paso en la animación. Este tipo de control es útil para animaciones de larga duración, secuencias de espera o efectos de entrada y salida en elementos visuales del juego.

Ejemplo con Coroutine

```
public class DesplazamientoConCoroutine : MonoBehaviour
{
    public Vector3 destino;
    public float duracion = 2f;

    void Start()
    {
        StartCoroutine(AnimarMovimiento(destino, duracion));
    }

    IEnumerator AnimarMovimiento(Vector3 destino, float duracion)
```

```
    {
        Vector3 inicio = transform.position;
        float tiempoTranscurrido = 0;

        while (tiempoTranscurrido < duracion)
        {
            transform.position = Vector3.Lerp(inicio, destino, tiempoTranscurrido / duracion);
            tiempoTranscurrido += Time.deltaTime;
            yield return null;
        }

        transform.position = destino;
    }
}
```

Este código usa una *coroutine* para mover un objeto suavemente de su posición inicial a una posición objetivo (`destino`) en un tiempo especificado (`duracion`). En el método `Start`, se inicia la *coroutine* `AnimarMovimiento`, que calcula el movimiento gradual utilizando `Vector3.Lerp`, una función que interpola entre el punto de inicio y destino en función del tiempo transcurrido. La variable `tiempoTranscurrido` se incrementa en cada fotograma con `Time.deltaTime`, lo que asegura un movimiento suave y constante sin importar la velocidad de los fotogramas. Al final de la *coroutine*, el objeto se posiciona en `destino` para asegurar precisión. Prueba el código asignando un valor a `destino` y observa cómo el objeto se mueve hacia ese punto en el tiempo definido por `duracion`.

Instalación de DOTween en Unity

DOTween es una librería de animación que permite manipular propiedades de objetos de manera suave y precisa. Para instalar DOTween en Unity, sigue estos pasos:

1. Busca en Unity Asset Store el paquete DOTween (HOTween v2), en la figura 10.3, y añádelo a tu proyecto.

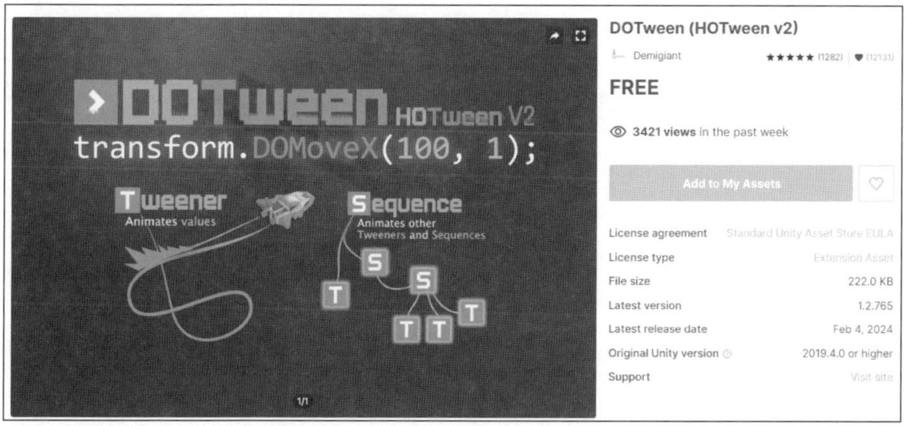

Figura 10.3. DOTween en Asset Store.

2. Una vez importado, ve al nuevo menú Tools y selecciona Demigiant>DOTween Utility Panel.
3. En el panel que aparece, haz clic en Setup DOTween... para finalizar la configuración, como se señala en la figura 10.4.

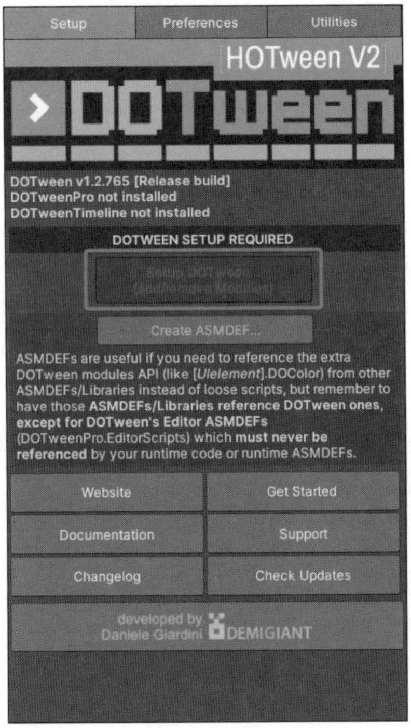

Figura 10.4. Ventana de configuración de DOTween.

Una vez instalado, ya puedes comenzar a usar DOTween en tus *scripts* para animar objetos.

EJEMPLO PRÁCTICO: ANIMAR UN CUBO CON DOTWEEN

Supongamos que deseas mover un cubo suavemente de un punto a otro en la escena utilizando DOTween:

1. **Configurar el cubo:** Crea un objeto Cube en la escena y ajusta su posición inicial en la escena según prefieras.
2. ***Script* de animación:** Crea un *script* llamado `MoverCubo` y adjúntalo al cubo. En este *script*, usaremos DOTween para mover el cubo de su posición actual a una posición de destino:

```
using UnityEngine;
using DG.Tweening; // Necesario para usar DOTween

public class MoverCubo : MonoBehaviour
{
    public Vector3 destino;
    public float duracion = 2f;

    void Start()
    {
        // Iniciar la animación de movimiento hacia la posición de destino
        transform.DOMove(destino, duracion);
    }
}
```

3. En el **Inspector**, ajusta el valor `Destino` para establecer la posición final del cubo.
4. Configura `Duracion` para definir el tiempo que el cubo tomará en llegar al destino.
5. Al iniciar el juego, el cubo se moverá automáticamente hacia la posición de destino en el tiempo especificado.

DOTween permite agregar otros efectos, como rotaciones y escalados, con métodos similares: `transform.DORotate` y `transform.DOScale`. Además, puedes experimentar con diferentes funciones de interpolación (*easings*) que ofrece DOTween para controlar el ritmo de la animación.

Este enfoque es ideal cuando necesitas transiciones suaves y precisas sin escribir código complejo, especialmente útil en proyectos de UI o cuando deseas animaciones controladas sin sobrecargar el método `Update`. DOTween añade flexibilidad a tus animaciones y permite combinarlas fácilmente con otros métodos en Unity.

Ahora que hemos explorado cómo crear y controlar animaciones mediante código, podemos dirigir nuestra atención a otro aspecto fundamental para la experiencia visual en los videojuegos: las cámaras. Las cámaras en Unity son esenciales para definir lo que el jugador ve y cómo lo experimenta, desde seguir al personaje hasta enfocarse en eventos específicos dentro del juego. En esta sección, exploraremos Cinemachine, una herramienta que simplifica la creación de cámaras dinámicas y ofrece control avanzado para crear un efecto cinematográfico.

Cámaras dinámicas con Cinemachine

En el capítulo 4, integramos el paquete Third Person Controller, que incorpora Cinemachine para gestionar las cámaras de manera avanzada. En esta sección, profundizaremos en dos componentes clave de Cinemachine: CinemachineBrain y CinemachineVirtualCamera, que se encuentran en la MainCamera y en el objeto PlayerFollowCamera, respectivamente.

CinemachineBrain es el enlace entre la cámara principal de Unity y las cámaras virtuales de Cinemachine presentes en la escena. Este componente supervisa todas las cámaras virtuales activas y determina cuál debe controlar la cámara principal en cada momento, gestionando las transiciones y mezclas entre ellas. Para añadir un CinemachineBrain a la cámara principal, puedes hacerlo manualmente o al agregar un objeto de Cinemachine a la escena, ya que Unity lo incorpora automáticamente si no existe uno.

Por otro lado, CinemachineVirtualCamera representa una cámara virtual dentro de la escena de Unity. Este componente no realiza renderizado por sí mismo; en su lugar, actúa como un controlador que define cómo debe comportarse la cámara principal cuando está activa. Puedes configurar parámetros como el seguimiento de un objetivo, el encuadre y la aplicación de efectos de ruido para simular movimientos de cámara más realistas. Es importante destacar que, para que una cámara virtual controle la cámara principal, esta última debe tener un componente CinemachineBrain.

Al comprender y ajustar estos componentes, puedes lograr comportamientos de cámara más dinámicos y adaptativos en tu juego, mejorando la experiencia del jugador y la calidad cinematográfica de tu proyecto.

Para comprender cómo CinemachineBrain y CinemachineVirtualCamera transforman el comportamiento de las cámaras en Unity, es útil aplicar estos componentes en casos prácticos. Cada caso puede mostrar un aspecto clave del funcionamiento de Cinemachine y cómo se puede personalizar la experiencia de la cámara para diferentes situaciones en el juego.

EJEMPLO PRÁCTICO 1: TRANSICIONES SUAVES ENTRE CÁMARAS

CinemachineBrain permite realizar transiciones suaves entre múltiples cámaras virtuales, útil para cambiar de perspectiva en momentos clave (como pasar de una cámara en tercera persona a una en primera persona):

1. **Añade una segunda cámara virtual:** Añade un GameObject vacío desde el menú GameObject>Create Empty y añade el componente CinemachineVirtualCamera, como se ve en la figura 10.5. Una vez creada la cámara, modifica su rotación y posición para una perspectiva alternativa, como una vista de cerca del personaje, o una vista superior.

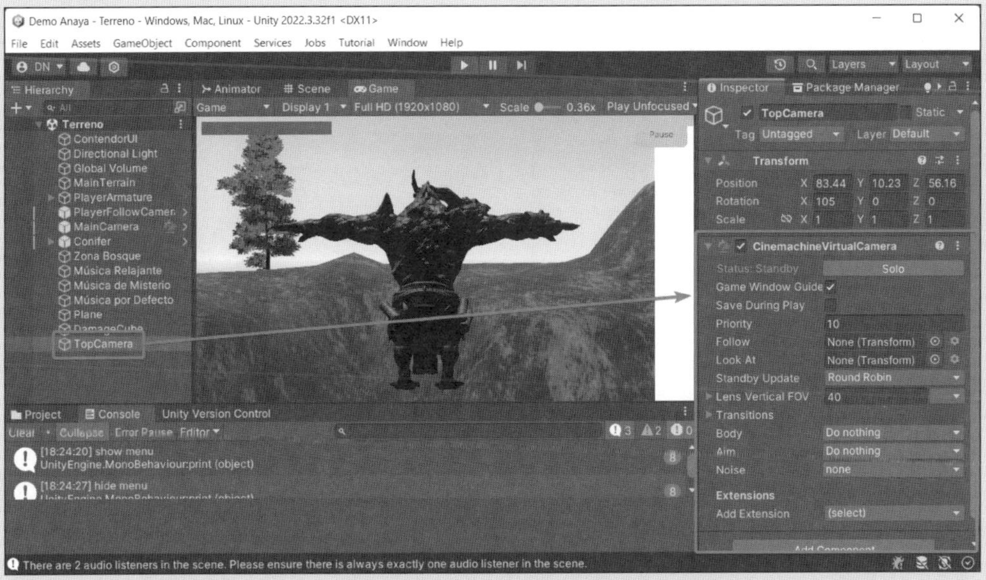

Figura 10.5. Componente CinemachineVirtualCamera.

2. **Configura la transición:** En el componente CinemachineBrain de la MainCamera, ajusta el campo Default Blend (mezcla) para definir la duración y el tipo de transición entre cámaras, como se señala en la figura 10.6. Puedes elegir entre diferentes tipos de mezcla (como desvanecimiento o corte).

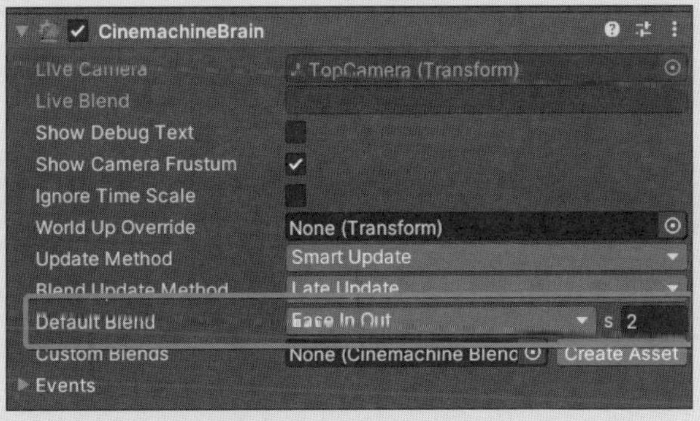

Figura 10.6. Propiedad Default Blend en CinemachineBrain.

3. **Controla el cambio de cámara:** Con el siguiente *script*, podrás alternar la prioridad de dos cámaras cuando el jugador pulse la tecla C, permitiéndote activar una nueva cámara en momentos específicos del juego. Este enfoque es útil para cambiar la vista al entrar en un área importante o iniciar una cinemática, dándole flexibilidad al control de las cámaras en escenas dinámicas:

```
using UnityEngine;
using Cinemachine;

public class CambiarCamara : MonoBehaviour
{
    public CinemachineVirtualCamera camaraPrincipal;
    public CinemachineVirtualCamera camaraAlternativa;
    private bool usandoCamaraPrincipal = true;

    void Update()
    {
        // Detecta si se ha presionado la tecla C
        if (Input.GetKeyDown(KeyCode.C))
        {
            CambiarPrioridad();
        }
    }

    void CambiarPrioridad()
    {
        // Alterna la prioridad de las cámaras
        if (usandoCamaraPrincipal)
        {
            camaraPrincipal.Priority = 0;
            camaraAlternativa.Priority = 10;
        }
        else
        {
            camaraPrincipal.Priority = 10;
            camaraAlternativa.Priority = 0;
        }

        // Cambia el estado de la cámara activa
        usandoCamaraPrincipal = !usandoCamaraPrincipal;
    }
}
```

4. Asigna el *script* a cualquier GameObject en la escena. En el Inspector, vincula las cámaras PlayerFollowCamera y TopCamera en los campos correspondientes, como se ve en la figura 10.7.
5. Al iniciar el juego, presiona **C** para alternar entre las cámaras y observar cómo cambia la vista en la escena, que se ve en la figura 10.8.

Para añadir un mayor grado de inmersión y dinamismo a la cámara, podemos aplicar efectos de ruido que simulan vibración o temblores en situaciones específicas, como explosiones, caídas o momentos de acción intensa. Estos efectos se pueden configurar en el componente CinemachineVirtualCamera usando el módulo Noise (Ruido), el cual permite crear movimientos sutiles o intensos que añaden realismo y emoción a la escena.

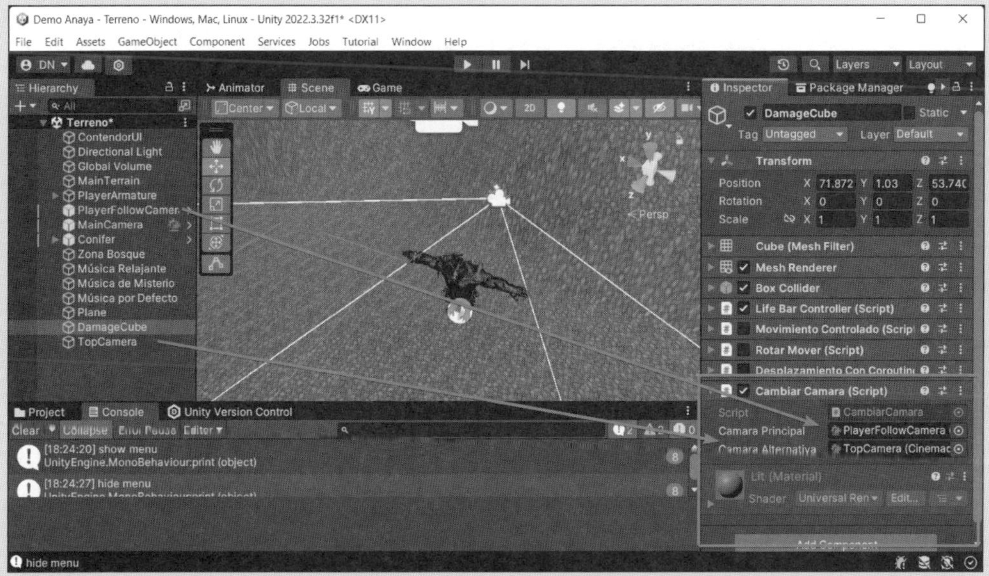

Figura 10.7. Configuración de *script* `Cambiar Camara`.

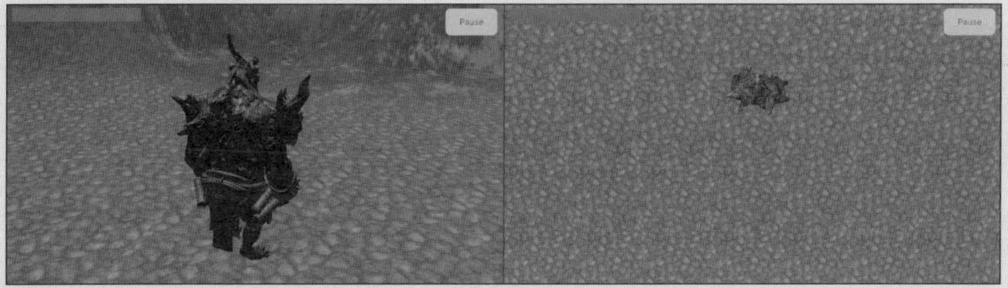

Figura 10.8. Resultado final de cambio de cámara.

En la siguiente sección, exploraremos un ejemplo práctico de cómo añadir efectos de ruido a una cámara dinámica en Unity utilizando Cinemachine, configurando tanto la intensidad como la frecuencia del movimiento para personalizar la sensación que queremos transmitir al jugador.

EJEMPLO PRÁCTICO 2: AÑADIR EFECTOS DE RUIDO PARA UNA CÁMARA DINÁMICA

Para agregar efectos de vibración a la cámara TopCamera, podemos utilizar el componente CinemachineVirtualCamera para simular sacudidas o temblores que intensifiquen la acción en el juego. Esto es útil en situaciones como explosiones, saltos desde alturas considerables o impactos fuertes.

Los pasos para configurar el efecto de ruido en la cámara son los siguientes:

1. **Configura el perfil de ruido:**
   - Selecciona la cámara TopCamera en el Inspector.
   - Ve a la sección Noise del componente CinemachineVirtualCamera y selecciona Basic Multi Channel Perlin.
   - En el campo Noise Profile, selecciona un perfil de ruido. Unity ofrece perfiles preconfigurados, puedes probar varios para encontrar el efecto deseado, que puedes ajustar según tus necesidades. Voy a seleccionar 6D Shake para el ejemplo.
2. **Ajusta la intensidad del ruido:**
   - En el perfil de ruido, ajusta las propiedades Amplitude Gain y Frequency Gain para controlar la intensidad del temblor.
   - Usa valores bajos para efectos sutiles o aumenta ambos valores para simular sacudidas intensas en situaciones de acción. Por ejemplo, puedes establecer una amplitud baja para simular una vibración leve o una amplitud alta para un efecto de impacto.
3. **Activación condicional del efecto:**
   - Implementa un *script* que permita activar o desactivar el ruido según los eventos del juego. Por ejemplo, puedes configurar el efecto para que se active cuando el jugador presione un botón específico o cuando ocurra un evento en el juego (como una colisión).

Aquí tienes un ejemplo de *script* en español que activa el efecto de ruido al presionar la tecla **E**:

```
using UnityEngine;
using Cinemachine;

public class ActivarRuido : MonoBehaviour
{
    private CinemachineVirtualCamera camaraVirtual;
    private CinemachineBasicMultiChannelPerlin ruido;
    private bool efectoActivado = false;
```

```
    void Start()
    {
        // Obtén el componente CinemachineBasicMultiChannelPerlin
        camaraVirtual = GetComponent<CinemachineVirtualCamera>();
        ruido = camaraVirtual.GetCinemachineComponent<CinemachineBasicMultiChannelPerl
in>();
        ruido.m_AmplitudeGain = 0; // Inicia sin ruido
    }

    void Update()
    {
        // Activa o desactiva el efecto de ruido al presionar la tecla E
        if (Input.GetKeyDown(KeyCode.E))
        {
            efectoActivado = !efectoActivado;
            ruido.m_AmplitudeGain = efectoActivado ? 2f : 0f; // Ajusta la intensidad
del ruido
        }
    }
}
```

Estos ejemplos prácticos ofrecen un panorama de cómo los componentes de Cinemachine pueden emplearse para mejorar la dinámica de la cámara en el juego. Gracias a CinemachineBrain y CinemachineVirtualCamera, puedes realizar transiciones fluidas, crear movimientos de seguimiento precisos y aplicar efectos que añaden realismo e impacto visual. Aprovechar estos ejemplos permitirá al lector optimizar la presentación visual de su juego y elevar la experiencia de usuario.

Ahora que hemos explorado cómo aprovechar Cinemachine para manejar cámaras dinámicas y efectos de ruido en el juego, podemos añadir un nivel de control más avanzado al crear cinemáticas. Unity proporciona Timeline, una herramienta intuitiva que permite secuenciar animaciones, cambios de cámara, eventos de audio y más, facilitando la creación de escenas de introducción, transiciones narrativas y otros momentos cinematográficos. En la siguiente sección, aprenderemos a construir una secuencia con Timeline para lograr una cinemática completa en nuestra escena.

Creación de cinemáticas con Timeline

Para crear una cinemática completa que sumerja al jugador en la historia o contexto del juego, Timeline es una herramienta ideal. Permite coordinar el comportamiento de varios elementos en una secuencia, ofreciendo un flujo narrativo claro y visualmente atractivo. Mediante Timeline, puedes organizar diferentes pistas y clips que controlan cámaras, personajes y efectos de sonido en momentos específicos, dando vida a escenas de introducción, transiciones o eventos importantes en el juego.

A continuación, te guiamos a través de los pasos para crear una cinemática básica utilizando Timeline.

EJEMPLO PRÁCTICO 1: ORQUESTAR CAMBIOS DE CÁMARA EN CINEMÁTICAS

1. **Configurar el objeto de Timeline:**
   - Crea un GameObject vacío en la escena (por ejemplo, IntroCinematic).
   - Con este objeto seleccionado, abre Window>Sequencing>Timeline para abrir la ventana Timeline.
   - Haz clic en Create en la ventana de Timeline (en la figura 10.9) para generar un activo de Timeline donde se guardará la cinemática. Selecciona la ruta que desees para guardar el *asset*.

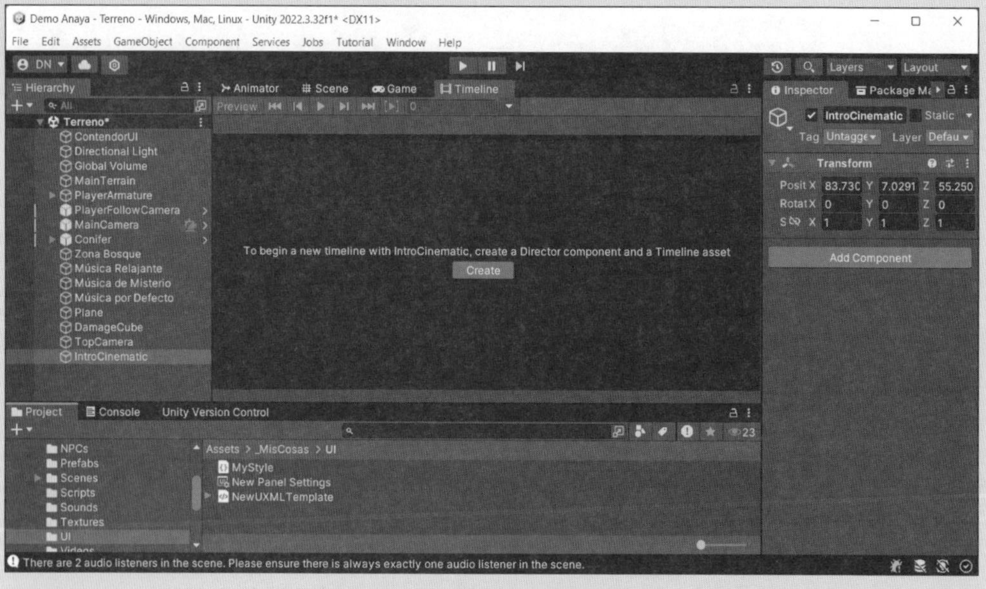

Figura 10.9. Panel Timeline.

2. **Añadir pistas y vincular la cámara TopCamera:**
   - En la ventana Timeline, haz clic en el botón +, como se señala en la figura 10.10, y selecciona Cinemachine Track. Esto te permitirá controlar la cámara desde Timeline.
   - Arrastra el GameObject TopCamera a la pista de Cinemachine para vincularla, de modo que ahora esta pista controlará su comportamiento.
   - Vincula Cinemachine Brain a la pista arrastrando MainCamera al *slot* Cinemachine Brain, como se ve en la figura 10.11.
3. **Configurar la duración y el orden de los clips:**
   - Ajusta la duración de cada clip en Timeline estirándolos o acortándolos, según el tiempo que quieras que cada cámara esté activa.

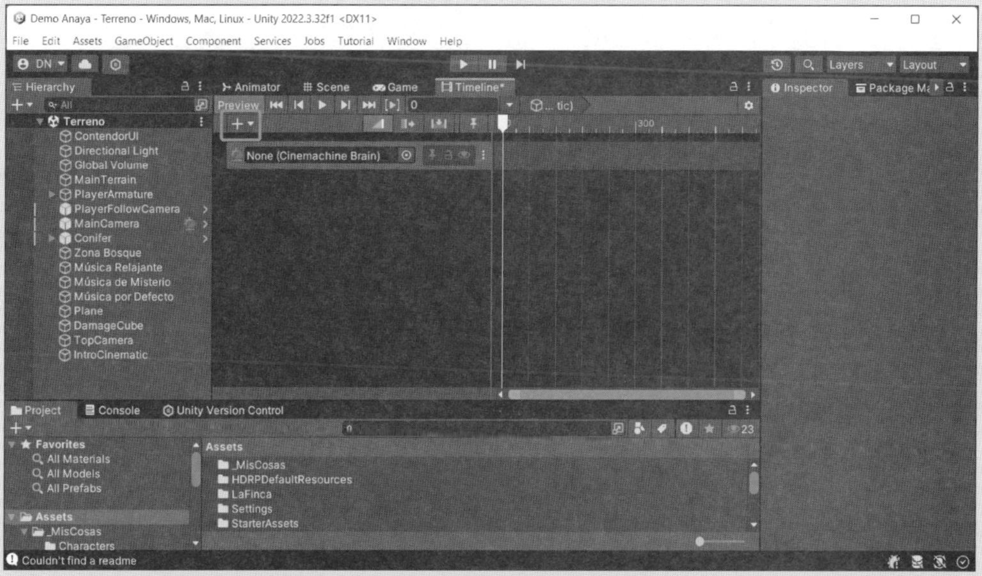

Figura 10.10. Añadir nueva pista a Timeline.

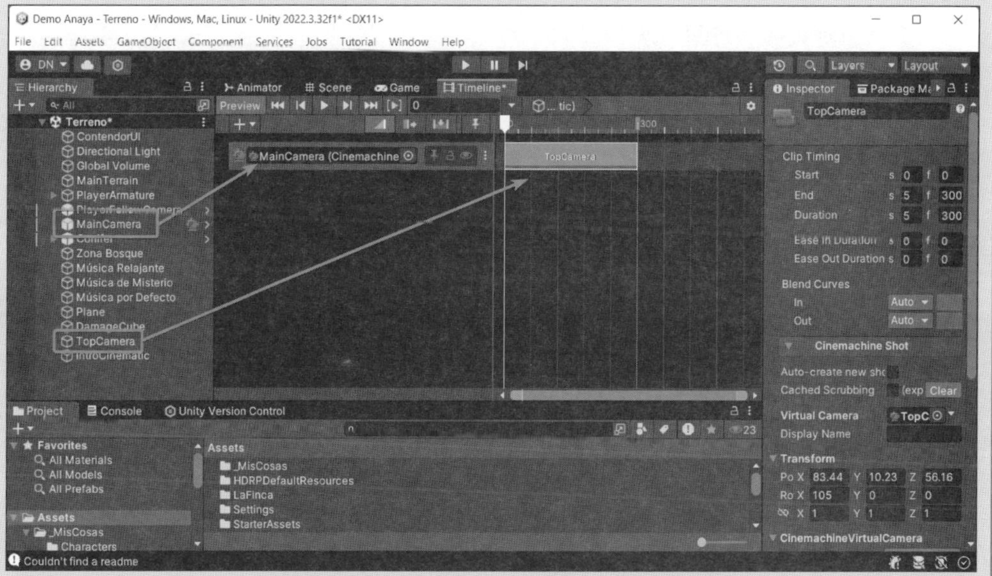

Figura 10.11. Añadir TopCamera a la pista.

- Organiza los clips en el orden deseado para que Timeline primero muestre la TopCamera, luego cambie a la PlayerFollowCamera y finalmente regrese a la TopCamera, como se muestra en la figura 10.12.

Figura 10.12. Organización de cámaras en pista.

4. **Previsualizar la secuencia de cámaras:**
   - Haz clic en Play en la ventana Timeline para previsualizar el cambio entre las cámaras en el Editor.
   - Observa cómo Timeline orquesta automáticamente los cambios de cámara en el orden especificado. Este flujo permite una transición suave y controlada entre puntos de vista, ideal para escenas cinemáticas.
5. **Automatizar la ejecución en el juego:**
   - Para que la secuencia se ejecute automáticamente al iniciar el juego, activa la opción Play on Awake, como se señala en la figura 10.13, en el componente Playable Director del objeto IntroCinematic. Esto asegurará que los cambios de cámara comiencen de inmediato al cargar la escena.

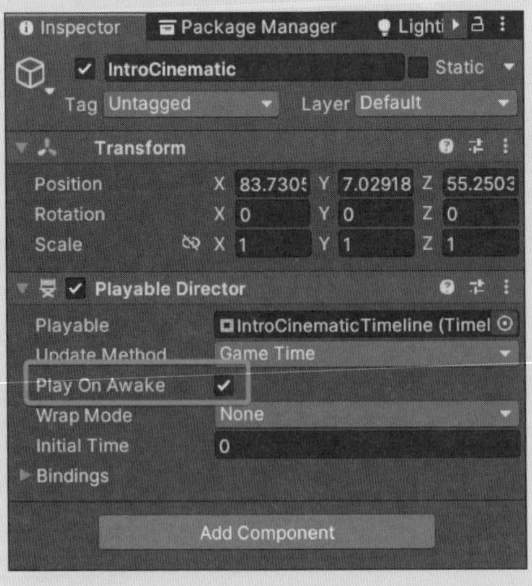

Figura 10.13. Propiedad Play On Awake en Playable Director.

Al iniciar el juego, observarás cómo Timeline cambia automáticamente entre la TopCamera y la PlayerFollowCamera, creando una introducción visualmente atractiva. Este tipo de orquestación de cámaras es especialmente útil para cinemáticas o escenas en las que quieras guiar la vista del jugador a través de un recorrido o presentación específica de la escena.

Este ejemplo muestra el potencial de Cinemachine Track para gestionar cambios de cámara y crear transiciones fluidas, permitiendo una narrativa visual sin necesidad de código.

CONSEJOS PARA MEJORAR TU CINEMÁTICA

- **Comienza desde un ángulo alto y alejado:** Configura la cámara en una posición elevada y distante al inicio de la cinemática. Utiliza la pista Cinemachine en Timeline para que la cámara se desplace hacia el personaje o un punto de interés en la escena, creando un efecto de introducción envolvente.
- **Agrega música de fondo:** Incluye una pista de audio en Timeline para que una música de fondo comience a reproducirse al inicio de la cinemática. Esto ayuda a establecer el tono emocional y mejorar la inmersión.
- **Activa objetos en momentos clave:** Activa elementos específicos como efectos de partículas o luces a medida que la cámara se acerca al personaje o punto focal. Esto puede añadir dinamismo y realce visual, haciendo que la escena sea más impactante.

EJEMPLO PRÁCTICO 2: ANIMACIÓN DE UN CUBO CON CINEMACHINE DOLLY CART

En este ejemplo práctico, vamos a animar un cubo para que se mueva a lo largo de una trayectoria definida usando el componente Cinemachine Dolly Cart. Configuraremos una ruta personalizada y haremos que el cubo siga esta trayectoria de forma fluida, utilizando puntos de control (*waypoints*) para ajustar su movimiento. Este método es ideal para crear animaciones de objetos que necesitan moverse de manera precisa y repetitiva, como vehículos que siguen una carretera, plataformas móviles en un nivel o incluso cámaras que necesitan seguir un recorrido específico en una escena. Los pasos a seguir son:

1. **Crear el Dolly Track:** Ve a GameObject>Cinemachine>Dolly Track with Cart para crear un trayecto y un objeto *cart* que se moverá a lo largo de él. Se añadirá a la escena un GameObject llamado Dolly Cart y otro llamado Dolly Track. Este último representa la ruta que seguirá el cubo.
2. **Agregar un cubo:** Ve a GameObject>3D Object>Cube para crear un cubo y ajústalo al tamaño que desees. Mueve el cubo dentro del objeto Dolly Cart, de forma que el *cart* se convierta en el "padre" del cubo, asegurando que este se moverá junto al Dolly Cart, como se ve en la figura 10.14.

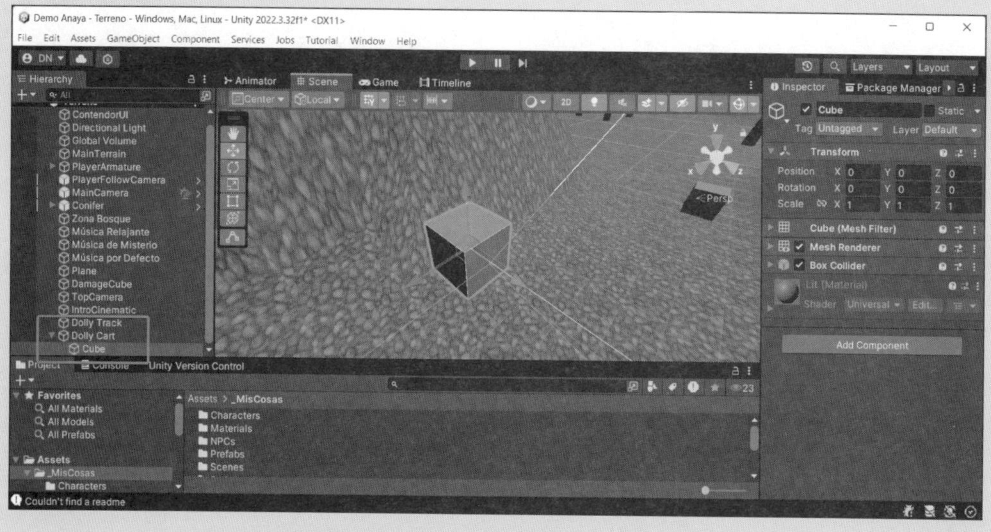

Figura 10.14. Cubo dependiente del GameObject Dolly Cart.

3. **Configurar la ruta:** Selecciona el GameObject Dolly Track (como se muestra en la figura 10.15) y, en su componente CinemachineDollyTrack, busca la sección Waypoints. Añade puntos de control en el recorrido del trayecto para definir la ruta que seguirá el cubo. Puedes ajustar cada *waypoint* arrastrándolo en la escena o estableciendo posiciones específicas en el Inspector.
4. **Ajustar el Dolly Cart:** Selecciona el objeto Dolly Cart. En el componente Cinemachine Dolly Cart, selecciona la ruta (*path*) que acabas de crear. Esto hará que el *cart* siga la ruta establecida por los *waypoints*. Por defecto, ya vendrá seleccionada la pista que hemos creado. Por último, configura Velocidad para controlar la rapidez con la que el cubo se desplaza a lo largo de la trayectoria, como se ve en la figura 10.16.
5. **Probar la animación:** Haz clic en el botón Play para ver cómo el cubo se desplaza a lo largo de la ruta que has configurado. Puedes ajustar la velocidad o los puntos de control para obtener el efecto deseado.

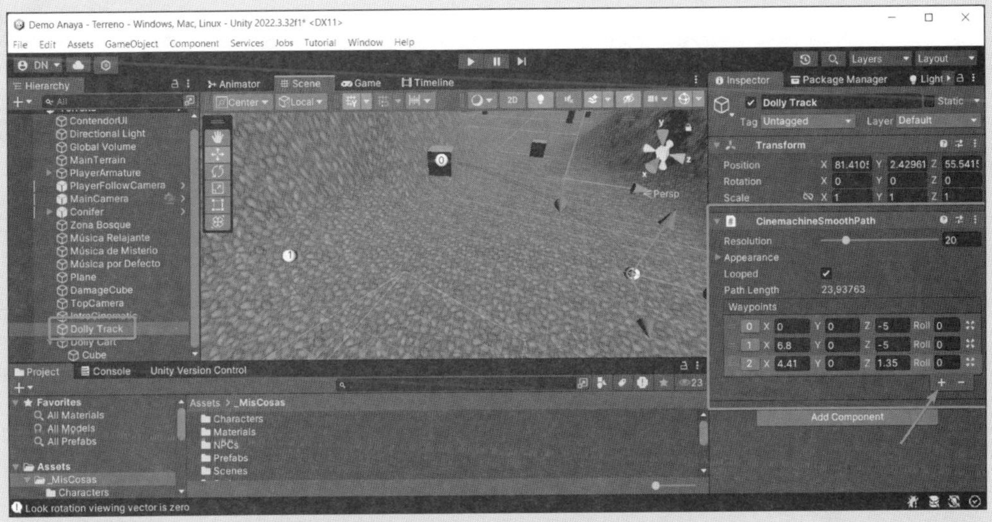

Figura 10.15. Añadiendo *waypoints* en Dolly Track.

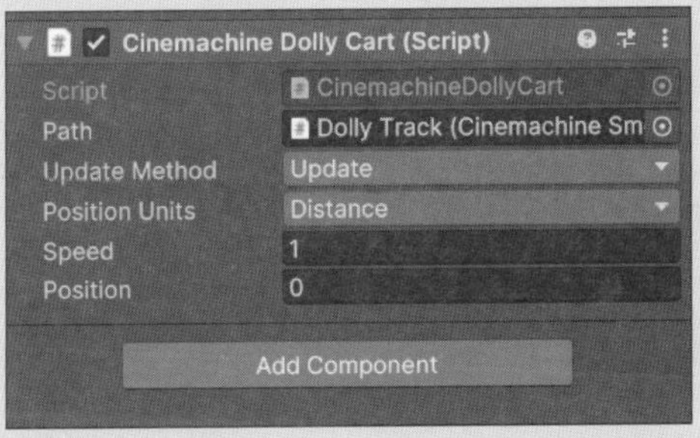

Figura 10.16. Componente Cinemachine Dolly Cart.

Ahora que hemos explorado cómo animar un cubo utilizando Animation Clips para moverlo de un punto a otro, podemos ampliar nuestras herramientas de animación en Unity usando otra técnica que permite movimientos más dinámicos y personalizables. A continuación, vamos a ver un ejemplo práctico donde emplearemos el componente Cinemachine Dolly Cart para mover el cubo a lo largo de una trayectoria predeterminada, lo cual es ideal para animaciones en caminos complejos o movimientos de cámara en escenas cinematográficas.

EJEMPLO PRÁCTICO 3: ANIMACIÓN CON ANIMATION CLIPS

En este ejemplo práctico, aprenderemos cómo animar un cubo para que se mueva de un punto a otro usando un Animation Clip en Unity. Este método es útil para crear movimientos precisos y repetitivos sin necesidad de *scripting*, ideal para escenas en las que se desee controlar la posición de un objeto con una animación predefinida. Los pasos a seguir son:

1. **Crear el cubo:** Ve a GameObject>3D Object>Cube para crear un cubo en la escena. Ajusta la posición inicial del cubo en el lugar desde donde deseas que comience la animación.
2. **Abrir la ventana de animación:** Con el cubo seleccionado, ve a Window> Animation>Animation para abrir la ventana Animation.

   En la ventana Animation, haz clic en Create para crear un nuevo Animation Clip. Nombra el clip como "AnimacionCubo" y guarda el archivo en una carpeta que desees.
3. **Definir la animación de movimiento:**
   - Asegúrate de que el cubo esté seleccionado y la ventana Animation esté en modo de grabación (el botón de grabación estará activo y en rojo), como se indica en la figura 10.17.

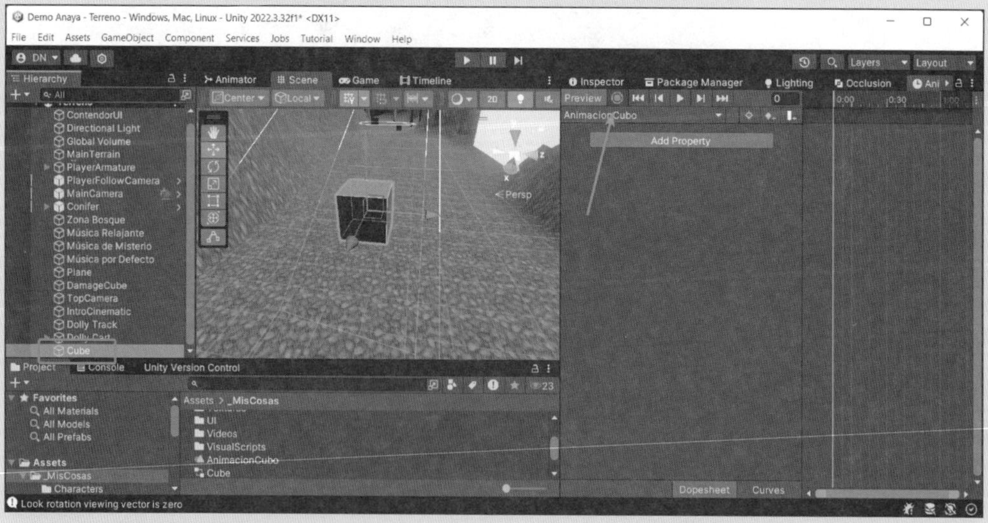

Figura 10.17. Modo grabación activado en Animation.

   - En la posición inicial del *timeline* (0 segundos), define la posición inicial del cubo; puede ser la posición actual.

- Avanza el *timeline* hasta el tiempo en el que desees que el cubo llegue a su posición final (por ejemplo, en el segundo 2 o 3).
- Cambia la posición del cubo en la escena a la posición final (por ejemplo, `(5, 0, 5)`).
- Esto creará automáticamente *keyframes* al inicio y al final de la animación, generando un movimiento suave entre los dos puntos, como se ve en la figura 10.18.

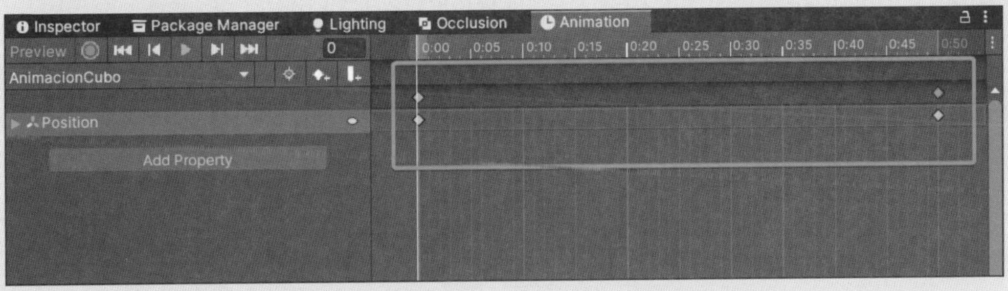

Figura 10.18. *Keyframes* de inicio y fin en Animation.

4. **Ajustar la duración y reproducción de la animación:** Si deseas modificar la duración del movimiento, simplemente ajusta la posición de los *keyframes* en el *timeline* para que el cubo se mueva más rápido o más lento. Asegúrate de que Loop Time (en la figura 10.19) en el clip esté desactivado si solo quieres que el cubo se mueva una vez.

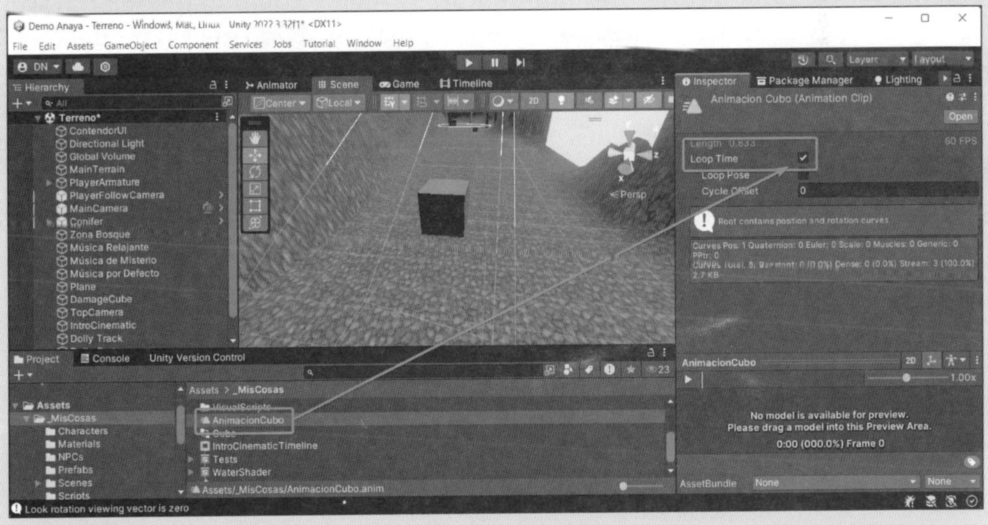

Figura 10.19. Propiedad Loop Time en Animation Clip.

5. **Probar la animación:** Haz clic en Play para ver la animación. El cubo debería moverse suavemente de la posición inicial a la posición final según el tiempo que hayas definido.

Este método es ideal para animaciones básicas que requieren que un objeto se desplace de un punto a otro de forma lineal, sencilla y precisa. Al usar Animation Clips, tenemos control directo sobre la duración y la suavidad del movimiento, lo cual es especialmente útil en situaciones donde queremos una animación constante y repetible sin necesidad de programar código adicional. Esta técnica es especialmente efectiva cuando se necesitan animaciones que se repiten o cuando queremos crear una secuencia predecible y sin complicaciones.

Al dominar este enfoque de animación mediante clips, puedes ahorrar tiempo y recursos, ya que permite establecer movimientos y efectos visuales sin añadir *scripts* complejos. Es ideal para animaciones de elementos de UI, decoraciones o incluso señales visuales dentro del entorno de juego.

Con este último ejemplo práctico, cerramos el capítulo sobre animación en Unity. Hemos explorado distintas técnicas y herramientas, desde el control de animaciones mediante *scripts* hasta la gestión de movimientos de cámara con Cinemachine y la orquestación de secuencias con Timeline. Al integrar estos sistemas en tus proyectos, puedes llevar la narrativa visual a un nuevo nivel, aumentando la inmersión del jugador y destacando momentos clave dentro de tu juego.

En el próximo capítulo, llevaremos estas habilidades al campo de la realidad aumentada utilizando Unity ARFoundation. Veremos cómo extender nuestras aplicaciones para que interactúen con el mundo real, abriendo nuevas posibilidades de interacción y brindando una experiencia inmersiva. Aprenderás a configurar y aprovechar las capacidades de ARFoundation para detectar superficies, anclar objetos virtuales y construir una experiencia de usuario única en realidad aumentada. ¡Nos vemos allí para dar vida a tus proyectos en AR!

11

REALIDAD AUMENTADA CON UNITY ARFOUNDATION

La realidad aumentada (RA) ha transformado la manera en que interactuamos con el entorno digital, permitiendo que los objetos virtuales cobren vida en el mundo físico. Gracias a esta tecnología, es posible crear experiencias inmersivas que van más allá de la pantalla, donde los usuarios pueden interactuar con elementos digitales como si realmente estuvieran en su entorno. Desde videojuegos hasta aplicaciones educativas y herramientas de marketing, la RA amplía las posibilidades creativas de los desarrolladores y ofrece un nuevo nivel de interacción a los usuarios.

Unity, a través del paquete ARFoundation, proporciona una plataforma versátil para crear aplicaciones de RA tanto en dispositivos Android como iOS. Con ARFoundation, no solo podemos superponer objetos virtuales en el mundo real, sino también anclarlos a superficies, responder a gestos, reconocer imágenes y manejar iluminación en tiempo real para integrar los elementos de manera coherente con el entorno.

En este capítulo, aprenderemos a usar ARFoundation para desarrollar aplicaciones de RA, desde los conceptos básicos de configuración hasta la implementación de elementos interactivos y efectos de luz realistas. Al final, tendrás una comprensión sólida de cómo crear experiencias de RA completas que se adapten al contexto del usuario y respondan dinámicamente a su entorno físico.

En este capítulo cubriremos los siguientes temas:

- Introducción a la realidad aumentada (RA) y ARFoundation.
- Configuración del proyecto para AR en Unity.
- Detección de superficies y anclaje de objetos.
- Interacción con objetos en RA.

- Uso de imágenes y objetos de referencia en RA.
- Manejo de iluminación y sombras en RA.
- Consejos de optimización y mejores prácticas.

Con un enfoque innovador, la realidad aumentada (RA) permite enriquecer el entorno físico con elementos digitales interactivos, creando experiencias inmersivas que combinan el mundo real y el virtual. En este capítulo, trabajaremos con ARFoundation, el conjunto de herramientas de Unity diseñado para desarrollar aplicaciones de RA de alta calidad. Comenzaremos explorando los conceptos esenciales de RA y cómo ARFoundation facilita la integración de estos en nuestras aplicaciones.

Introducción a la realidad aumentada (RA) y ARFoundation

Para adentrarnos en el mundo de la realidad aumentada (RA) en Unity, es fundamental entender qué es y cómo funciona esta tecnología en el contexto de los videojuegos y aplicaciones. La realidad aumentada se refiere a la superposición de contenido digital sobre el mundo real, permitiendo interactuar con objetos virtuales como si fueran parte de nuestro entorno físico. Con ARFoundation, en la figura 11.1, Unity proporciona un conjunto robusto de herramientas que facilitan el desarrollo de experiencias de RA en dispositivos móviles compatibles.

Figura 11.1. Ilustración AR Foundation.

ARFoundation es un *framework* de Unity diseñado específicamente para simplificar la creación de aplicaciones de RA, ya que permite utilizar una misma base de código para múltiples plataformas, como iOS y Android. Este paquete combina las funcionalidades de ARKit y ARCore, que son los *frameworks* de RA de Apple y Google respectivamente, y permite acceder a funciones avanzadas como el seguimiento de imágenes, la detección de superficies y la colocación de objetos en el espacio. Al utilizar ARFoundation, podemos trabajar con RA de manera más intuitiva y consistente, optimizando los recursos y mejorando el rendimiento de la aplicación.

¿Qué es la realidad aumentada?

La realidad aumentada permite que los dispositivos, mediante el uso de sensores y cámaras, identifiquen el entorno real y coloquen objetos virtuales en él. Esto crea experiencias inmersivas donde el usuario puede observar, manipular y experimentar con estos objetos en un contexto real. En el ámbito de los videojuegos y aplicaciones móviles, la RA ofrece nuevas posibilidades de interacción, ya que permite extender el mundo digital directamente al entorno del usuario.

Con ARFoundation, estos elementos pueden implementarse en Unity de forma accesible, facilitando el desarrollo de aplicaciones RA para dispositivos iOS y Android.

ARFoundation en Unity

ARFoundation en Unity es un paquete oficial que proporciona una interfaz unificada para desarrollar aplicaciones de realidad aumentada (RA) de manera eficiente y multiplataforma. Este paquete actúa como un puente entre Unity y las funcionalidades de RA disponibles en los dispositivos, permitiendo implementar experiencias inmersivas sin la necesidad de escribir código específico para cada plataforma. Entre las capacidades que facilita ARFoundation se incluyen:

- **Detección de superficies horizontales y verticales:** Permite identificar y visualizar superficies planas, como mesas y paredes, donde se pueden colocar objetos virtuales con precisión en el mundo real.
- **Seguimiento de imágenes:** Reconoce y rastrea patrones o imágenes específicas en el entorno, como logotipos o ilustraciones, proporcionando una experiencia interactiva vinculada a esos elementos.
- **Anclaje de objetos:** Los objetos virtuales pueden "anclarse" en el espacio físico para mantener su posición relativa, incluso cuando el usuario se mueve por el entorno, aumentando la coherencia de la experiencia de RA.
- **Reconocimiento de profundidad:** Facilita el cálculo de distancias y la interacción con el entorno físico para aplicaciones de RA más avanzadas, como la oclusión de objetos y la adaptación de elementos virtuales a la perspectiva del usuario.

ARFoundation se integra con ARCore (para dispositivos Android) y ARKit (para dispositivos iOS), permitiendo que una aplicación de RA se ejecute en ambas plataformas sin la necesidad de crear código separado para cada una. Esto simplifica enormemente el proceso de desarrollo y garantiza una experiencia coherente para los usuarios de dispositivos iOS y Android. Al utilizar ARFoundation, los desarrolladores pueden centrarse en los aspectos creativos y funcionales de la RA, en lugar de preocuparse por las particularidades de cada sistema operativo móvil, logrando una implementación ágil y escalable de sus proyectos de RA.

Configuración del proyecto para RA en Unity

Para integrar la funcionalidad de realidad aumentada (RA) en tu proyecto de Unity, es necesario instalar ARFoundation, un paquete que habilita la interacción entre Unity y los sistemas de RA de dispositivos móviles. ARFoundation permite la detección de superficies, el rastreo de imágenes, el anclaje de objetos y el uso de profundidad, lo que lo convierte en una herramienta versátil para desarrollar aplicaciones de RA que funcionen tanto en Android como en iOS.

Activar modo desarrollador en Android

Para probar y depurar tu aplicación de realidad aumentada en un dispositivo Android, necesitas activar el modo Desarrollador. Este modo permite acceder a opciones avanzadas en el dispositivo, como la depuración USB, que facilita la conexión entre Unity y tu teléfono para realizar pruebas en tiempo real. A continuación, te explico cómo habilitar el modo Desarrollador y configurar la Depuración USB en tu dispositivo Android.

Configuración del modo Desarrollador en Android

1. Accede a la Configuración del dispositivo: Abre la *app* de Configuración de tu teléfono.
2. Ve a Información del teléfono: Desplázate hasta la opción Información del teléfono (o Acerca del teléfono, dependiendo del modelo y versión de Android).
3. Activa Opciones de desarrollador:
   - Busca la sección llamada Número de compilación (o Build Number).
   - Toca repetidamente sobre Número de compilación (aproximadamente 7 veces) hasta que aparezca un mensaje que indique que estás a punto de activar el modo desarrollador.
   - Si el dispositivo tiene un PIN o patrón de desbloqueo, se te pedirá que lo ingreses para confirmar.
4. Verifica la activación del modo Desarrollador: Una vez activado, aparecerá un mensaje diciendo Ahora eres un desarrollador.
5. Habilita Depuración USB:
   - Regresa a la pantalla principal de Configuración y verás una nueva opción llamada Opciones de desarrollador u Opciones de programador.
   - Entra en Opciones de desarrollador y busca la opción Depuración USB.
   - Activa Depuración USB y confirma la selección.

Conectar el dispositivo a Unity

Con la depuración USB activada, puedes conectar tu dispositivo al ordenador usando un cable USB. Unity detectará el dispositivo y podrás probar tus aplicaciones directamente en el móvil.

> Es posible que, al conectar tu teléfono por primera vez, debas confirmar en el dispositivo que permites la depuración USB desde tu ordenador. Esto asegurará una conexión segura y confiable durante las pruebas.

Este modo de configuración es esencial para cualquier desarrollo de RA en Android, ya que te permite realizar pruebas y ajustes en tiempo real, mejorando tanto la eficiencia del desarrollo como la calidad de la experiencia final en el dispositivo.

Requisito técnico

Para asegurarnos de que el proyecto esté correctamente configurado para la plataforma Android, es necesario instalar el módulo de Android en Unity y realizar algunos ajustes en la configuración de compilación. Antes de continuar con la instalación de ARFoundation y otros componentes de RA, sigue estos pasos para preparar el proyecto en Android:

1. Instalación del módulo de Android:
   - Abre Unity Hub y selecciona la versión de Unity que estás usando para el proyecto.
   - Haz clic en el botón del engranaje y selecciona Add Modules, como se ve en la figura 11.2.

Figura 11.2. Menú Add modules en Unity Hub.

   - Marca la casilla Android Build Support, como se ve en la figura 11.3, que incluirá tanto el SDK de Android como el NDK y el OpenJDK. Por último, haz clic en Install para completar la instalación. Este proceso puede tardar, dependiendo de tu equipo y de la conexión a Internet.

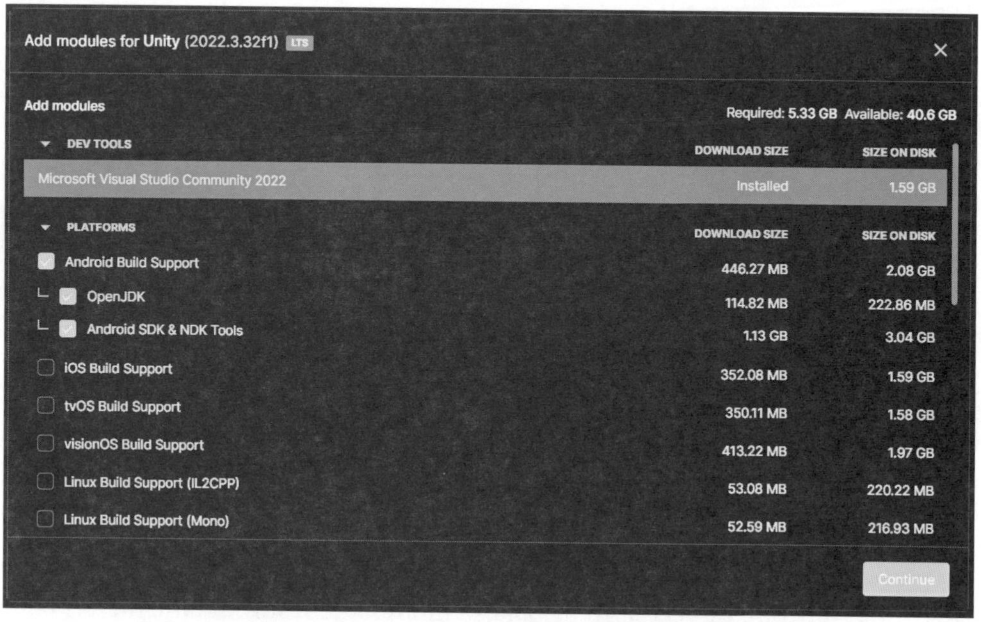

Figura 11.3. Instalando plataforma Android en Unity Hub.

2. Configuración de la plataforma en Build Settings:
   - Con el proyecto abierto en Unity, ve a File>Build Settings.
   - En la ventana Build Settings, selecciona Android y haz clic en Switch Platform para configurar el proyecto en esta plataforma, como se señala en la figura 11.4.

> Si estás desarrollando en Windows, estos pasos te permiten configurar el proyecto para Android. Aunque el proceso para iOS es similar, se recomienda seguir la documentación de Unity específica para iOS si en algún momento decides compilar para dispositivos Apple.

Una vez completada esta configuración, puedes proceder con la instalación de ARFoundation y los paquetes de RA, asegurándote de que el proyecto esté listo para ejecutar las funcionalidades de AR en dispositivos Android.

Para integrar ARFoundation en un proyecto de Unity, es esencial agregar los paquetes correctos que habiliten las funcionalidades de RA específicas para cada sistema operativo. Sigue estos pasos para configurar ARFoundation en tu proyecto:

1. Abrir el Package Manager: En el editor de Unity, ve a Window>Package Manager para abrir el administrador de paquetes.

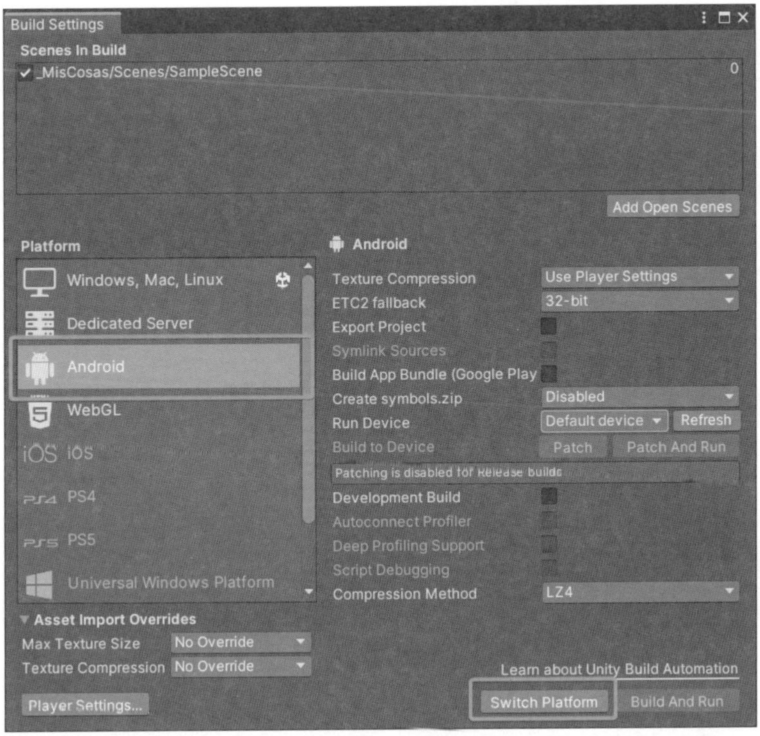

Figura 11.4. Cambiando de plataforma en la ventana Build Settings.

2. Buscar e instalar ARFoundation: Dentro del Package Manager, busca ARFoundation en la barra de búsqueda y selecciona el paquete en los resultados. Haz clic en Install para agregarlo a tu proyecto, como se ve en la figura 11.5. Este paquete actúa como la base que permite utilizar las funcionalidades de RA en dispositivos compatibles.
3. Instalar el *plugin* de la plataforma de destino:
   - Para Android, instala el paquete ARCore XR Plugin para habilitar la compatibilidad con el sistema de RA de Google, ARCore, como se muestra en la figura 11.6.
   - Para iOS, instala el paquete ARKit XR Plugin para habilitar la compatibilidad con el sistema de RA de Apple, ARKit.

> Si planeas que tu aplicación sea multiplataforma, instala ambos *plugins* para que el proyecto funcione tanto en Android como en iOS.

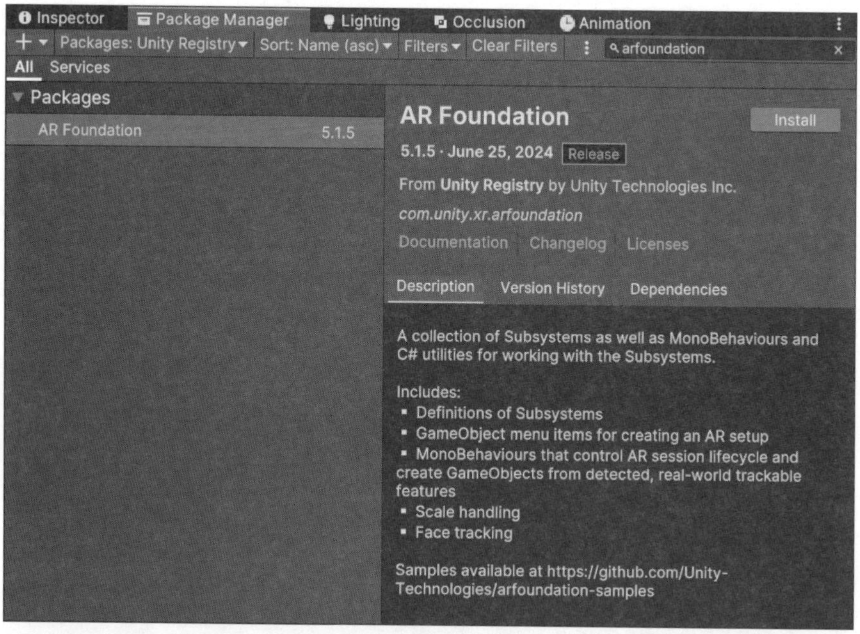

Figura 11.5. Instalación de paquete AR Foundation.

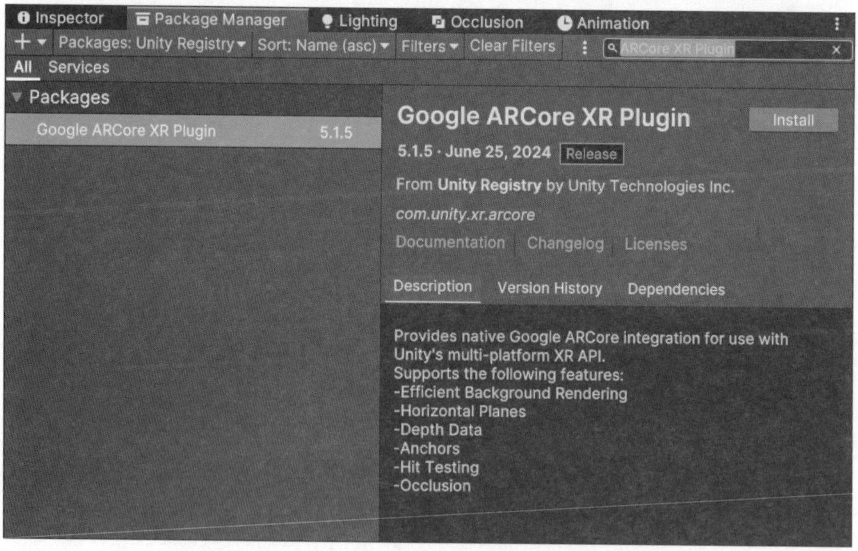

Figura 11.6. Instalación de paquete Google ARCore XR.

4. Verificar los componentes de RA disponibles: Después de instalar ARFoundation y el *plugin* específico de la plataforma, verás que Unity habilita automáticamente varios componentes de RA que puedes usar en tus escenas, como detección de superficies, seguimiento de imágenes, anclaje de objetos y reconocimiento

de profundidad. No es necesario realizar ninguna acción adicional en este momento; solo verifica que estos componentes estén disponibles en el menú de GameObject>XR y en el panel Inspector cuando agregues un objeto de RA a la escena.

5. Configurar Build Settings: Es fundamental realizar algunos ajustes en la ventana Build Settings. Por ejemplo:
   - En Android, activa Google ARCore en Player Settings>XR Plug-in Management, como se señala en la figura 11.7.
   - En iOS, habilita ARKit en la misma sección.

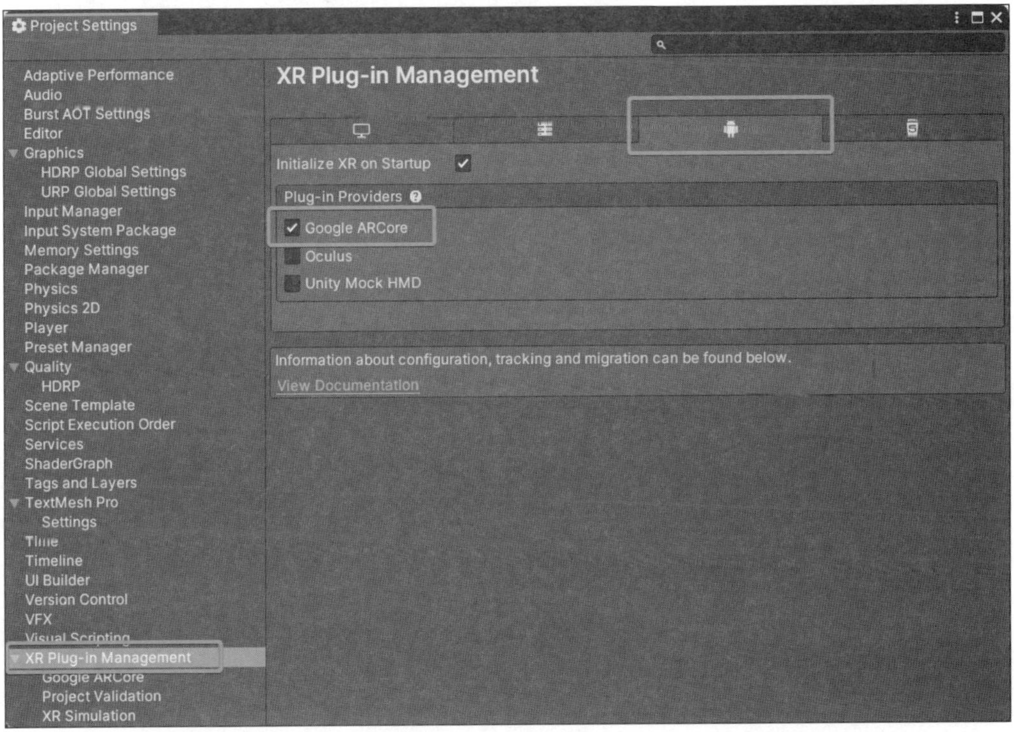

Figura 11.7. Activando módulo Google ARCore en XR Plugin Management.

6. Configurar los ajustes de plataforma (Build Settings):
   - Abre File>Build Settings y dirígete a Player Settings, selecciona la plataforma deseada: Android o iOS, como se ve en la figura 11.8.
   - Para el caso de Android, configura el nivel mínimo de API en Android 7.0 (API 24), como se muestra en la figura 11.9, o superior. En la propiedad Other Settings>Minimum API Level.

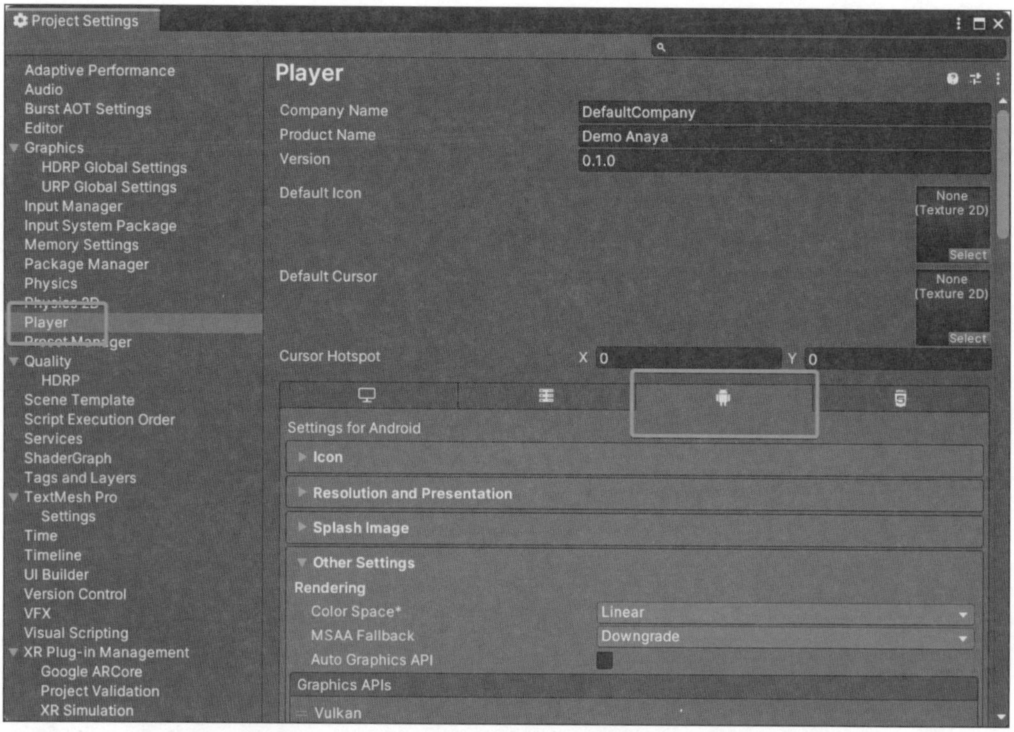

Figura 11.8. Configuración Android en Player Settings.

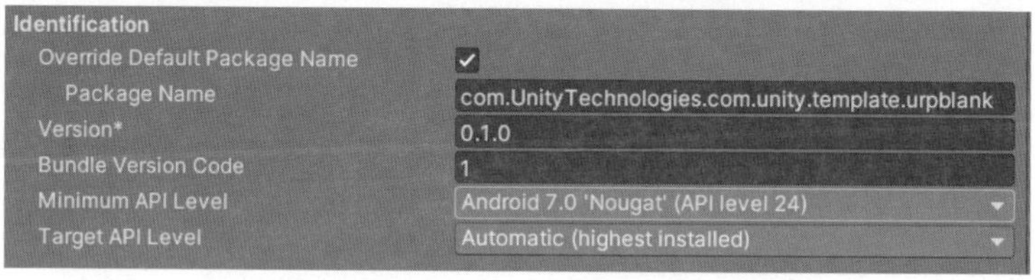

Figura 11.9. Opción Minimum API Level.

- Para iOS, en Player Settings, configura la versión mínima a iOS 11.0 o superior en la propiedad Other Settings>Target Minimum iOS Version.
- En la sección Other Settings, en la lista Graphics APIs, selecciona y elimina Vulkan, dejando solo OpenGLES3, como se ve en la figura 11.10.

> Trabaja siempre con la última versión de Unity y consulta los requisitos mínimos de ARFoundation para asegurar la compatibilidad con los dispositivos. Esto evitará posibles problemas de rendimiento o compatibilidad en dispositivos más antiguos.

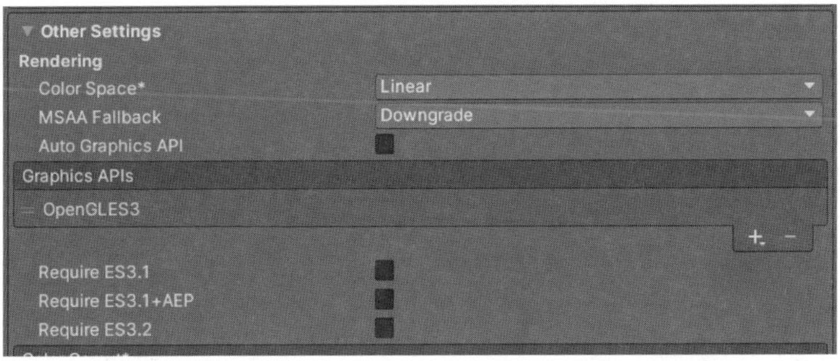

Figura 11.10. Configuración gráfica en Player Settings.

Ahora que hemos completado la configuración de ARFoundation y preparado el proyecto para trabajar en dispositivos móviles, estamos listos para comenzar con nuestro primer ejemplo práctico. En este ejercicio, crearemos una escena desde cero, donde implementaremos las configuraciones y componentes necesarios para iniciar con la funcionalidad básica de realidad aumentada en Unity. Este proceso nos ayudará a comprender la estructura inicial de una escena de RA y a sentar las bases para los elementos interactivos que iremos agregando en los siguientes pasos.

EJEMPLO PRÁCTICO: PREPARANDO UNA NUEVA ESCENA

1. Crea una nueva escena de tipo Basic(URP) y guárdala en Assets>_MisCosas>Scenes como DemoAR, por ejemplo.
2. Elimina la cámara Main Camera que viene por defecto en la nueva escena.
3. Agrega AR Session y XR Origin a la escena:
   - En el panel Hierarchy, selecciona GameObject>XR>AR Session para añadir un componente AR Session a la escena. Este objeto administra la sesión de RA y permite al dispositivo detectar superficies y actualizar la información de RA en tiempo real.
   - Luego, añade XR Origin seleccionando GameObject>XR>XR Origin, como se ve en la figura 11.11. Este objeto define la referencia de origen para la sesión de RA y proporciona los componentes que permiten la visualización de objetos en el entorno real.
4. Configura la cámara para RA:
   - Dentro del objeto XR Origin, verás un objeto hijo llamado Main Camera. Este será el componente que renderiza la escena y que utiliza el dispositivo para mostrar los objetos de RA superpuestos en el mundo real.

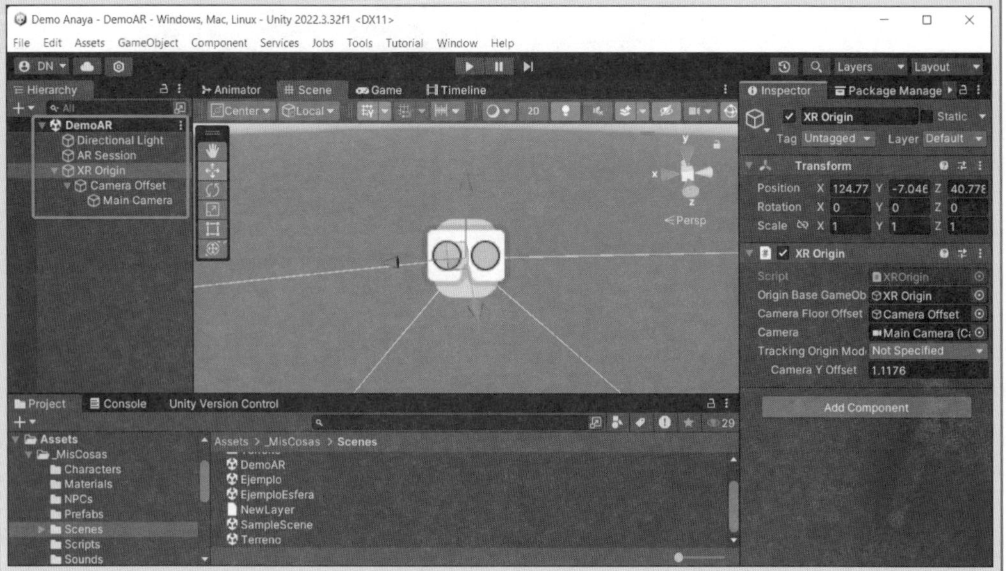

Figura 11.11. Jerarquía final con objetos XR Origin y AR Session.

- Asegúrate de que Main Camera tenga la propiedad Background Type correctamente configurada en el modo Solid Color con un color negro o similar, como se muestra en la figura 11.12, lo que asegura una mezcla adecuada entre el entorno físico y los elementos de RA.

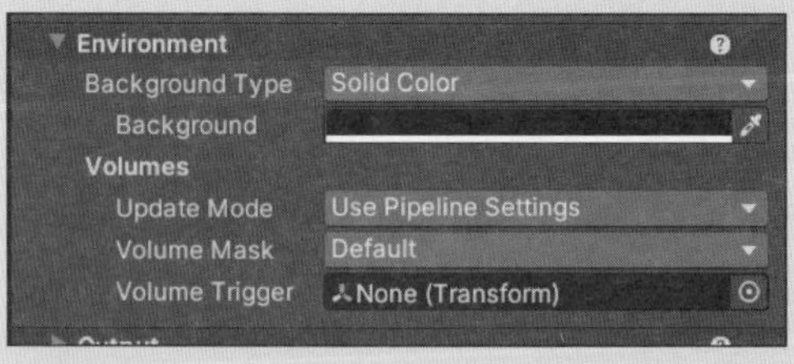

Figura 11.12. Propiedad Background Type en Main Camera.

- En el componente Camera de Main Camera, ajusta la proyección a Perspective para asegurar una experiencia de RA natural y realista, como se ve en la figura 11.13.
- En el componente AR Camera Manager, configura la propiedad Render Mode a After Opaques, como se muestra en la figura 11.14.
- Asegúrate de que la escena esté añadida a Build Settings en Scenes In Build, para que se incluya al compilar la aplicación, como se señala en la figura 11.15.

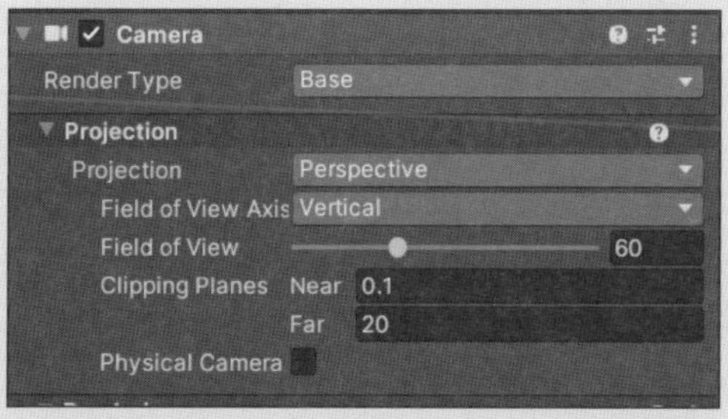

Figura 11.13. Propiedad Projection en Camera.

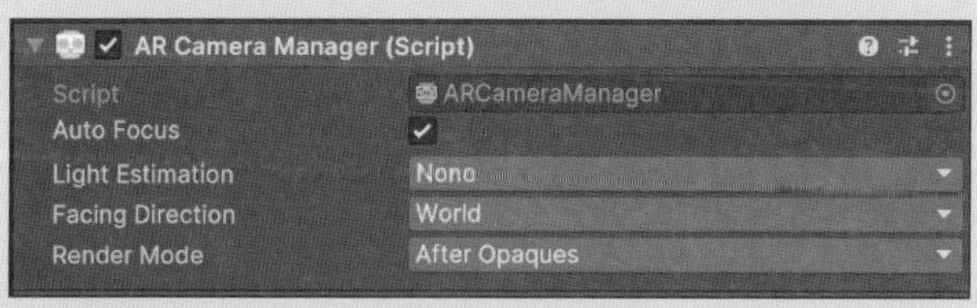

Figura 11.14. Componente AR Camera Manager.

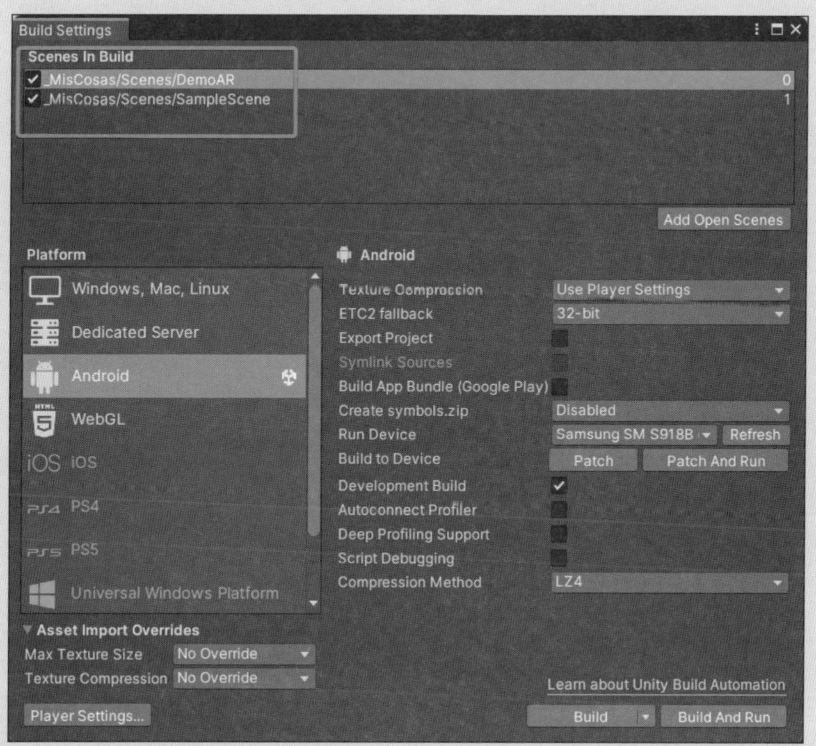

Figura 11.15. Escenas cargadas en Build Settings.

Configuración adicional para proyectos con URP

- Si estás utilizando URP (Universal Render Pipeline), como en nuestro caso, será necesario configurar la *pipeline* para que soporte el renderizado de la imagen de la cámara en la aplicación:
  - Dirígete a la carpeta `Settings` situada en Assets>Settings y busca el archivo `URP-HighFidelity-Renderer`.
  - Selecciona el archivo y, en la lista Renderer Features, haz clic en el botón Add Renderer Feature y elige AR Background Renderer Feature.
  - Añade AR Background Renderer, como se ve en la figura 11.16, a los demás archivos de configuración: `URP-Balanced-Renderer` y `URP-Perfomant-Renderer`.

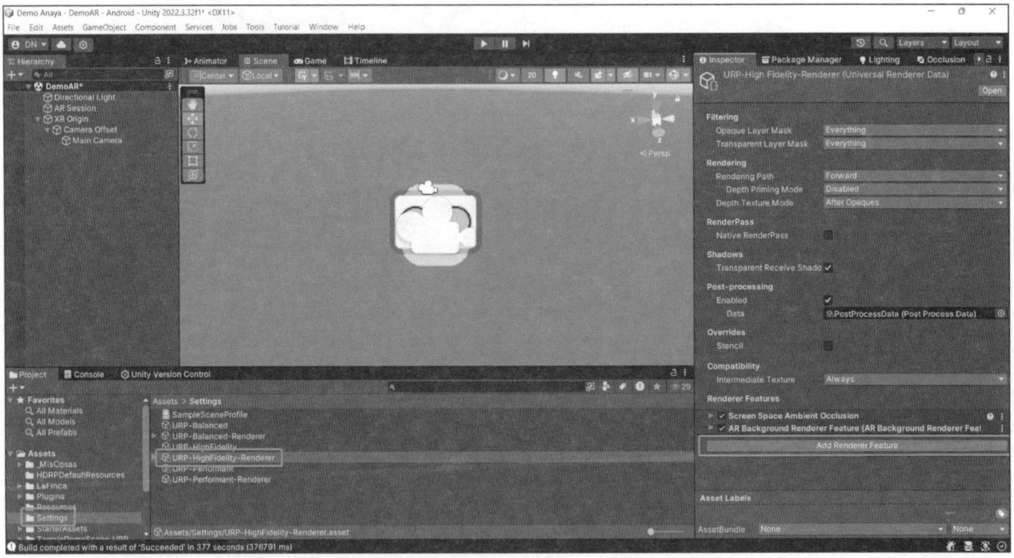

Figura 11.16. Añadir Render Feature.

> Al añadir esta característica, estarás permitiendo que el fondo de la cámara se renderice correctamente en la escena de realidad aumentada.

Con esta configuración básica, el proyecto de Unity estará listo para desarrollar funciones de realidad aumentada. En la siguiente sección, exploraremos cómo detectar superficies en el entorno y colocar objetos virtuales sobre ellas usando ARFoundation.

Detección de superficies y anclaje de objetos

Una vez que tenemos el proyecto configurado para RA, el siguiente paso es habilitar la detección de superficies y anclar objetos virtuales en el espacio físico. Esto permite que el dispositivo detecte superficies planas en el entorno, como mesas o pisos, y nos da la capacidad de colocar objetos virtuales sobre estas superficies de manera precisa.

EJEMPLO PRÁCTICO: HABILITAR LA DETECCIÓN DE SUPERFICIES Y ANCLAR OBJETOS

1. Agregar el componente ARPlaneManager:
   - En el objeto XR Origin (que creamos en el ejemplo práctico anterior), selecciona Add Component y busca ARPlaneManager.
   - Este componente permite que el sistema reconozca superficies planas en el entorno físico y genere planos virtuales donde se detecten superficies adecuadas.
   - En el campo Plane Prefab dentro de ARPlaneManager, puedes asignar un Prefab personalizado para visualizar los planos detectados. Por ejemplo, puedes crear un Prefab con un objeto de tipo Plane y asignarlo a la propiedad, como se ve en la figura 11.17.

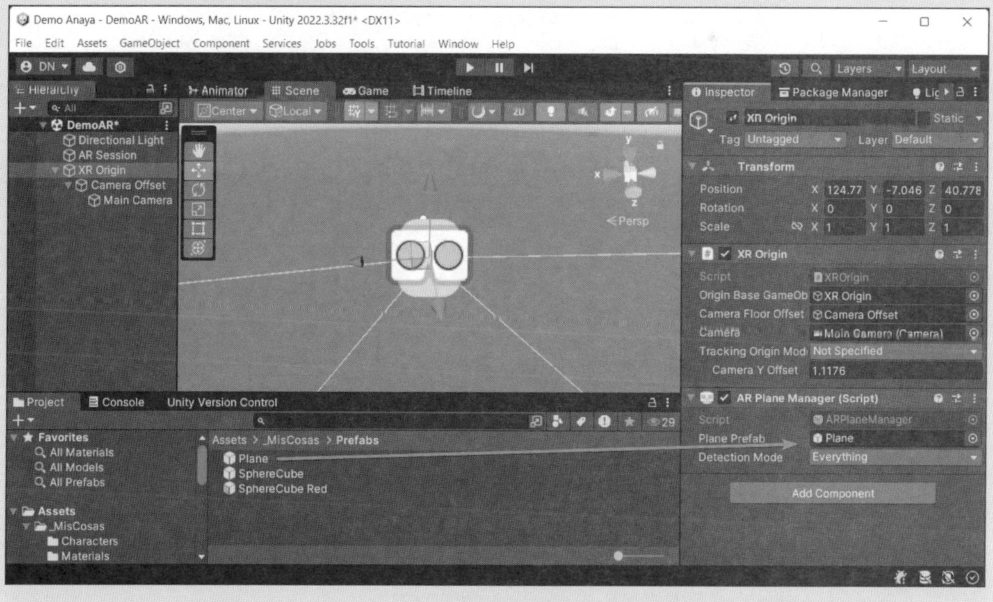

Figura 11.17. Conectando Prefab a la propiedad Plane Prefab.

2. Configurar ARRaycastManager para la detección de superficies:
   - También en XR Origin, añade un componente ARRaycastManager.
   - Este componente habilita la funcionalidad de *raycasting*, que envía rayos desde la cámara del dispositivo y detecta si estos intersectan con algún plano detectado. Esto nos permite identificar posiciones específicas en la superficie para anclar objetos virtuales.
   - Asegúrate de que ARPlaneManager y ARRaycastManager estén activos en el mismo objeto para que trabajen en conjunto, como se ve en la figura 11.18.

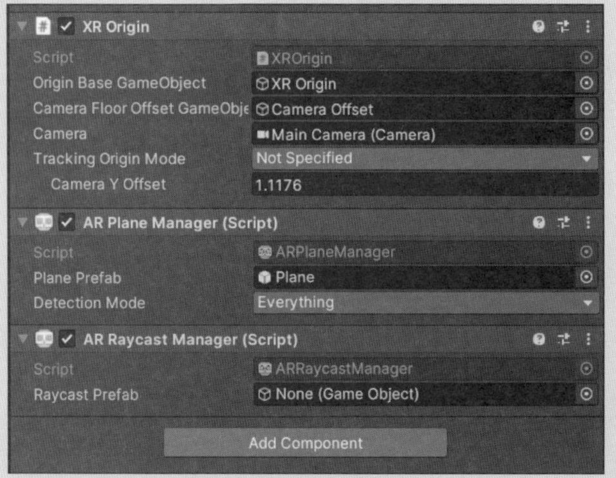

Figura 11.18. Resultado final de componentes en GameObject XR Origin.

3. Crear un *script* para anclar objetos en superficies detectadas:
   - Crea un nuevo *script* en C#, por ejemplo, `ARAnchorScript`, en la figura 11.19 Este *script* se encargará de detectar un toque en la pantalla y realizar un *raycast* para determinar si el toque coincide con una superficie detectada.
   - Dentro del *script*, configura la lógica para colocar el objeto en la posición detectada. A continuación, un ejemplo de cómo implementar esto:

```
using System.Collections.Generic;
using UnityEngine;
using UnityEngine.XR.ARFoundation;
using UnityEngine.XR.ARSubsystems;

public class ARAnchorScript : MonoBehaviour
{
    private ARRaycastManager raycastManager;
    public GameObject objectToPlace;
    private List<ARRaycastHit> hits = new List<ARRaycastHit>();

    void Start()
```

```
    {
        raycastManager = GetComponent<ARRaycastManager>();
    }

    void Update()
    {
        if (Input.touchCount > 0)
        {
            Touch touch = Input.GetTouch(0);

            if (touch.phase == TouchPhase.Began)
            {
                if (raycastManager.Raycast(touch.position, hits, TrackableType.
PlaneWithinPolygon))
                {
                    Pose hitPose = hits[0].pose;
                    Instantiate(objectToPlace, hitPose.position, hitPose.rotation);
                }
            }
        }
    }
}
```

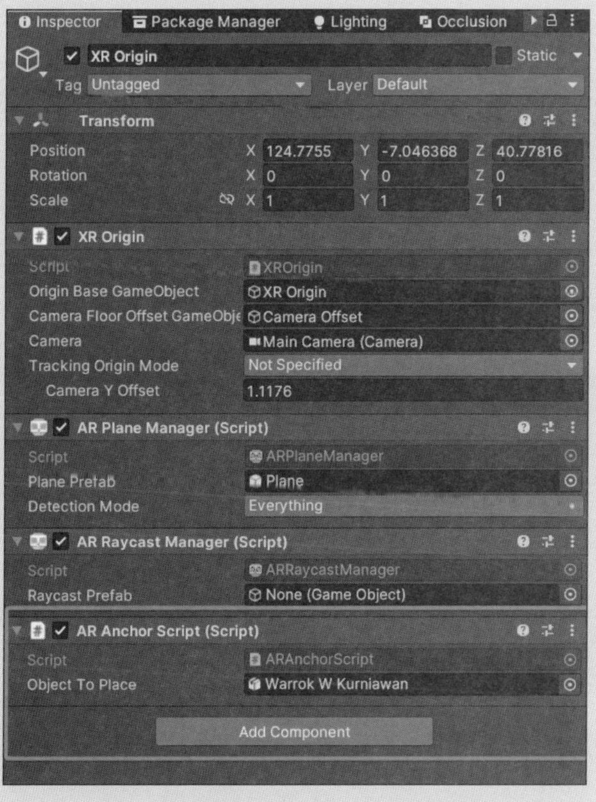

Figura 11.19. Componente AR Anchor Script.

En este *script*, `objectToPlace` es el Prefab del objeto que queremos colocar sobre la superficie. Al detectar un toque en la pantalla, el *script* ejecuta un *raycast* desde la posición del toque. Si este *raycast* intercepta un plano detectado, el objeto se instancia en esa ubicación.

Este enfoque permite que el usuario ancle un objeto simplemente tocando una superficie adecuada en la vista de la cámara.

4. Añadir y configurar **ObjectToPlace**: Crea o selecciona un objeto 3D para usar como el objeto anclado en las superficies detectadas. Esto puede ser cualquier objeto 3D, como un cubo, una esfera o un modelo personalizado. Puedes usar cualquier Prefab, por ejemplo, el personaje 3D de nuestro jugador o el modelo 3D del NPC que creamos en capítulos anteriores.
5. Probar la detección de superficies y anclaje de objetos:
   - Asegúrate de que tu dispositivo de pruebas esté configurado y conectado.
   - Ejecuta la aplicación en el dispositivo y, al apuntar con la cámara a una superficie plana, debería aparecer un plano visual (según el Prefab de plano configurado), como se ve en la figura 11.20.

Figura 11.20. Vista previa del Prefab renderizándose sobre plano.

   - Al tocar la pantalla, se colocará el objeto virtual en la posición donde el plano fue detectado.

Problema común con el tamaño de los objetos

En proyectos de realidad aumentada, es común encontrarse con problemas de escala al ver los objetos en la cámara de RA. Esto se debe a que los objetos 3D en Unity suelen estar diseñados para entornos de juegos convencionales, donde las dimensiones virtuales no siempre se traducen bien al espacio físico a través de un dispositivo móvil. Como resultado, los objetos pueden parecer demasiado grandes o cercanos en la vista de AR, dificultando su visualización adecuada y afectando la experiencia del usuario.

Para ajustar el tamaño de los objetos en tu escena de realidad aumentada y que se vean de manera adecuada en la cámara, puedes hacer lo siguiente.

Para reducir el tamaño del objeto y del plano, selecciona el plano y el objeto que estás colocando (como ObjectToPlace) y ajusta sus escalas en el Inspector. Prueba escalas más pequeñas, como 0.1 o menos en X, Y y Z, para reducir significativamente su tamaño en la escena, como se señala en la figura 11.21.

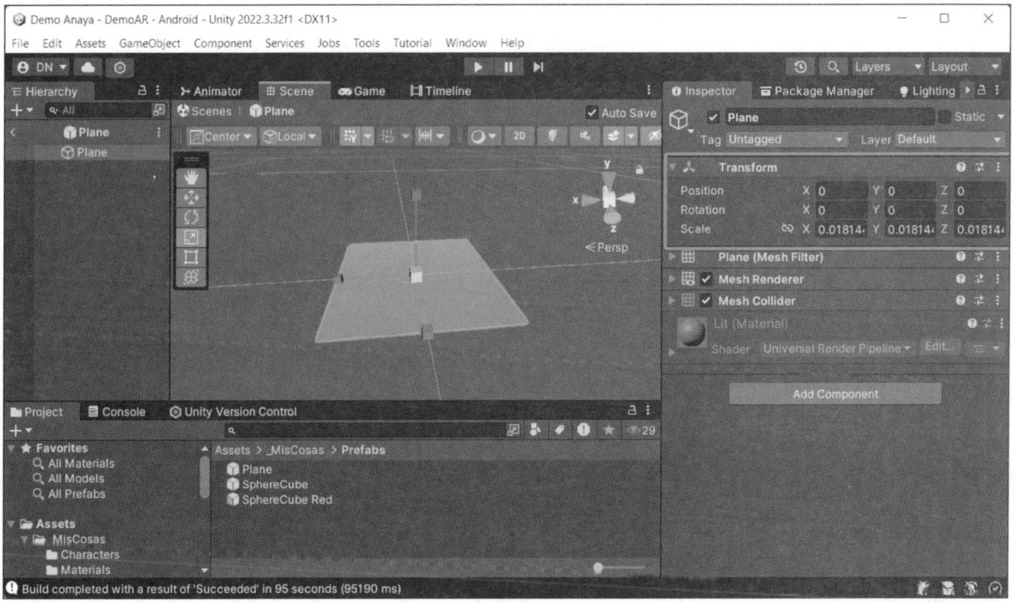

Figura 11.21. Cambiando escala del plano.

Este sistema de detección de superficies y anclaje de objetos permite una interacción directa con el entorno del usuario, mejorando la experiencia de RA al integrar objetos virtuales con el espacio físico. En la siguiente sección, aprenderemos a mejorar aún más esta experiencia con la administración de anclajes, permitiendo que los objetos permanezcan fijos en su posición, incluso si el dispositivo se mueve o pierde temporalmente la vista de la superficie detectada.

Interacción con objetos en RA

Cuando los objetos de realidad aumentada están anclados en el entorno físico, añadirles interactividad aporta un nivel extra de inmersión y funcionalidad, haciendo que la experiencia sea mucho más atractiva y dinámica. La posibilidad de que los usuarios interactúen directamente con los objetos virtuales mediante acciones simples, como tocar o deslizar, les permite explorar el contenido en mayor profundidad. Desde cambiar la apariencia de un objeto hasta activar animaciones o sonidos, las posibilidades son amplias y pueden enriquecer notablemente la experiencia de realidad aumentada. A continuación, veremos un ejemplo práctico donde configuraremos una interacción sencilla, como tocar un objeto para que cambie de color. Este ejercicio también ayudará a entender cómo gestionar eventos táctiles en el entorno de realidad aumentada.

EJEMPLO PRÁCTICO: IMPLEMENTAR LA INTERACCIÓN CON OBJETOS EN RA

1. Crea un Prefab de tipo Cube o Sphere para ver con claridad la acción que queremos ver en este ejercicio.
2. Crea un *script* para manejar la interacción táctil:
   - Crea un nuevo *script* en C#, por ejemplo, `ARInteractionScript` y añádelo al Prefab, como se ve en la figura 11.22. Este *script* se encargará de detectar cuándo el usuario toca el objeto y de responder a esta interacción.

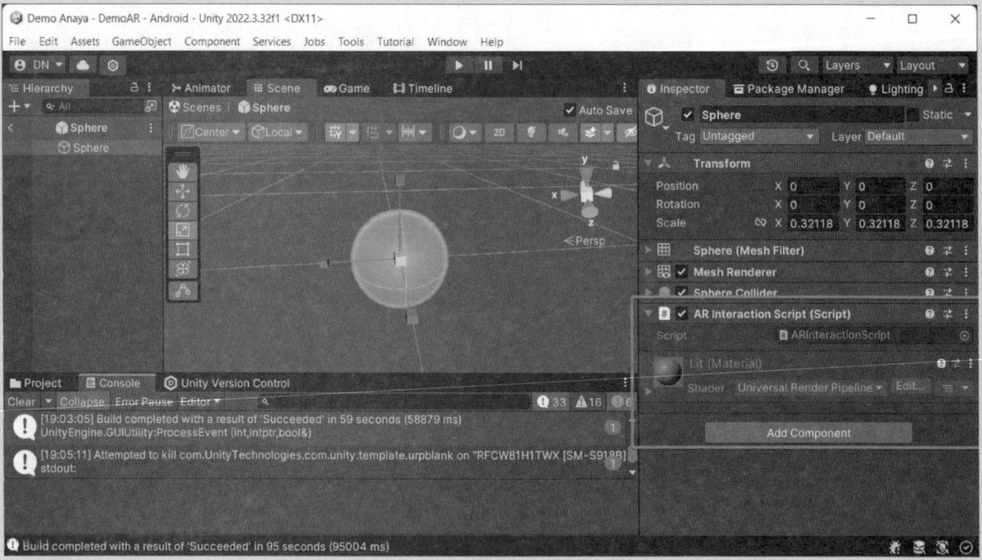

Figura 11.22. Componente AR Interaction Script.

- En el *script*, usa el evento `OnMouseDown` o la detección táctil específica para dispositivos móviles para reaccionar cuando el usuario interactúa con el objeto. Aquí tienes un ejemplo que cambia el color del objeto al tocarlo:

```
using UnityEngine;

public class ARInteractionScript : MonoBehaviour
{
    private Renderer objectRenderer;

    void Start()
    {
        objectRenderer = GetComponent<Renderer>();
    }

    void OnMouseDown()
    {
        // Cambiar a un color aleatorio al tocar el objeto
        objectRenderer.material.color = new Color(Random.value, Random.value, Random.
value);
    }
}
```

En este *script*, `objectRenderer` obtiene el material del objeto para cambiar su color. `OnMouseDown()` es llamado cuando el usuario toca el objeto, lo que hace que el objeto cambie a un color aleatorio.

En dispositivos móviles, el uso de `OnMouseDown` también captura los eventos táctiles si el objeto tiene un colisionador. Sin embargo, para detectar múltiples toques o realizar interacciones más complejas, podrías implementar eventos personalizados utilizando `Input.touchCount` y `TouchPhase`.

3. Prueba el cambio de apariencia o comportamiento:
   - Ejecuta la aplicación en el dispositivo de pruebas.
   - Coloca el objeto en una superficie detectada (siguiendo la sección de anclaje anterior) y luego toca el objeto en la pantalla. El color del objeto debería cambiar cada vez que se toque, en la figura 11.23, o podrías probar con otra acción, como iniciar una animación o reproducir un sonido.

   Además de cambiar la apariencia, puedes añadir otras interacciones como animaciones (al tocar el objeto, inicia una animación para que gire, escale o cambie de posición); reproducción de sonido (añade un componente de Audio Source al objeto y usa `audioSource.Play()` para reproducir un sonido cuando el objeto es tocado) o acciones de escena (implementa efectos visuales adicionales, como partículas o cambios de iluminación, al interactuar con el objeto en RA).

Figura 11.23. Vista previa del Prefab cambiando de color.

Por ejemplo, para activar un sonido al tocar el objeto:

```
using UnityEngine;

public class ARInteractionScript : MonoBehaviour
{
    private Renderer objectRenderer;
    private AudioSource audioSource;

    void Start()
    {
        objectRenderer = GetComponent<Renderer>();
        audioSource = GetComponent<AudioSource>();
    }

    void OnMouseDown()
    {
        // Cambiar color
        objectRenderer.material.color = new Color(Random.value, Random.value, Random.value);
        // Reproducir sonido
        if (audioSource != null)
        {
            audioSource.Play();
        }
    }
}
```

4. Prueba y ajusta la interacción en el entorno de RA:
   - Verifica cómo se comporta la interacción en diferentes situaciones de iluminación y ángulos.
   - Si es necesario, ajusta los colisionadores o el comportamiento del *script* para que la interacción sea precisa y responsiva.

Este enfoque básico para la interacción con objetos en RA permite una experiencia más rica y dinámica, donde los usuarios pueden no solo observar objetos en el mundo real, sino también interactuar con ellos de forma directa. Este tipo de funcionalidad abre las puertas a múltiples posibilidades de diseño, como juegos en RA, presentaciones interactivas y aplicaciones de demostración de productos en entornos de RA.

Uso de imágenes y objetos de referencia en RA

El uso de imágenes y objetos de referencia en realidad aumentada amplía las posibilidades de interacción al permitir que la aplicación identifique y responda a elementos físicos específicos en el entorno del usuario. Esta capacidad de reconocimiento permite superponer contenido digital relevante, como información adicional o modelos 3D, al detectar una imagen o un objeto determinado. Con Unity ARFoundation, podemos activar elementos virtuales o iniciar interacciones en función de estas referencias físicas, brindando una experiencia de RA mucho más rica y contextualizada.

A continuación, veremos cómo configurar la detección de imágenes para que ARFoundation reconozca referencias físicas y active el contenido adecuado en la escena.

EJEMPLO PRÁCTICO: CONFIGURACIÓN DE DETECCIÓN DE IMÁGENES

La detección de imágenes permite que la aplicación reconozca patrones o imágenes específicas en el entorno del usuario, como logotipos, fotos o carteles, para activar contenido digital al detectarlas:

1. Crear un ReferenceImageLibrary:
   - En Unity, dirígete a Assets>Create>XR>ReferenceImageLibrary. Esto creará una nueva biblioteca de imágenes de referencia.
   - Abre la biblioteca y agrega imágenes seleccionando el botón Add Image. Arrastra las imágenes que desees usar como referencias en RA a esta biblioteca, como se ve en la figura 11.24.
   - Define el tamaño físico de cada imagen en la propiedad Size para ayudar a ARFoundation a calcular correctamente la escala de los objetos virtuales.
2. Configurar AR Tracked Image Manager:
   - En el panel Hierarchy, selecciona el objeto XR Origin.
   - Agrega el componente AR Tracked Image Manager y, en el campo Serialized Library, asigna la ReferenceImageLibrary que acabas de crear, como se muestra en la figura 11.25.

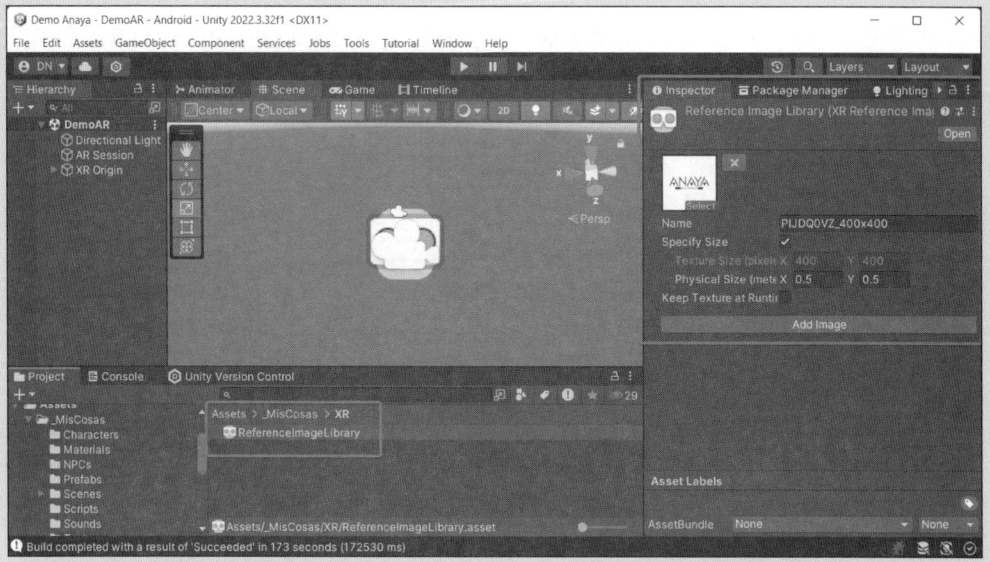

Figura 11.24. Añadir imagen a ReferenceImageLibrary.

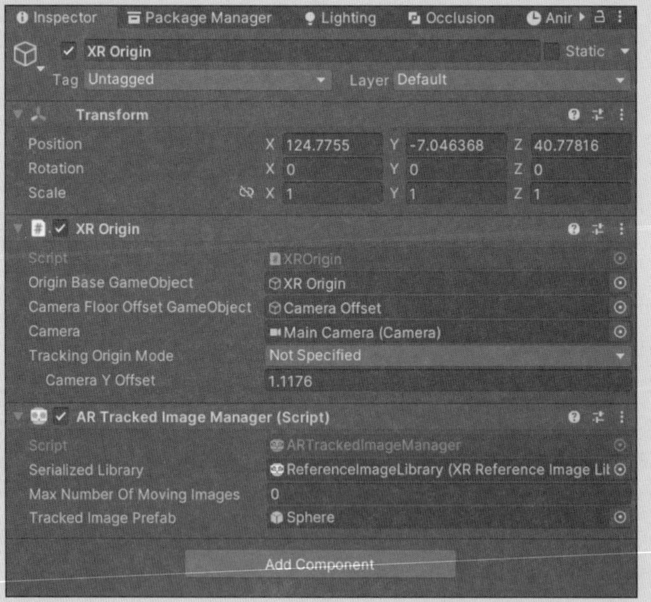

Figura 11.25. Resultado final del Inspector del GameObject XR Origin.

Para finalizar el ejemplo práctico, lanza la escena para ver el resultado de la detección de la imagen de referencia. Puedes abrir la imagen que has configurado para ser rastreada en otro dispositivo, como la pantalla de un monitor o un segundo móvil, o incluso imprimirla en papel. Al enfocar la cámara de tu aplicación hacia la imagen de referencia, deberías ver cómo el Prefab configurado se renderiza y se posiciona en la imagen de manera precisa, como vemos en la figura 11.26. Esto verifica que el sistema de detección de imágenes está funcionando y que tu contenido de realidad aumentada se activa correctamente al reconocer la imagen en el mundo real.

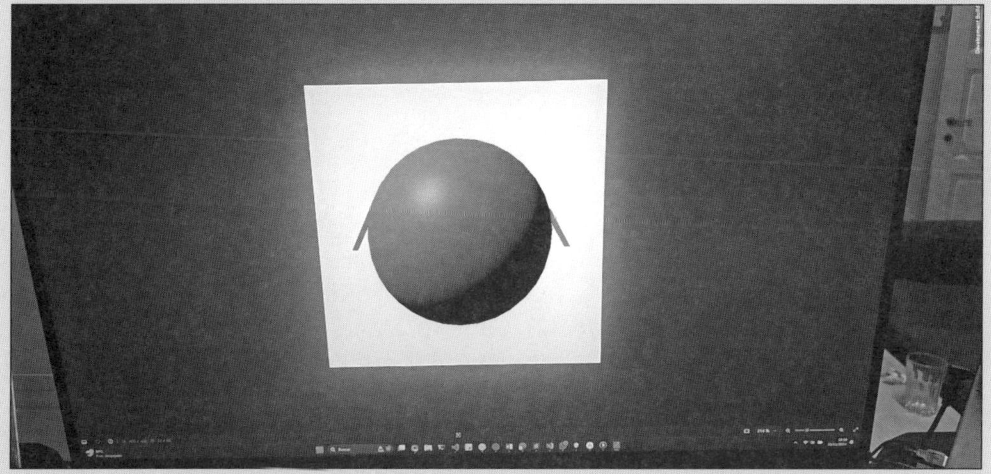

Figura 11.26. Previsualización del Prefab renderizándose sobre imagen.

Al completar este ejemplo práctico, hemos aprendido a configurar la detección de imágenes y a enlazar objetos virtuales que se activan al reconocer imágenes físicas específicas en el entorno. Esta funcionalidad enriquece la experiencia de realidad aumentada, ofreciendo contenido contextual que responde al mundo real, permitiendo aplicaciones más inmersivas y útiles.

Con esta base, estamos listos para mejorar la integración visual de los objetos virtuales en el entorno real. En la siguiente sección, exploraremos cómo ajustar la iluminación y sombras en RA para que los elementos virtuales se mezclen de manera más natural con el ambiente físico, aumentando la inmersión del usuario.

Manejo de iluminación y sombras en RA

La iluminación y las sombras son factores esenciales para lograr una experiencia de realidad aumentada (RA) que se sienta auténtica y convincente. Cuando incorporamos objetos virtuales en un entorno físico, necesitamos que estos elementos reflejen las condiciones de iluminación de su alrededor para crear una apariencia armoniosa y realista. Si los objetos virtuales reaccionan a la luz y sombras presentes en el mundo real, el resultado es una integración visual mucho más lograda, donde el usuario percibe los elementos virtuales como si realmente pertenecieran a su entorno.

Unity ARFoundation facilita esta integración mediante herramientas y configuraciones de iluminación que permiten que los objetos virtuales respondan a las condiciones de luz ambiental del espacio físico. Esto no solo mejora el aspecto estético, sino también la sensación de inmersión, que es clave en una experiencia de RA.

A continuación, comenzaremos explorando cómo configurar la iluminación ambiental en RA y ajustar las condiciones lumínicas para conseguir una mejor integración de los objetos virtuales.

Iluminación ambiental en RA

La iluminación ambiental en realidad aumentada (RA) permite que los objetos virtuales reaccionen de manera dinámica a los cambios de luz en el entorno físico, logrando una mayor integración visual. Unity ARFoundation facilita esta función mediante el uso del componente AR Camera Manager y sus opciones de Light Estimation, que capturan y aplican datos de luz del entorno real a los objetos virtuales.

Para activar Light Estimation, debes seguir estos pasos:

- Selecciona el objeto XR Origin en la jerarquía de Unity y asegúrate de que el componente AR Camera Manager esté activo.
- Dentro de AR Camera Manager, habilita las opciones de Light Estimation. Puedes seleccionar varias subopciones, como Ambient Intensity, Ambient Color Temperature, Ambient Spherical Harmonics, Main Light Direction, Main Light Intensity Lumens y Main Light Color para ajustar cómo se aplicarán los datos de luz ambiente a los objetos virtuales en la escena. Esto permite que estos objetos respondan no solo a la intensidad y color de la luz ambiental, sino también a la dirección y color de la luz principal, si se habilitan.

OPCIONES DE LIGHT ESTIMATION EN AR CAMERA MANAGER

- Ambient Intensity: Esta opción calcula la intensidad de la luz ambiente en el entorno y aplica esa información a los objetos virtuales. Con esta estimación, los objetos de RA pueden verse más brillantes en condiciones de luz intensa o más oscuros en condiciones de poca luz, lo que los hace integrarse mejor en el entorno.
- Ambient Color Temperature: La temperatura del color se refiere al "tono" de la luz, que puede variar de cálido (anaranjado) a frío (azul). Esta opción permite ajustar el color de los objetos virtuales en función de la temperatura de color capturada por la

cámara, logrando una mayor cohesión entre los objetos de RA y el entorno. Por ejemplo, si estás en una habitación iluminada con luz cálida, los objetos de RA se verán con un tono anaranjado suave.

- Ambient Spherical Harmonics: Esta opción estima la dirección de la luz ambiental, permitiendo simular de dónde proviene la luz. Con esto, los objetos de RA pueden tener iluminación direccional que refleja mejor las condiciones del entorno. Es ideal para efectos de sombras y luces complejas, aunque requiere más recursos de procesamiento.
- Main Light Direction: Estima la dirección de la luz principal en la escena, por ejemplo, la luz solar si estás al aire libre. Esta opción es útil si quieres que los objetos virtuales tengan sombras o reflejos que respondan a una fuente de luz dominante en el entorno. Las sombras en los objetos virtuales se ajustarán de acuerdo con la dirección de la luz principal estimada, aumentando el realismo de la escena.
- Main Light Intensity Lumens: Esta opción calcula la intensidad de la fuente de luz principal, expresada en lúmenes. Ajusta la intensidad de la iluminación en los objetos virtuales de acuerdo con esta fuente, haciéndolos más o menos luminosos en función de la intensidad real de la luz principal en el entorno.
- Main Light Color: Ajusta el color de la luz principal que afecta a los objetos virtuales, permitiendo que estos respondan a los cambios de color en la fuente de luz dominante. Este ajuste es ideal para capturar la atmósfera de entornos donde la luz tiene un tono característico, como el amanecer o el atardecer.

Este ajuste es fundamental para mejorar la experiencia de RA, ya que permite que los objetos digitales se adapten al entorno real, manteniendo una apariencia y comportamiento coherentes con el mundo físico.

Con una base sólida en la configuración y uso de iluminación en realidad aumentada, hemos logrado un nivel de integración visual más realista para nuestros objetos virtuales. Sin embargo, para asegurar un rendimiento fluido y optimizado en dispositivos móviles, es crucial implementar una serie de prácticas adicionales. En la siguiente sección, abordaremos consejos de optimización específicos para RA y buenas prácticas generales, garantizando que nuestra aplicación funcione de manera eficiente en diferentes condiciones y dispositivos.

Consejos de optimización y mejores prácticas

La optimización es esencial para las aplicaciones de realidad aumentada, ya que generalmente se ejecutan en dispositivos móviles que pueden tener limitaciones de rendimiento. A continuación, algunos consejos y mejores prácticas para mejorar la eficiencia y la experiencia del usuario en tus aplicaciones de RA con Unity y ARFoundation.

Reducción de polígonos y optimización de modelos 3D

Los objetos virtuales con alta cantidad de polígonos pueden afectar el rendimiento. Utiliza modelos optimizados y evita el uso de detalles excesivos en geometrías que no sean visibles o que no aporten significativamente a la experiencia.

> Simplifica los modelos 3D siempre que sea posible, y utiliza herramientas de reducción de polígonos, como el modificador Decimate en Blender o la herramienta de reducción en Unity.

Texturas y materiales

La carga de texturas y materiales en dispositivos móviles puede consumir una gran cantidad de memoria y procesamiento gráfico:

- **Compresión de texturas:** Utiliza texturas comprimidas y de baja resolución siempre que sea posible. La compresión ASTC, por ejemplo, es ideal para dispositivos móviles.
- **Materiales simples:** Prefiere materiales simples y evita los *shaders* complejos. Los materiales básicos y los colores sólidos pueden ser efectivos en aplicaciones de RA.
- **Uso de Unlit Shaders:** Para elementos que no requieren interacción de luz, utiliza *shaders* sin iluminación (Unlit) para reducir el procesamiento.

Iluminación y sombras en tiempo real

La iluminación y sombras en tiempo real pueden ser demandantes en RA, especialmente en dispositivos móviles:

- **Light Estimation:** Usa AR Light Estimation para adaptar la luz general sin usar varias luces en tiempo real, lo que reduce el uso de recursos.
- **Sombra simple:** En lugar de sombras en tiempo real, puedes usar planos de sombra simples o texturas proyectadas para simular sombras.
- **Deshabilitar Sombras innecesarias:** Configura los objetos y las luces para que solo proyecten sombras cuando sea estrictamente necesario. Evita sombras detalladas en objetos pequeños o lejanos.

Detección de superficies y anclaje de objetos

La detección de superficies en ARFoundation puede consumir procesamiento si se realiza constantemente. Optimizar este aspecto ayudará a mantener un rendimiento fluido:

- **Frecuencia de detección:** Ajusta la frecuencia de actualización de la detección de superficies, limitando la cantidad de superficies procesadas si no es necesario actualizar constantemente.
- **Gestión de anclajes:** Mantén los anclajes en la escena solo mientras sean necesarios. Remueve los anclajes antiguos para evitar una acumulación que afecte la memoria.

LOD (nivel de detalle)

Implementa el uso de niveles de detalle (LOD) en objetos para reducir la carga gráfica. Esto es particularmente útil en escenas con objetos complejos o en aplicaciones que permitan al usuario acercarse y alejarse de los elementos virtuales:

- **Configuración de LOD:** Configura diferentes versiones del mismo objeto con niveles de detalle reducidos. Unity tiene una herramienta de LOD que permite cambiar entre estas versiones automáticamente según la distancia del usuario.

Optimización de *scripts*

Evita usar operaciones complejas en el método `Update`, ya que se ejecuta cada fotograma y puede sobrecargar el rendimiento:

- **Uso de `Coroutines`:** Para animaciones o acciones repetitivas con pausas, usa `Coroutines` en lugar de `Update` para liberar carga de procesamiento.
- **Reduce el uso de métodos pesados:** Minimiza el uso de funciones intensivas como `Find`, `GetComponent` o cálculos innecesarios en `Update`. Prefiere ejecutarlas en `Awake` o `Start`, o solo cuando sea necesario.

Otros consejos de optimización

- **Uso de Profiler:** Utiliza el Unity Profiler para identificar cuellos de botella en la aplicación y ajustar las áreas que consumen más recursos.
- **Limitación de FPS:** Limitar los fotogramas por segundo puede reducir el consumo de batería, especialmente en dispositivos móviles. Ajusta el límite según el rendimiento objetivo.
- **Pruebas en dispositivos reales:** Prueba la aplicación en los dispositivos reales para los cuales está diseñada. Esto ayudará a identificar problemas específicos de hardware y optimizar en consecuencia.

A medida que avanzamos en el desarrollo de nuestra aplicación de realidad aumentada, la optimización será un aspecto esencial para garantizar un rendimiento sólido y estable. Aunque en esta sección abordaremos algunos principios básicos de optimización, en capítulos futuros profundizaremos en técnicas avanzadas para mejorar el rendimiento utilizando herramientas como Unity Profiler. Esta herramienta nos permitirá analizar el comportamiento de la aplicación en tiempo real y hacer ajustes específicos para maximizar su eficiencia, ofreciendo así una experiencia de usuario óptima.

A lo largo de este capítulo, hemos dado los primeros pasos para integrar experiencias de realidad aumentada en Unity utilizando ARFoundation. Hemos configurado el entorno de desarrollo, aprendido a detectar superficies y anclar objetos, y explorado cómo gestionar la iluminación para una integración visual coherente. La RA nos brinda la capacidad de superponer elementos digitales en el mundo real, y dominar esta tecnología abre una nueva dimensión de interactividad y narrativa en nuestras aplicaciones.

Al poner en práctica estos conocimientos, podrás ofrecer a los usuarios una experiencia enriquecida que combina el entorno físico con contenido virtual, creando una experiencia única y memorable. En los próximos capítulos, abordaremos temas avanzados de optimización y exploraremos herramientas como Unity Profiler, que te ayudarán a perfeccionar el rendimiento de tus aplicaciones de RA y a garantizar una experiencia más fluida y atractiva.

12

OPTIMIZACIÓN Y MONITORIZACIÓN DEL RENDIMIENTO

En el desarrollo de videojuegos y aplicaciones en tiempo real, especialmente para dispositivos móviles, la optimización es una fase crítica que asegura que el producto final sea eficiente, fluido y atractivo para el usuario. En el caso de aplicaciones de realidad aumentada (RA) y otros entornos complejos, los recursos pueden agotarse rápidamente, y una mala gestión del rendimiento puede provocar una experiencia de usuario deficiente, tiempos de carga prolongados o incluso cierres inesperados. Por ello, Unity proporciona una variedad de herramientas y prácticas para optimizar el rendimiento y la memoria de nuestras aplicaciones.

En este capítulo, exploraremos técnicas clave para mejorar la eficiencia de los proyectos en Unity, enfocándonos en la optimización de texturas y memoria, así como en el uso de herramientas para monitorear el rendimiento. Aprenderemos cómo hacer ajustes específicos que optimicen el consumo de recursos sin comprometer la calidad visual o la funcionalidad del juego o aplicación.

En este capítulo cubriremos los siguientes temas:

- Optimización de texturas.
- Optimización de memoria.
- Monitorización del rendimiento con Unity Profiler.
- Optimización de *scripts* y física.

Antes de abordar la optimización de la memoria y otros aspectos avanzados del rendimiento, comencemos con la optimización de texturas, una de las áreas más críticas en el desarrollo de videojuegos para dispositivos móviles y aplicaciones de RA. Las texturas suelen ser una de las fuentes de consumo de memoria y procesamiento más intensivas en gráficos 3D, ya que impactan directamente en la calidad visual y en la fluidez de la aplicación. Al optimizar las texturas correctamente, no solo reducimos el tamaño del archivo y el uso de memoria, sino que también mejoramos el rendimiento general de la aplicación.

Optimización de texturas

Optimizar las texturas es un aspecto fundamental para reducir el consumo de memoria y mejorar el rendimiento gráfico de una aplicación en Unity. Ajustar los tamaños, formatos y configuraciones de compresión de las texturas permite equilibrar la calidad visual y el uso de recursos, lo cual es crucial para obtener una experiencia fluida, especialmente en dispositivos móviles. A continuación, exploraremos algunas técnicas y configuraciones clave para optimizar el uso de texturas en Unity.

Ajuste de tamaño de textura

Optimizar el tamaño de las texturas y habilitar *mipmaps* es esencial para mejorar el rendimiento de la aplicación, especialmente en dispositivos móviles. Estas técnicas ayudan a reducir la carga en la memoria y mejoran la fluidez del juego sin comprometer significativamente la calidad visual.

Escala de textura

La escala de textura se refiere al tamaño de las texturas que se utilizan en un proyecto, expresado en píxeles (por ejemplo, 4.096 × 4.096, 1.024 × 1.024, etc.). Cuanto mayor es el tamaño de la textura, más detalles tiene, pero también ocupa más espacio en la memoria y puede ralentizar los tiempos de carga y afectar el rendimiento en dispositivos con recursos limitados. Los beneficios de ajustar la escala de textura son:

- **Ahorro de memoria:** Texturas de menor resolución consumen menos memoria, lo cual es crucial para dispositivos móviles.
- **Reducción de tiempos de carga:** Texturas más pequeñas se cargan y procesan más rápidamente, mejorando el tiempo de respuesta de la aplicación.
- **Mejor rendimiento:** Disminuir el tamaño de las texturas puede reducir la cantidad de procesamiento gráfico, aliviando la carga en el GPU.

Por ejemplo:

- **4.096 × 4.096:** Es excesivo para la mayoría de los dispositivos móviles y solo debe usarse en objetos que realmente requieran esa cantidad de detalle (por ejemplo, en PC o consolas).
- **1.024 × 1.024 o 512 × 512:** Suelen ser tamaños más razonables para aplicaciones móviles, permitiendo un balance entre calidad y rendimiento.

Uso de *mipmaps*

Mipmaps son versiones de una textura en resoluciones reducidas, que se cargan automáticamente en función de la distancia del objeto a la cámara. Esto significa que, si un objeto se ve lejos, Unity utilizará una versión más pequeña de la textura, reduciendo el uso de memoria y el esfuerzo de procesamiento gráfico. En la figura 12.1, se muestra cómo los *mipmaps* optimizan el rendimiento al usar versiones reducidas de la textura en función de la distancia. Sin *mipmaps*, se utiliza siempre la textura completa, lo que consume más recursos. Con *mipmaps* habilitados, la textura se ajusta según la distancia, mejorando tanto el rendimiento como la calidad visual.

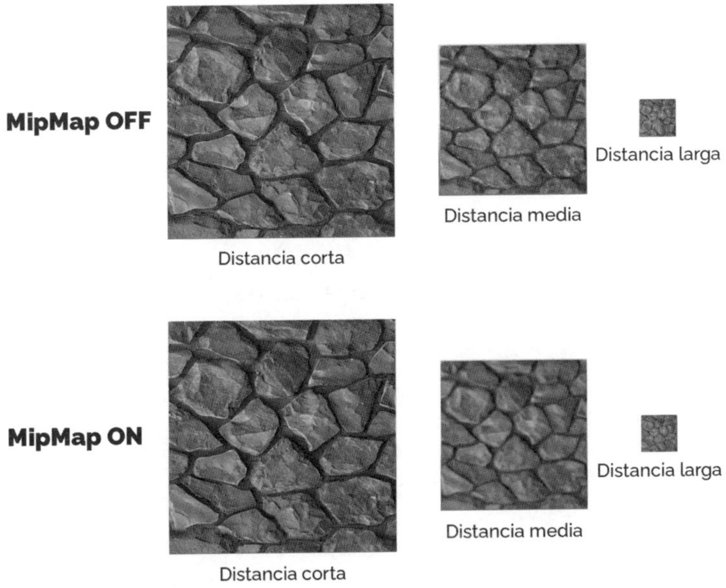

Figura 12.1. Ilustración de calidad de textura/distancia con *mipmap*.

Los beneficios de los *mipmaps* son los siguientes:

- **Ahorro de recursos en la GPU:** La carga gráfica se reduce cuando los objetos están lejos, ya que se procesan texturas más pequeñas.
- **Calidad visual mejorada en distancias largas:** Evita el *aliasing* (efecto de "escalonado") en texturas de objetos lejanos, proporcionando una transición más suave.
- **Mejor rendimiento:** Los *mipmaps* optimizan el uso de memoria, permitiendo que los dispositivos manejen más texturas sin afectar tanto el rendimiento.

Es recomendable habilitar *mipmaps* en objetos que se ven a diferentes distancias, como fondos o elementos de entorno. Para objetos que siempre están cerca de la cámara, desactivarlos es preferible para ahorrar recursos.

EJEMPLO PRÁCTICO: CONFIGURACIÓN DE ESCALA DE TEXTURA Y *MIPMAPS* EN UNITY

Una vez entendidos estos conceptos, puedes ajustar la escala y activar o desactivar los *mipmaps* para cada textura:

1. Selecciona la textura en el Project Panel: Ve a la carpeta donde están almacenadas tus texturas y selecciona una para abrir sus propiedades en el panel Inspector.
2. Ajusta la escala de la textura: En el panel Inspector, localiza la sección Max Size (Tamaño máximo) y selecciona un tamaño adecuado para la textura, como se ve en la figura 12.2. Por ejemplo, puedes optar por 1.024 × 1.024 o 512 × 512, dependiendo del nivel de detalle necesario en tu proyecto. Esto reducirá significativamente el consumo de memoria sin sacrificar demasiada calidad visual. Tras ajustar el tamaño, haz clic en el botón Apply (Aplicar) para confirmar los cambios. Observa cómo el tamaño de la textura, medido en kilobytes, se actualiza en tiempo real. Experimenta con diferentes resoluciones para encontrar el equilibrio perfecto entre calidad y rendimiento.

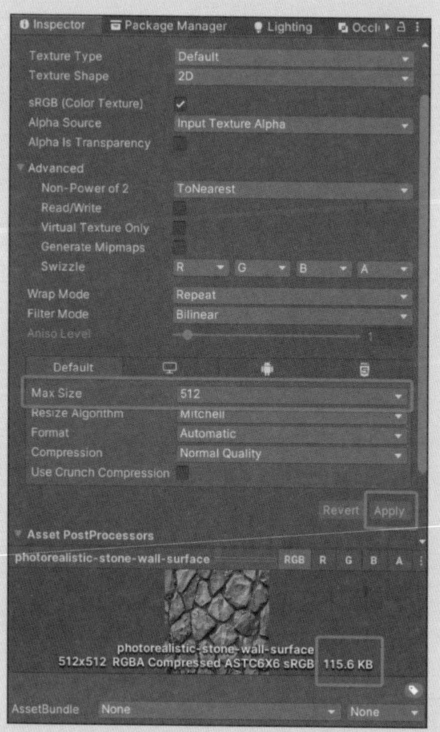

Figura 12.2. Propiedad Max Size y previsualización de peso en kilobytes.

3. Habilita o desactiva *mipmaps*: En el panel **Inspector**, activa la opción **Generate Mipmaps** para texturas que se verán a distintas distancias de la cámara, como se muestra en la figura 12.3. Si los objetos están siempre cerca, desactiva esta opción para ahorrar recursos.

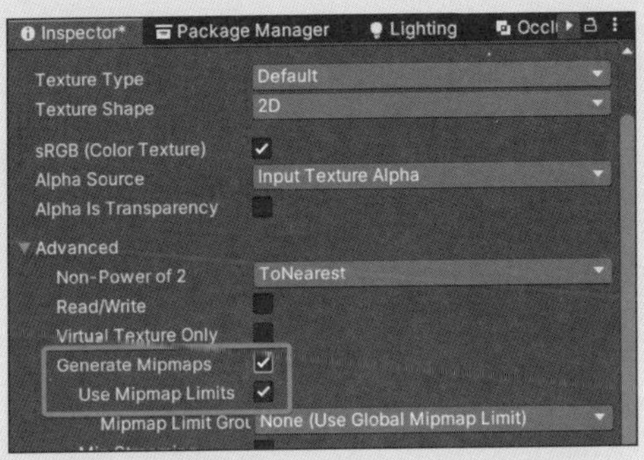

Figura 12.3. Propiedad Generate Mipmaps.

Prueba estos ajustes en un dispositivo real y verifica que los cambios mejoren el rendimiento sin afectar la calidad visual. Ajustar la escala de texturas y los *mipmaps* correctamente puede tener un impacto significativo en la eficiencia de la aplicación.

En la próxima sección, aprenderemos sobre la compresión de texturas, otra técnica de optimización que contribuye a reducir el tamaño de los archivos y mejora aún más el rendimiento.

Compresión de texturas

La compresión es esencial para reducir el tamaño de las texturas en memoria y en almacenamiento. Unity ofrece varios formatos de compresión adaptados a diferentes plataformas, y la elección correcta depende de las necesidades específicas del proyecto y del dispositivo objetivo, como se ve en la figura 12.4.

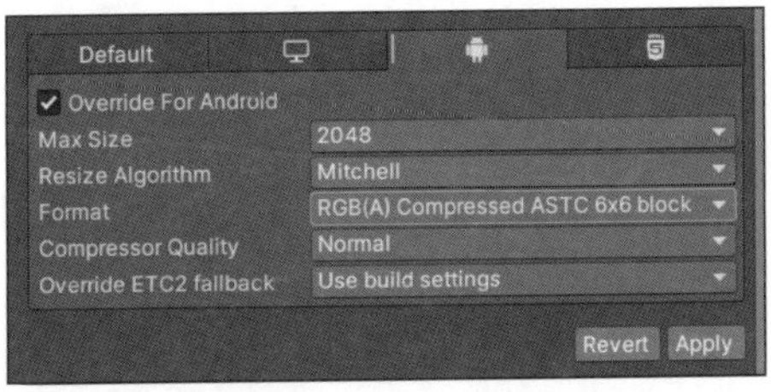

Figura 12.4. Propiedad de formato de compresión de textura.

Los formatos de compresión comunes son:

- **ASTC (Adaptive Scalable Texture Compression):** Ideal para dispositivos Android modernos y iOS, ya que permite ajustar la calidad y el tamaño de compresión, manteniendo un buen equilibrio entre calidad y rendimiento.
- **ETC (Ericsson Texture Compression):** Común en dispositivos Android, con menos flexibilidad que ASTC, pero con buen soporte para la mayoría de los dispositivos.
- **DXT (S3 Texture Compression):** Adecuado para dispositivos que usan DirectX, como plataformas de PC y algunas consolas.
- **PVRTC:** Específico para iOS y algunos dispositivos Android antiguos; ofrece alta compresión, aunque la calidad puede verse afectada en texturas detalladas.

En Unity, al seleccionar una textura, podrás configurar su compresión en el Inspector para cada plataforma. Experimenta con diferentes configuraciones y observa el resultado en el Editor y en dispositivos reales para encontrar el mejor balance.

Texturas atlas y agrupación

El uso de texturas atlas es una técnica ampliamente utilizada en el desarrollo de videojuegos para mejorar el rendimiento gráfico. Al combinar varias texturas en una sola, se reducen las llamadas de renderizado (*draw calls*), lo que es fundamental para optimizar la ejecución del juego, especialmente en dispositivos móviles. Además, esta técnica permite un uso más eficiente de la memoria y evita los costos asociados con el cambio de materiales durante el proceso de renderizado.

¿Qué son las texturas atlas?

Una textura atlas es una imagen que contiene varias texturas o gráficos pequeños dispuestos dentro de un solo archivo de imagen. En lugar de cargar múltiples texturas, se carga únicamente el atlas, lo que permite al motor gráfico acceder a todos los elementos necesarios desde una única fuente.

Los beneficios de las texturas atlas son:

- **Reducción de *draw calls*:** Al agrupar texturas en un solo archivo, Unity solo necesita realizar una llamada al renderizador para procesar múltiples elementos, mejorando significativamente el rendimiento.
- **Optimización de memoria:** Al evitar múltiples archivos de textura, se minimizan las cargas innecesarias en la GPU.
- **Simplificación del *workflow*:** Permite gestionar mejor los recursos gráficos, manteniendo organizados los elementos relacionados.

Creación de texturas atlas

En interfaces de usuario (UI), los *sprite atlases* son muy útiles para combinar múltiples gráficos pequeños, como iconos, botones o fondos, en una sola textura. Unity facilita este proceso mediante Sprite Atlas.

EJEMPLO PRÁCTICO: CREANDO UN SPRITE ATLAS EN UNITY

1. Abre el Package Manager: Asegúrate de que el paquete 2D esté instalado en tu proyecto, como se muestra en la figura 12.5.

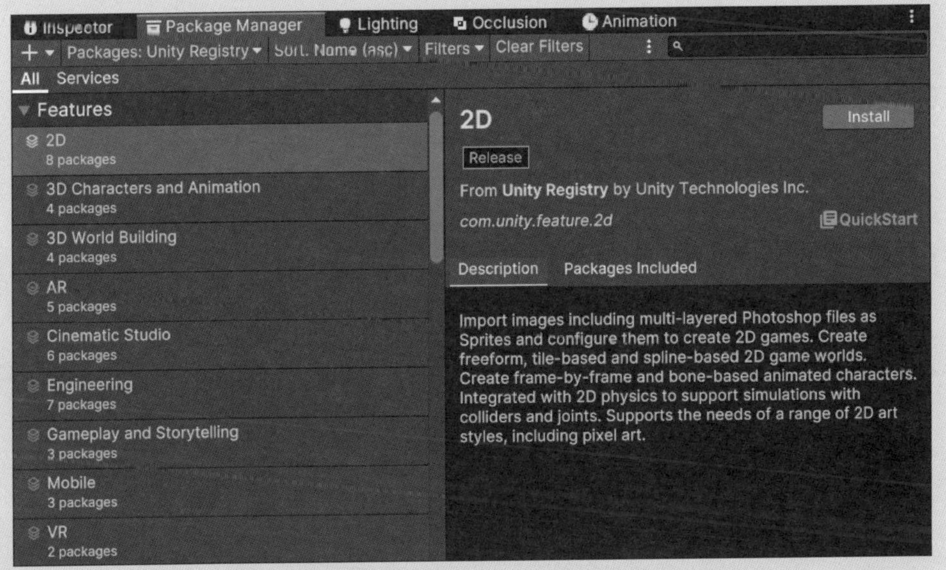

Figura 12.5. Paquete 2D en Package Manager.

2. Activa Sprite Packer en Project Settings>Editor, como se señala en la figura 12.6.
3. Crea un Sprite Atlas. Haz clic con el botón derecho del ratón en el panel Proyecto y selecciona Create>2D>Sprite Atlas. Nombra el atlas, por ejemplo, "UI_Atlas".
4. Agrega tus *sprites*. En el panel Inspector selecciona todos los *sprites* que deseas incluir en el atlas al campo Objects for Packing, como se ve en la figura 12.7.
5. Aplica ajustes. Configura las opciones de compresión y calidad en el Inspector del Sprite Atlas para optimizar el archivo.
6. Asigna el atlas a los elementos de UI. Una vez que hayas creado y configurado tu Sprite Atlas, es necesario asegurarte de que los elementos de tu interfaz de usuario (UI) apunten correctamente a los *sprites* dentro del atlas. Unity

se encarga automáticamente de gestionar los *sprite atlases* si están bien configurados. Sin embargo, este proceso requiere algunos pasos específicos para garantizar que todo funcione correctamente.

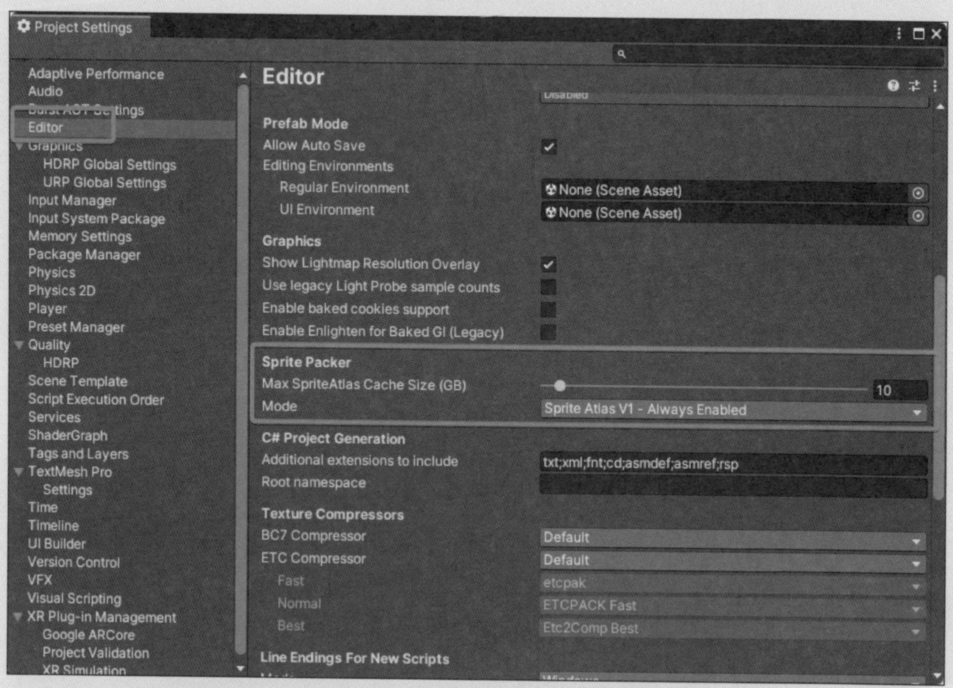

Figura 12.6. Propiedad Sprite Packer en Project Settings.

Figura 12.7. Listado de *sprites* incluidos en atlas.

Los pasos para vincular el atlas con los elementos de UI son los siguientes:

1. Activa el Sprite Atlas. Ve al panel Inspector del Sprite Atlas que creaste y verifica que el campo Include in Build esté activado. Esto asegura que Unity empaquete el atlas en el momento de la compilación.
2. Asegúrate de usar *sprites* dentro del atlas:
   - Selecciona los *sprites* individuales que has incluido en el Sprite Atlas y asegúrate de que se encuentran marcados como tipo Sprite (2D and UI) en la configuración de importación en el Inspector, como muestra la figura 12.8.

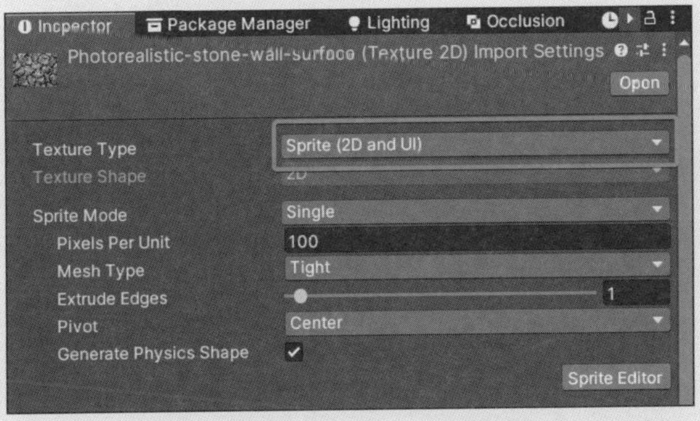

Figura 12.8. Propiedad Texture Type.

Esto permite que el sistema de Unity reconozca que el *sprite* puede ser utilizado en la interfaz de usuario.

3. Usa los *sprites* en el componente de imagen:
   - Selecciona el elemento de la interfaz de usuario (un botón, un icono, etc.).
   - En el Inspector, asegúrate de que este elemento tenga un componente Image, como se ve en la figura 12.9.

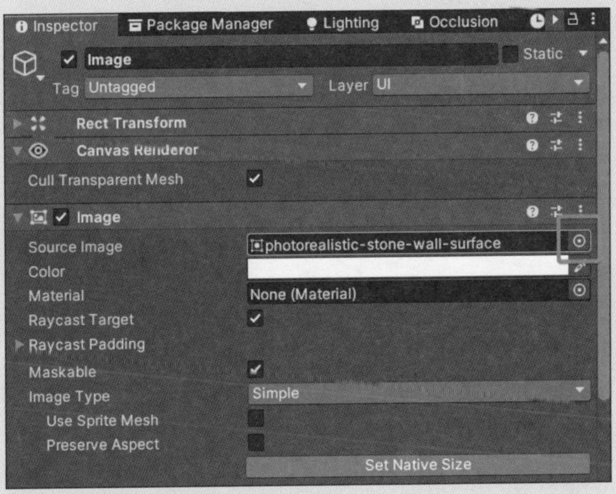

Figura 12.9. Añadiendo *sprite* incluido en atlas en la propiedad Source Image.

   - Haz clic en el campo Source Image del componente Image y selecciona uno de los *sprites* que está empaquetado en el Sprite Atlas.

4. Vinculación automática con el Sprite Atlas:
   - Si el Sprite Atlas está correctamente configurado, Unity gestionará automáticamente el uso del atlas en lugar de las texturas individuales. Es decir, aunque seleccionaste un *sprite* específico, Unity buscará su referencia dentro del atlas durante el tiempo de ejecución.
   - No es necesario realizar una conexión manual entre el *sprite* y el atlas, ya que Unity lo hace automáticamente en segundo plano siempre que los *sprites* estén incluidos en el atlas y se utilicen en las imágenes.

Con estos pasos, los elementos de la interfaz de usuario estarán optimizados utilizando el Sprite Atlas, lo que reducirá significativamente las *draw calls* y mejorará el rendimiento gráfico de tu aplicación.

Es importante balancear el tamaño del atlas. Un atlas demasiado grande puede afectar el rendimiento de dispositivos con menor capacidad gráfica. Considera dividir los atlas por secciones (como UI, entorno y personajes) para una mejor organización y optimización.

Modo Filtro y Anisotropic Filtering

El modo de filtro y el filtrado anisotrópico son configuraciones esenciales que influyen en cómo las texturas son renderizadas desde diferentes distancias y ángulos. Estas configuraciones permiten equilibrar la calidad visual y el rendimiento en Unity, ajustando cómo las texturas se ven en condiciones variadas.

Modo de Filtro

El modo Filtro determina cómo Unity interpola las texturas cuando son ampliadas o reducidas, especialmente cuando se ven en superficies inclinadas o de gran tamaño. Estas son las opciones más comunes:

- Point (no filter):
  - No interpola los píxeles de la textura, lo que resulta en bordes pixelados y una calidad visual más baja.
  - **Uso recomendado:** Útil para juegos con estilo retro o *pixel art* donde los bordes nítidos son deseados.
  - **Ventaja:** Consume menos recursos y mejora el rendimiento.

- Bilinear:
  - Interpola entre los píxeles cercanos, creando transiciones suaves entre colores.
  - **Uso recomendado:** Para texturas básicas donde la calidad visual media es suficiente y el rendimiento debe ser equilibrado.
  - **Ventaja:** Mayor calidad que el modo Point, con un impacto moderado en el rendimiento.
- Trilinear:
  - Similar a Bilinear, pero también interpola entre *mipmaps* (niveles de textura de menor resolución), proporcionando una calidad superior al observar texturas desde ángulos oblicuos.
  - **Uso recomendado:** Ideal para texturas que se ven en 3D desde ángulos diversos, como paredes o terrenos.
  - **Ventaja:** Excelente calidad visual, aunque tiene un mayor coste de rendimiento.

Anisotropic Filtering

El filtrado anisotrópico mejora significativamente la calidad de las texturas que se ven en ángulos extremos, como suelos o caminos que se extienden en perspectiva hacia el horizonte:

- **Activación:** En el Inspector, habilita la opción Aniso Level y ajusta su nivel (1-16). Un nivel más alto significa mejor calidad visual pero mayor consumo de recursos.
- **Uso recomendado:** Para texturas críticas en el entorno, como terrenos, pavimentos, o detalles que necesitan mantenerse nítidos en cualquier ángulo.
- **Ventaja:** Las texturas no pierden claridad en ángulos oblicuos, mejorando la inmersión y el realismo visual.

Los beneficios de optimizar filtros de texturas son:

- **Calidad visual:** Las texturas se ven más suaves y detalladas, especialmente en ángulos inclinados o a distancias largas.
- **Rendimiento:** Ajustar los modos de filtro según la importancia de cada textura permite liberar recursos para otras partes del juego.

Para configurarlo en Unity, sigue estos pasos:

1. Selecciona una textura en el Inspector.
2. Ve a la sección Advanced Options:

- Para cambiar el modo de filtro, selecciona entre Point, Bilinear o Trilinear en el campo Filter Mode, como se ve en la figura 12.10.

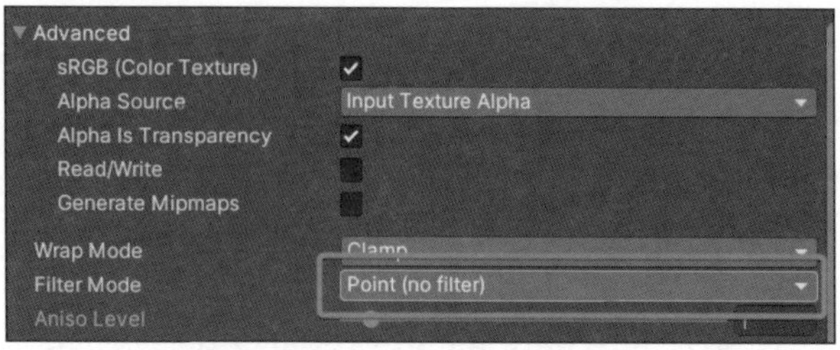

Figura 12.10. Propiedad Filter Mode.

- Para activar el filtrado anisotrópico, ajusta el nivel en el campo Aniso Level.

3. Haz clic en Apply para aplicar los cambios y observar los resultados.

Uso de texturas en materiales

Optimizar los materiales que usan texturas es igualmente importante para reducir la carga gráfica. Los *shaders* y los materiales personalizados pueden beneficiarse de ajustes en la forma en que se aplican y renderizan las texturas:

- **Materiales basados en textura única:** Evita el uso de múltiples texturas en un solo material a menos que sea necesario. En su lugar, busca utilizar mapas combinados (como mapas de normal y de rugosidad integrados) para reducir la cantidad de texturas que deben renderizarse.
- ***Shaders* eficientes:** Asegúrate de usar *shaders* que sean eficientes en la forma en que aplican las texturas, y evita complejidad innecesaria que pueda ralentizar el rendimiento.

Aplicar estas técnicas de optimización permite reducir la carga en la memoria y la GPU, mejorando el rendimiento general de la aplicación. La elección de los tamaños, formatos de compresión y configuraciones de filtrado debe estar alineada con los dispositivos objetivos y la estética deseada. En el siguiente apartado, nos enfocaremos en el uso de herramientas de monitoreo para evaluar y asegurar el rendimiento en tiempo real.

Además de las texturas, que son uno de los recursos más intensivos en memoria, es fundamental abordar la gestión de otros activos para garantizar un rendimiento óptimo. En la siguiente sección, exploraremos técnicas para la optimización de memoria que complementan las estrategias aplicadas a las texturas

Optimización de memoria

La optimización de memoria es clave en aplicaciones móviles y de realidad aumentada (RA), donde el uso eficiente de recursos asegura un rendimiento estable y previene problemas como cierres inesperados o tiempos de carga prolongados. En esta sección, exploraremos prácticas de optimización de memoria que te permitirán reducir el consumo de recursos sin sacrificar la calidad de tu aplicación.

Gestión de texturas y recursos

Las texturas son uno de los componentes que más memoria consumen en Unity. Aparte de las técnicas de optimización de texturas ya vistas, es importante gestionar de manera adecuada cuándo y cómo se cargan los recursos gráficos. Unity permite especificar que ciertos recursos sean cargados bajo demanda, en lugar de mantenerlos siempre en memoria. Esto se puede hacer utilizando el sistema de `Resources.Load` o empleando Asset Bundles.

> Revisa los *assets* que se cargan automáticamente en la escena y considera desactivarlos hasta que sean necesarios. Esto te permitirá controlar mejor el uso de memoria en escenas complejas.

Liberación de memoria innecesaria

En Unity, es esencial liberar los recursos que ya no están en uso para evitar acumulación de memoria. Al cambiar de escena o de nivel, utiliza `Resources.UnloadUnusedAssets()` y `GC.Collect()` para limpiar memoria y liberar los objetos no utilizados. Esto ayuda a que la aplicación mantenga un consumo de memoria bajo y estable.

Veámoslo con un ejemplo práctico: en una escena de transición, añade un *script* que llame a estas funciones para liberar memoria antes de cargar la nueva escena. Esto evita que los objetos de la escena anterior se mantengan en memoria.

Optimización de sonido y audio

El audio es un componente crucial en los videojuegos y aplicaciones, pero también puede ser una de las principales fuentes de consumo de memoria si no se optimiza adecuadamente. Unity proporciona diversas herramientas y configuraciones que te permiten reducir el uso de memoria y mantener una alta calidad de sonido, especialmente importante en aplicaciones móviles donde los recursos son limitados. Aquí te explicamos cómo optimizar el audio en Unity de manera eficiente.

EJEMPLO PRÁCTICO: ESTRATEGIAS PARA OPTIMIZAR EL AUDIO EN UNITY

1. Configura el formato de compresión: Unity permite comprimir clips de audio para reducir su tamaño en memoria. Puedes acceder a estas configuraciones seleccionando el clip de audio en el Inspector y ajustando el formato bajo la opción Load Type, como se ve en la figura 12.11:

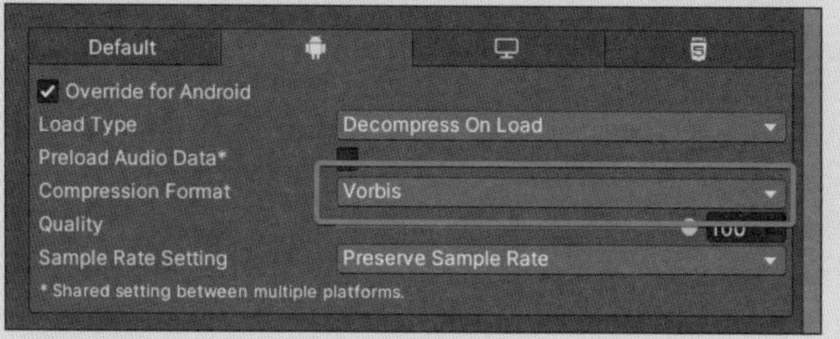

Figura 12.11. Propiedad Compression Format.

   - **Vorbis:** Un formato comprimido ideal para sonidos largos como música de fondo, ya que ofrece un buen balance entre calidad y tamaño.
   - **ADPCM:** Útil para clips más cortos, como efectos de sonido, debido a su menor latencia y carga rápida, aunque ocupa más espacio que Vorbis.
   - **PCM (sin compresión):** Proporciona la mejor calidad, pero ocupa mucho espacio. Solo es recomendable para sonidos cortos y esenciales.

2. Utiliza sonido mono siempre que sea posible:
   - Los clips de audio en mono utilizan menos memoria que los clips en estéreo y son más adecuados para sonidos no direccionales, como notificaciones o efectos básicos.
   - En el Inspector, selecciona Force To Mono, como se señala en la figura 12.12, para forzar el uso de un canal mono en lugar de estéreo.

Figura 12.12. Propiedad Force To Mono.

3. Ajusta Sample Rate (frecuencia de muestreo): Una frecuencia de muestreo más baja reduce el tamaño del archivo de audio, pero también puede afectar la calidad. Experimenta con configuraciones más bajas (22 kHz o 44.1 kHz) para efectos de sonido donde la calidad no es crítica, como se ve en la figura 12.13.

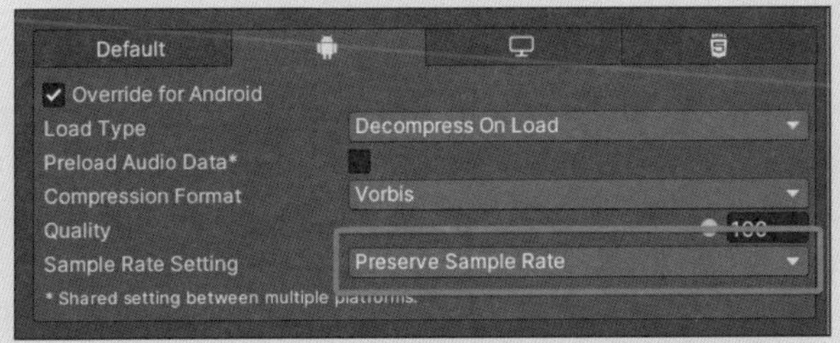

Figura 12.13. Propiedad Sample Rate Setting.

4. Libera clips de audio cuando ya no sean necesarios: Los clips de audio grandes que ya no están en uso deben ser liberados para evitar un consumo innecesario de memoria. Esto es particularmente importante en aplicaciones móviles. Usa el método `AudioClip.UnloadAudioData()` para liberar la memoria asociada al clip cuando ya no sea necesario.
5. Precarga de clips según necesidad: Ajusta la opción **Preload Audio Data**, en la figura 12.14, para evitar cargar clips de audio en memoria desde el inicio, lo cual es útil para aplicaciones con muchos clips de audio. Esto permite cargar los clips solo cuando realmente se necesiten.

Figura 12.14. Propiedad Preload Audio Data.

6. Usa **Audio Source** con restricciones de rango: Limita el rango de audición de un clip configurando la opción **Spatial Blend** en el **Inspector**. Esto permite que los sonidos se reproduzcan solo si el jugador está cerca, reduciendo el procesamiento innecesario de audio.

Optimización de *scripts* y variables

Los *scripts* en Unity son fundamentales para implementar la lógica y funcionalidad de los juegos y aplicaciones, pero un mal diseño puede impactar significativamente el rendimiento y el uso de memoria. Por ello, es crucial aplicar buenas prácticas de optimización al trabajar con *scripts* y variables para garantizar que los recursos se usen eficientemente. A continuación, exploramos varias estrategias clave para mejorar la eficiencia de tus *scripts*.

Buenas prácticas para la optimización de *scripts*

1. **Evita el uso excesivo de variables estáticas o globales:** Las variables estáticas permanecen en memoria durante toda la vida útil de la aplicación, lo que puede causar un uso innecesario de recursos si no se gestionan adecuadamente. Es mejor utilizarlas solo cuando sea imprescindible, como en configuraciones globales o datos que realmente deben ser persistentes.
2. **Gestiona *coroutines* eficientemente:** Las *coroutines* son útiles para manejar procesos asíncronos, pero pueden convertirse en un problema si se crean en exceso o no se detienen adecuadamente. Asegúrate de usar `StopCoroutine()` para finalizar las *coroutines* cuando ya no sean necesarias, y evita iniciar *coroutines* repetitivas que puedan ejecutarse innecesariamente.
3. **Reduce la creación de objetos temporales:** La creación de objetos temporales en tiempo de ejecución genera actividad en el recolector de basura (*garbage collector*), lo que puede causar pausas perceptibles durante el juego, especialmente en aplicaciones móviles. Utiliza técnicas como la reutilización de objetos (*object pooling*) para minimizar estas operaciones y reducir la carga en el recolector de basura.
4. **Optimiza el uso de métodos en el ciclo de vida:** Métodos como `Update()` y `FixedUpdate()` se ejecutan en cada *frame*. Evita realizar operaciones complejas o innecesarias dentro de estos métodos. En su lugar, utiliza eventos o activa y desactiva *scripts* según sea necesario para reducir su frecuencia de ejecución.
5. **Declara variables locales cuando sea posible:** Las variables locales (declaradas dentro de un método) consumen menos memoria que las globales, ya que solo existen mientras se ejecuta el método. Esto ayuda a liberar memoria automáticamente al finalizar su ejecución.
6. **Usa tipos de datos adecuados:** Selecciona tipos de datos que ocupen menos memoria cuando sea posible. Por ejemplo, utiliza `float` en lugar de `double` si la precisión adicional no es necesaria, o `short` en lugar de `int` para valores pequeños.

Estrategias para la optimización de variables

1. **Agrupación de variables relacionadas:** Combina variables relacionadas en estructuras como `structs` o clases. Esto no solo mejora la organización del código, sino que también puede optimizar el acceso a la memoria cuando se procesan datos en grupos.
2. **Evita la alocación dinámica frecuente:** Si estás creando *arrays* o listas dinámicas con frecuencia, considera preasignar espacio suficiente o reutilizar colecciones existentes. Esto reduce las operaciones de alocación y liberación de memoria.

3. **Cachea referencias frecuentemente usadas:** En lugar de buscar constantemente componentes u objetos en el escenario con métodos como `GameObject.Find()` o `GetComponent()`, almacena referencias a estos objetos durante la inicialización para reducir el costo computacional en tiempo de ejecución.
4. **Evita conversión innecesaria de tipos:** La conversión entre tipos de datos, como de `string` a `int`, consume recursos. Limita estas conversiones a situaciones estrictamente necesarias para evitar impactos en el rendimiento.

Beneficios de la optimización de *scripts* y variables

- **Menor consumo de memoria:** Reducir el uso innecesario de variables y optimizar las estructuras de datos libera recursos que pueden ser utilizados en otros aspectos de la aplicación.
- **Mejor rendimiento:** Minimizar la actividad del recolector de basura y reducir cálculos innecesarios mejora la fluidez de la experiencia del usuario, especialmente en dispositivos con recursos limitados.
- **Mayor estabilidad:** Un manejo eficiente de las variables y los *scripts* reduce la probabilidad de caídas o pausas inesperadas durante la ejecución de la aplicación.

Al adoptar estas prácticas, no solo mejoras la eficiencia de tu aplicación, sino que también sientas las bases para un desarrollo sostenible y escalable. Con un diseño optimizado de *scripts* y variables, Unity puede gestionar de manera más efectiva los recursos del dispositivo, ofreciendo una experiencia más fluida para los usuarios. Una vez implementadas las técnicas de optimización de memoria, es crucial medir su impacto y analizar el rendimiento general del proyecto. Para ello, Unity ofrece herramientas avanzadas como Profiler, que permite identificar y solucionar cuellos de botella de manera precisa.

Monitorización del rendimiento con Unity Profiler

Una vez que has implementado técnicas de optimización de texturas y memoria, es fundamental medir el rendimiento de tu aplicación para identificar áreas de mejora adicionales. Unity Profiler es una herramienta potente que permite analizar en tiempo real el uso de recursos como CPU, GPU, memoria y red en tu proyecto, facilitando la identificación de posibles cuellos de botella o problemas de rendimiento.

Configuración de Unity Profiler

Unity Profiler es una herramienta esencial para analizar y mejorar el rendimiento de aplicaciones creadas en Unity. Su función principal es proporcionar un desglose detallado de cómo se utilizan los recursos del dispositivo durante la ejecución de tu aplicación, ayudando a identificar cuellos de botella y áreas de optimización.

¿Qué es Unity Profiler y para qué sirve?

Unity Profiler recopila datos en tiempo real sobre el rendimiento de tu aplicación y organiza esta información en módulos específicos. Cada módulo se enfoca en un área clave, como el uso de la CPU, GPU, memoria o procesos de renderizado. Esta herramienta es particularmente útil para:

- **Identificar problemas de rendimiento:** Permite encontrar funciones o procesos que están consumiendo demasiados recursos, como *scripts* mal optimizados o texturas demasiado grandes.
- **Optimizar recursos:** Facilita ajustes en texturas, audio, mallas y otros elementos que impactan el rendimiento.
- **Analizar el comportamiento en dispositivos reales:** Al conectar un dispositivo móvil o cualquier hardware objetivo, puedes evaluar cómo se comporta la aplicación en el entorno final, asegurándote de que funcione correctamente.
- **Monitorear cambios en el desempeño:** Al realizar optimizaciones, puedes usar Profiler para medir si las modificaciones realmente mejoraron el rendimiento.

¿Cómo acceder a Unity Profiler?

Para abrir Unity Profiler, sigue estos pasos:

1. Ve a la barra de menú superior y selecciona Window>Analysis>Profiler.
2. Esto abrirá la ventana de Profiler, donde se despliegan diferentes módulos que representan las áreas clave del rendimiento, como se ve en la figura 12.15.

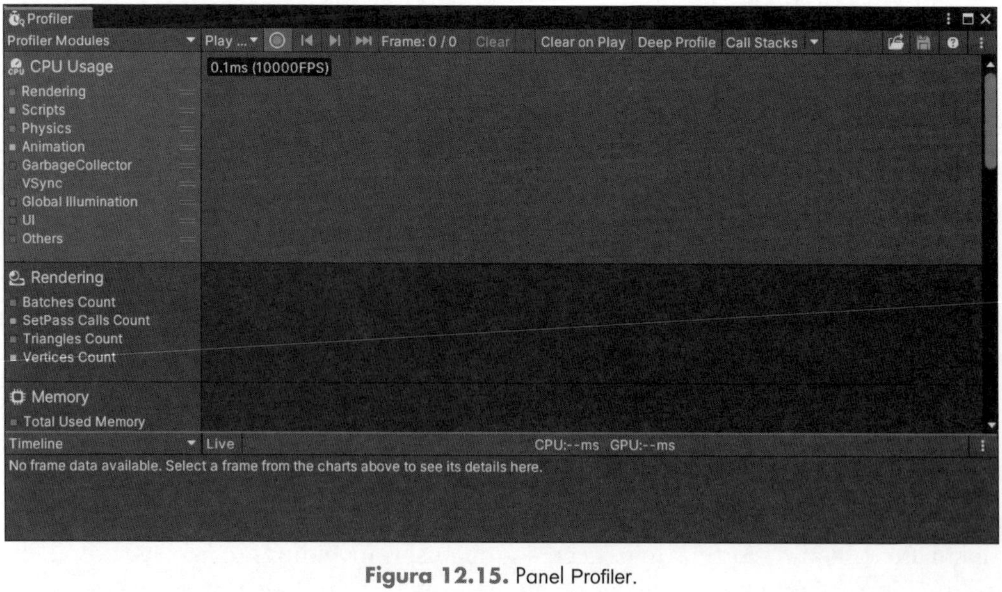

Figura 12.15. Panel Profiler.

Módulos principales de Unity Profiler

1. CPU Usage (uso de la CPU):
   - Muestra un desglose del tiempo que toma cada función en la CPU.
   - Ayuda a identificar procesos intensivos, como *scripts* mal optimizados, cálculos físicos complejos o eventos innecesarios en el método `Update()`.
   - Una gráfica muestra el tiempo total de CPU dividido en categorías como Scripts, Physics, Animation, etc.
2. GPU Usage (uso de la GPU):
   - Proporciona información sobre la carga de la GPU, como la cantidad de tiempo que tarda en renderizar un *frame*.
   - Es útil para detectar problemas relacionados con sombreadores, iluminación o efectos visuales complejos.
   - Muestra datos como el tiempo que toma renderizar triángulos y píxeles.
3. Memory (uso de memoria):
   - Ofrece un desglose de cómo se está utilizando la memoria del dispositivo.
   - Identifica cuánta memoria ocupan las texturas, audio, animaciones, mallas y otros recursos.
   - Esto ayuda a localizar elementos que consumen demasiados recursos, como texturas no comprimidas o clips de audio en formatos de alta calidad.
4. Rendering (procesos de renderizado):
   - Muestra detalles como cuántos triángulos y vértices están siendo renderizados por *frame*.
   - También revela la cantidad de *draw calls* (llamadas de dibujo), las cuales indican cuántas operaciones gráficas está procesando la GPU.
   - Este módulo es clave para optimizar entornos gráficos complejos y reducir la carga de renderizado.
5. Physics (física):
   - Analiza el tiempo dedicado a cálculos físicos, como colisiones, rigideces y detección de colisiones entre objetos.
   - Ayuda a optimizar simulaciones físicas complejas o reducir el impacto de elementos físicos en el rendimiento.
6. Audio:
   - Presenta datos sobre el uso de audio, como reproducción de clips, efectos y procesamiento de sonido.
   - Detecta problemas con demasiados clips de audio reproduciéndose simultáneamente o ajustes de compresión inadecuados.

En la figura 12.16 podemos ver el panel Profiler con los módulos después de hacer clic en Play.

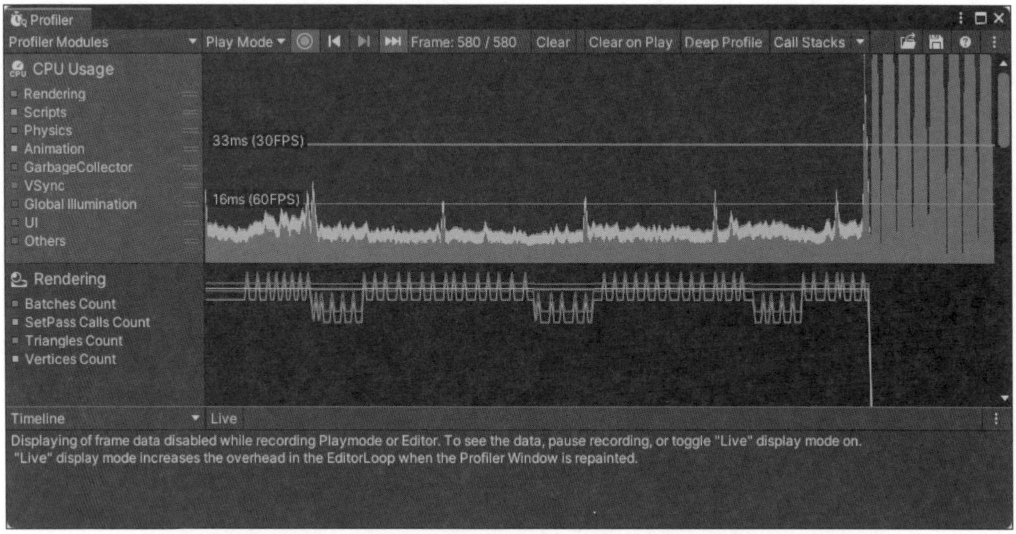

Figura 12.16. Panel Profiler después de hacer clic en Play en la escena.

> Puedes activar y desactivar módulos de Unity Profiler según tus necesidades específicas; por ejemplo, si estás optimizando texturas, enfócate únicamente en los módulos Memory y Rendering. La función Deep Profile te permite obtener análisis detallados sobre los *scripts*, aunque debes considerar que puede ralentizar la aplicación durante las pruebas. Es fundamental realizar pruebas en dispositivos reales, ya que los datos recopilados en Profiler dentro del Editor no siempre reflejan el rendimiento en el hardware final.

Con Unity Profiler, tendrás una visión completa del rendimiento de tu aplicación, lo que te permitirá realizar optimizaciones precisas y mejorar la experiencia del usuario final. Aunque Unity Profiler es una herramienta poderosa en el entorno de desarrollo, las pruebas en dispositivos reales son esenciales para garantizar un rendimiento fluido y representativo. A continuación, veremos cómo configurar y analizar Profiler directamente en dispositivos móviles

Uso de Profiler en dispositivos móviles

El rendimiento de una aplicación en dispositivos móviles puede variar considerablemente en comparación con el entorno de desarrollo en escritorio, debido a las diferencias en hardware, sistemas operativos y recursos disponibles. Por esta razón, es crucial probar y analizar la aplicación directamente en un dispositivo móvil para obtener datos precisos sobre su comportamiento y consumo de recursos. Unity facilita esta tarea al permitir la conexión de Unity Profiler a un dispositivo móvil en tiempo real, lo que te brinda una visión detallada de cómo tu aplicación utiliza la CPU, GPU, memoria y otros recursos en un entorno realista.

Para configurar esto, debes conectar tu dispositivo al equipo de desarrollo y activar la opción **Autoconnect Profiler**, en la figura 12.17, en los ajustes de compilación. Con esta configuración, cuando ejecutes la aplicación en el dispositivo, Profiler de Unity se conectará automáticamente y comenzará a recopilar datos en tiempo real. Esto permite identificar cuellos de botella específicos, como altos tiempos de procesamiento en la CPU o excesivo consumo de memoria, que podrían no manifestarse en el desarrollo de escritorio.

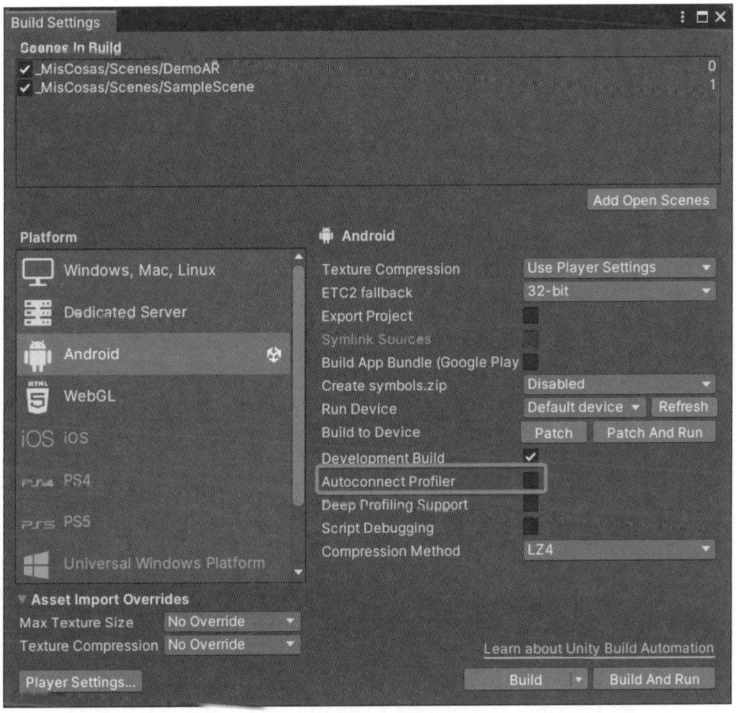

Figura 12.17. Propiedad Autoconnect Profiler en Build Settings.

El uso de Profiler en dispositivos móviles es una herramienta esencial para garantizar que la aplicación ofrezca un rendimiento fluido y estable, especialmente en juegos y aplicaciones con características gráficas intensivas o interacciones complejas.

> Ejecutar pruebas en un dispositivo físico es crucial, ya que la carga de procesamiento y rendimiento en un móvil o tableta puede diferir considerablemente de la versión de escritorio.

Con los datos obtenidos del Profiler en dispositivos móviles, el siguiente paso es interpretar estos resultados y realizar los ajustes necesarios para refinar el rendimiento del proyecto.

Análisis de resultados y ajustes

El análisis de los resultados obtenidos en Unity Profiler es un paso crucial para identificar y solucionar problemas de rendimiento en tu proyecto. Una vez recopilados los datos, Profiler ofrece una visión clara de los módulos que consumen más recursos, permitiéndote centrar tus esfuerzos de optimización en los aspectos más críticos.

Por ejemplo, si el módulo CPU Usage muestra tiempos elevados en ciertas funciones, esto indica que esas funciones podrían estar ejecutándose de manera ineficiente o que están sobrecargando la CPU. En estos casos, es recomendable evaluar la lógica del *script* involucrado, dividir tareas complejas entre varios cuadros o utilizar estructuras más eficientes. Si el módulo Memory muestra un uso excesivo, esto podría ser un indicador de que las texturas, mallas o clips de audio no están optimizados. Ajustar el tamaño y la compresión de estos activos puede reducir significativamente el consumo de memoria, mejorando la fluidez de la aplicación.

En el caso del módulo Rendering, un alto número de llamadas de dibujo (*draw calls*) puede ser una causa principal de ralentización. Esto ocurre cuando cada objeto en la escena requiere una llamada independiente a la GPU para ser renderizado. Para mitigar esto, considera agrupar objetos estáticos con la función Static Batching de Unity o emplear un atlas de texturas para reducir la cantidad de materiales únicos en la escena. Además, simplificar la geometría de los modelos y reducir la cantidad de vértices y triángulos también puede ayudar a optimizar el rendimiento.

El proceso de ajustes debe ser iterativo: realiza cambios específicos, ejecuta nuevamente Profiler y compara los resultados. Este ciclo te permitirá verificar si las modificaciones aplicadas tienen un impacto positivo en el rendimiento, refinando continuamente tu proyecto hasta lograr un equilibrio entre calidad visual y eficiencia.

Unity Profiler es una herramienta indispensable para garantizar un rendimiento sólido en tu aplicación. Desde el análisis de CPU y GPU hasta la gestión de memoria y renderizado, Profiler proporciona una base clara para identificar problemas y priorizar soluciones. A través de ajustes iterativos y pruebas constantes, puedes transformar una aplicación funcional en una experiencia optimizada y fluida para los usuarios.

La optimización es un proceso constante que acompaña todas las etapas del desarrollo, desde los primeros prototipos hasta el producto final. En capítulos futuros, exploraremos herramientas más avanzadas, como el uso estratégico de *asset bundles* y la optimización específica para plataformas, así como técnicas para medir y garantizar un rendimiento constante en dispositivos con recursos limitados. Estos conocimientos te prepararán para enfrentar los desafíos del desarrollo moderno y entregar aplicaciones que no solo sean visualmente impresionantes, sino también eficientes y accesibles.

13

GENERAR EJECUTABLES

El proceso de llevar un proyecto desde el entorno de desarrollo hasta un producto ejecutable es un paso crucial para que otros puedan probar, experimentar y disfrutar de lo que has creado. Hasta este punto, hemos desarrollado y optimizado nuestro proyecto en Unity, pero no podemos esperar que los jugadores instalen Unity o configuren un proyecto para ejecutarlo. Necesitamos un archivo ejecutable simple, que puedan abrir con un doble clic y jugar de inmediato.

En este capítulo, aprenderemos cómo generar ejecutables para diferentes plataformas, configurar el proyecto para obtener un rendimiento óptimo y solucionar problemas específicos que puedan surgir durante la creación del *build*.

En este capítulo cubriremos los siguientes temas:

- Configuración de los ajustes del *build*.
- Generar el *build* del proyecto.
- Solución de problemas comunes en *builds*.

Con este capítulo, daremos un paso fundamental en el ciclo de desarrollo de videojuegos: llevar tu proyecto del entorno de desarrollo al mundo real, listo para ser probado y disfrutado por otros. Aprenderás a generar archivos ejecutables que puedan ser fácilmente compartidos y ejecutados en diferentes plataformas, eliminando la necesidad de depender del Editor de Unity para jugar. Esto te permitirá distribuir tu juego entre amigos o *testers* y dar un paso clave hacia una distribución profesional.

Además, exploraremos cómo configurar correctamente el *build* para garantizar que tu juego funcione de manera óptima y sin errores en la plataforma objetivo. Entender cómo manejar posibles contratiempos durante el proceso de generación de *builds* será esencial para ofrecer una experiencia fluida y profesional a los usuarios finales.

Sin más preámbulos, comencemos con los pasos necesarios para generar un *build* y configurarlo correctamente para que funcione en la plataforma deseada.

Configuración de los ajustes del *build*

La ventana Build Settings de Unity es el núcleo del proceso de preparación de tu proyecto para su distribución en una plataforma específica. Aquí es donde defines los elementos esenciales para transformar tu proyecto en un ejecutable funcional, ajustando configuraciones clave como la selección de plataformas, las escenas que formarán parte del *build* y otras opciones técnicas que influyen en el rendimiento y la compatibilidad del juego. Esta ventana no solo centraliza las herramientas necesarias para construir un proyecto, sino que también proporciona una interfaz intuitiva para realizar cambios críticos antes de generar el *build*. Desde establecer qué escenas se incluirán y en qué orden se cargarán, hasta ajustar configuraciones específicas para cada plataforma, Build Settings es fundamental para asegurar que tu proyecto se comporte de manera óptima una vez ejecutado en el entorno destino.

A continuación, exploraremos los elementos esenciales de esta ventana y cómo utilizarlos para preparar tu proyecto de manera eficiente, abordando aspectos como la selección de plataformas, la configuración de escenas y ajustes avanzados para obtener un *build* funcional y optimizado, como se ve en la figura 13.1.

Gestión de escenas en el *build*

La primera sección destacada en la imagen está etiquetada con el número 1 y corresponde a Scenes In Build. Aquí es donde defines qué escenas formarán parte del *build* final de tu proyecto:

- **Añadir escenas:** Usa el botón Add Open Scenes para agregar cualquier escena que tengas abierta en el Editor. Asegúrate de que todas las escenas críticas para el funcionamiento de tu proyecto estén listadas y marcadas con una casilla de verificación.
- **Orden de las escenas:** La primera escena de la lista será la que Unity cargará al iniciar el ejecutable. Puedes reorganizar las escenas arrastrándolas dentro de esta lista para asegurarte de que el flujo de tu juego sea correcto.

> Asegúrate de incluir una escena inicial como el menú principal o una pantalla de inicio.

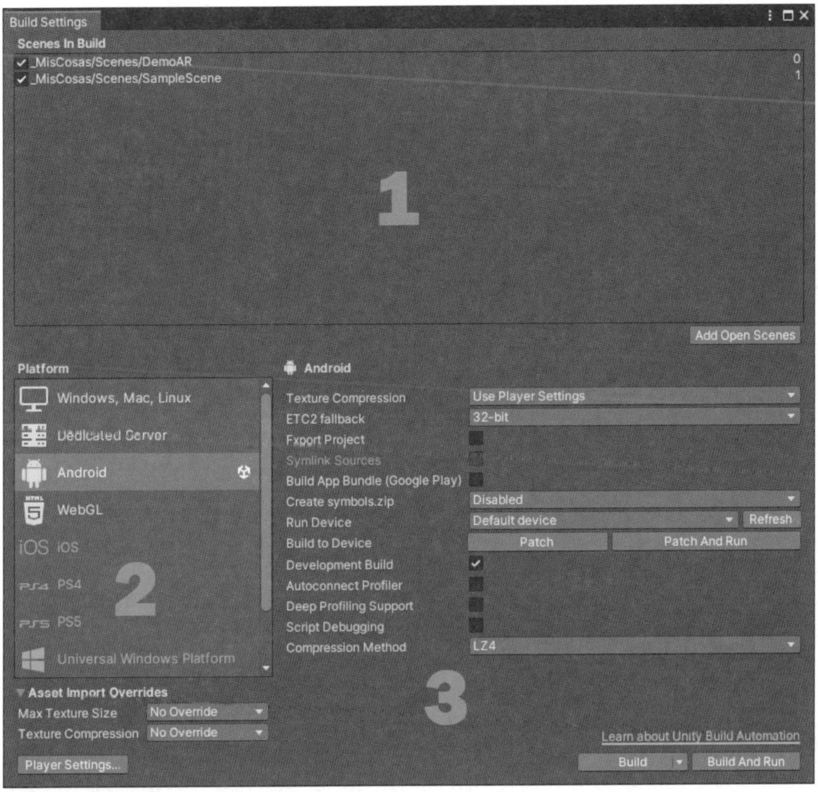

Figura 13.1. Ilustración de principales zonas en la ventana Build Settings.

Selección de la plataforma de destino

La sección etiquetada con el número 2 corresponde a las plataformas disponibles para construir tu proyecto. Unity te permite seleccionar la plataforma de destino según tus necesidades, como Windows, Android, WebGL, iOS, entre otras:

- **Plataforma activa:** La plataforma actualmente seleccionada está marcada con un icono azul (en este caso, Android).
- **Cambiar de plataforma:** Si deseas generar el *build* para una plataforma diferente, selecciona la plataforma deseada y haz clic en el botón Switch Platform. Este proceso puede demorar, ya que Unity reconfigura los *assets* para ajustarse a los requisitos de la nueva plataforma.

> Asegúrate de haber instalado los módulos específicos de la plataforma deseada en el Unity Hub antes de intentar cambiar la plataforma de destino.

Configuración adicional en Player Settings

La sección Player Settings, accesible desde el botón en la parte inferior izquierda, te permite realizar configuraciones más detalladas relacionadas con el comportamiento del ejecutable:

- **Información general:** Puedes configurar el nombre de la compañía y el producto, que se reflejarán en las rutas de archivos generados.
- **Resolución y presentación:** Ajusta cómo se muestra el juego, eligiendo entre modos de pantalla completa o ventana, y establece una resolución inicial por defecto.
- **Icono y cursor:** Personaliza el icono del ejecutable y, si lo deseas, asigna un cursor personalizado para el juego.
- **Pantalla de carga:** Personaliza la pantalla de carga con logos o imágenes. Si tienes Unity Pro, puedes desactivar el logo de Unity.

En la parte inferior derecha de la ventana (también en la sección marcada con 3), encontrarás las opciones de Compression Method, que permiten ajustar cómo Unity empaqueta tu proyecto:

- Default: Compresión estándar, adecuada para la mayoría de los casos.
- LZ4: Proporciona una buena relación entre velocidad y compresión.
- LZ4HC: Ofrece la mejor compresión, ideal para ahorrar espacio, pero con tiempos de construcción más largos.

Dependiendo de la plataforma seleccionada (en este caso, Android), verás opciones adicionales específicas para esa plataforma:

- Texture Compression: Elige el método de compresión de texturas para optimizar el rendimiento.
- Run Device: Selecciona un dispositivo conectado para probar directamente el *build.*
- Development Build: Habilita esta opción si necesitas realizar pruebas de depuración o utilizar herramientas como Profiler.
- Build App Bundle: Para Android, puedes optar por generar un archivo `.aab` en lugar de un `.apk`, lo que es ideal para la distribución en Google Play.

La diferencia entre `.aab` (Android App Bundle) y `.apk` (Android Package) radica principalmente en la distribución y optimización. El archivo `.apk` es el formato estándar que contiene todos los recursos y configuraciones del juego, listo para ser instalado en cualquier dispositivo Android compatible. Por otro lado, el `.aab` es un formato más eficiente diseñado para Google Play. Este archivo permite que Google Play genere y distribuya un APK optimizado específicamente para cada dispositivo, reduciendo el tamaño de la descarga y mejorando la experiencia del usuario. Es importante destacar que, aunque el .aab es requerido para publicar en Google Play, no puede instalarse directamente en dispositivos; para pruebas locales, deberás utilizar un .apk.

Para compilar un proyecto de Unity para iOS, el proceso es diferente al de Android debido a las características específicas del ecosistema de Apple. En lugar de generar un archivo ejecutable directamente desde Unity, como ocurre con Android, Unity crea un proyecto de Xcode. Este proyecto contiene todos los recursos, configuraciones y el código necesario para compilar la aplicación en dispositivos iOS. Una vez generado, debes abrir el proyecto en Xcode (que solo está disponible en macOS) y configurar parámetros adicionales, como el identificador único (Bundle Identifier) y los certificados de desarrollador. Desde Xcode, podrás compilar e instalar la aplicación en un dispositivo físico o subirla a la App Store para su distribución. Es importante tener una cuenta de desarrollador de Apple activa para completar este proceso.

Con esta explicación teórica de la ventana Build Settings, ya estás listo para profundizar en el proceso práctico de generar un *build* y solucionar cualquier problema que pueda surgir durante este.

Generar el *build* del proyecto

El proceso de generación de un *build* en Unity es un paso crucial en el desarrollo de juegos, ya que transforma tu proyecto en un archivo ejecutable listo para ser compartido y ejecutado en la plataforma objetivo. Este archivo optimiza los recursos del proyecto y asegura que los usuarios finales puedan jugar sin necesidad de instalar Unity o acceder al Editor. Unity facilita esta tarea a través de la ventana Build Settings, que permite configurar las escenas a incluir, la plataforma de destino y otros parámetros importantes del *build*. Antes de adentrarnos en un ejemplo práctico, es fundamental tener en cuenta que un *build* es mucho más que un simple "guardar como ejecutable". Durante este proceso, Unity convierte las texturas, sonidos, modelos y *scripts* en formatos optimizados para el rendimiento de la plataforma seleccionada, reduciendo tiempos de carga y asegurando la estabilidad de la aplicación.

En el siguiente ejemplo práctico, pondremos en práctica este conocimiento configurando y generando un *build* para una plataforma específica. Exploraremos cómo seleccionar las escenas correctas, ajustar las configuraciones de resolución y personalizar otros parámetros clave para garantizar una experiencia de juego óptima. ¡Vamos a ello!

EJEMPLO PRÁCTICO: PASOS PARA GENERAR UN *BUILD*

1. **Configurar las escenas en el *build*:**
   - Abre la ventana Build Settings desde el menú File>Build Settings.
   - En la sección Scenes in Build, en la figura 13.2,agrega todas las escenas que deseas incluir en el *build*. Haz clic en el botón Add Open Scenes para incluir automáticamente la escena que tienes abierta. Asegúrate de que la primera escena en la lista sea la que deseas que se cargue al iniciar el juego. Puedes reorganizar el orden arrastrando las escenas en la lista.

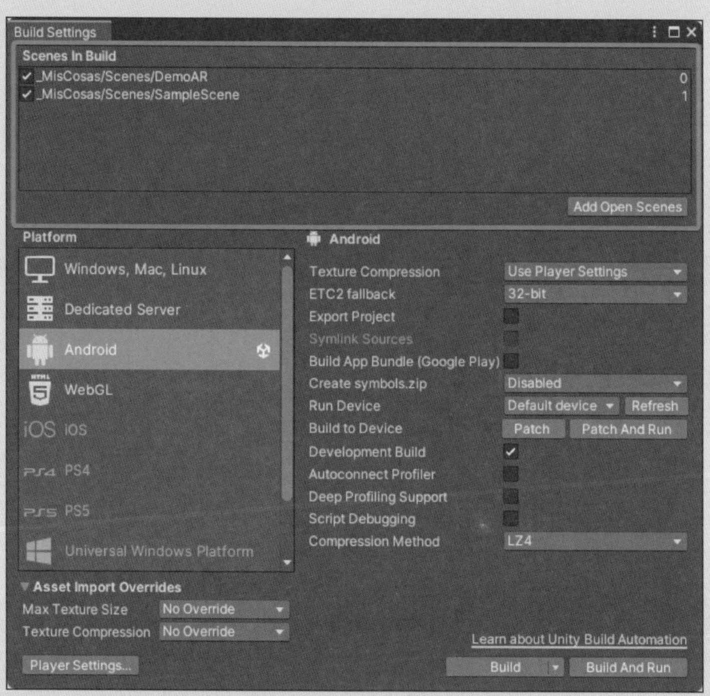

Figura 13.2. Configuración de escenas en Build Settings.

Si tu juego tiene un menú principal, asegúrate de que esta escena sea la primera en la lista.

2. **Seleccionar la plataforma de destino:**
   - En la misma ventana Build Settings, selecciona la plataforma para la cual deseas generar el *build* (por ejemplo, Windows, Mac, Linux, Android, etc.), como se señala en la figura 13.3.

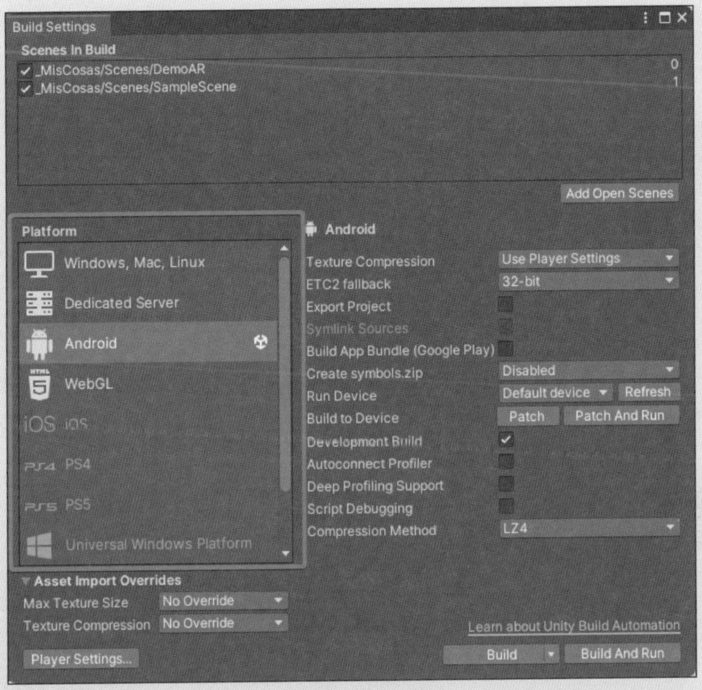

Figura 13.3. Listado de plataformas en Build Settings.

- Si estás desarrollando para una plataforma diferente a tu sistema operativo actual, haz clic en el botón Switch Platform. Esto puede tardar algunos minutos, ya que Unity ajustará los recursos del proyecto para la nueva plataforma.

3. **Configurar Player Settings:**
   - Haz clic en el botón Player Settings en la parte inferior de la ventana Build Settings para acceder a configuraciones adicionales.
   - Aquí, como se ve en la figura 13.4, puedes personalizar detalles importantes, como nombre de la empresa y del producto (estos campos determinan el nombre de tu aplicación y su carpeta de configuración); resolución y presentación (configura la resolución inicial, el modo de pantalla completa y otras opciones gráficas); icono (define un icono personalizado para tu ejecutable) o personalizar la pantalla de carga inicial. Con Unity Pro, puedes eliminar el logo de Unity o reemplazarlo con una introducción propia.
4. **Elegir la carpeta de destino:**
   - Haz clic en el botón Build para comenzar el proceso. Unity te pedirá que elijas una ubicación para guardar los archivos generados.

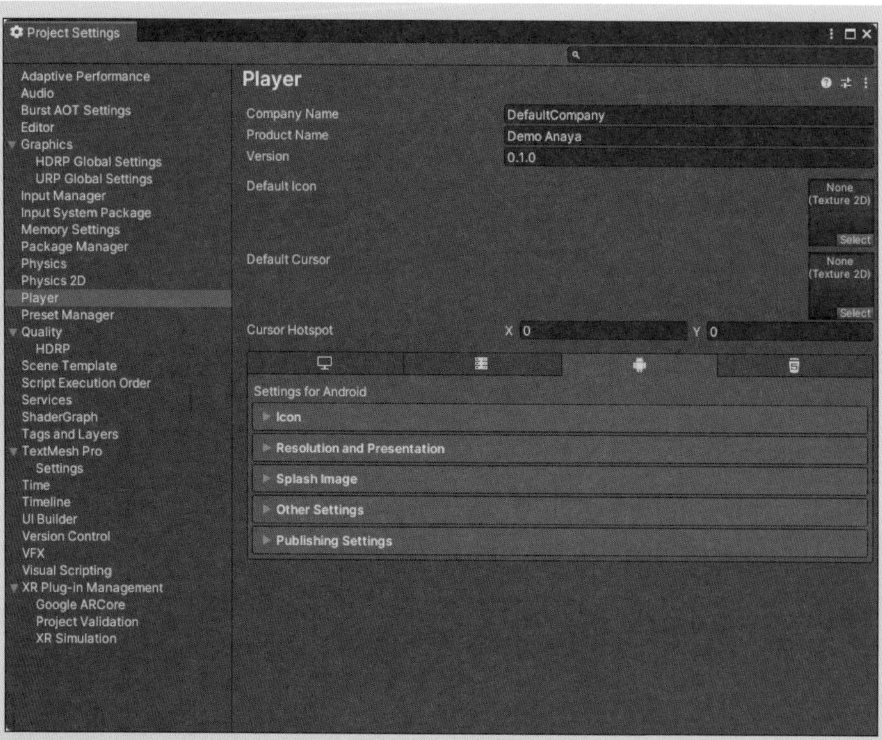

Figura 13.4. Ventana Project Settings.

- Crea una carpeta vacía para mantener los archivos del *build* organizados. Por ejemplo, puedes llamarla `Build`.

5. **Ejecutar el *build* generado:** Una vez que Unity haya completado el proceso de generación, navega hasta la carpeta donde se guardó el *build*. El archivo generado dependerá de la plataforma elegida:
   - Para Windows, busca un archivo `.exe` junto con una carpeta de datos adicional (es fundamental mantener ambos en la misma ubicación para que el ejecutable funcione correctamente).
   - Para Android, localiza un archivo `.apk` o `.aab` dependiendo de la configuración seleccionada.
   - Para macOS, el resultado será un archivo `.app`.

Para probar el *build* en Windows/macOS, haz doble clic en el archivo `.exe` (en Windows) o `.app` (en macOS) para ejecutar el juego.

Para probar el *build* en Android, si has generado un archivo `.apk`, necesitarás transferirlo a un dispositivo Android. Esto se puede hacer de varias formas:

1. Por cable USB:
   - Conecta tu dispositivo al ordenador mediante un cable USB.
   - Copia el archivo `.apk` a una carpeta en tu dispositivo (por ejemplo, `Descargas`).
   - En el dispositivo, navega hasta la ubicación del archivo y ejecútalo para instalar la aplicación. Si es la primera vez que instalas aplicaciones externas, el dispositivo te pedirá activar la opción Fuentes desconocidas en los ajustes.
2. Por correo electrónico o almacenamiento en la nube:
   - Envía el archivo `.apk` a tu dispositivo mediante un servicio de correo electrónico o súbelo a una plataforma de almacenamiento como Google Drive.
   - Descarga el archivo en el dispositivo y sigue los pasos mencionados para instalarlo.
3. Build and Run desde Unity:
   - Si tienes tu dispositivo Android conectado y configurado para el modo de desarrollador, puedes usar el botón Build and Run en la ventana Build Settings para que Unity instale y ejecute automáticamente el `.apk` en tu dispositivo.

Con el proceso de Build and Run, hemos simplificado la manera de probar nuestro juego directamente en un dispositivo físico, asegurándonos de que funcione como se espera en el entorno real del usuario. Sin embargo, antes de finalizar cualquier *build*, es crucial entender y aplicar las configuraciones clave que pueden afectar tanto el rendimiento como la compatibilidad de tu juego en diferentes plataformas. En la siguiente sección, exploraremos estas configuraciones importantes para garantizar un resultado óptimo.

Configuraciones importantes en el *build*

La configuración adecuada de tu *build* es crucial para garantizar que tu juego funcione de manera óptima y sin errores, tanto en las pruebas como en la versión final. Unity ofrece varias opciones importantes en la ventana Build Settings que deben ajustarse según las necesidades de tu proyecto. Estas configuraciones no solo afectan el rendimiento del juego, sino también las herramientas disponibles durante el desarrollo y depuración.

Development Build

Development Build es una opción clave para las fases iniciales del desarrollo, ya que proporciona herramientas avanzadas para depurar y analizar el rendimiento del juego:

- Activar Development Build: Al marcar esta casilla en la ventana de Build Settings, Unity genera un *build* con características adicionales, como:
  - **Mensajes de error en pantalla:** Los errores se mostrarán directamente en la aplicación, facilitando la identificación de problemas sin necesidad de acceder al archivo de *logs*.
  - **Compatibilidad con Unity Profiler:** Puedes conectar Profiler de Unity al juego en ejecución para analizar su rendimiento, identificar cuellos de botella y optimizar diferentes áreas, como el uso de memoria o el procesamiento gráfico.

> ¿Cuándo usar este *build*? Este tipo de *build* es ideal durante las fases de prueba y depuración, ya que permite a los desarrolladores analizar y ajustar el comportamiento del juego en tiempo real. Sin embargo, no debe usarse para *builds* finales, ya que incluye elementos de depuración que pueden reducir el rendimiento y exponer información técnica innecesaria al usuario.

Compatibilidad de *scripts*

Otro aspecto crítico a considerar es la compatibilidad de los *scripts* incluidos en tu proyecto. Los *scripts* diseñados exclusivamente para el Editor de Unity no son compatibles con los *builds* ejecutables y pueden generar errores durante la generación del *build*:

- *Scripts* específicos de Editor: Los *scripts* que utilizan el espacio de nombres `UnityEditor;` están diseñados para funcionar únicamente en el Editor de Unity. Si estos *scripts* están presentes en tu proyecto, Unity mostrará errores durante el proceso de compilación.
- Cómo evitar problemas:
  - Identifica y elimina cualquier referencia a `UnityEditor;` en los *scripts* de tu proyecto.
  - Si necesitas utilizar *scripts* específicos del Editor, asegúrate de encapsularlos en directivas de compilación condicional, como `#if UNITY_EDITOR` y `#endif`. Esto garantizará que dichos *scripts* se ejecuten solo dentro del Editor y no se incluyan en el *build* final:

```
#if UNITY_EDITOR
using UnityEditor;
#endif

public class MyEditorScript
{
    #if UNITY_EDITOR
    [MenuItem("Tools/Custom Tool")]
    public static void CustomTool()
    {
        Debug.Log("Esta herramienta solo está disponible en el Editor.");
    }
    #endif
}
```

SCRIPTS DE UNITYEDITOR

El espacio de nombres `UnityEditor` está diseñado para escribir *scripts* que interactúan con el Editor de Unity y extienden su funcionalidad. Estos *scripts* no están destinados a ejecutarse en los *builds* del juego, ya que su propósito principal es facilitar el desarrollo dentro del entorno del Editor.

Los *scripts* que utilizan `UnityEditor` permiten realizar tareas específicas para mejorar la productividad del desarrollo o personalizar el flujo de trabajo. Por ejemplo, se pueden crear herramientas personalizadas en el Editor, como ventanas, botones o funcionalidades adicionales que optimicen la edición del proyecto. Un caso típico sería un *script* que agrega una ventana personalizada para ajustar configuraciones globales del juego directamente desde el Editor.

También son útiles para automatizar procesos repetitivos, como la generación de Prefabs, la asignación de materiales a múltiples objetos o el ajuste masivo de parámetros. Esto puede ahorrar una cantidad significativa de tiempo y esfuerzo, especialmente en proyectos grandes con muchos elementos que requieren modificaciones similares.

Otra aplicación común es la personalización del Inspector, que permite diseñar interfaces personalizadas para los componentes, haciendo más intuitiva y clara la visualización y edición de propiedades. Esto es especialmente práctico cuando trabajas con *scripts* complejos que contienen muchas variables y ajustes.

Finalmente, los *scripts* de `UnityEditor` pueden ser utilizados para tareas de depuración específicas del Editor, como dibujar gizmos personalizados en la vista de escena para visualizar datos o resaltar puntos de interés, ayudando a los desarrolladores a comprender mejor cómo se comporta su juego en tiempo real.

Aunque estas funcionalidades son extremadamente útiles dentro del Editor, no están diseñadas para el *runtime* del juego, por lo que intentar incluirlas en el *build* puede causar errores. Es importante manejarlas adecuadamente en el proyecto para evitar problemas durante la generación del *build*.

Con estas configuraciones en mente, habrás sentado las bases para generar *builds* que no solo funcionen correctamente, sino que también estén optimizadas para satisfacer las necesidades de pruebas internas y la experiencia del usuario final. Asegurarte de que cada ajuste sea adecuado para la plataforma objetivo es un paso crucial para garantizar que tu proyecto mantenga su rendimiento y funcionalidad en todas las etapas del desarrollo.

Sin embargo, incluso con una configuración cuidadosa, pueden surgir problemas durante el proceso de generación del *build*. Estos contratiempos son comunes y, en su mayoría, tienen soluciones directas que pueden aplicarse para garantizar un *build* exitoso. En la siguiente sección, exploraremos algunos de los problemas más frecuentes que los desarrolladores enfrentan al generar *builds* y aprenderemos cómo abordarlos eficazmente.

Solución de problemas comunes en *builds*

Generar un *build* funcional no siempre es un proceso libre de contratiempos. Incluso con una configuración meticulosa, es posible encontrar errores inesperados que detengan la generación del *build* o afecten el rendimiento y comportamiento del juego una vez ejecutado. Estos problemas pueden deberse a incompatibilidades de *scripts*, configuraciones incorrectas, recursos faltantes o limitaciones específicas de la plataforma de destino.

En esta sección, identificaremos algunos de los problemas más frecuentes que pueden surgir al generar *builds* en Unity y explicaremos cómo solucionarlos. Desde errores en los *scripts* hasta conflictos con *assets*, abordaremos estrategias prácticas para depurar y resolver estos inconvenientes, asegurando que tu proyecto llegue a los usuarios finales en condiciones óptimas.

Scripts no compatibles con el *build*

- **Problema:** Si tu proyecto contiene *scripts* que usan el espacio de nombres `UnityEditor` o están diseñados específicamente para el Editor, el *build* puede fallar.
- **Solución:**
    - Revisa los mensajes de error en la consola y localiza los *scripts* problemáticos.
    - Asegúrate de envolver cualquier código dependiente del Editor con directivas de preprocesador como `#if UNITY_EDITOR`:

```
#if UNITY_EDITOR
using UnityEditor;
// Código exclusivo para el Editor
#endif
```

Archivos faltantes o no incluidos

- **Problema:** Algunos activos necesarios no se incluyen en el *build* porque no están referenciados directamente en las escenas del proyecto.
- **Solución:**
  - Verifica que todos los *assets* necesarios estén referenciados en las escenas o que se hayan agregado manualmente al *build.*
  - Puedes usar `AssetBundles` o `Addressables` para gestionar recursos adicionales.

Errores de configuración de plataforma

- **Problema:** Configuraciones específicas de la plataforma no están correctamente configuradas (por ejemplo, nivel de API en Android).
- **Solución:**
  - Ve a Player Settings y revisa los ajustes específicos de la plataforma.
  - En Android, asegúrate de que el nivel de API mínimo y objetivo sean compatibles con los dispositivos de prueba.

Problemas de resolución de dependencias

- **Problema:** Algunos paquetes, como los descargados del Asset Store, pueden causar conflictos de dependencias.
- **Solución:**
  - Abre el Package Manager y asegúrate de que todas las dependencias estén actualizadas.
  - Si un paquete no es necesario, considera eliminarlo para reducir posibles conflictos.

Build demasiado grande

- **Problema:** El tamaño del archivo generado es excesivo, lo que puede dificultar su distribución.
- **Solución:**
  - Optimiza las texturas (reduce resoluciones y aplica compresión).
  - Utiliza formatos de compresión para audio y elimina activos innecesarios.
  - Activa la compresión del *build* en Build Settings.

Errores de ejecución en el *build*

- **Problema:** El juego no se ejecuta como se espera o muestra errores que no ocurrían en el Editor.

- **Solución:**
  - Crea un Development Build en Build Settings y habilita la opción Script Debugging.
  - Revisa el archivo de registro generado. En Windows, en `C:\Users\username\AppData\LocalLow\CompanyName\ProductName\Player.log`. En Android, usa `adb logcat` para obtener los registros.

¿QUÉ ES LOGCAT Y CÓMO SE UTILIZA?

Logcat es una herramienta fundamental para la depuración de aplicaciones en dispositivos Android. Forma parte de Android Debug Bridge (ADB) y permite a los desarrolladores capturar mensajes de registro generados por un dispositivo Android en tiempo real. Estos mensajes incluyen información detallada sobre el sistema, advertencias, errores y mensajes personalizados implementados en el código mediante `Debug.Log()` o similares. Es especialmente útil para identificar problemas que no aparecen al ejecutar el juego en el Editor de Unity.

Unity ofrece una integración nativa con Logcat a través de un paquete llamado Android Logcat, disponible en el Package Manager. Una vez instalado, permite visualizar directamente en Unity los registros generados por la aplicación mientras se ejecuta en un dispositivo Android conectado. Para ello, es necesario activar la depuración USB en el dispositivo y conectarlo al ordenador mediante un cable USB. Una vez configurado, la herramienta Logcat en Unity muestra mensajes en tiempo real, con la opción de filtrar por tipo (como errores, advertencias o mensajes informativos) o buscar registros específicos.

Logcat resulta invaluable para identificar errores de tiempo de ejecución que solo ocurren en dispositivos físicos, rastrear comportamientos inesperados o analizar el rendimiento de la aplicación. Por ejemplo, si un *build* falla al cargarse o genera excepciones críticas, los mensajes de Logcat proporcionarán información precisa sobre el problema. También es útil para depurar problemas de memoria o rendimiento, ayudando a detectar cuellos de botella y optimizar el comportamiento de la aplicación.

Para obtener más información sobre cómo utilizar esta herramienta en Unity, puedes consultar la documentación oficial en `https://docs.unity3d.com/Packages/com.unity.mobile.android-logcat@0.1/manual/index.html`. Si prefieres trabajar con ADB fuera de Unity, la web `https://developer.android.com/studio/command-line/logcat` ofrece una descripción completa de las opciones avanzadas disponibles

Problemas con la escena inicial

- **Problema:** El *build* no carga la escena correcta al iniciar.
- **Solución:** Revisa el orden de las escenas en Build Settings y asegúrate de que la escena inicial esté en la primera posición.

Al comprender y abordar los problemas comunes que pueden surgir durante la generación de *builds*, has dado un paso fundamental hacia el desarrollo de proyectos robustos y listos para ser compartidos con otros. Saber cómo identificar y solucionar errores, manejar configuraciones clave y utilizar herramientas como Logcat no solo mejora la calidad de tus *builds*, sino que también fortalece tu capacidad para enfrentarte a los desafíos técnicos con confianza y eficacia.

En este capítulo, hemos explorado todo lo necesario para llevar un proyecto desde el entorno de desarrollo hasta un *build* funcional, tanto para pruebas como para versiones finales. Esto incluye configurar adecuadamente las opciones del *build*, entender el impacto de las decisiones tomadas en esta etapa y tener las herramientas para solucionar problemas que puedan surgir. Este conocimiento te coloca en una posición sólida para distribuir y probar tus juegos de manera profesional, asegurando una experiencia fluida para tus usuarios finales.

Con el proceso de generación de *builds* cubierto, estás listo para adentrarte en el siguiente capítulo, "Librerías de terceros gratuitas e indispensables", donde exploraremos herramientas, paquetes y utilidades que pueden llevar tus proyectos a un nivel superior. Estas librerías no solo enriquecerán tus juegos, sino que también optimizarán tu flujo de trabajo como desarrollador, proporcionándote soluciones rápidas y efectivas para problemas comunes. ¡Sigamos adelante y descubramos todo lo que estas herramientas tienen para ofrecer!

14

LIBRERÍAS DE TERCEROS GRATUITAS E INDISPENSABLES

Hemos llegado al último capítulo de este libro, un espacio dedicado a potenciar tu flujo de trabajo con librerías y herramientas de terceros que han demostrado ser indispensables en el desarrollo de videojuegos con Unity. Estas herramientas no solo facilitan la creación de proyectos de alta calidad, sino que también optimizan procesos que, de otra forma, podrían consumir mucho tiempo y recursos.

En el vasto ecosistema de Unity, la comunidad de desarrolladores ha creado soluciones innovadoras que abarcan desde la gestión de datos hasta la animación, el diseño visual y la optimización. Este capítulo incluye herramientas que han sido las más comentadas por los programadores de videojuegos a lo largo de 2024, basándonos en consultas realizadas en foros y comunidades. Es importante destacar que no tengo ninguna relación comercial con los creadores de los *assets* de pago mencionados.

Al integrar estas herramientas en tus proyectos, no solo mejorarás la eficiencia del desarrollo, sino que también desbloquearás nuevas posibilidades creativas. En este capítulo, exploraremos una selección de librerías gratuitas y *premium*, ampliamente utilizadas y recomendadas por la comunidad. Cada recurso será presentado con su descripción, capturas representativas y un enlace directo para que puedas incorporarlo fácilmente en tu proyecto. Además, discutiremos cómo estas herramientas pueden transformar aspectos específicos del desarrollo, desde la localización hasta la creación de efectos visuales avanzados.

Sin más preámbulos, comencemos a descubrir estas joyas del desarrollo con Unity, herramientas que no solo enriquecerán tus proyectos actuales, sino que también sentarán una base sólida para tus futuros juegos.

Firebase para Unity

Firebase es una plataforma de desarrollo integral creada por Google que ofrece una colección de herramientas y servicios para facilitar el desarrollo de aplicaciones y videojuegos. En Unity, Firebase permite integrar funcionalidades avanzadas que mejoran tanto la experiencia del usuario como la gestión del proyecto.

Figura 14.1. *Dashboard* Firebase.

¿Qué puedes hacer con Firebase en Unity?

1. **Autenticación:** Firebase Authentication proporciona una solución fácil para gestionar el inicio de sesión de usuarios. Puedes integrar autenticación por correo electrónico, Google, Facebook y más, permitiendo a tus usuarios acceder a tus juegos sin complicaciones.
2. **Base de datos en tiempo real:** Firebase Realtime Database permite almacenar y sincronizar datos entre tus usuarios en tiempo real. Esto es ideal para juegos multijugador o sistemas de puntuación global.
3. **FireStore:** Si necesitas una base de datos escalable y con más capacidades de consulta, Firestore es una gran opción. Ofrece una estructura más flexible y potente que Realtime Database.
4. **Analíticas avanzadas:** Firebase Analytics proporciona métricas detalladas sobre el comportamiento del usuario en tu juego. Desde eventos básicos como inicio de sesión hasta personalización avanzada de objetivos, puedes tomar decisiones informadas para mejorar la experiencia de juego.

5. **Mensajería *push*:** Con Firebase Cloud Messaging (FCM), puedes enviar notificaciones personalizadas a tus usuarios, mantenerlos comprometidos con tu juego o informarles sobre actualizaciones y eventos.
6. **Almacenamiento en la nube:** Firebase Storage permite alojar y servir archivos, como imágenes o vídeos, de manera rápida y eficiente. Ideal para proyectos que dependen de contenido dinámico.

¿Por qué usar Firebase en Unity?

Firebase simplifica procesos complejos como la gestión de usuarios y la sincronización en tiempo real. Además, su escalabilidad y facilidad de uso la convierten en una herramienta ideal tanto para desarrolladores independientes como para estudios de desarrollo profesional. Con Firebase, puedes centrarte en la experiencia del jugador mientras la plataforma maneja aspectos críticos de *backend* y analíticas.

Descarga e información: `https://firebase.google.com`.

Vuforia Engine

Vuforia Engine es una de las plataformas más destacadas en el desarrollo de aplicaciones de realidad aumentada (RA). Con su capacidad para transformar objetos físicos en experiencias digitales interactivas, se ha convertido en una herramienta esencial para desarrolladores que desean incorporar RA en sus proyectos. Su integración fluida con Unity permite aprovechar todo su potencial, desde el reconocimiento de imágenes hasta el seguimiento avanzado de objetos, ofreciendo una solución robusta tanto para principiantes como para expertos.

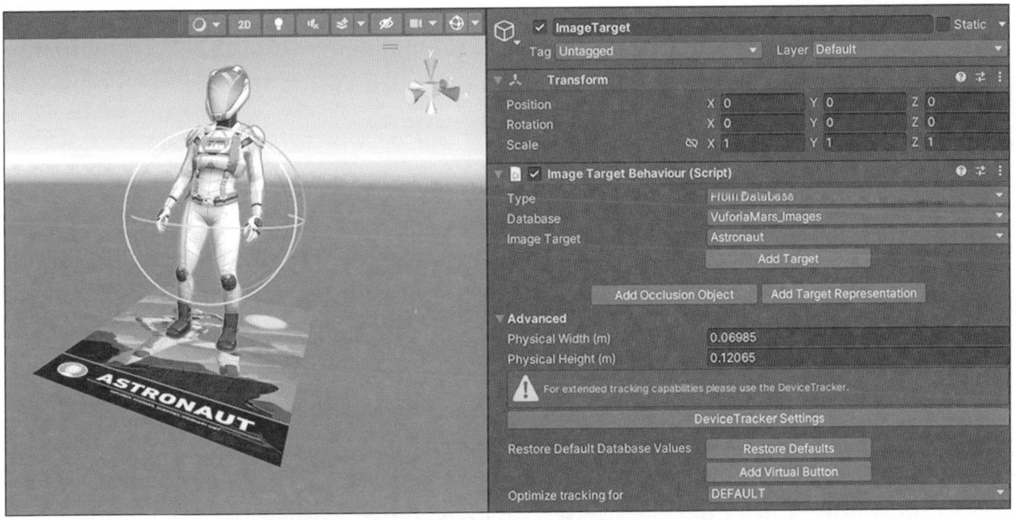

Figura 14.2. Imagen promocional de Vuforia Engine.

¿Qué puedes hacer con Vuforia en Unity?

1. **Reconocimiento y seguimiento de imágenes:** Vuforia permite identificar y rastrear imágenes en tiempo real. Por ejemplo, puedes escanear una portada de libro y superponer animaciones 3D o información adicional sobre ella. Estas imágenes pueden ser simples, como logos, o complejas, como ilustraciones detalladas.
2. **Seguimiento de objetos 3D:** Una de las características más avanzadas de Vuforia es la capacidad de rastrear objetos tridimensionales. Puedes cargar un modelo 3D en la base de datos de Vuforia y vincularlo con interacciones específicas en Unity, ideal para proyectos educativos, industriales o de entretenimiento.
3. **Seguimiento de superficies y espacios:** Con la funcionalidad de seguimiento de superficies, puedes mapear mesas, pisos u otras superficies planas para colocar contenido virtual de forma precisa. Esta característica es ideal para experiencias RA de colocación de muebles, juegos interactivos y más.
4. **Model Targets:** Reconoce y rastrea objetos físicos basados en su forma y geometría. Esto es útil en aplicaciones industriales, como la capacitación en maquinaria, donde el software puede identificar y superponer información sobre equipos reales.
5. **Area Targets:** Crea experiencias RA que interactúen con entornos físicos completos. Al mapear un espacio, como una habitación o una galería, puedes generar contenido inmersivo que se activa en ubicaciones específicas.
6. **Multitargets y VuMarks:** Soporte para múltiples objetivos en una sola escena o VuMarks, códigos visuales personalizables que combinan funcionalidad de QR y RA para experiencias únicas.
7. **Soporte para realidad aumentada extendida:** Vuforia admite experiencias RA extendidas que combinan múltiples funcionalidades, como el reconocimiento de imágenes y el seguimiento de superficies, para crear aplicaciones complejas y dinámicas.

Ventajas de Vuforia en Unity

- **Integración Total con Unity:** Vuforia es completamente compatible con el entorno Unity, lo que facilita la implementación de RA en proyectos nuevos o existentes.
- **Multiplataforma:** Las aplicaciones desarrolladas con Vuforia pueden ejecutarse en dispositivos iOS, Android, y hasta en gafas de realidad aumentada como las HoloLens.
- **Desempeño optimizado:** Vuforia utiliza algoritmos avanzados para garantizar un rendimiento rápido y preciso incluso en dispositivos de gama media.

- **Flexibilidad en proyectos:** Desde marketing interactivo hasta soluciones industriales, Vuforia se adapta a una amplia variedad de aplicaciones.
- **Acceso a un ecosistema activo:** La comunidad de desarrolladores de Vuforia es grande y activa, lo que facilita el acceso a ejemplos, foros de discusión y recursos adicionales.

¿Por qué elegir Vuforia para tus proyectos de RA?

Vuforia es una solución madura y bien establecida en el campo de la RA, ofreciendo herramientas confiables y actualizadas para proyectos de cualquier escala. Además, su enfoque en la precisión y la facilidad de uso permite que los desarrolladores se concentren en la creatividad y el diseño, mientras Vuforia se encarga de los aspectos técnicos complejos.

Si buscas incorporar RA en tus proyectos de Unity con resultados profesionales y escalables, Vuforia Engine es, sin duda, una de las mejores opciones disponibles.

Descarga e información: `https://developer.vuforia.com/downloads/sdk`.

VUFORIA VS. UNITY AR FOUNDATION

Vuforia Engine y Unity AR Foundation son dos herramientas destacadas para el desarrollo de aplicaciones de realidad aumentada (RA), pero con enfoques y características diferentes que las hacen ideales para distintas necesidades. Vuforia se especializa en experiencias basadas en el reconocimiento de imágenes, objetos y superficies, ofreciendo funcionalidades avanzadas como seguimiento de objetos 3D, *multitargets*, VuMarks y mapeo de espacios completos con Area Targets. Es una solución madura y confiable, ideal para proyectos que requieren reconocimiento físico o experiencias interactivas complejas. Su integración con Unity es fluida, lo que facilita su uso, especialmente para desarrolladores que buscan resultados rápidos y efectivos. Sin embargo, aunque ofrece una versión gratuita, algunas características avanzadas requieren una licencia comercial, y puede ser menos flexible en términos de personalización comparado con otras opciones.

Por otro lado, Unity AR Foundation es un *framework* integrado directamente en Unity, diseñado para aprovechar las capacidades RA nativas de las plataformas móviles, como ARKit en iOS y ARCore en Android, además de ser compatible con gafas RA/RV. Destaca por su enfoque multiplataforma, permitiendo crear experiencias adaptadas a dispositivos de diferentes fabricantes. AR Foundation ofrece un control detallado sobre las funcionalidades de RA, como el seguimiento de superficies, la detección de planos, la oclusión y los puntos de anclaje, lo que la convierte en una herramienta ideal para desarrolladores que buscan alta personalización y un enfoque más técnico. A diferencia de Vuforia, AR Foundation no tiene costes adicionales, ya que forma parte del ecosistema de Unity. Sin embargo, puede requerir más esfuerzo y experiencia para configurar funcionalidades avanzadas y carece de algunas características preconstruidas que Vuforia proporciona de manera nativa.

En resumen, si buscas facilidad de uso, reconocimiento avanzado de imágenes u objetos y una solución probada, Vuforia es la mejor opción. Si necesitas mayor flexibilidad, personalización y acceso a las capacidades nativas de dispositivos RA, Unity AR Foundation es más adecuada. La elección dependerá del tipo de proyecto y el nivel de control y detalle que requieras.

Ready Player Me

Ready Player Me es una plataforma que permite crear avatares personalizados en 3D, diseñados para integrarse de forma sencilla en videojuegos, mundos virtuales y aplicaciones de realidad virtual (RV) o aumentada (RA). Con un enfoque en la interoperabilidad, Ready Player Me se ha convertido en una herramienta clave para desarrolladores que buscan incorporar avatares dinámicos y únicos en sus proyectos, sin invertir tiempo en el modelado, texturizado y *rigging* manual.

Figura 14.3. Imagen promocional de Ready Player Me.

En Unity, Ready Player Me se integra fácilmente, permitiendo a los desarrolladores importar avatares generados con características personalizables. Los usuarios pueden crear su avatar desde una simple foto o seleccionar características como rasgos faciales, peinados, ropa y accesorios, generando modelos optimizados que están listos para usar con animaciones prediseñadas.

¿Qué ofrece Ready Player Me en Unity?

Ready Player Me destaca por su capacidad para simplificar y acelerar el proceso de creación de avatares. Cada modelo generado viene con un *rigging* estándar compatible con sistemas de animación como el Animator de Unity, lo que permite aplicarle movimientos humanos complejos, desde expresiones faciales hasta gestos corporales. Además, incluye texturas y materiales de alta calidad, optimizados para rendimiento en tiempo real, lo que los hace ideales para aplicaciones en dispositivos móviles, PC o RV/RA. Otra característica destacable es su interoperabilidad. Los avatares de Ready Player Me son compatibles con múltiples plataformas y ecosistemas de metaverso, como VRChat, AltspaceVR y Mozilla Hubs, lo que permite a los usuarios utilizar el mismo avatar en diferentes experiencias digitales. Esto refuerza la identidad del usuario en entornos virtuales y permite una transición sin problemas entre distintas aplicaciones.

Usos prácticos en videojuegos y experiencias interactivas

Ready Player Me es ideal para proyectos que buscan involucrar a los usuarios de forma más personal, como videojuegos de rol, aplicaciones sociales y mundos virtuales. Por ejemplo, puedes permitir que los jugadores se representen a sí mismos con un avatar único o personalicen personajes en juegos multijugador. También es útil en aplicaciones educativas o corporativas donde la interacción con avatares mejora la experiencia, como talleres virtuales o conferencias en RV.

Ventajas para desarrolladores

Ready Player Me elimina las barreras técnicas asociadas con la creación de avatares, permitiendo a los desarrolladores concentrarse en otros aspectos de su proyecto. Además, la generación de avatares es rápida y sencilla y, gracias a su integración con Unity, el proceso de importación es directo y eficiente. Los desarrolladores también pueden personalizar los modelos una vez importados, adaptando su estilo o funcionalidad para ajustarse a la estética o mecánicas del juego.

¿Por qué elegir Ready Player Me?

Si estás desarrollando un proyecto que requiere avatares personalizados pero no quieres dedicar tiempo a su creación desde cero, Ready Player Me es una solución ideal. Su enfoque en la interoperabilidad y la facilidad de uso lo convierten en una herramienta indispensable para desarrolladores de videojuegos y aplicaciones inmersivas, especialmente en un contexto donde el metaverso y las experiencias virtuales están ganando protagonismo. Con Ready Player Me, puedes ofrecer a los usuarios una forma única de representarse a sí mismos en el mundo digital, aumentando la personalización y el compromiso en tus proyectos.

Descarga e información: `https://readyplayer.me`.

ProBuilder

ProBuilder es una poderosa herramienta de modelado y diseño de niveles que se integra directamente en el entorno de desarrollo de Unity. Diseñada para facilitar tanto la creación de prototipos como el desarrollo de niveles detallados, ProBuilder combina la facilidad de uso con funcionalidades avanzadas de modelado 3D. Esto la convierte en una herramienta imprescindible tanto para desarrolladores principiantes como para profesionales que deseen trabajar de forma eficiente sin necesidad de salir del editor de Unity.

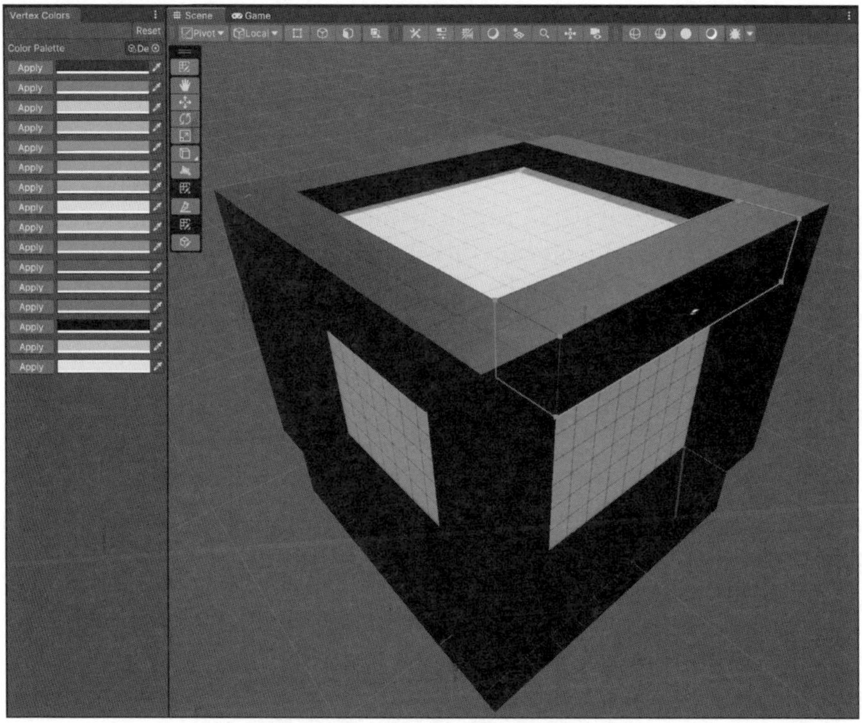

Figura 14.4. Imagen promocional de ProBuilder.

¿Qué puedes hacer con ProBuilder?

Con ProBuilder, los desarrolladores pueden modelar y editar geometría 3D directamente dentro de Unity, sin depender de herramientas externas de modelado. Esto incluye la creación de formas básicas, como cubos, esferas y prismas, hasta estructuras más complejas mediante la edición de vértices, aristas y caras. Además, ofrece herramientas para diseñar niveles completos con precisión, lo que es ideal para videojuegos que requieren entornos personalizados y bien definidos.

Otra característica destacada es la posibilidad de aplicar texturas y realizar mapeo UV directamente sobre los modelos creados. Esto permite una previsualización rápida del aspecto final de los objetos en el entorno del juego, agilizando tanto el flujo de trabajo como la iteración creativa. ProBuilder también facilita la creación de colisionadores para los objetos modelados, asegurando que sean funcionales en términos de jugabilidad.

Usos prácticos en desarrollo de videojuegos

ProBuilder es particularmente útil durante las etapas iniciales de desarrollo, cuando los desarrolladores necesitan crear prototipos de niveles rápidamente para probar mecánicas y jugabilidad. Sin embargo, su utilidad no se limita al prototipado. También puede ser empleado para crear niveles completos y detallados, especialmente en proyectos de estilo retro o minimalista donde el modelado básico es una estética deseada.

Por ejemplo, puedes diseñar un nivel de plataformas en cuestión de minutos, ajustando detalles como la altura de los obstáculos o el tamaño de las plataformas directamente en el editor. Del mismo modo, puedes crear interiores detallados para un juego de exploración o construir escenarios modulares que se adapten dinámicamente a las necesidades de tu proyecto.

Ventajas para los desarrolladores

ProBuilder destaca por su simplicidad y su integración directa con Unity, eliminando la necesidad de exportar e importar modelos desde herramientas externas. Esto ahorra tiempo y reduce la complejidad técnica, especialmente para pequeños equipos o desarrolladores independientes. Además, ProBuilder cuenta con soporte para herramientas adicionales como ProGrids, que facilita la alineación precisa de objetos y refuerza su utilidad para el diseño de niveles.

Su enfoque en la iteración rápida lo convierte en una herramienta esencial para pruebas y ajustes sobre la marcha, permitiendo que los desarrolladores realicen cambios en los modelos o niveles sin interrumpir el flujo de trabajo. Esto es particularmente valioso en entornos colaborativos donde los diseñadores y programadores trabajan en paralelo.

¿Por qué elegir ProBuilder?

Si estás buscando una solución integrada para modelar y diseñar niveles directamente en Unity, ProBuilder es una opción excepcional. Su combinación de funcionalidad avanzada, facilidad de uso y enfoque en la eficiencia lo convierten en una herramienta indispensable para cualquier desarrollador. Desde la creación de prototipos rápidos hasta la producción de niveles completos, ProBuilder te permite concentrarte en dar vida a tus ideas sin las complicaciones de un flujo de trabajo externo. Es, en definitiva, una herramienta que amplía las capacidades creativas dentro del ecosistema de Unity.

Descarga e información: `https://docs.unity3d.com/Packages/com.unity.probuilder@4.0/manual/installing.html`.

TextMeshPro

TextMeshPro es una herramienta avanzada de renderizado de texto que se ha convertido en el estándar para manejar texto en Unity. Su objetivo principal es ofrecer un control superior sobre la apariencia del texto, mejorando significativamente la calidad visual y proporcionando opciones avanzadas de estilización. Gracias a su capacidad para manejar texto con precisión, TextMeshPro es una elección ideal tanto para proyectos 2D como 3D que requieren texto claro, atractivo y altamente personalizable.

¿Qué puedes hacer con TextMeshPro?

TextMeshPro proporciona un renderizado de texto de alta calidad que supera al sistema de texto predeterminado de Unity. Esto incluye fuentes con bordes nítidos incluso en resoluciones altas, gracias a su técnica basada en mapas de distancia firmados (*Signed Distance Field*). Además, permite aplicar una amplia variedad de estilos y efectos visuales, como sombras, contornos, degradados y brillo, directamente desde el Editor de Unity. Estas características lo hacen perfecto para crear interfaces de usuario (UI) atractivas, HUD dinámicos y textos inmersivos en escenas 3D.

Otro punto fuerte de TextMeshPro es su compatibilidad con múltiples idiomas y sistemas de escritura, incluidos caracteres especiales y *scripts* complejos como árabe, chino o devanagari. Esto lo convierte en una herramienta indispensable para proyectos que necesitan ser localizados en diversos mercados globales.

Usos prácticos en videojuegos y aplicaciones

TextMeshPro es ideal para una amplia gama de usos en videojuegos y aplicaciones. Por ejemplo, puedes usarlo para diseñar menús elegantes con efectos de texto dinámicos que atraigan la atención del jugador, o para mostrar diálogos en un RPG con estilización específica que refuerce la estética del juego. También es muy útil para marcadores interactivos, etiquetas en mundos 3D y cualquier otro caso donde el texto sea un elemento clave para la experiencia del usuario.

En juegos móviles, donde la legibilidad del texto en pantallas pequeñas es crucial, TextMeshPro garantiza que los textos sean claros y atractivos sin sacrificar el rendimiento. Además, su capacidad para integrar texto enriquecido con imágenes o *sprites* añade un nivel extra de personalización, ideal para HUD avanzados o interfaces dinámicas.

Ventajas para los desarrolladores

TextMeshPro no solo mejora la apariencia del texto, sino que también ofrece herramientas avanzadas para optimizar el flujo de trabajo. Su sistema de gestión de fuentes permite empaquetar múltiples caracteres en atlas optimizados, lo que reduce el consumo de memoria y mejora el rendimiento. Además, proporciona soporte para texto enriquecido, lo que permite incluir estilos y formatos complejos sin escribir código adicional.

Otro aspecto destacado es su flexibilidad en términos de integración. TextMeshPro funciona perfectamente con el sistema de UI de Unity, pero también puede usarse en elementos 3D, lo que lo convierte en una solución completa para cualquier tipo de proyecto. Esto, combinado con un control granular sobre la posición, rotación, tamaño y color del texto, permite a los desarrolladores personalizar hasta el último detalle de cómo se muestra el texto en sus aplicaciones.

¿Por qué elegir TextMeshPro?

TextMeshPro es, sin duda, la mejor herramienta para cualquier proyecto de Unity que requiera texto atractivo y funcional. Su capacidad para manejar texto de alta calidad, su compatibilidad con una amplia gama de idiomas y su flexibilidad para aplicar estilos avanzados lo convierten en una solución completa. Ya sea que estés diseñando una interfaz de usuario, creando mundos 3D con marcadores interactivos o desarrollando juegos localizados para audiencias globales, TextMeshPro te ofrece las herramientas necesarias para llevar el texto en tu proyecto al siguiente nivel. Su integración nativa en Unity y su versatilidad aseguran un flujo de trabajo eficiente y resultados profesionales.

Descarga e información: `https://docs.unity3d.com/Packages/com.unity.textmeshpro@3.2/manual/index.html`.

Post Processing Stack

Post Processing Stack es una herramienta fundamental para mejorar la calidad visual de los proyectos desarrollados en Unity. Se trata de una colección de efectos visuales avanzados que se aplican directamente a la imagen final renderizada, permitiendo a los desarrolladores elevar significativamente el nivel gráfico de sus juegos.

Su facilidad de integración y configuración lo convierte en una opción ideal tanto para principiantes como para profesionales que buscan un acabado visual pulido y atractivo.

Figura 14.5. Imagen promocional de Post Processing Stack.

¿Qué puedes hacer con Post Processing Stack?

Post Processing Stack incluye una amplia variedad de efectos visuales diseñados para mejorar la estética de tu juego. Entre los más destacados se encuentran el Bloom, que añade un resplandor a las áreas brillantes para crear un efecto luminoso; el Depth of Field, que simula la profundidad de campo de una cámara real, desenfocando elementos lejanos o cercanos según el enfoque; y el Motion Blur, que introduce desenfoque en los objetos en movimiento para acentuar la sensación de velocidad y dinamismo.

También incluye efectos como Ambient Occlusion, que realza las sombras en las intersecciones y pequeños detalles para un mayor realismo, y Color Grading, que permite ajustar tonos, contraste y saturación, transformando la atmósfera general del juego. Estas herramientas no solo mejoran la calidad visual, sino que también contribuyen a transmitir emociones específicas o refuerzan el estilo artístico deseado.

Usos prácticos en videojuegos

Post Processing Stack es ideal para juegos que buscan una experiencia visual impactante. Por ejemplo, en títulos de ciencia ficción, puedes usar Bloom y Lens Distortion para simular entornos futuristas y tecnológicos. En juegos de terror, Vignette y Grain pueden añadir una sensación de claustrofobia e inquietud, mientras que, en aventuras con paisajes abiertos, Ambient Occlusion y Color Grading son útiles para resaltar detalles del entorno y establecer una paleta de colores inmersiva.

Además, en juegos cinematográficos o de corte narrativo, Depth of Field es excelente para dirigir la atención del jugador hacia personajes o elementos clave de la escena, mientras que Motion Blur aporta un toque profesional a las secuencias de acción.

Ventajas para los desarrolladores

Una de las principales ventajas del Post Processing Stack es su integración directa con Unity, lo que facilita su configuración y uso sin necesidad de herramientas externas. Ofrece un control granular sobre cada efecto, permitiendo ajustar parámetros en tiempo real desde el Editor. Esto no solo ahorra tiempo, sino que también permite iteraciones rápidas para encontrar el estilo visual perfecto.

Post Processing Stack está diseñado para ser eficiente en términos de rendimiento, ofreciendo opciones de calidad ajustables para que los desarrolladores puedan optimizar los efectos según las capacidades del hardware objetivo. Esto es particularmente útil en proyectos destinados a dispositivos móviles o hardware de gama baja.

¿Por qué elegir Post Processing Stack?

Si deseas mejorar la calidad gráfica de tu juego y crear una experiencia visual más impactante, Post Processing Stack es una herramienta esencial. Su variedad de efectos, facilidad de uso y flexibilidad lo convierten en una opción accesible para desarrolladores de cualquier nivel. Ya sea que estés buscando un estilo realista, estilizado o cinematográfico, esta colección de efectos te permitirá transformar el aspecto de tu juego y llevarlo al siguiente nivel. Además, su integración nativa con Unity asegura un flujo de trabajo eficiente y resultados profesionales en todo tipo de proyectos.

Descarga e información: `https://docs.unity3d.com/Packages/com.unity.postprocessing@3.4/manual/Installation.html`.

Addressables

Addressables es un sistema avanzado de gestión y carga de *assets* en Unity que permite manejar recursos de manera eficiente y flexible. Diseñado para optimizar el uso de memoria y la entrega de contenido, Addressables es especialmente útil en proyectos que incluyen contenido descargable o requieren una gestión dinámica de recursos. Su principal ventaja radica en su capacidad para simplificar la carga y descarga de *assets*, utilizando etiquetas y referencias en lugar de rutas explícitas.

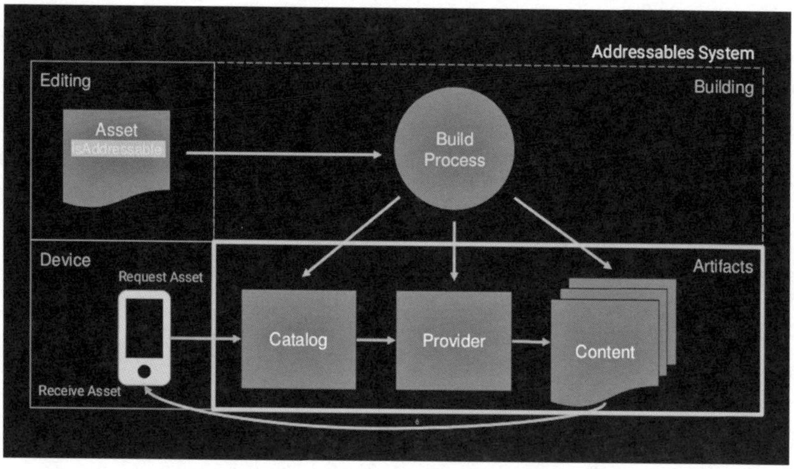

Figura 14.6. Imagen promocional de Addresables.

Con Addressables, los desarrolladores pueden agrupar y gestionar *assets* según sus necesidades, como niveles, modelos o texturas. Esto resulta ideal para juegos que necesitan contenido escalable, actualizaciones frecuentes o una experiencia personalizada para el usuario. Además, Addressables facilita la carga progresiva de contenido, permitiendo iniciar el juego con recursos mínimos mientras se descargan otros en segundo plano.

¿Por qué elegir Addressables?

Addressables reduce la complejidad de gestionar recursos, especialmente en proyectos grandes, ofreciendo una solución que optimiza tanto el rendimiento como la organización. Su capacidad para manejar contenido remoto y local lo convierte en una herramienta esencial para juegos con actualizaciones frecuentes o grandes cantidades de contenido descargable.

Descarga e información: `https://docs.unity3d.com/Manual/com.unity.addressables.html`.

DOTS (Data-Oriented Technology Stack)

DOTS es una colección de tecnologías que permite escribir código altamente optimizado y escalable en Unity. Compuesto por Entity Component System (ECS), Job System y Burst Compiler, DOTS ofrece un enfoque orientado a datos que mejora significativamente el rendimiento, especialmente en proyectos que requieren un manejo intensivo de recursos.

Figura 14.7. Imagen promocional de DOTS.

ECS permite organizar y procesar entidades de manera eficiente, separando los datos de la lógica para optimizar el rendimiento. Job System facilita la programación paralela, distribuyendo tareas entre múltiples núcleos de CPU para maximizar el uso del hardware. Por último, Burst Compiler compila el código en tiempo de ejecución para alcanzar un rendimiento casi nativo.

¿Por qué elegir DOTS?

DOTS es ideal para proyectos que buscan alto rendimiento, como simuladores complejos, juegos masivos multijugador o experiencias de realidad virtual y aumentada. Aunque tiene una curva de aprendizaje más pronunciada, los beneficios en términos de optimización y escalabilidad lo convierten en una herramienta esencial para desarrolladores avanzados.

Descarga e información: `https://unity.com/dots`.

Odin Inspector

Odin Inspector es una herramienta que amplía significativamente las capacidades del Inspector de Unity, permitiendo personalizar y optimizar la interfaz del Editor sin necesidad de escribir grandes cantidades de código. Con su amplia gama de atributos, Odin facilita la creación de editores personalizados y mejora la serialización de estructuras de datos complejas. Odin Inspector no solo simplifica el trabajo con clases y estructuras avanzadas, sino que también permite diseñar interfaces limpias y organizadas, mejorando la productividad durante el desarrollo. Desde crear menús contextuales hasta generar vistas dinámicas, Odin Inspector ahorra tiempo y reduce el esfuerzo necesario para gestionar proyectos complejos.

¿Por qué elegir Odin Inspector?

Odin Inspector es una herramienta indispensable para desarrolladores que desean maximizar la eficiencia del editor de Unity. Es especialmente útil en proyectos con sistemas complejos o configuraciones frecuentes, proporcionando una interfaz más intuitiva y accesible.

Descarga e información: `https://assetstore.unity.com/packages/tools/utilities/odin-inspector-and-serializer-89041`.

Hot Reload

Hot Reload es una herramienta que transforma el flujo de trabajo de desarrollo en Unity, permitiendo aplicar cambios en el código de manera instantánea sin necesidad de recompilar el proyecto completo. Esto funciona tanto en modo de edición como en tiempo de ejecución, acelerando significativamente el desarrollo y permitiendo iteraciones más rápidas. Con Hot Reload, puedes modificar el comportamiento de *scripts*, ajustar valores o corregir errores en tiempo real, sin interrumpir el flujo del juego o la escena. Esto no solo ahorra tiempo, sino que también permite experimentar con cambios y probar ideas de forma más dinámica.

Figura 14.8. Imagen promocional de Hot Reload.

¿Por qué elegir Hot Reload?

Hot Reload es ideal para desarrolladores que buscan optimizar el ciclo de desarrollo y reducir tiempos de espera. Es especialmente valioso en proyectos donde los ajustes frecuentes son necesarios, permitiendo un flujo de trabajo más ágil y fluido. Su compatibilidad con Unity y su capacidad para aplicar cambios al instante lo convierten en una herramienta imprescindible para mejorar la productividad.

Descarga e información: `https://assetstore.unity.com/packages/tools/utilities/hot-reload-edit-code-without-compiling-254358`.

DOTween

DOTween es un sistema avanzado de animación y *tweening* ampliamente utilizado en Unity. Su capacidad para interpolar valores de manera fluida y dinámica lo convierte en una herramienta ideal para animar interfaces de usuario (UI), mover objetos, escalar elementos o modificar cualquier propiedad numérica de forma suave. A diferencia de crear *scripts* complejos para manejar animaciones, DOTween simplifica el proceso con un enfoque directo y optimizado. Con DOTween, los desarrolladores pueden implementar animaciones precisas y personalizables en cuestión de minutos. Esto incluye transiciones de botones en UI, movimientos suaves de cámaras o efectos dinámicos como pulsaciones, rotaciones o desvanecimientos. Además, ofrece opciones avanzadas como bucles, retrasos y *callbacks* para adaptarse a cualquier necesidad de animación.

¿Por qué elegir DOTween?

DOTween destaca por su rendimiento y flexibilidad, siendo una de las herramientas más utilizadas para animaciones en Unity. Es fácil de integrar y permite a los desarrolladores centrarse en el diseño y la jugabilidad sin complicarse con cálculos manuales. Su versatilidad lo hace ideal para proyectos de cualquier escala, desde juegos casuales hasta producciones complejas.

Descarga e información: `https://assetstore.unity.com/packages/tools/animation/dotween-hotween-v2-27676`.

Rewired

Rewired es un sistema de entrada de última generación diseñado para reemplazar el Input Manager estándar de Unity. Ofrece un control avanzado y multiplataforma, compatible con una amplia gama de dispositivos, incluidos teclados, ratones, mandos y controles táctiles. Con su diseño robusto y flexible, Rewired facilita la creación de configuraciones de entrada personalizadas y adaptadas a las necesidades específicas de cada juego.

Una de las características más destacadas de Rewired es su capacidad para mapear entradas de forma sencilla, permitiendo a los jugadores personalizar controles sin afectar el código subyacente. Además, ofrece soporte para sistemas complejos de entrada, como múltiples jugadores locales, controladores simultáneos y detección automática de dispositivos.

¿Por qué elegir Rewired?

Rewired es esencial para desarrolladores que buscan ofrecer una experiencia de usuario pulida en términos de controles, especialmente en juegos multiplataforma. Su capacidad para manejar entradas avanzadas lo convierte en una herramienta indispensable para proyectos que requieren flexibilidad y precisión en la configuración de controles.

Descarga e información: `https://assetstore.unity.com/packages/tools/utilities/rewired-21676`.

Amplify Shader Editor

Amplify Shader Editor es una herramienta visual para crear *shaders* avanzados en Unity sin necesidad de escribir código. Su interfaz gráfica intuitiva permite a los desarrolladores diseñar efectos visuales personalizados utilizando nodos, lo que simplifica el proceso de desarrollo y abre la creación de *shaders* a artistas y diseñadores sin experiencia en programación.

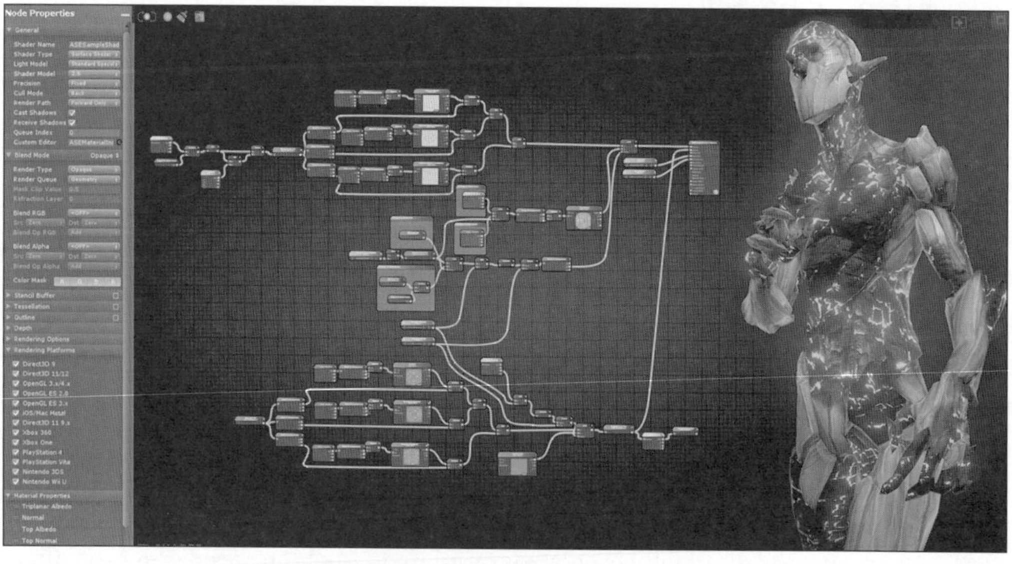

Figura 14.9. Imagen promocional de Amplify.

Con Amplify Shader Editor, es posible desarrollar materiales complejos y optimizados para cualquier plataforma, desde dispositivos móviles hasta consolas. Ofrece soporte para múltiples *pipelines* de renderizado, incluyendo el Built-in, Universal Render Pipeline (URP) y High Definition Render Pipeline (HDRP), asegurando compatibilidad y flexibilidad en cualquier proyecto.

¿Por qué elegir Amplify Shader Editor?

Amplify Shader Editor es ideal para proyectos que requieren efectos gráficos únicos o materiales avanzados. Su enfoque visual acelera el desarrollo y permite experimentar con nuevas ideas rápidamente. Es una herramienta imprescindible para desarrolladores que buscan crear experiencias visuales impactantes y optimizar sus materiales sin complicaciones técnicas.

Descarga e información: `https://assetstore.unity.com/packages/tools/visual-scripting/amplify-shader-editor-68570`.

SRDebugger

SRDebugger es una consola de depuración avanzada que permite acceder a herramientas en tiempo de ejecución directamente desde el dispositivo o el *build* de un proyecto de Unity. Con SRDebugger, los desarrolladores pueden monitorear *logs*, ajustar valores dinámicos y visualizar gráficos de rendimiento en tiempo real, lo que facilita la identificación y solución de problemas sin necesidad de regresar al editor. Esta herramienta es especialmente útil para depurar juegos en dispositivos móviles, consolas o *builds* finales, donde acceder al entorno de desarrollo no es posible. Además, ofrece funcionalidades como paneles personalizables y opciones de ajustes en vivo, permitiendo probar configuraciones rápidamente.

¿Por qué elegir SRDebugger?

SRDebugger agiliza el proceso de depuración y mejora la eficiencia del desarrollo al proporcionar acceso directo a herramientas críticas en tiempo real. Es ideal para desarrolladores que necesitan solucionar problemas en dispositivos específicos o realizar ajustes finales sin interrumpir el flujo de trabajo.

Descarga e información: `https://assetstore.unity.com/packages/tools/gui/srdebugger-console-tools-on-device-27688`.

A* Pathfinding Project Pro

A* Pathfinding Project Pro es un sistema avanzado de navegación y búsqueda de rutas diseñado para implementar inteligencia artificial en Unity. Este paquete utiliza el algoritmo A* optimizado, permitiendo que personajes no jugables (NPC) encuentren rutas eficientes en entornos complejos. Es compatible con terrenos, cuadrículas y sistemas de navegación personalizados, lo que lo convierte en una solución versátil para cualquier tipo de juego.

El sistema incluye soporte para múltiples tipos de gráficos de navegación, como cuadrículas, puntos de navegación y estructuras hexagonales, adaptándose a juegos como RTS, *tower defense* y títulos de exploración. Además, A* Pathfinding Project Pro ofrece herramientas para gestionar obstáculos dinámicos, optimización de rutas en tiempo real y ajustes personalizados según las necesidades del proyecto.

¿Por qué elegir A* Pathfinding Project Pro?

Si tu juego requiere rutas complejas y una IA avanzada, A* Pathfinding Project Pro es una solución robusta y eficiente. Su flexibilidad, rendimiento optimizado y compatibilidad con diferentes estilos de juegos lo convierten en una herramienta imprescindible para desarrollar mundos interactivos con movimiento inteligente.

Descarga e información: `https://assetstore.unity.com/packages/tools/behavior-ai/a-pathfinding-project-pro-87744`.

Behavior Designer

Behavior Designer es una herramienta visual que permite crear árboles de comportamiento de inteligencia artificial (IA) de manera intuitiva y sin necesidad de escribir código complejo. Su sistema basado en nodos simplifica la configuración de comportamientos para NPC, enemigos y objetos interactivos, ofreciendo una manera eficiente de diseñar inteligencia artificial para videojuegos.

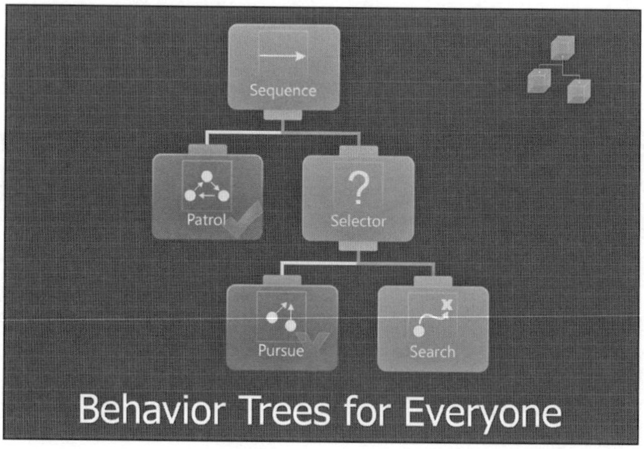

Figura 14.10. Imagen promocional de Behavior Designer.

Behavior Designer es compatible con sistemas avanzados de lógica, como decisiones basadas en estados, eventos y acciones condicionales. Esto lo hace ideal para juegos que necesitan comportamientos complejos y variados, como patrullas, persecuciones, reacciones contextuales y más.

¿Por qué elegir Behavior Designer?

Behavior Designer es la elección perfecta para desarrolladores que buscan una solución accesible pero poderosa para crear IA compleja. Su enfoque visual reduce la curva de aprendizaje y permite iteraciones rápidas, haciendo que el diseño de comportamientos sea más ágil y colaborativo.

Descarga e información: `https://assetstore.unity.com/packages/tools/visual-scripting/behavior-designer-behavior-trees-for-everyone-15277`.

Google Sheets to Unity

Google Sheets to Unity es una herramienta que sincroniza datos directamente desde Google Sheets a tu proyecto de Unity, simplificando la gestión de información dinámica y colaborativa. Con esta integración, puedes actualizar configuraciones, estadísticas de juego, datos de localización y otros elementos sin necesidad de editar manualmente el proyecto en Unity.

La herramienta es especialmente útil en equipos de desarrollo colaborativos donde los diseñadores, traductores o analistas pueden trabajar directamente en Google Sheets, con actualizaciones reflejadas automáticamente en el proyecto. Esto elimina errores asociados con transferencias manuales y agiliza el flujo de trabajo.

¿Por qué elegir Google Sheets to Unity?

Google Sheets to Unity es ideal para proyectos que requieren datos dinámicos o frecuentes actualizaciones, como juegos localizados, sistemas de estadísticas o configuraciones de juego. Su enfoque en la sincronización en tiempo real mejora la productividad y facilita la colaboración, convirtiéndolo en una herramienta esencial para equipos de desarrollo modernos.

Descarga e información: `https://assetstore.unity.com/packages/tools/utilities/google-sheets-to-unity-73410`.

Zenject (Extenject)

Zenject (Extenject) es un sistema de inyección de dependencias para Unity que permite estructurar proyectos de manera modular y escalable. Con Zenject, los desarrolladores pueden gestionar dependencias y componentes sin necesidad de instanciarlos manualmente, lo que simplifica el mantenimiento y mejora la reutilización del código. Esto es especialmente útil en proyectos grandes, donde mantener un código limpio y estructurado es fundamental para garantizar la escalabilidad y facilitar las pruebas unitarias.

Zenject ofrece características avanzadas como contenedores, inyección basada en constructor o propiedades, y soporte para patrones como Singletons, Interfaces y Factories, permitiendo a los desarrolladores seguir principios sólidos de diseño de software como SOLID.

¿Por qué elegir Zenject (Extenject)?

Zenject es ideal para equipos que buscan mantener una arquitectura robusta y sostenible en proyectos de gran envergadura. Su enfoque en la modularidad y las pruebas facilita la colaboración en equipo y asegura un flujo de desarrollo eficiente, especialmente en aplicaciones complejas o multicapas.

Descarga e información: `https://assetstore.unity.com/packages/tools/utilities/extenject-dependency-injection-ioc-157735`.

UniRx

UniRx es un *framework* para programación reactiva en Unity que facilita el manejo de eventos complejos y flujos de datos de manera declarativa. Basado en el paradigma de programación reactiva, UniRx permite crear sistemas que reaccionan dinámicamente a cambios en el estado, eventos del juego o interacciones del usuario.

Es especialmente útil para sistemas de UI y lógica de juego, donde múltiples eventos deben sincronizarse y gestionarse eficientemente. Con UniRx, los desarrolladores pueden trabajar con observables para gestionar eventos como clics, movimientos, entradas de usuario o transiciones de estados, todo de forma clara y escalable.

¿Por qué elegir UniRx?

UniRx simplifica la gestión de eventos y flujos de datos en proyectos complejos, reduciendo la necesidad de implementar *callbacks* y estados manuales. Es ideal para desarrolladores que buscan un enfoque más limpio y eficiente para manejar la lógica reactiva en sus juegos.

Descarga e información: `https://assetstore.unity.com/packages/tools/integration/unirx-reactive-extensions-for-unity-17276`.

Easy Save

Easy Save es una solución avanzada para el guardado y carga de datos en Unity. Su facilidad de uso y robustez lo convierten en una herramienta indispensable para gestionar partidas guardadas, configuraciones de usuario y sincronización en la nube. Con soporte para datos serializados, cifrado y sincronización multiplataforma, Easy Save ofrece una forma rápida y segura de almacenar y recuperar información. Además, Easy Save es compatible con cualquier tipo de dato, desde configuraciones simples hasta estructuras complejas, y permite integrar sistemas de guardado con soluciones en línea como Google Drive o Dropbox, lo que amplía su funcionalidad.

¿Por qué elegir Easy Save?

Easy Save es ideal para proyectos que necesitan un sistema confiable y versátil para manejar datos. Su simplicidad en la implementación y su capacidad para gestionar guardados locales y en la nube lo convierten en una herramienta esencial para cualquier juego que requiera persistencia de datos.

Descarga e información: `https://assetstore.unity.com/packages/tools/utilities/easy-save-the-complete-save-game-data-serializer-system-768`.

Mesh Baker

Mesh Baker es una herramienta diseñada para optimizar el rendimiento de escenas en Unity al combinar múltiples mallas y texturas en una sola. Este proceso reduce significativamente las *draw calls*, mejorando el rendimiento general del juego, especialmente en escenas grandes o proyectos de mundo abierto.

Figura 14.11. Imagen promocional de Mesh Baker.

Mesh Baker permite combinar texturas en atlas y fusionar mallas, simplificando la geometría y reduciendo la carga en el procesador gráfico. Es compatible con diferentes *pipelines* de renderizado y funciona bien con sistemas dinámicos, lo que lo hace adecuado tanto para entornos estáticos como dinámicos.

¿Por qué elegir Mesh Baker?

Mesh Baker es una solución imprescindible para desarrolladores que buscan optimizar proyectos grandes o complejos. Su capacidad para reducir *draw calls* y optimizar recursos gráficos garantiza un mejor rendimiento, especialmente en dispositivos con hardware limitado o en proyectos que manejan entornos masivos.

Descarga e información: `https://assetstore.unity.com/packages/tools/modeling/mesh-baker-5017`.

Bakery

Bakery es un sistema de horneado de iluminación avanzado para Unity que utiliza la GPU para acelerar el proceso de renderizado. Con Bakery, los desarrolladores pueden generar mapas de luz de alta calidad en una fracción del tiempo que requeriría un horneado tradicional basado en CPU. Esto es especialmente útil para proyectos que buscan un equilibrio entre rendimiento y calidad visual, como videojuegos fotorrealistas o simulaciones arquitectónicas.

Figura 14.12. Imagen promocional de Bakery.

El sistema es compatible con múltiples *pipelines* de renderizado, incluyendo Built-in, URP y HDRP, y permite ajustar configuraciones avanzadas como sombras suaves, iluminación global y luces emisivas. Bakery se destaca por producir resultados precisos y realistas con tiempos de procesamiento significativamente más cortos.

¿Por qué elegir Bakery?

Bakery es una herramienta esencial para proyectos que requieren iluminación precomputada de alta calidad sin sacrificar tiempo de desarrollo. Su enfoque basado en GPU lo convierte en una opción ideal para optimizar el flujo de trabajo en proyectos exigentes, desde videojuegos hasta visualizaciones arquitectónicas.

Descarga e información: `https://assetstore.unity.com/packages/tools/level-design/bakery-gpu-lightmapper-122218`.

Magic Light Probes

Magic Light Probes es una herramienta diseñada para generar automáticamente *light probes* en escenas de Unity, mejorando la iluminación de objetos dinámicos en entornos complejos. Esta solución automatizada reduce el tiempo y esfuerzo necesarios para configurar manualmente las *light probes*, asegurando una iluminación precisa y uniforme para elementos en movimiento o dinámicos.

Con Magic Light Probes, los desarrolladores pueden optimizar la iluminación en áreas difíciles de manejar, como interiores con múltiples fuentes de luz o exteriores con sombras complejas. Esto mejora el realismo y la integración de los objetos en el entorno sin sobrecargar el rendimiento.

¿Por qué elegir Magic Light Probes?

Magic Light Probes es ideal para desarrolladores que buscan una manera eficiente de gestionar la iluminación de objetos dinámicos en proyectos grandes o detallados. Su capacidad para automatizar un proceso tedioso ahorra tiempo y garantiza una calidad de iluminación constante.

Descarga e información: `https://assetstore.unity.com/packages/tools/utilities/magic-light-probes-157812`.

Nature Renderer + The Vegetation Engine

Nature Renderer y The Vegetation Engine son herramientas avanzadas para crear y renderizar entornos naturales realistas en Unity. Nature Renderer se especializa en optimizar la renderización de vegetación, mejorando el rendimiento sin sacrificar la calidad visual, mientras que The Vegetation Engine permite personalizar materiales dinámicos para plantas, árboles y otros elementos naturales. Estas herramientas combinadas son ideales para proyectos que requieren entornos grandes y detallados, como juegos de mundo abierto o simulaciones naturales. Nature Renderer gestiona la renderización de grandes cantidades de vegetación con soporte para sombras realistas, mientras que The Vegetation Engine permite aplicar efectos dinámicos como viento, estaciones o interacción con el jugador.

Figura 14.13. Imagen promocional de Nature Renderer.

¿Por qué elegir Nature Renderer + The Vegetation Engine?

Estas herramientas son imprescindibles para desarrolladores que buscan crear mundos naturales visualmente impactantes. Su enfoque en la calidad, optimización y personalización las convierte en soluciones completas para proyectos que exploran entornos al aire libre.

Descarga e información: `https://assetstore.unity.com/packages/tools/terrain/nature-renderer-6-pro-285950`.

World Streamer

World Streamer es un sistema avanzado para cargar y descargar escenas en tiempo real, diseñado para gestionar eficientemente mapas grandes o extensos en Unity. Esta herramienta permite dividir el mundo del juego en segmentos que se cargan y descargan dinámicamente, reduciendo la carga de memoria y mejorando el rendimiento en proyectos de mundo abierto o terrenos masivos. World Streamer es compatible con múltiples plataformas y ofrece configuraciones avanzadas para gestionar la transición entre áreas, asegurando una experiencia fluida para el jugador. Esto lo hace ideal para juegos como simuladores, RPG de mundo abierto o cualquier proyecto que requiera entornos expansivos.

¿Por qué elegir World Streamer?

World Streamer es una solución esencial para proyectos que manejan grandes cantidades de datos espaciales. Su capacidad para optimizar la carga de recursos garantiza un rendimiento estable en dispositivos de diferentes capacidades, permitiendo a los desarrolladores construir mundos grandes sin comprometer la experiencia del usuario.

Descarga e información: `https://assetstore.unity.com/packages/tools/terrain/world-streamer-2-176482`.

Emerald AI

Emerald AI es un sistema completo de inteligencia artificial (IA) diseñado para simplificar la creación y gestión de NPC en Unity. Con su configuración visual, permite a los desarrolladores definir comportamientos, rutas de navegación y sistemas de ataque sin necesidad de escribir *scripts* complejos. Este enfoque hace que Emerald AI sea una herramienta accesible para todo tipo de desarrolladores, desde principiantes hasta profesionales. Emerald AI incluye funcionalidades avanzadas, como estados de comportamiento (pasivo, defensivo o agresivo), soporte para combate a distancia y cuerpo a cuerpo y rutas de patrullaje. Además, es compatible con sistemas de animación avanzados, lo que permite integrar modelos personalizados con facilidad. Esto lo convierte en una solución ideal para juegos que necesitan IA personalizada, como RPG, aventuras o simuladores.

¿Por qué elegir Emerald AI?

Emerald AI agiliza la creación de NPC complejos al proporcionar herramientas visuales intuitivas y una amplia variedad de opciones preconfiguradas. Es ideal para proyectos que requieren IA adaptable y funcional, permitiendo a los desarrolladores centrarse en el diseño y la jugabilidad en lugar de en la lógica interna de los NPC.

Descarga e información: `https://assetstore.unity.com/packages/tools/behavior-ai/emerald-ai-2024-268519`.

Tropical Forest Pack

Tropical Forest Pack es un paquete de vegetación que incluye una amplia variedad de árboles, arbustos y elementos naturales diseñados para crear entornos tropicales detallados y realistas en Unity. Este paquete ofrece modelos de alta calidad optimizados para rendimiento, asegurando un equilibrio perfecto entre detalle visual y eficiencia. Tropical Forest Pack es ideal para proyectos que requieren escenarios inmersivos, como simuladores, juegos de aventuras o títulos ambientados en junglas y selvas. Su variedad de elementos permite a los desarrolladores construir ecosistemas complejos con facilidad, añadiendo un nivel extra de realismo a sus entornos.

Figura 14.14. Imagen promocional de Tropical Forest Pack.

¿Por qué elegir Tropical Forest Pack?

Tropical Forest Pack es una solución completa para desarrolladores que buscan crear entornos naturales detallados y auténticos. Su calidad visual, combinada con su optimización, lo hace perfecto para proyectos de cualquier escala, desde experiencias móviles hasta simulaciones de alta fidelidad.

Descarga e información: `https://assetstore.unity.com/packages/3d/environments/tropical-forest-pack-49391`.

Rocks and Boulders 2

Rocks and Boulders 2 es un paquete gratuito de alta calidad que incluye una variedad de modelos de rocas diseñados para añadir detalles realistas a escenarios naturales en Unity. Este paquete ofrece texturas detalladas y geometría optimizada, lo que lo hace adecuado para una amplia gama de entornos, como montañas, ríos o áreas al aire libre.

Figura 14.15. Imagen promocional de Rocks and Boulders 2.

Gracias a su versatilidad, Rocks and Boulders 2 puede integrarse fácilmente en cualquier proyecto, desde juegos de exploración hasta simuladores. Su calidad profesional y su disponibilidad gratuita lo convierten en una opción excelente para desarrolladores que buscan enriquecer sus escenas sin comprometer el rendimiento.

¿Por qué elegir Rocks and Boulders 2?

Rocks and Boulders 2 es una herramienta imprescindible para desarrolladores que necesitan añadir detalles realistas a sus entornos naturales. Su combinación de alta calidad y accesibilidad gratuita lo hace ideal para cualquier proyecto, independientemente de su presupuesto o escala.

Descarga e información: `https://assetstore.unity.com/packages/3d/props/exterior/rock-and-boulders-2-6947`.

Atlas Maker

Atlas Maker es una herramienta avanzada para la creación de texturas atlas en Unity, diseñada para optimizar el rendimiento gráfico al combinar múltiples texturas en una sola. Este proceso reduce significativamente las *draw calls* necesarias, mejorando la eficiencia del renderizado y aumentando el rendimiento del juego, especialmente en dispositivos con limitaciones de hardware. Atlas Maker permite a los desarrolladores simplificar la gestión de texturas, consolidando múltiples elementos gráficos en un solo atlas que puede ser usado en diferentes materiales. Esto es ideal para proyectos que requieren escenarios complejos o con muchos elementos visuales, como interfaces, entornos detallados o juegos móviles.

¿Por qué elegir Atlas Maker?

Atlas Maker es una herramienta esencial para desarrolladores que buscan optimizar el rendimiento gráfico de sus proyectos sin sacrificar la calidad visual. Su facilidad de uso y su capacidad para reducir *draw calls* lo convierten en una opción imprescindible para proyectos que manejan grandes volúmenes de texturas.

Descarga e información: `https://assetstore.unity.com/packages/tools/modeling/atlas-maker-136215`.

Beautify

Beautify es un sistema de postprocesado que mejora significativamente la apariencia visual de los proyectos en Unity. Con una amplia gama de efectos avanzados, como iluminación, ajustes de color, nitidez y reducción de ruido, Beautify transforma escenas ordinarias en experiencias visuales impactantes.

Figura 14.16. Imagen promocional de Beautify.

Este sistema está diseñado para desarrolladores que buscan añadir un nivel extra de detalle y atractivo visual a sus juegos sin complicaciones. Es compatible con múltiples *pipelines* de renderizado y ofrece opciones para personalizar efectos según las necesidades específicas del proyecto.

¿Por qué elegir Beautify?

Beautify es ideal para proyectos que necesitan destacar gráficamente, proporcionando una mejora inmediata en la calidad visual. Su compatibilidad y facilidad de integración lo convierten en una herramienta imprescindible para lograr un acabado profesional en cualquier juego.

Descarga e información: `https://assetstore.unity.com/packages/vfx/shaders/fullscreen-camera-effects/beautify-3-advanced-post-processing-233073`.

Root Motion Creator

Root Motion Creator es una herramienta diseñada para convertir animaciones estáticas en animaciones con *root motion*, permitiendo movimientos más realistas y precisos en los personajes. Al añadir *root motion* a una animación, el movimiento del personaje se sincroniza perfectamente con la acción, mejorando las transiciones y aumentando la inmersión.

Esta herramienta es ideal para juegos que requieren animaciones fluidas y naturales, como RPG, juegos de aventuras o títulos de acción. Root Motion Creator simplifica un proceso técnico que normalmente requeriría edición manual, asegurando un flujo de trabajo más eficiente.

¿Por qué elegir Root Motion Creator?

Root Motion Creator es una herramienta esencial para desarrolladores que buscan perfeccionar las animaciones de movimiento en sus proyectos. Su enfoque en la automatización y la calidad garantiza transiciones suaves y movimientos realistas con un esfuerzo mínimo.

Descarga e información: `https://assetstore.unity.com/packages/tools/animation/root-motion-creator-186328`.

LOD Generator

LOD Generator es una herramienta diseñada para crear modelos LOD (*Level of Detail*), que reducen automáticamente la complejidad de los objetos a medida que se alejan de la cámara. Esto mejora significativamente el rendimiento del juego, especialmente en proyectos grandes con entornos abiertos o numerosos objetos en escena. Con LOD Generator, los desarrolladores pueden optimizar fácilmente sus modelos 3D, creando versiones simplificadas que se cargan en función de la distancia. Esto reduce la carga en el hardware sin sacrificar la calidad visual en los objetos cercanos. Además, la herramienta es compatible con diferentes *pipelines* de renderizado, asegurando flexibilidad en su implementación.

Figura 14.17. Imagen promocional de LOD Generator.

¿Por qué elegir LOD Generator?

LOD Generator es esencial para proyectos que manejan grandes entornos o requieren optimización gráfica avanzada. Su capacidad para automatizar la creación de modelos LOD asegura un flujo de trabajo más eficiente y garantiza un rendimiento estable en dispositivos de diferentes capacidades.

Descarga e información: `https://assetstore.unity.com/packages/tools/game-toolkits/ultimate-lod-system-mt-automatic-lod-generator-mesh-simplifier-m-170425`.

BetterUI

BetterUI es un paquete que amplía las capacidades del sistema de interfaz de usuario de Unity, proporcionando herramientas avanzadas para crear UI adaptables y escalables. Con BetterUI, los desarrolladores pueden ajustar dinámicamente fuentes, tamaños y otros elementos visuales según la resolución del dispositivo, garantizando una experiencia de usuario consistente en cualquier plataforma.

Además, BetterUI incluye soporte para características de accesibilidad, como ajuste de contrastes y tamaños de texto, lo que mejora la inclusividad de las interfaces. Es una herramienta esencial para proyectos que priorizan la estética y la funcionalidad de la UI, especialmente en aplicaciones móviles o juegos destinados a múltiples plataformas.

¿Por qué elegir BetterUI?

BetterUI es ideal para desarrolladores que buscan crear interfaces altamente adaptables y profesionales. Su enfoque en la escalabilidad y la accesibilidad garantiza una experiencia visual consistente, independientemente del dispositivo o la resolución.

Descarga e información: `https://assetstore.unity.com/packages/tools/gui/better-ui-79031`.

Clipboard Copy

Clipboard Copy es una herramienta práctica que permite copiar y pegar fácilmente valores de componentes, GameObjects y propiedades entre escenas o proyectos en Unity. Esta funcionalidad simplifica la gestión de configuraciones repetitivas y mejora la colaboración entre equipos al facilitar el intercambio de datos sin necesidad de configuraciones manuales o recreaciones tediosas.

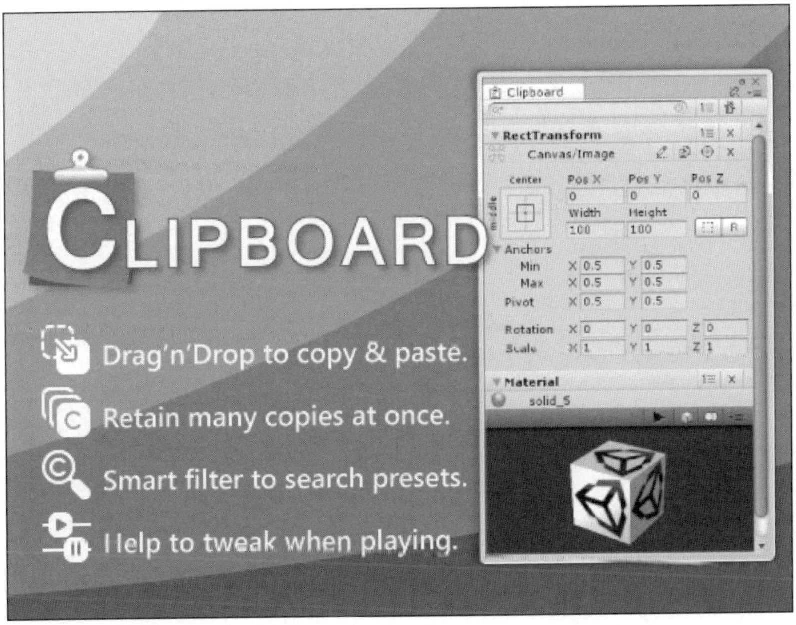

Figura 14.18. Imagen promocional de Clipboard Copy.

Clipboard Copy soporta una amplia gama de datos, desde valores numéricos hasta estructuras complejas, y permite transferir configuraciones completas entre diferentes partes de un proyecto o incluso entre proyectos distintos. Es especialmente útil en proyectos colaborativos donde varias personas trabajan simultáneamente en diferentes escenas.

¿Por qué elegir Clipboard Copy?

Clipboard Copy es una solución eficiente para desarrolladores que buscan reducir el tiempo invertido en configuraciones repetitivas. Su simplicidad y flexibilidad hacen que la gestión de datos y propiedades en Unity sea más rápida y menos propensa a errores, mejorando significativamente el flujo de trabajo.

Descarga e información: `https://assetstore.unity.com/packages/tools/utilities/clipboard-copy-n-paste-multiple-components-50686`.

Animancer

Animancer es una herramienta alternativa al sistema Animator Controller de Unity que proporciona un control más directo y flexible sobre las animaciones en tiempo de ejecución. Con Animancer, los desarrolladores pueden reproducir animaciones de manera dinámica sin necesidad de configuraciones complejas ni diagramas de estados, lo que simplifica enormemente la integración de animaciones en proyectos.

Figura 14.19. Imagen promocional de Animancer.

Esta herramienta es ideal para juegos con sistemas de animación personalizados o dinámicos, como RPG, juegos de acción o títulos con múltiples personajes que requieren animaciones únicas. Animancer permite ajustar, combinar y reproducir animaciones sobre la marcha, ofreciendo una solución potente para desarrolladores que buscan flexibilidad y control.

¿Por qué elegir Animancer?

Animancer es una opción imprescindible para proyectos que requieren animaciones dinámicas y adaptables. Su enfoque en la simplicidad y el control directo la convierte en una herramienta poderosa para optimizar el desarrollo de sistemas de animación, especialmente en proyectos que necesitan adaptarse rápidamente a cambios o ajustes en el diseño.

Descarga e información: `https://assetstore.unity.com/packages/tools/animation/animancer-lite-293524`.

Hardlinks

Hardlinks es una herramienta diseñada para optimizar el almacenamiento de archivos en proyectos de Unity mediante el uso de enlaces duros. Este enfoque reduce el espacio ocupado por copias redundantes de activos, lo que es particularmente beneficioso en proyectos grandes o en equipos que manejan múltiples versiones de escenarios y recursos. Hardlinks automatiza la creación de enlaces duros, asegurando que los activos compartidos no se dupliquen innecesariamente, sin afectar su funcionalidad dentro del proyecto. Esto no solo ahorra espacio en disco, sino que también simplifica la gestión de archivos en proyectos colaborativos.

Figura 14.20. Imagen promocional de Hardlinks.

¿Por qué elegir Hardlinks?

Hardlinks es esencial para desarrolladores que buscan optimizar el almacenamiento y la gestión de activos en proyectos de gran tamaño. Su capacidad para reducir el espacio ocupado y mantener la organización lo convierte en una herramienta imprescindible para equipos con flujos de trabajo complejos.

Descarga e información: `https://assetstore.unity.com/packages/tools/utilities/hard-links-55471`.

Playmaker

Playmaker es una herramienta de *scripting* visual que permite a los desarrolladores crear lógica de juego mediante máquinas de estado visuales, eliminando la necesidad de escribir código. Con Playmaker, es posible desarrollar mecánicas complejas y prototipos rápidos utilizando un enfoque visual e intuitivo, lo que lo hace accesible tanto para principiantes como para equipos de desarrollo que buscan acelerar su flujo de trabajo.

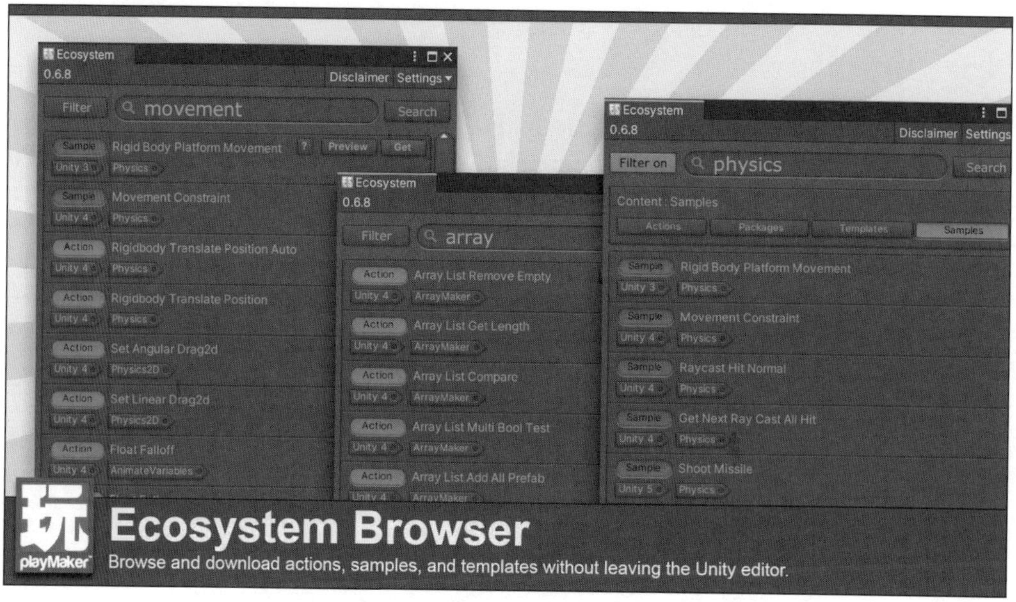

Figura 14.21. Imagen promocional de Playmaker.

Su sistema de máquinas de estado facilita la organización y el control del flujo de juego, siendo ideal para gestionar estados como animaciones, interacciones o comportamientos de NPC. Además, Playmaker es compatible con muchas otras herramientas y extensiones de Unity, ampliando su funcionalidad y versatilidad.

¿Por qué elegir Playmaker?

Playmaker es ideal para desarrolladores que prefieren una aproximación visual al *scripting* o para proyectos que requieren iteraciones rápidas. Su facilidad de uso y su enfoque en la lógica visual lo convierten en una herramienta indispensable para equipos multidisciplinarios o desarrolladores que buscan optimizar su tiempo.

Descarga e información: `https://assetstore.unity.com/packages/tools/visual-scripting/playmaker-368`.

Pool Kit

Pool Kit es un sistema avanzado de *pooling* diseñado para optimizar la gestión de objetos instanciados y destruidos durante el tiempo de ejecución. Al reutilizar objetos en lugar de crearlos y eliminarlos repetidamente, Pool Kit reduce la sobrecarga del sistema, mejorando significativamente el rendimiento del juego.

Figura 14.22. Imagen promocional de Pool Kit.

Esta herramienta es especialmente útil en proyectos donde múltiples objetos, como enemigos, proyectiles o efectos visuales, se generan constantemente. Pool Kit ofrece una configuración sencilla y opciones avanzadas para gestionar dinámicamente los objetos en el *pool*, adaptándose a las necesidades específicas de cada proyecto.

¿Por qué elegir Pool Kit?

Pool Kit es una solución imprescindible para proyectos que necesitan manejar una gran cantidad de objetos dinámicos de manera eficiente. Su capacidad para reducir la carga en el sistema y mejorar el rendimiento lo convierte en una herramienta esencial para desarrolladores que buscan optimizar sus juegos.

Descarga e información: `https://assetstore.unity.com/packages/tools/utilities/pool-kit-the-ultimate-pooling-system-for-unity-121174`.

I2 Localization

I2 Localization es un sistema completo para la traducción y localización de juegos, diseñado para facilitar la adaptación de proyectos a múltiples idiomas y culturas. Ofrece herramientas intuitivas para gestionar textos, fuentes, imágenes y otros recursos localizables, asegurando que cada elemento del juego esté correctamente adaptado a su público objetivo.

I2 Localization permite trabajar con bases de datos centralizadas y se integra con herramientas externas como Google Sheets, lo que facilita la colaboración y actualización de contenido en tiempo real. Su flexibilidad y soporte para múltiples formatos hacen que sea compatible con cualquier tipo de proyecto, desde juegos móviles hasta títulos AAA.

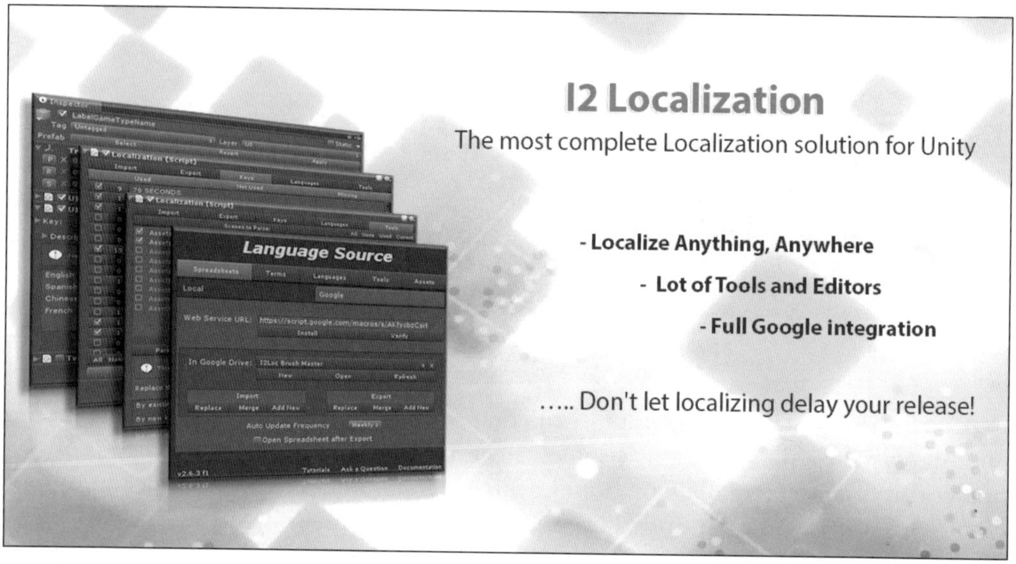

Figura 14.23. Imagen promocional de I2 Localization.

¿Por qué elegir I2 Localization?

I2 Localization es esencial para desarrolladores que buscan lanzar sus juegos en mercados internacionales, asegurando una experiencia adaptada y profesional. Su enfoque en la gestión eficiente de la localización y su compatibilidad con diversas plataformas lo convierten en una herramienta indispensable para proyectos globales.

Descarga e información: `https://assetstore.unity.com/packages/tools/localization/i2-localization-14884`.

Free Low Poly Nature-Forest

Free Low Poly Nature-Forest es un paquete gratuito que ofrece una colección de elementos de naturaleza en un estilo *low poly*, perfecto para proyectos que buscan una estética minimalista y atractiva. Incluye árboles, arbustos, rocas y otros elementos ambientales diseñados para construir escenarios naturales inmersivos con un rendimiento optimizado.

Figura 14.24. Free Low Poly Nature Forest.

Este paquete es ideal para desarrolladores que trabajan en juegos estilizados, proyectos casuales o prototipos rápidos que necesitan escenarios naturales sin comprometer el rendimiento. Los modelos están bien optimizados y listos para usar en cualquier tipo de proyecto, desde exploraciones tranquilas hasta dinámicas de juego intensas.

¿Por qué elegir Free Low Poly Nature-Forest?

Su estética *low poly* combina simplicidad con un diseño visual llamativo, haciéndolo ideal tanto para principiantes como para profesionales que buscan enriquecer sus proyectos con paisajes naturales. La calidad de los modelos y su facilidad de integración hacen de este paquete una herramienta valiosa para todo tipo de desarrolladores.

Descarga e información: `https://assetstore.unity.com/packages/3d/environments/landscapes/free-low-poly-nature-forest-205742`.

Con este último capítulo, hemos explorado una selección de herramientas y librerías de terceros que amplían y enriquecen el desarrollo con Unity, ayudándote a superar los límites del motor y a abordar desafíos específicos de manera eficiente. Cada herramienta que hemos visto no solo representa una oportunidad para mejorar tus proyectos, sino también un recordatorio de la fuerza de la comunidad de Unity, que constantemente innova y comparte recursos valiosos. Ahora tienes en tus manos un conjunto de habilidades y herramientas que pueden transformar tus ideas en experiencias jugables memorables.

Hemos llegado al final de este viaje juntos. Este libro ha sido más que un manual; ha sido un mapa para guiarte en el vasto universo del desarrollo de videojuegos con Unity. Desde los fundamentos hasta técnicas avanzadas, hemos cubierto un espectro de conocimientos para ayudarte a dar forma a tus ideas y convertirlas en realidad. Unity no es solo un motor; es una puerta abierta a la creatividad, a la resolución de problemas y al descubrimiento de un mundo donde lo único que limita lo que puedes crear es tu imaginación. Mi esperanza es que, con cada página de este libro, te hayas sentido más seguro, más inspirado y más preparado para afrontar tus propios desafíos.

Gracias, lector, por acompañarme en este recorrido. Tu tiempo, esfuerzo y dedicación para aprender son el motor que impulsa la evolución de la industria de los videojuegos. Cada línea de código que escribes, cada diseño que creas y cada problema que resuelves son pasos hacia algo extraordinario. Es un honor haber sido parte de tu proceso de aprendizaje, y confío en que este libro se convierta en una referencia constante en tu viaje como desarrollador.

Recuerda que, en este camino, siempre hay algo nuevo por descubrir, y cada proyecto que completes es un capítulo más en tu historia como creador. Sigue explorando, aprendiendo y, sobre todo, creando. Gracias por permitirme ser parte de este capítulo de tu historia. ¡Nos vemos en los créditos de tu próximo juego!

ÍNDICE ALFABÉTICO

A

B

C

D

E

F

G

H

I

J

K

L

M

N

O

P

Q

R

S

T

U

V

W

X

Y

Z